Lothar Mertens

ALIJA

Die Emigration der Juden
aus der UdSSR/GUS

Für Helga, mit besten Wünschen!
L.

2. aktualisierte und erweiterte Auflage

Universitätsverlag Dr. N. Brockmeyer
Bochum 1993

Die Deutsche Bibliothek – CIP-Einheitsaufnahme

Mertens, Lothar:
Alija : die Emigration der Juden aus der
UdSSR/GUS/Lothar Mertens. – 2., aktualisierte und
erw. Aufl. – Bochum : Brockmeyer, 1993
  ISBN 3-8196-0122-8

ISBN 3-8196-0122-8
Alle Rechte vorbehalten
© 1993 by Universitätsverlag Dr. N. Brockmeyer
Uni-Tech-Center, Gebäude MC, 4630 Bochum 1
Gesamtherstellung: Druck Thiebes GmbH & Co. KG Hagen
Gedruckt auf Recyclingpapier chlorfrei gebleicht

Inhaltsverzeichnis

	Vorwort	XI
	Vorbemerkung	1
1.	Einleitung	1
2.	Die globalpolitische Bedeutung der Emigration	5
2.1	Die außenpolitische Interdependenz	5
2.2	Die Haltung der UdSSR zur jüdischen Emigrationsfrage	15
2.3	Verhältnis Sowjetunion-Israel	20
2.4	Sowjetisch-israelische Kontakte	23
3.	Gliederung des sowjetischen Judentums	31
3.1	Die jüdische "Nationalität" in der UdSSR	31
3.2	Eine diffizile Definitionsfrage "Wer ist Jude?"	33
3.3	Demographische Größe der "Nationalität"	34
3.4	Altersstruktur	42
3.5	Bildungsniveau	44
3.6	Die Bedeutung der "Nationalsprache" Jiddisch	49
3.6.1	Die Muttersprache	49
3.6.2	Das Verbot von Hebräisch als "Nationalsprache"	57
3.7	Mischehen	61
3.8	Religiöse Situation	62
3.9	Kulturelles und religiöses Leben	65
4.	Die Emigration	81
4.1	Religiöses Selbstverständnis	81
4.1.1	Religiöse Selbsteinschätzung der nach Israel Emigrierten	81
4.1.2	Religiöse Verbundenheit der in die USA Emigrierten	82
4.2	Die Emigrationsformalitäten	84
4.2.1	Die suspendierte Diplomsteuer	89
4.3	Der Ausreisekampf der Abgelehnten - Die Refuseniks	90
4.4	Terminhast - Die weiteren Schritte bei der Ausreise	94
4.5	Gründe für die Änderung des Reiszieles	99
4.6	Der "normale" Ausreiseweg in den 1980er Jahren	120
4.7	Der Versuch der Transitstellenverlagerung	122
4.8	Hürde bei der Einreise oder die Umlenkung nach Israel	126
4.9	Direktflugverbindungen	129

4.10	Weiterwanderung aus Israel in die USA	132
4.11	Rückkehr in die Sowjetunion	138
5.	Die Integration	155
5.1	Strukturelle Unterschiede der israelischen Immigranten	155
5.2	Allgemeine (Wunsch-) Vorstellungen und Integrationsprobleme	160
5.3	Ursachen und Gründe der beruflichen Integrationsprobleme in Israel und den USA	166
5.4	Schwierigkeiten bei der Integration	171
5.5	Ansiedlung in den besetzten Gebieten	173
5.6	Ökonomische Probleme der Immigration	177
5.6.1	Die Obdachlosen	177
5.6.2	Unterbringungsprobleme	178
5.6.3	Volkswirtschaftliche Integrationsprobleme	179
5.7	Die Auswanderung aus dem Staat Israel	185
6.	Pamjat: Antisemitismus auf russisch	199
7.	Vergessene Immigranten - die Juden aus Äthiopien	204
8.	Sowjetische Emigranten in Australien	211
9.	Immigration sowjetischer Juden nach Deutschland	213
9.1	Sowjetische Juden in der DDR	213
9.1.1	Beratungsstelle in Ost-Berlin	216
9.1.2	Hilfe und Fürsorge durch die Jüdischen Gemeinden	217
9.2	Behandlung der Emigrationsfrage nach der Vereinigung	218
9.2.1	Die Quotierungsdebatte	219
9.3	Internationale Reaktionen	222
9.4	Unerwünschte "Touristen" in Berlin	224
	Resümee	227
	Literaturverzeichnis	236
	Anhang	291

Tabellenverzeichnis

Tabelle 1:	Gesamtzahl der jüdischen Emigranten aus der UdSSR in den Jahren 1968-1990	2
Tabelle 2:	Sowjetischer Export/Import mit den USA und der EG in den Jahren 1969-1980 (in Mio. US-Dollar)	8
Tabelle 3:	Verteilung der in Wien bzw. davon in Israel ankommenden Emigranten in Quartalen 1985-1989	10
Tabelle 4:	Jüdischer Bevölkerungsanteil in ausgewählten Unionsrepubliken in den Jahren 1959, 1970, 1979 und 1989 nach den Ergebnissen der Volkszählungen	36
Tabelle 5:	Jüdische Bevölkerung in ausgewählten sowjetischen Städten nach den Ergebnissen der Volkszählung 1970	40
Tabelle 6:	Nationale Gruppen in der UdSSR nach ihrer linguistischen Integration im Jahre 1979 (in %)	50
Tabelle 7:	Die Sprachbeherrschung (Mutter- und Zweitsprache) der jüdischen Bevölkerung nach Unionsrepubliken im Jahre 1970 (in %)	52
Tabelle 8:	Anzahl und Auflagenhöhe von Publikationen in den Sprachen ausgewählter Minderheiten im Jahre 1976	55
Tabelle 9:	Synagogen in der UdSSR nach Unionsrepubliken	64
Tabelle 10:	Emigrationsgrund nach Immigrationsland differenziert (in %)	68
Tabelle 11:	Anstieg der "Aussteiger"-Quote in ausgewählten Städten in den Jahren 1973-1975 (in %)	105

Tabelle 12:	Einwanderer nach Israel in den Jahren 1985-Juni 1988 im Verhältnis zur jüdischen Bevölkerung ausgewählter Städte	107
Tabelle 13:	Migrationsverhalten von jüdischen Auswanderern ausgewählter Städte 1985-Juni 1988	108
Tabelle 14:	Selbsteinschätzung der sozialen Schichtzugehörigkeit in der UdSSR und in den USA (in %)	119

Graphikenverzeichnis

Graphik 1:	Gesamtzahl der jüdischen Emigranten aus der UdSSR in den Jahren 1968-1990	6
Graphik 2a:	Verteilung der in Wien bzw. davon in Israel ankommenden Emigranten in Quartalen 1985-1987	11
Graphik 2b:	Verteilung der in Wien bzw. davon in Israel ankommenden Emigranten in Quartalen 1987-1989	12
Graphik 3:	Jüdischer Bevölkerungsanteil im Vergleich zur Gesamtpopulation der UdSSR von 1939 bis 1989	38
Graphik 4:	Jüdische Bevölkerung nach Unionsrepubliken im Jahre 1970	39
Graphik 5:	Jüdischer Bevölkerungsverlust in ausgewählten Städten der Ukraine und Usbekistans 1973-76 (in %)	41
Graphik 6:	Altersstruktur der jüdischen Bevölkerung in der RSFSR im Vergleich zur Gesamtpopulation der Unionsrepublik im Jahre 1970	42
Graphik 7:	Bildungsniveau der Gesamt- und der jüdischen Bevölkerung in ausgewählten Unionsrepubliken im Jahre 1970 (Personen älter als 10 Jahre)	45
Graphik 8:	Jüdischer Anteil an der Gesamtbevölkerung und den wissenschaftlich Tätigen im Vergleich mit den anderen Nationalitäten der UdSSR	46
Graphik 9:	Schüler in höheren Bildungseinrichtungen je 1.000 der jeweiligen Nationalitätspopulation im Alter von 16-24 Jahren im Jahre 1970	48

Graphik 10:	Die Sprachbeherrschung (Mutter- und Zweitsprache) der jüdischen Bevölkerung nach Unionsrepubliken im Jahre 1970 (in %)	51
Graphik 11:	Die Muttersprache der jüdischen Bevölkerung in der RSFSR im Jahre 1970 nach Altersgruppen differenziert	53
Graphik 12:	Die Erst- (Mutter-) und Zweitsprache der jüdischen Bevölkerung in der RSFSR im Jahre 1970 nach Altersgruppen differenziert	54
Graphik 13:	Religiöse Selbsteinschätzung von sowjetischen und amerikanischen Immigranten im Jahre 1975 (in %)	81
Graphik 14:	Regelmäßige Beachtung von religiösen Ritualen, nach Altersgruppen differenziert (in %)	83
Graphik 15:	Jüdischer Hintergrund sowjetischer Emigranten, regional differenziert (in %)	110
Graphik 16:	Veränderungen in den Lebensumständen nach der Immigration aus der UdSSR nach Israel (in %)	111
Graphik 17:	Sowjetische Emigration nach Israel und in die USA, 1971 bis Juni 1979 nach Regionen differenziert (in %)	114
Graphik 18:	Motive für die Übersiedlung nach Israel bzw. in die USA (in %)	116
Graphik 19:	Veränderungen in den Lebensverhältnissen nach der Übersiedlung in die USA (in %)	117
Graphik 20:	Besitz hochwertiger Konsumgüter in den USA und in Israel (in %)	118
Graphik 21:	Individuelle Identifikation der Immigranten mit dem Staat Israel nach zwei Jahren Aufenthaltsdauer, differenziert nach Herkunftsland (in%)	133

Graphik 22:	Beschäftigungsstruktur der israelischen Einwanderer in den 60er und frühen 70er Jahren nach Herkunftsland (in %)	155
Graphik 23:	Altersstruktur der israelischen Einwanderer in den 60er und frühen 70er Jahren nach Herkunftsland	157
Graphik 24:	Territoriale Herkunft der israelischen Olims in den Jahren 1968-1973	158
Graphik 25:	Sprachkenntnisse sowjetischer Ärzte bei der Ankunft in Israel (in %)	168
Graphik 26:	Veränderung der arbeitsrechtlichen Position in der UdSSR und in Australien (in %)	212

Häufig verwendete jüdische Begriffe

Alija - Einwanderung. Ursprüngliche Bezeichnung für den Pflichtbesuch des Tempels im hochgelegenen Lande Juda. In der zionistischen Auffassung die religiöse Pflicht aller Juden, ins Gelobte Land zu ziehen.

Gefangene Zions - Selbstbezeichnung des kleineren, politisch aktiveren Teils der Refuseniks, die für ihre Auswanderungsabsichten mit Gefängnisstrafen belegt wurden.

Jom Kippur - "Versöhnungstag". Der höchste Feiertag des jüdischen Religionsjahres (Mitte Sep.-Anfang Okt. im Kalenderjahr), der durch zehn Fastentage eingeleitet wird.

Olim - hebräisch für Einwanderer. Die Wortbedeutung ("Hinaufsteigender") weist auf den Pflichtbesuch des hochgelegenen Tempels hin (siehe auch Alija).

Refusenik - Person, der die Ausreise verweigert wird. Die angloamerikanische Bezeichnung leitet sich ab vom englischen "refuse" (ablehnen, zurückweisen).

Sabra - Bezeichnung, für die im Staat Israel geborenen Personen.

Vorwort

Die vorliegende Monographie entstand aus dem anfänglichen Interesse des Autors für das Phänomen der "Aussteiger", d.h. der Gruppe der aus der Sowjetunion emigrierenden Juden, die sich beim Transit in Wien in immer größerer Zahl für eine andere Destination als den Staat Israel entschieden; meist die USA. In den ersten Zeitschriftenaufsätzen des Verfassers im Jahre 1987 standen daher die kontinuierlich ansteigenden Aussteiger-Quoten noch im Mittelpunkt der Beobachtung. Im Zeitverlauf und im Rahmen einer immer intensiver werdenden Analyse der die Auswanderung tangierenden Randbereiche und Fragen der jüdischen Existenz in der UdSSR, wurden die weiteren behandelten Fragen bearbeitet; besonders die Integrationsprobleme in Israel (deshalb wurde auch das Kap. 7 über die äthiopischen Juden aufgenommen). Ebenso wurde versucht, die demographische und sozio-strukturelle Struktur der sowjetischen Juden etwas transparenter zu machen. Mehrere Forschungsaufenthalte an der Hoover-Institution in Stanford und der University of California in Berkeley erschlossen nicht nur die große Zahl der in Deutschland nur schwer zugänglichen Zeitschriften und Zeitungen, sondern ermöglichten es auch, mit Fachkollegen die Fragestellungen intensiv zu diskutieren; besonders danken möchte ich hier Herrn Prof. Norman M. Naimark.

Ursprünglich stand die Untersuchung unter dem Arbeitstitel: »*Kapitalismus statt Zionismus*«. Der seit dem Herbst 1989 weitgehend versperrte Zutritt ins "Land der unbegrenzten Möglichkeiten" und die dadurch vor allem in den Jahren 1990 und 1991 sintflutartig angestiegene Immigration ins "Gelobte Land", bedingten eine Änderung des Titels. Die Tatsache, daß nicht alle Sowjetjuden in Israel ihre Zukunft sahen und bislang über 12.000 auch nach Deutschland migrierten (vor allem nach der Wende in die DDR), wird im Schlußkapitel berücksichtigt.

Für Ihre ständige Hilfsbereitschaft, zahlreiche Hinweise sowie die kritische Diskussion und sorgfältige Durchsicht des Manuskriptes bin ich Frau Dipl. rer. soc. Sabine Gries zu Dank verpflichtet. Für die gewohnt sorgfältige Erstellung der Graphiken habe ich Herrn Ulrich Spiekerkötter zu danken.

Bei der vorliegenden Studie handelt es sich um eine zweite aktualisierte und erweiterte Auflage meines im August 1991 erschienenen Buches.

Köln, im Februar 1993

VORBEMERKUNG

Die folgende Darstellung kann nur einen facettenhaften Überblick bieten. So vielfältig das empirische und statistische Material auch sein mag, eine erschöpfende, alle Fragen und Aspekte der jüdischen Emigration aus der Sowjetunion umfassende Beschreibung ermöglicht es nicht. Nicht nur die zum Teil zeitlich und regional begrenzte Relevanz der vorliegenden Untersuchungen, auch die unterschiedlichen methodischen und inhaltlichen Standards der einzelnen Analysen erschweren einen Gesamtüberblick.

Die Gruppe der Emigranten ist inhomogen, ja sogar heterogen im Hinblick auf Sprache, auf soziale, bildungsmäßige, regionale und dezidiert jüdische Herkunft von Religion und Kultur. Diese Tatsache verkompliziert die Untersuchung und läßt nur einen exemplarischen, summarischen und bedingt repräsentativen Überblick zu, der trotzdem für den interessierten Leser informativ sein soll.

1. EINLEITUNG

Die Auswanderung sowjetischer Juden war und ist für die Sowjetunion eine äußerst heikle Angelegenheit. Die Liste der ungelösten Minderheitsprobleme ist lang; seien sie ethnischen, religiösen oder nationalen Ursprungs. Deshalb sei hier nur kurz - neben dem andauernden und brisanten Zwist um Nagorny Karabach - an die Situation[1] der Sowjet- oder Wolgadeutschen,[2] der Kosaken und der baltischen Völker erinnert.[3]

Da eine Präferenz bzw. Autonomisierung jeglicher Form für eine nationale oder religiöse Minderheit sofort eine Vielzahl neuer, ähnlich gearteter Forderungen ausgelöst hätte, war die Behandlung dieser Wünsche durch die KPdSU in den vergangenen Jahren sehr zurückhaltend und vorsichtig abwägend; das gilt auch - ungeachtet von Glasnost - für die Berichterstattung der überregionalen Presse in der Sowjetunion. Die Unterdrückung von mißliebigen Nachrichten und Vorkommnissen zeigte sich in jüngster Zeit besonders deutlich bei der Berichterstattung um den Konflikt in Nagorny Karabach. Aber auch die Kommentare zur jüdischen Emigration waren in den achtziger Jahren äußerst selten. Das ist schon deswegen verständlich, weil der überaus hohe "Aussteiger"-Anteil von Personen, die in die USA weitermigrierten, die eigentlichen Intentionen dieser staatlicherseits als "Familienzusammenführung" sanktionierten Ausreisen nach Israel kontraproduktiv karikierte. Denn der Wunsch nach einer potentiellen Auswanderung nach Amerika hätte auch bei "normalen" Sowjetbürgern entstehen können. Die Berichte in den sowjetischen Zeitungen konzentrierten sich deshalb vornehmlich auf die Zurückweisung bzw. "Zurechtrückung" ausländischer Vorwürfe und Berichte,[4] die der sowjetischen Bevölkerung wiederum nur durch die Radiosendungen der britischen BBC und der amerikanischen Sender Radio Free Europe bzw. Radio Liberty bekannt sein konnten.

Tabelle 1: Gesamtzahl der jüdischen Emigranten aus der UdSSR in den Jahren 1968-1990

Jahr	Emigranten
1968	229
1969	2.979
1970	1.027
1971	12.897
1972	31.903
1973	34.933
1974	20.695
1975	13.451
1976	14.325
1977	16.831
1978	28.993
1979	51.547
1980	21.471
1981	9.400
1982	2.692
1983	1.315
1984	904
1985	1.147
1986	946
1987	8.155
1988	20.237
1989	85.089
1990	171.000
1991	123.000
1992	64.500

(erstellt nach: Zaslavsky/Brym S. 53; Löwenhardt S. 79; Jews in the U.S.S.R., Vol. XI. ff. [1982 ff.], London, passim; "An der Jahrtausendwende ...", S. 5)

Darum soll im weiteren - unter besonderer Berücksichtigung der extensiven Berichterstattung westlicher Tageszeitungen - versucht werden, ein objektives und detailliertes Bild der jüdischen Emigration aus der UdSSR bzw. den GUS-Staaten in die Vereinigten Staaten und nach Israel sowie der damit verbundenen vielfältigen Problematik seit den späten sechziger Jahren zu zeichnen.

Erst die Emigrationsrestriktion der USA mit der Festschreibung einer Einwanderungsquote von jährlich 48.000 Personen[5] seit dem Herbst 1989 hat, verbunden mit einem immer offener auftretenden Antisemitismus in der UdSSR, die Umlenkung des Ausreisestroms nach Israel bewirkt. Die Explosion der Immigrationszahlen in den Jahren 1990/91 enthielt zugleich den Sprengsatz für das dramatische Absinken der Emigrationsbereitschaft seit Herbst 1991, die besonders im Jahresverlauf 1992 deutlich wurde. Während zum einen die politischen und gesellschaftlichen Lebensumstände (wenn auch nicht die Lebensmittelversorgung) in den GUS-Staaten sich sukzessive verbessert haben und die Mehrheit der früheren Unionsrepubliken erfolgreich den Marsch in die Demokratie angetreten haben, zeigten sich zugleich im Jüdischen Staat die Grenzen des Wachstums. Die wachsenden Probleme bei der Versorgung mit Wohnraum, die grassierenden Mißstände bei der gesellschaftlichen Eingliederung und zuletzt die hohe Erwerbslosigkeit unter den Olims beeinflußten nachhaltig das schlagartige Absinken der Immigrationsziffern. Denn die Einwanderungsflut der Jahre 1990/91 schwappte als Abschreckungswelle in die GUS-Staaten zurück, da mit der Zahl der Einwanderer auch die Zahl derjenigen sprunghaft anstieg, die die zurückgebliebenen Verwandten und Bekannten in der alten Heimat eindrücklich vom Nachkommen warnten. Dieses Abwarten äußert sich außerdem in einer Verschiebung der Herkunftsregionen, bei denen die Bürgerkriegsgebiete in Armenien und Aserbaidshan sowie in Georgien und Moldawien überproportional vertreten sind. Waren im Frühjahr 1992 nur noch 3.000 bis 4.000 Olims pro Monat registriert worden, so verdoppelte sich diese Zahl im Herbst 1992 wieder auf 6.000 bis 7.000 monatliche Einwanderer aus den GUS-Staaten. Besonders Juden aus den zentralasiatischen Republiken immigrierten in jüngster Zeit verstärkt nach Israel. Rund 180.000 Juden in den moslemisch geprägten und sich zunehmend islamisierenden Staaten besitzen bereits die offiziellen Einladungen zur Familienzusammenführung als dem ersten Emigrationsschritt.[6]

Jeder zehnte Bewohner Israels stammt bereits aus der ehemaligen Sowjetunion. Zwischen 1990 und 1992 kamen lediglich 11.000 Immigranten aus anderen Staaten der Erde ins Gelobte Land. Die Zuwanderung von über 410.000 Personen in den vergangenen drei Jahren hat daher zu signifikanten Veränderungen in der Population geführt. Für 1993 werden weitere 100.000 Juden aus den GUS-Staaten erwartet. Die Prognosen von einer weiteren halben Million Menschen bis 1996 würden bedeuten, daß der Staat Israel mit sechs Millionen Einwohnern die größte jüdische Gemeinschaft der Welt würde und damit auch die USA überflügeln könnte. Zugleich würde der Anteil der Sowjetjuden auf fast ein Sechstel aller Israelis ansteigen.[7]

2. DIE GLOBALPOLITISCHE BEDEUTUNG DER EMIGRATION

2.1 DIE AUSSENPOLITISCHE INTERDEPENDENZ

Für die sowjetische Regierung war ein **völliges** Abbrechen des jüdischen Emigrationsstromes in den siebziger und achtziger Jahren nur schwer möglich; denn der propagandistische Druck der westlichen Welt, vor allem der politischen Öffentlichkeit in den Vereinigten Staaten,[8] Großbritannien[9] und Israel, hätte zu einer Verschärfung des außenpolitischen Klimas geführt. Die Behandlung der Emigrationsfrage - auch die der Wolgadeutschen[10] - war immer mit der weltpolitischen Stimmungslage verknüpft; das Ventil des Auswandererstroms wurde von den Machthabern im Kreml entsprechend weiter geöffnet oder wieder mehr geschlossen. Besonders eindrucksvoll zeigte sich dieses Verhalten in den siebziger Jahren als die Auswanderungsbegehren großzügig gehandhabt wurden, während eine Verminderung des Emigrantenstroms zu Beginn der achtziger Jahre zu beobachten war.

Gegen die weitverbreitete Ansicht, daß die sowjetische Emigrationspolitik vom Westen **direkt** beeinflußt werden kann,[11] wendet sich hingegen Robert Brym. Er versucht mittels empirisch-statistischer Methoden nachzuweisen,[12] daß der Stand der bilateralen Beziehungen zwischen der UdSSR und den Vereinigten Staaten von Amerika **nicht** an der Höhe der Emigrantenzahlen ablesbar sei; besonders in den Jahren 1975 bis 1977 läßt sich (seinem Ansatz folgend) eine Diskongruenz feststellen.[13] Die Auffassung, wonach die sowjetischen Wünsche nach amerikanischem Weizen, Computern und Ölbohrgeräten den Emigrationsstrom entscheidend beeinflußten, sei daher nicht unbedingt schlüssig, argwöhnt Brym. So logisch und exakt die von ihm angewandten Methoden der soziologischen Feldforschung auch sind, sie bleiben hier irrelevant und wenig aussagekräftig, da Brym von falschen Grundvoraussetzungen ausgeht. Der Versuch, aus der Gegenüberstellung des Handels zwischen der Sowjetunion und den USA und der Emigrationsrate eine Korrelation herzustellen,[14] schlägt fehl, weil die Ausgangs- und Wirkungspositionen der beiden Variablen unterschiedlich sind. Während der Abschluß eines Handelsvertrages[15] schon wenige Tage später zur Warenlieferung und damit zu konkreten Ergebnissen führen kann, ist der Beantragungsprozeß für ein Emigrationsvisum ein langwieriger Vorgang, der erst mit einer zeitlichen Verzögerung von ca. 4-8 Monaten (siehe die OVIR-Antwort)[16] konkrete Ergebnisse zeitigt. Denn die Erfahrung der siebziger und frühen achtziger Jahre hat gezeigt, daß **nicht** die langjährigen Refuseniks, deren Unterlagen dem OVIR bereits vorlagen, von den "Hochs" der Emigration profitierten,[17] sondern eher jene, die zufällig zu einem günstigen Zeitpunkt zum ersten Mal einen Antrag stellten und ihre Unterlagen häufig noch komplettieren mußten, wodurch m.E. die zeitliche Verzögerung in der Wirkung des Emigrationsflusses mitbedingt wird. Verifizierbar ist diese - von Brym abweichende - **allgemeine** Sichtweise durch die monatliche Höhe der Emigrationszahlen im Jahre 1980. Erst im Frühsommer 1980, als sich die weltpolitischen Auswirkungen der sowjetischen Afghanistan-Invasion zeigten (u.a. westlicher Teilnahmeboykott an der Sommer-Olympiade in Moskau) und dem sowjetischen Streben nach Fortsetzung der globalen Entspannungspolitik ein Ende bereiteten, drosselte der Kreml den Emigrantenstrom.[18]

Graphik 1:   Gesamtzahl der jüdischen Emigranten aus der UdSSR
in den Jahren 1968-1990

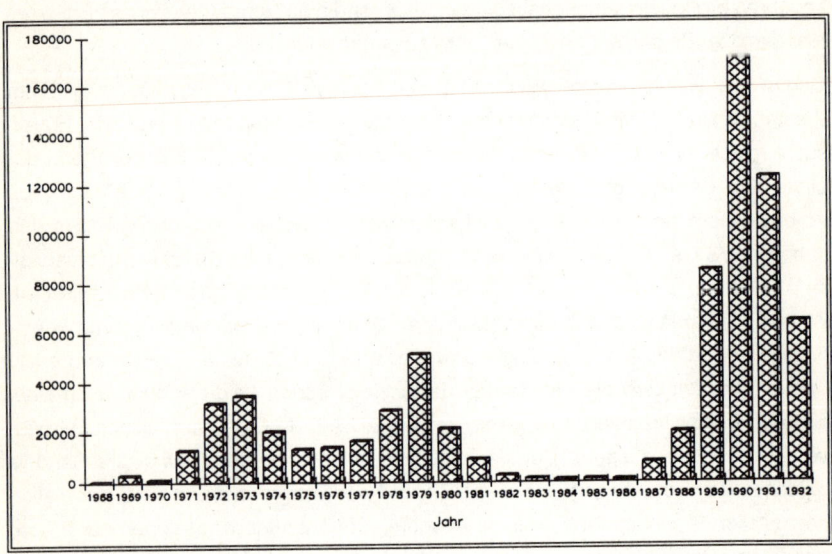

(erstellt nach: Zaslavsky/Brym S. 53; Löwenhardt S. 79; Jews in the U.S.S.R., Vol. XI. ff. [1982 ff.], London, passim)

Die Hauptgründe für das Absinken der Emigrationszahlen zu Anfang der achtziger Jahre waren u.a.: der amerikanische Boykott der Sommer-Olympiade in Moskau im Jahre 1980 (nach der sowjetischen Afghanistan-Invasion im Dezember 1979), das ebenfalls als Gegenmaßnahme gedachte Embargo für Weizen Technologiegüter (besonders Ölbohrausrüstungen) und schließlich das Scheitern der SALT II-Verhandlungen, die das Ende der politischen Dètente der siebziger Jahre[19] und das Abkühlen der bilateralen diplomatischen Beziehungen kennzeichneten.[20] Während in den ersten vier Monaten des Olympiajahres mit 11.344 Personen über die Hälfte der 21.471 Emigranten des Jahres 1980 die UdSSR verlassen durften, waren es in den letzten vier Monaten nur noch ein Fünftel (4.409) aller in diesem Jahre erfolgten Ausreisen. Dieser absinkende Trend setzte sich dann im Jahre 1981 weiter fort.

Bei der Beurteilung des bilateralen Handels zwischen den Vereinigten Staaten von Amerika und der Sowjetunion als Faktor in der Emigrationsfrage[21] muß die Bedeutung der Handelsbeziehungen im Kontext zum globalen Außenhandel gesehen werden; manche anglo-amerikanischen Beobachter überschätzen den amerikanischen Stellenwert.[22] Die Bedeutung von Handelserleichterungen[23] - und vice versa von Embargowirkungen - soll nicht nivelliert werden; auch der Einfluß des Jackson-Vanik-Amendments[24] - die Verknüpfung der Gewährung einer Meistbegünstigungsklausel im Außenhandel mit der Ausreisefrage - auf die Emigrationsproblematik[25] und die weitere Entwicklung des bilateralen Außenhandels fällt hierunter. Die US-Regierung koppelte dabei die von der Sowjetunion gewünschten Handelserleichterungen an die Menschenrechtsfrage (einschließlich der freien jüdischen Emigration); dies wurde offenkundig durch das vom amerikanischen Kongreß gebilligte Jackson-Vanik-Amendment.[26] Seit 1975 war die Gewährung der mit erheblich niedrigeren Einfuhrzöllen verbundene US-Meistbegünstigungsklausel ("most-favored-Nation-Status") an die UdSSR und andere osteuropäische Staaten durch diesen Zusatzbeschluß des amerikanischen Kongresses zum Handelsgesetz abhängig von einer "genügenden" Zahl von Emigrationen. Eine genaue Mindestziffer für die "substantielle Höhe" der Emigrationen wurde jedoch nie verbindlich von einer US-Regierung festgelegt.[27] Durch diesen allgemein als Jackson-Vanik-Amendment bekannten Zusatzpassus wurde all jenen kommunistischen Staaten die Meistbegünstigungsklausel versagt, die eine freie Emigration der jüdischen Minderheit in ihrem Lande nicht garantieren wollten.[28] In der letzten Dekade war das außenpolitisch eigenmächtige und -willige Rumänien der einzige Ostblockstaat, der, als Resultat seiner generösen Politik gegenüber der jüdischen Minorität, in den Genuß dieses Privilegs kam.[29]

Die UdSSR ihrerseits zeigte Mitte der siebziger Jahre *"in der Frage der jüdischen Auswanderungen erhebliche Zugeständnisbereitschaft, war aber schon aus Prestigegründen nicht in der Lage, amerikanischen Druck und entsprechende Erfolge auch* noch öffentlich einzugestehen. Genau dies versuchte jedoch Senator Jackson mit seinem berühmten Amendment zum Handelsgesetz von 1974, das die jüdische Lobby vehement unterstützte", zu erreichen.[30] Gerade die Gewährung der Meistbegünstigungsklausel wurde aber von den Machthabern im Kreml, nach Ansicht Jacobsens, - neben den natürlich damit auch verbundenen Kosten- und Wettbewerbsvorteilen - als ein entscheidendes Symbol für den guten Willen der Vereinigten Staaten von Amerika und ihrem ernsthaften Interesse an entspannteren Beziehungen angesehen.[31] Darum war es nicht verwunderlich, daß die Sowjetunion nur eine Woche nach Inkrafttreten von schließlich insgesamt drei Amendments[32], den Handelsvertrag aus dem Jahre 1972, unter Hinweis auf die Einmischung in die inneren Angelegenheiten der UdSSR, aufkündigte.[33] Das jährliche Handelsaufkommen zwischen den USA und der UdSSR stieg von 218 Millionen US-Dollar im Jahre 1971[34] auf 1,9 Milliarden 1987.[35] Der Höchststand lag - analog zur Emigration - im Jahre 1979, vor dem sowjetischen Einmarsch in Afghanistan, und betrug 4,4 Milliarden US-Dollar.[36] Jedoch muß neben der volkswirtschaftlichen Komponente auch deutlich die Parallelität mit der globalen Entspannungspolitik und mit den damit verbundenen Abrüstungsbemühungen beider Supermächte gesehen werden.[37] Um die Bedeutung des Außenhandels zwischen Sowjetunion und Vereinigten Staaten in ihrem Stellenwert für die UdSSR angemessener einordnen zu können, werden zum Vergleich die Staaten der Europäischen Gemeinschaft gegenübergestellt.

Tabelle 2: Sowjetischer Export/Import mit den USA und der EG in den Jahren 1969-1980 (in Mio. US-Dollar)

Jahr	Sowjetischer Export		Import	
	in USA	in EG	aus USA	aus EG
1969	52	1297	106	1446
1970	72	1391	118	1511
1971	57	1489	161	1493
1972	96	1681	542	1901
1973	220	2601	1195	2945
1974	351	3924	609	4076
1975	256	4339	1836	6193
1976	217	5762	2308	5848
1977	427	6600	1627	6790
1978	510	7831	2252	7286
1979	822	10785	3607	8711
1980	457	14090	1513	10494

(erstellt nach Hoyt, S. 9, Annex 1.1)

Die unterschiedlichen Größenordnungen im sowjetischen Im- und Export belegen eindrucksvoll, daß die USA weniger ein **ökonomischer** als vielmehr ein **politischer** Bezugspunkt für die UdSSR ist.[38] Denn außer auf einigen wenigen Spezialbereichen (Ölbohrausrüstungen) sind die anderen westlichen Industriestaaten durchaus in der Lage, die USA als Handelspartner vollgültig zu ersetzen (z.b. westeuropäische Röhrenlieferungen für Pipelines, oder die argentinischen Weizenverkäufe).[39] Der politische Einfluß der Vereinigten Staaten als westlicher Hegemonialmacht ist hingegen deutlich größer und zeigte sich auf dem Gebiet des Außenhandels in der sogenannten Cocom-Liste (Coordinating Committee on Export Control), die den Export bestimmter hochwertiger elektronischer Produkte (Computer) in die kommunistischen Staaten weitgehend verhinderte. Diese restriktive Handelsbeschränkung beeinflußte nicht nur den amerikanischen Handel mit den Staaten Osteuropas, sondern verbot auch allen westlichen Verbündeten die Lieferung von Industrieerzeugnissen, die auf dem Cocom-Index standen, hinter den "Eisernen Vorhang".[40]

Die sowjetische Umschreibung der Breschnew-Ära als "Phase der Stagnation" gilt nicht nur für die politische und volkswirtschaftliche Entwicklung der Sowjetunion, sondern auch für die jüdische Emigration in der ersten Hälfte der achtziger Jahre. Erst unter Michail Gorbatschow und der von ihm eingeleiteten Perestroika kam es seit dem Frühjahr 1987[41] wieder zu einem Anstieg der Auswanderungszahlen.[42]

Tabelle 3: Verteilung der in Wien bzw. davon in Israel ankommenden Emigranten in Quartalen 1985-1989

Quartal/ Jahr	Wien abs.	davon nach Israel abs.	in %
I 1985	247	87	35,2
II 1985	253	84	33,2
III 1985	296	95	32,1
IV 1985	351	82	23,4
I 1986	210	45	21,4
II 1986	176	48	27,3
III 1986	245	45	18,4
IV 1986	283	68	24,0
I 1987	714	199	27,9
II 1987	2.378	513	21,6
III 1987	2.342	662	28,3
IV 1987	2.721	661	24,3
I 1988	2.450	589	24,0
II 1988	3.750	434	11,6
III 1988	5.989	437	7,3
IV 1988	8.048	634	6,2
I 1989	10.987	973	8,9
II 1989	15.883	1.572	9,9
III 1989	24.413	2.533	10,4
IV 1989	33.806	7.165	21,2

(erstellt nach Jews in the U.S.S.R. Vol. XIV ff. [1985 ff.], London; Bulletin of the Intergovernmental Committee for Migration, Genf, passim)

Dieser Prozeß ist - wie der sprunghafte Anstieg Anfang der siebziger Jahre - mit der Entspannungspolitik und den vertieften Wirtschaftsbeziehungen[43] zwischen der UdSSR und den USA eng verbunden.[44] So honorierte US-Präsident Bush die gestiegene Reisefreiheit für Sowjetjuden mit der Aufhebung von Handelssperren und bewilligte im Dezember 1990 einen Kredit von einer Milliarde US-Dollar für sowjetische Nahrungsmittelkäufe in den USA.[45] Waren es im Jahre 1972 die Erleichterungen in den wirtschaftlichen Beziehungen - die dann auch zu einem von Richard Nixon und Leonid Breschnew paraphierten Handelsabkommen führten[46] - so standen seit Mitte der achtziger Jahre die Abrüstungsbemühungen[47] im Mittelpunkt des Ost-West-Dialogs.[48] Beide Male waren sowjetische Zugeständnisse in der Frage der jüdischen Emigration aus der UdSSR Verhandlungsfrüchte, die scheinbar nebenher geerntet wurden, jeweils als Folge eines unverkrampfteren und konzilianteren Umgangs der beiden Supermächte miteinander.

Graphik 2a: Verteilung der in Wien bzw. davon in Israel
ankommenden Emigranten in Quartalen 1985-1987

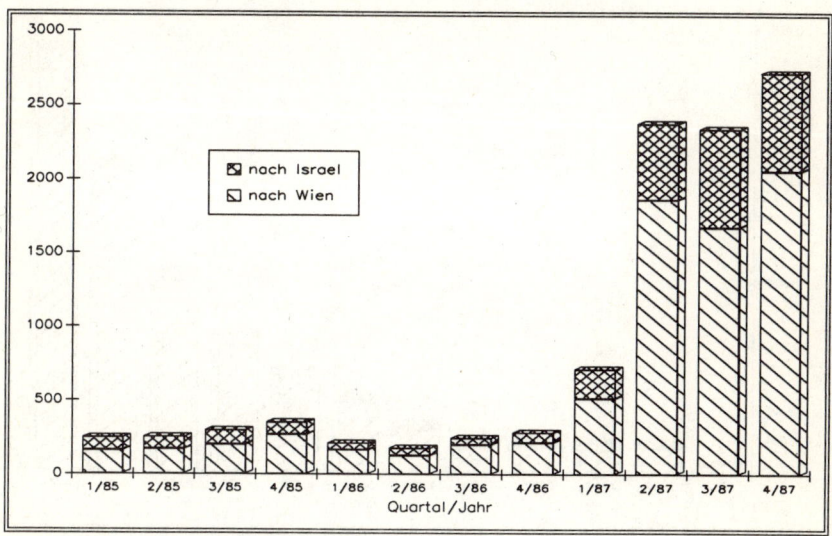

(erstellt nach Jews in the U.S.S.R. Vol. XIV ff. [1985 ff.], London; Bulletin of the Intergovernmental Committee for Migration, Genf, passim)

Ein Vergleich der Graphiken 2a und 2b verdeutlicht den sprunghaften Anstieg der jüdischen Emigration durch Gorbatschows veränderte Ausreisepolitik nachdrücklich: Während das Jahr 1987 in der Graphik 2a (Auswanderung in den Quartalen 1985-1987) noch den Höchststand der Emigration darstellt, repräsentiert das Jahr 1987 in der Graphik 2b (Auswanderung in den Quartalen 1987-1989) hingegen nur noch den Tiefststand der Auswanderungsflut.

Graphik 2b: Verteilung der in Wien bzw. davon in Israel ankommenden Emigranten in Quartalen 1987-1989

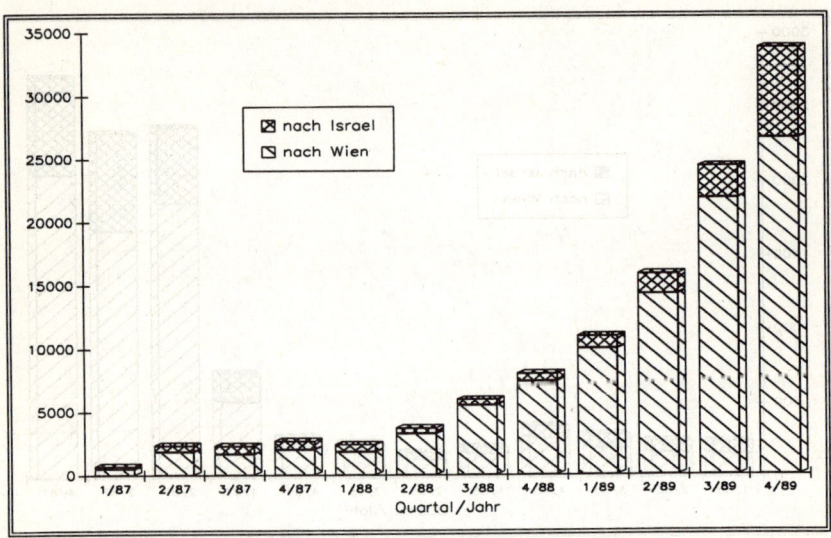

(erstellt nach Jews in the U.S.S.R. Vol. XIV ff. [1985 ff.], London; Bulletin of the Intergovernmental Committee for Migration, Genf, passim)

Die UdSSR kennt sehr gut den großen Einfluß der amerikanischen jüdischen Lobby[49] auf die US-Außenpolitik und bemühte sich nun wieder, wie bereits in den siebziger Jahren, mittels einer revidierten Emigrationspolitik dieser Bedeutung Rechnung zu tragen um eine gewogenere Stellungnahme zur eigenen Außenpolitik zu erreichen. Darum ist ein wesentlicher, wenn nicht entscheidender Faktor in der sowjetischen Position zur Emigrationsfrage der aktuelle politische Status der Entspannungspolitik und das Interesse der US-Regierung daran. Besonders eindrucksvoll verdeutlicht das zahlenmäßige Auswanderungstief in den ersten Jahren der Reagan-Regierung diese Interdependenz. Auf den außenpolitischen Klimawechsel und den nachfolgenden Gipfelgesprächen in Rejkavik und Genf zwischen Ronald Reagan und Michail Gorbatschow folgte ab dem Frühjahr 1987 auch eine Kurskorrektur[50] in der Emigrationsfrage, so daß im zweiten Halbjahr 1987 plötzlich Monat für Monat mehr jüdische Auswanderer in Wien ankamen als im gesamten Jahr 1986.

Für die Jahre 1988/89 kann schließlich von einer fast ausschließlichen Emigration in andere westliche Staaten - vor allem die USA[51] - gesprochen werden, da sowohl die Zahl der ins "Gelobte Land" Ziehenden als auch die Gesamtziffer aller erlaubten jüdischen Auswanderungen[52] nur noch eine verschwindend geringe Ziffer darstellte. Im Juli 1989 emigrierten nur noch 104 (= 2,6 %) der 3.971 ausreisenden Juden in den Staat Israel;[53] d.h. lediglich jeder 38. entschied sich also für den Jüdischen Staat. Die Aufhebung einiger restriktiver Emigrationsverordnungen erleichterte die Prozedur der Ausreise seit dem Sommer 1989 beträchtlich.[54] Am Ende des Jahres wurden deshalb Monat für Monat neue Einwanderungsrekorde gemeldet.[55] Im Dezember 1989 entschieden sich 3.563 (oder 41 %) der emigrierenden 8.690 Sowjetjuden wieder für Israel,[56] da ihnen der Weg in die USA infolge amerikanischer Immigrationskontingente versperrt war.

Die Gesamtzahl aller ausgestellten Visa für die emigrationswilligen Minoritäten, d.h. Armenier, Juden und Wolgadeutsche, lag im Jahre 1987 mit 25.000 Ausreisegenehmigungen mehr als doppelt so hoch wie im Jahre 1986.[57] Doch die Ausreisebereitschaft blieb ungebrochen; zwischen Januar und September 1990 erhielten weitere 305.000 Sowjetbürger die beantragten Ausreisepapiere.[58]

Neben dem sprunghaften Anstieg der monatlichen Emigrationsziffer seit März 1987 waren die sowjetischen Zusagen gegenüber einer amerikanischen jüdischen Delegation ein signifikantes Zeichen für die veränderte Haltung in der Emigrationsfrage.[59] Auf sowjetische Einladung, die zum ersten Mal an Vertreter jüdischer Organisation ausgesprochen wurde[60], erfolgte Ende März 1987 ein Moskaubesuch von Morris Abram, dem Vorsitzenden der "Conference of Presidents of Major American Jewish Organisations", und von Edgar Bronfman, dem kanadischen Vorsitzenden des "World Jewish Congress".[61] Im Rahmen dieses Besuches wurden den beiden einflußreichen Verbandsvorsitzenden und ihrer Begleitung die verstärkte Berücksichtigung von Refuseniks bei der Ausreise und die Erhöhung der "Familienzusammenführungen" insgesamt zugesagt.[62] Ein weiterer Anstieg der Emigrationszahlen und die stärkere Berücksichtigung jüdischer Aktivisten[63] waren im Herbst 1987 festzustellen, im Vorfeld des Washingtoner Gipfeltreffens vom 7.-10. Dezember 1987.[64] Neben den Verhandlungen über einen konventionellen Abrüstungsvertrag zwischen den beiden Supermächten haben auch die bilateralen Handelskontakte für die Sowjetunion am Beginn der neunziger Jahre eine immense Bedeutung. Die von US-Präsident Bush verfügte Aussetzung der im Jackson-Vanik-Amendment festgelegten Handelsbeschränkungen um ein weiteres Jahr[65] und die amerikanische Zusage über einen Kredit von einer Milliarde US-Dollar zum Weizenkauf sollen die Reformpolitik Gorbatschows unterstützen. In der zweiten Hälfte der achtziger Jahre, kam der Staat Israel der Sowjetunion bei der kontrollierten Abbremsung der Lawine von mehreren tausend Ausreisewünschen unfreiwillig zur Hilfe. Denn die von den Israelis damals geforderte Verlagerung der Transitstelle von Wien nach Bukarest (und des damit verbundenen zwangsweisen Direktfluges nach Israel) konnte sich kaum als ein Katalysator für die Alija der sowjetischen Juden ins Gelobte Land erweisen - obgleich der israelische Wunsch vom Phänomen der hohen Aussteigerquote beeinflußt war. Erst die Emigrationsrestriktion der USA mit der Festschreibung einer Einwanderungsquote von jährlich 48.000 Personen[66] seit dem Herbst 1989 hat, verbunden mit einem immer offener auftretenden Antisemitismus, die Umlenkung des Ausreisestroms nach Israel bewirkt. Die Explosion der Immigrationszahlen in den Jahren 1990/91 enthielt zugleich den Sprengsatz für das dramatische Absinken der Emigrationsbereitschaft seit Herbst 1991, die besonders im Jahresverlauf 1992 deutlich wurde. Während zum einen die politischen und gesellschaftlichen Lebensumstände (wenn auch nicht die Lebensmittelversorgung) in den GUS-Staaten sich sukzessive verbessert haben und die Mehrheit der früheren Unionsrepubliken erfolgreich den Marsch in die Demokratie angetreten haben, zeigten sich zugleich im Jüdischen Staat die Grenzen des Wachstums. Die wachsenden Probleme bei der Versorgung mit Wohnraum, die grassierenden Mißstände bei der gesellschaftlichen Eingliederung und zuletzt die hohe Erwerbslosigkeit unter den Olims beeinflußten nachhaltig das schlagartige Absinken der Immigrationsziffern. Denn die Einwanderungsflut der Jahre 1990/91 schwappte als Abschreckungswelle in die GUS-Staaten zurück, da mit der Zahl der Einwanderer auch die Zahl derjenigen sprunghaft anstieg, die die zurückgebliebenen Verwandten und Bekannten in der alten Heimat eindrücklich vom Nachkommen warnten. Dieses Abwarten äußert sich außerdem in einer Verschiebung der Herkunftsregionen, bei denen die Bürgerkriegsgebiete in Armenien und Aserbaidshan sowie in Georgien und Moldawien überproportional vertreten sind. Waren im Frühjahr 1992 nur noch 3.000 bis 4.000 Olims pro Monat registriert worden, so verdoppelte sich diese Zahl im Herbst 1992 wieder auf 6.000 bis 7.000 monatliche Einwanderer aus den GUS-Staaten. Besonders Juden aus den zentralasiatischen Republiken immigrierten in jüngster Zeit verstärkt nach Israel. Rund 180.000 Juden in den moslemisch geprägten und sich zunehmend islamisierenden Staaten besitzen bereits die offiziellen Einladungen zur Familienzusammenführung als dem ersten Emigrationsschritt.[67]

2.2. DIE HALTUNG DER UDSSR ZUR JÜDISCHEN EMIGRATIONSFRAGE

In den Jahren der Chruschtschow-Ära von 1954[68] bis 1964 konnten lediglich 1.452 Juden die Sowjetunion auf legalem Wege in Richtung Israel verlassen.[69] Eine jüdische Emigrationsfrage stellte sich nach der Darstellung des damaligen Generalsekretärs der KPdSU nicht, da beim zuständigen sowjetischen Innenministerium keine Auswanderungsanträge eingereicht worden seien. Es war jedoch in der westlichen Öffentlichkeit bekannt, daß im Sommer 1960 den sowjetischen Behörden mindestens 9.236 Ausreisegesuche von emigrationswilligen Juden vorlagen.[70] Nikita Chruschtschow behauptete allerdings im Juli 1960 in Wien dreist gegenüber israelischen Journalisten, es würden sich statt Emigrationsanträgen vielmehr die Anfragen derjenigen Juden stapeln, die um eine Rückkehrerlaubnis aus Israel in die UdSSR ersuchen würden.[71] Die wahre Haltung der Sowjetunion gegenüber der jüdischen Emigrationsfrage hatte Nikita Chruschtschow bereits im Jahre 1957 dargelegt, als er bemerkte, daß diese Ausreisen nicht sein Gefallen fänden und er dagegen sei. Fragen nach der ambivalenten staatlichen Behandlung einzelner, denen die Auswanderung erlaubt worden war, wies Chruschtschow mit der Bemerkung zurück, dies stimme zum Teil und stimme zum Teil nicht. Als unwahr bezeichnete der Generalsekretär die mit dem sowjetisch-polnischen Repatriierungsabkommen[72] vom März 1957 verbundenen Vereinbarungen, in welchen sich die UdSSR verpflichtet habe, polnischen Juden die Rückkehr in die Volksrepublik Polen zu ermöglichen,[73] obgleich man in der Sowjetunion wisse, daß *"einige von ihnen von dort nach Israel weiterziehen"*.[74]

Eine veränderte staatliche Haltung offenbarte sich nach dem Sturz Chruschtschows als Generalsekretär der KPdSU. Im Dezember 1966 wurde der damalige sowjetische Ministerpräsident Kosygin in einem Interview von amerikanischen Journalisten auf die Möglichkeit einer (wie schon bei Armeniern und Deutschen geschehenen) Zusammenführung von durch den zweiten Weltkrieg getrennten jüdischen Familienverbänden angesprochen. Alexej Kosygin erklärte, daß für den Wunsch einiger Familien, die Sowjetunion zu verlassen, *"kein Problem bestehe und der Weg für sie offen sei"*.[75] Diese Aussage stieß bei vielen Juden, die - vor allem in Lettland und Litauen - schon lange über eine Emigration nachgedacht hatten, auf reges Interesse.[76] Die veränderte Haltung der Regierung gegenüber den Auswanderungswünschen zeigte sich auch in der sprunghaft ansteigenden Zahl der erteilten Ausreisevisa: waren im Jahre 1964 nur 539 Genehmigungen erteilt worden, so waren es im Jahre 1965 mit 1.444 und im Jahre 1966 mit 1.892 dreimal soviele.[77]

Die sowjetischen Juden steckten in den späten fünfziger und frühen sechziger Jahren in einem wahren Dilemma. Einerseits blieben ihnen vielfältige Aufstiegsmöglichkeiten im Partei- und Staatsapparat versperrt - eine gewisse Ausnahme bildete nur der Wissenschaftsbereich. Andererseits war die sowjetische Gesellschaft noch immer vom stalinistischen Ungeist des Verdachts der Unzuverlässigkeit und einem traditionellen Antisemitismus durchdrungen.[78] Die antijüdische Diskriminierung, die vielfach neben dem Antisemitismus als Emigrationsgrund genannt wurde, betraf weniger die religiösen Benachteiligungen (Schließung von Synagogen etc.). Viel größeren Einfluß auf die Auswanderungsentscheidung hatte die berufliche und soziale Diskriminierung,[79] die die jüdische Identität zu einer zusätzlichen Bürde werden ließ bei der Partizipation am Verteilungskampf in der sowjetischen Mangelgesellschaft.[80] Dieses Empfinden, als Bürger zweiter Klasse behandelt zu werden,[81] hat deutliche Berührungspunkte zu dem - nur nachrangig geäußerten - Wunsch nach Steigerung des individuellen Lebensstandards. Der folgende antisemitische Witz verdeutlicht die doppelte Diskriminierung:

> *"Im Kaufhaus GUM am Roten Platz verbreitet sich kurz vor Ladenschluß das Gerücht, eine Ladung Tee sei eingetroffen. Sofort stürmt eine Menschenmenge in den Verkaufsraum für Tee. Der Verkäufer beruhigt die Anstürmenden: 'Bürger, es ist genug da, laßt uns erst einmal auspacken'. Nach einer halben Stunde erscheint der Verkäufer wieder: 'Bürger, so groß ist die Lieferung nun auch wieder nicht. Die Bürger jüdischer Nationalität werden daher gebeten, nach Hause zu gehen'. Nach einer weiteren halben Stunde erscheint der Verkäufer erneut: 'Es hat keinen Sinn, die Parteilosen können auch nach Hause gehen'. Schließlich nach einer weiteren Stunde Wartezeit sagt der Verkäufer: 'Genossen, euch kann ich es ja sagen, in Wirklichkeit haben wir gar keinen Tee bekommen'. Da brüllt ein Wartender: 'Verflucht noch mal, jetzt möchte ich aber mal wissen, warum hier die Juden immer so bevorzugt werden?'".*[82]

Die ständige gesellschaftliche Diskriminierung verstärkte das Interesse am Staat Israel, wodurch wiederum der Verdacht der Unloyalität gegenüber dem Sozialismus und der Staatsführung ausgelöst wurde.[83] Der mühsame Balanceakt zwischen kritiklos zu ertragender Unterdrückung und angepaßtem Loyalitätsstreben gegenüber dem kommunistischen Staat wurde durch den arabisch-israelischen Krieg im Juni 1967 nachhaltig aus dem Gleichgewicht gebracht. Die wachsende Desillusionierung und Unzufriedenheit mit ihrer Rolle im Sowjetstaat und das sich regende "jüdische Nationalbewußtsein",[84] für das der Sechs-Tage-Krieg 1967 ein wichtiger Katalysator war, führten zu einer rasch wachsenden Auswanderungsbereitschaft unter den sowjetischen Juden. Wie der Politologe Gitelman ausführt, waren der Krieg und die in den Wochen davor erfolgte proarabische Propaganda in den sowjetischen Massenmedien für viele Juden ein entscheidender Auslöser, zum ersten Mal über ihre eigene, jüdische Identität und ihre benachteiligte Stellung in der sowjetischen Gesellschaft nachzudenken. Nicht nur die antizionistische (= antisemitische) Propaganda in der Presse, sondern auch die aktive militärische Unterstützung der arabischen Staaten durch die UdSSR mit Kriegsgerät, zeigte vielen Juden, daß die eigene angestrebte Assimilation und Koexistenz im atheistischen Staat leninistischer Prägung eine unrealistische Illusion war.[85] Nicht nur rhetorisch, sondern auch politisch und militärisch bedrohte die Sowjetunion nun den Jüdischen Staat. Da die Medienattacken nicht mehr zwischen "Juden" und "Zionisten" unterschieden, wurde überdies dem latenten Antisemitismus in der übrigen Bevölkerung Vorschub geleistet.[86] Der überraschende und überaus schnelle Sieg der israelischen Armee über die arabischen Kriegsgegner wirkte kontraproduktiv auf die von den sowjetischen Behörden in den staatlichen Massenmedien insistierte synonyme Anprangerung aller Juden als Zionisten und Israelis - denn nun (er-)trugen viele sowjetische Juden diese Identifikation mit sichtbarem Stolz.[87] Darüberhinaus wurde dem zionistischen Gedanken und einer eigenen Auswanderung ins Gelobte Land nun sehr viel mehr Interesse entgegengebracht; die Siegernation war interessant und lebenswert geworden. Nach den Ereignissen des Jahres 1967 erkannten nun immer mehr sowjetische Juden,[88] daß eine genuine jüdische Kultur und Identität für sie nicht (mehr) in ihrem Geburtsland, sondern nur im Jüdischen Staat zu verwirklichen war.[89]

Nicht der Sechs-Tage-Krieg allein bedingte diese veränderte Haltung. Bereits über eine Dekade zuvor, Mitte der fünfziger Jahre, bildeten die Überlebenden der stalinistischen Arbeitslager, die vielfach durch die Amnestie im Jahre 1955 befreit wurden, erste informelle Arbeitsgruppen.[90] Einzelne zionistische Aktivisten bereiteten den Boden durch die Gründung von Musik- und Tanzgruppen, die einen Geist der nationalen Affirmation begünstigten.[91] Besonders im Baltikum und dort vor allem im lettischen Riga entstand rasch eine lebendige jüdische Kultur, welche an die im Sommer 1940 durch die gewaltsame Annektierung abgebrochenen kommunalen Aktivitäten anknüpfte.[92] Neben Jiddisch- und Hebräischunterricht in der Gemeinde wurden auch israelische Lieder und Tänze gelehrt, am Sabbatmorgen nach dem Gottesdienst vor der Synagoge Informationen ausgetauscht und offen diskutiert; selbst der Tausch von israelischen Briefmarken und Postkarten gehörte dazu. So entstand für viele Juden erst (wieder) ein Bewußtsein und ein Sinn dafür, was jüdische Kultur und Gemeinschaft im täglichen Leben bedeuten können.[93] Neu erwachtes Interesse an jüdischer Kultur äußerte sich auch in der privaten Organisation von Purim- und Sederfeiern, die allerdings häufig von der Polizei und der Miliz aufgelöst wurden, da alles, was nicht von der Partei veranstaltet wurde, a priori als "verdächtig" und "subversiv" galt - besonders wenn es noch mit dem Zionismus verbunden war.[94] Viele Dissidenten, die ihren Ausreisewunsch zumindest mit dem Arbeitsplatzverlust (häufig auch mit Gefängnisstrafen) "bezahlen" mußten und sich selbst intellektuell fordern wollten, engagierten sich in kulturellen Gruppen und kümmerten sich um das brachliegende jüdische Kulturleben: sie organisierten Hebräischkurse, veranstalteten Feste und Theateraufführungen.[95] Die damit verbundene "nationale" Rückbesinnung[96] reicht bis in die frühen sechziger Jahre zurück, als in der Spätphase der Chruschtschow-Ära,[97] ungeachtet der politischen Entstalinisierung,[98] ein staatlich sanktionierter propagandistischer Antisemitismus wieder aufkam.[99] Dieser steigerte sich bis zu pogromähnlichen lokalen Ausschreitungen,[100] welche die Hoffnungen vieler Juden auf eine friedliche Koexistenz in der UdSSR von neuem enttäuschten. Der Sieg Israels im Sechs-Tage-Krieg von 1967 wurde darum zu einem Katalysator, der die Emigrationssehnsüchte beschleunigte. Einen weiteren Motivationsschub für die Emigrationswilligkeit vieler Sowjetbürger jüdischen Glaubens löste der sogenannte Flugzeug-Entführungsprozeß in Leningrad im Dezember 1970 aus, in dessen Umfeld die antisemitische Hysterie und Berichterstattung in den staatlichen Massenmedien wieder einmal offen zutage trat.[101]

Zu einem wahren Auswanderungsstrom kam es seit dem Jahre 1971, als die sowjetischen Staats- und Parteiführung die jüdische Emigrationsfrage in die bilaterale Entspannungspolitik[102] miteinbezog, da sie sichtlich um das Wohlwollen der einflußreichen jüdischen Öffentlichkeit in den Vereinigten Staaten bemüht war, um die angestrebten Rüstungsbeschränkungen und Handelserleichterungen zu erreichen.[103] Aber auch die KSZE-Tagung in Helsinki hatte auf die Lage der sowjetischen Juden,[104] ebenso wie auf die der Sowjetdeutschen, konkrete Auswirkungen.[105] Überdies herrschte, nach Ansicht von Gitelman, bei den sowjetischen Machthabern die Meinung vor, nur einige wenige Tausend "Krawallmacher" würden tatsächlich emigrieren wollen, und die ganze ungewünschte Dissidentenbewegung würde außerdem danach zusammenfallen;[106] dieses Kalkül ging allerdings nicht auf, wie die weitere Entwicklung der Alija gezeigt hat. Die große Zahl der Personen, die, allen Diskriminierungen zum Trotz, die Ausreise beantragte, überraschte die sowjetischen Behörden völlig.[107] Um die Auswanderungsabsichten einzudämmen,[108] kam es zu einem massiven Anstieg der in der UdSSR publizierten antizionistischen Literatur. Nach Pinkus wurden zwischen den Jahren 1967 und 1969 insgesamt 22 antizionistische oder antiisraelische Bücher veröffentlicht. Zwischen 1970 und 1974 stieg die Zahl dieser Hetzschriften auf 132 (allein im Jahre 1973 waren es 32). Ab dem Jahre

1975 kam es zu einer allmählichen Abnahme, so wurden bis 1979 in sechs Jahren "nur" noch dreißig Bücher antizionistischen Inhalts publiziert. Eine eher unvollständige Bibliographie der in den Jahren 1960 bis 1984 erschienen Bücher und Broschüren zum Thema "Antijudaismus/Antizionismus" weist insgesamt über 200 Titel aus.[109] Der außenpolitische Umschwung, verbunden mit dem weltpolitischen Klimawechsel nach dem sowjetischen Einmarsch in Afghanistan, ließ allein im Jahre 1980 wieder insgesamt 28 derartiger Pamphlete erscheinen.[110] Seit 1967 existierte außerdem bei der Akademie der Wissenschaften der UdSSR eine ständige Kommission *"zur Koordinierung der Forschung, die der Enttarnung und Kritik der Geschichte, Ideologie und Praxis des Zionismus gewidmet ist"*.[111] Ob die Publikation dieser betont antizionistischen Literatur im Hinblick auf die Emigrationswilligkeit nicht sogar kontraproduktiv war, kann infolge fehlender Untersuchungen nicht belegt werden.

Die Zahl der aus der UdSSR ausreisewilligen Juden war und ist nicht exakt zu bestimmen. Die ungefähren Schätzungen der verschiedenen Hilfsorganisationen reichten von ca. 40.000[112] bis zu 400.000[113] Personen. Da keine genauen Angaben sowjetischer Stellen über die Gesamtzahl der gestellten Ausreiseanträge vorliegen, beruhen die Vermutungen der westlichen Beobachter auf Spekulationen, die alle durch die Ausreiseflut seit dem Herbst 1989 bei weitem übertroffen wurden. Einer der Experten, Yoram Dinstein von der Universität Tel Aviv, beispielsweise nannte im Sommer 1988 die Zahl von nur 25.000 als realistisch, da in der oft genannten Vermutung 375.000 auch alle jene eingeschlossen seien, die seit 1970 ihr Visum erhalten hätten.[114] Skeptiker wiederum hielten der Schätzung von Dinstein entgegen, daß nach westlichen Informationen die Anträge von etwa 2.000 Personen aus "Sicherheitsgründen"[115] abgewiesen worden seien. Berücksichtige man nun die Zahl der davon betroffenen Familienmitglieder, so sei die Ziffer der faktischen Ablehnungen um ein mehrfaches höher.[116]

Die Realität des Sommers 1991 führt alle derartigen Zahlenspiele ad absurdum. Nach 250.000 Menschen in den vergangenen achtzehn Monaten erwarten die israelischen Behörden[117] in diesem Jahr eine halbe Million Einwanderer[118] und bis Ende 1993 den Zustrom von einer weiteren Million Sowjetjuden.[119] Daß derartige Erwartungen keineswegs zu hoch gegriffen sind, zeigte im Mai 1991 eine empirische Befragung von 1.003 erwachsenen Sowjetbürgern im Großraum Moskau über ihre potentiellen Auswanderungsabsichten in den nächsten drei Jahren.[120] Während (erwartungsgemäß) über ein Drittel die USA und ein knappes Fünftel die Bundesrepublik sowie Australien als Zielort angaben, rangierte der Staat Israel immerhin an

16. Stelle der Beliebtheitsskala.[121] Auch unter der jüdischen Minderheit ist der Emigrationswunsch verbreitet: *"Viele erinnerten sich erst vor kurzer Zeit daran, daß sie Juden sind und daher nach Israel auswandern können. Einige kamen, weil sie endlich unbehelligt als Juden leben wollen. Doch die meisten wollten einfach aus der Sowjetunion heraus, und Israel ist das einzige Land, das sich jede Mühe gibt, sie aufzunehmen."*[122] Für viele Sowjetjuden (und natürlich auch Sowjetbürger anderer Nationalitäten) gilt, erst einmal heraus aus der Sowjetunion, *"wohin auch immer"*.[123] Es verwundert daher nicht, wenn auf den Schwarzmärkten sowjetischer Städte gefälschte jüdische Geburtsurkunden, Pässe und Einladungsschreiben kursieren.[124]

2.3 VERHÄLTNIS SOWJETUNION-ISRAEL

Hatte die UdSSR zu Beginn noch die Gründung des Staates Israels unterstützt[125] - ungeachtet der Proteste der arabischen Staaten und der Palästinenser[126] - so wandelte sich im Laufe weniger Jahre die sowjetische Haltung.[127] Während im Mai 1947 Andrej Gromyko, der damalige UNO-Vertreter der UdSSR, das Recht zur Gründung eines jüdischen Staates noch energisch unterstützte,[128] kam es im Verlauf des sogenannten Ärzte-Komplotts[129] im Jahre 1952 zum Abbruch der diplomatischen Beziehungen. Zwar wurden einige Monate nach Stalins Tod im Jahre 1953 die Kontakte wieder aufgenommen, aber die Entfremdung blieb bestehen. Seit den fünfziger Jahren bildete sich eine konsequente proarabische Linie heraus,[130] die durch militärische Unterstützung und Beratereinsätze manifestiert wurde. Vor allem die unter dem Stalin-Nachfolger Nikita Chruschtschow einsetzenden Waffenlieferungen an Ägypten verschlechterten das politische Klima.

Nach dem Sechs-Tage-Krieg im Juni 1967 kam es zum erneuten Abbruch der bilateralen Beziehungen. Seit August 1986 bestehen nun wieder lose diplomatische Kontakte,[131] die allerdings noch nicht zur Wiedereröffnung der seit über 20 Jahren geschlossenen Botschaften geführt haben.[132] Lediglich konsularische Vertretungen existieren wieder. Das sowjetische Einverständnis[133] im Mai 1988 zum Arbeitsbesuch[134] einer israelischen Konsulardelegation in der UdSSR markierte die Fortsetzung des Dialogs auf dem Wege einer Normalisierung der Beziehungen.[135] Aber auch die israelische Überstellung von (nichtjüdischen) Flugzeugentführern im Dezember 1988, die eine Passagiermaschine gewaltsam nach Israel umgelenkt hatten, an die sowjetischen Behörden, deutete die Annäherung an.[136] Die Außenminister Arens und Schewardnadse setzten im Februar 1989 bei einem Treffen in Kairo(!) ihren Dialog fort.[137] Die überfällige Erneuerung der bilateralen diplomatischen Kontakte auf Botschafterebene scheint allerdings, nach dem Austausch von Konsulardelegationen,[138] nur noch eine Frage der Zeit zu sein[139] und eng mit der Festsetzung einer Nahost-Friedenskonferenz und der sowjetischen Rolle dabei zusammenhängen.[140]

Am 28. Juli 1988 traf nach 21jähriger Pause eine sechsköpfige israelische Konsulardelegation in Moskau ein.[141] Geleitet wurde die Gruppe von Meron Gordon, der 1957 als Neunjähriger selbst mit seinen Eltern aus der UdSSR emigriert war.[142] Allgemein wurde erwartet, daß der zunächst auf zwei Monate projektierte Aufenthalt ausgedehnt würde,[143] nachdem sowjetische Konsularbeamte, die sich mit Eigentumsfragen der russisch-orthodoxen Kirche in Jerusalem beschäftigten,[144] sich schon seit Juli 1987 in Israel aufhalten durften.[145] Die sowjetischen Behörden wollen u.a. Besitzansprüche an der festungsartigen Jerusalemer Villa des Großfürsten Sergej, einem Onkel des letzten russischen Zaren Nikolaus II., geltend machen.[146] Für das seit 1967 leerstehende Botschaftsgebäude in der Pjatnitzkajastraße, dessen Eingang mit Brettern provisorisch vernagelt war, muß Israel der UdSSR jährlich 100.000 US-Dollar Miete bezahlen.[147] Die westlichen Hoffnungen erfüllten sich. Auch wenn die diplomatischen Beziehungen noch nicht vollständig hergestellt sind und ein Botschafteraustausch noch aussteht, so war die Arbeitserlaubnis für eine Konsulardelegation ein hoffnungsfrohes Zeichen. Ein Jahr nach ihrer Ankunft konnten die israelischen Beamten, die zuvor temporär in der niederländischen Botschaft residiert hatten, im Juni 1989 nun im früheren Botschaftsgebäude die Immigrationspapiere bearbeiten;[148] formal hatte sich an ihrem diplomatischen Status nichts geändert, aber die Erlaubnis zur Nutzung der alten Botschaftsräumlichkeiten, gegenüber den beengten Notverhältnissen in der niederländischen Mission, war ein hoffnungsvolles Zeichen.[149] Im Januar 1991, nachdem zuvor das sowjetische Generalkonsulat in Israel wieder seine Arbeit aufgenommen hatte, konnten auch die Israelis ihre Vertretung offiziell als Generalkonsulat fortführen,[150] so daß die Vertretung durch die Niederlande nur noch für alle auf Botschaftsebene laufenden Kontakte gilt. Vor dem Ausbruch des Golfkrieges Mitte Januar 1991 wurden Tag für Tag bis zu 1.500 Einreisevisa ausgefertigt. Der Golfkrieg ließ die Zahl der Antragsteller spürbar schwinden, so daß im Februar 1991 "lediglich" 500 Visa täglich ausgestellt wurden.[151] Im April 1991 wurden insgesamt 19.000 Visa ausgestellt. Doch danach sank das Ausreiseinteresse nach Israel wieder deutlich ab, so daß das Konsulat im Juli

1991 lediglich noch 1.400 Visa ausgab.[152]
Bis zur vollständigen Wiederherstellung bilateraler Beziehungen[153] nimmt weiterhin die diplomatische Vertretung der Niederlande die Interessen Israels in der Sowjetunion wahr, während die finnische Botschaft in Tel Aviv die UdSSR diplomatisch in Israel vertritt.[154]
Eine sich langsam verändernde Haltung der sowjetischen Machthaber gegenüber den Juden, dem Staat Israel und der jüdischen Emigration in den letzten Jahren zeigt auch eine Analyse der sowjetischen Tagespresse. Die Auswertung[155] eines renommierten amerikanischen Pressespiegels (Current Digest of the Soviet Press) weist nicht nur eine quantitative Veränderung, sondern vor allem auch eine qualitative Verschiebung hin zu einer sachlicheren Berichterstattung auf. Waren im Jahre 1985 noch alle (35) Artikel über Israel von einer negativen, verurteilenden Tendenz gekennzeichnet, so gab es im Jahre 1988 "nur noch" zwei Drittel abwertende Berichte. Parallel dazu entwickelte sich die Zahl der Meldungen, die über politische oder diplomatische Kontakte zwischen der UdSSR und Israel berichteten: 1985 null und 1988 fünf. In den Jahren 1989 und 1990 erhöhte sich diese Zahl deutlich durch die intensivierten Gespräche zwischen den Außenministern beider Staaten.[156] Die Berichte, die sich mit der jüdischen Minderheit in der Sowjetunion befaßten, waren zumeist von einem kritischen, zuweilen sogar gehässigen Unterton gekennzeichnet; das gilt besonders für die Jahre 1985-87. Im Jahre 1988 erschienen nicht nur die meisten (sechs) Artikel - mehr als 1986 und 1987 zusammen; auch die Art der Berichterstattung wurde deutlich positiver. Waren in den Jahren 1985-1987 etwa drei Viertel aller Artikel negativ gehalten, so war es im Jahre 1988 lediglich noch ein Drittel der Berichte. Alle Artikel, die die Emigration sowjetischer Juden zum Inhalt hatten, waren bis zum Jahre 1988 von einer kritischen bzw. die Auswanderung ablehnenden Grundhaltung gekennzeichnet. Im Jahre 1988 hingegen läßt sich auch hier der Beginn einer sachlicheren und etwas vorurteilsfreieren Berichterstattung konstatieren. Überdies erschienen auch zu diesem Thema im Jahre 1988 genauso viele Artikel wie in den beiden vorangegangenen Jahren zusammen.

2.4 SOWJETISCH-ISRAELISCHE KONTAKTE

Eine israelische Delegation von Knesset-Mitgliedern war bereits im November 1978 für einige Tage in der UdSSR. Dieser Besuch wurde weitgehend von den staatlich kontrollierten sowjetischen Massenmedien ignoriert. Weitere Aufenthalte israelischer Delegationen in Moskau anläßlich von internationalen Tagungen fanden im August 1979 und im April 1982 statt.[157] Gleichfalls im April 1982 nahm zum ersten Mal eine israelische Abordnung an der Internationalen Buchmesse in Moskau teil; obgleich die sowjetischen Behörden den Besucherstrom zu drosseln versuchten, war der Ausstellungsstand ständig von Interessierten umlagert.[158]

Die Erwartungen anläßlich des Besuchs der israelischen Konsulardelegation in der UdSSR wurden im Vorfeld durch die, nach Meinung westlicher Beobachter gezielte, Publikation einer antijüdischen Meldung von sowjetischer Seite gedämpft. So beschwerte sich Rifat Makgub, der Parlamentsvorsitzende der ägyptischen Nationalversammlung anläßlich seines eine Woche zuvor stattfindenden Moskaubesuchs beim sowjetischen Staatsoberhaupt Andrej Gromyko, daß Juden aus der UdSSR die Araber aus der Westbank und dem Gazastreifen verdrängen würden. Diese Beschwerde wurde von den staatlichen Medien geflissentlich verbreitet. Anscheinend - zumindest nach ägyptischer Darstellung - verläßt für jeden in die Westbank ziehenden jüdischen Siedler (besonders hoch sei darunter der Anteil der aus der Sowjetunion stammenden Personen) ein Palästinenser das Okkupationsgebiet.[159]

Die bereitwillige Annahme israelischer Hilfe nach dem Erdbeben in Armenien im Dezember 1988 war ein weiteres Indiz für die entspanntere Lage zwischen beiden Staaten. Die israelischen Hilfslieferungen von mehreren Tonnen Hilfsgütern und einem 40köpfigen Ärzteteam[160] waren deutlich mehr als nur eine symbolische Geste der Hilfsbereitschaft.

Im Mai 1989 besuchte eine israelische Rabbiner-Delegation die UdSSR. Bei einem Empfang im Kreml hob der Repräsentant des Obersten Sowjet hervor, daß dies das erste Mal seit über siebzig Jahren sei, daß ein Rabbi den Kreml betrete.[161]

Als kleine Sensation galt im Juli 1989 die Teilnahme einer Sportler-Delegation aus der UdSSR an den Makkabi-Spielen, dem Jüdischen Weltsportfest in Israel.[162] Die ersten sportlichen Kontakte waren bereits im Januar 1989 wieder geknüpft worden, als der sowjetische Fußballmeister Dynamo Kiew, durch seine zahlreichen Nationalspieler fast mit der UdSSR-Auswahl identisch, zu einem Freundschaftsspiel - dem ersten seit 33 Jahren - gegen die israelische Nationalmannschaft antrat.[163] Im März 1989 trat dann mit Makkabi Tel Aviv ein israelisches Team im Basketball-Europa-

pokal gegen den sowjetischen Vertreter ZSKA Moskau an.[164]
Im April 1990 gastierte das Israelische Philharmonische Orchester in Moskau. Die beiden Konzerte fanden vor vollkommen überfüllten Auditorien statt und waren von langanhaltendem Beifall gekennzeichnet.[165]
Seit dem Frühjahr 1990 darf die halbstaatliche israelische Jewish Agency unter dem Namen "Sochnut" auch Büros in Moskau, Leningrad, Kiew und sieben weiteren Großstädten der UdSSR unterhalten.[166]
Die Handelskontakte zwischen beiden Staaten haben sich ebenfalls ausgeweitet. Kennzeichnend für das veränderte außenpolitische Klima ist - neben dem Import von israelischem Obst und Gemüse[167] - die Erlaubnis der UdSSR für die Eröffnung eines Moskauer Büros der Israelischen Handelskammer im Frühjahr 1991.[168] Bereits im ersten Monat des Bestehen konnte das Büro 150 Anfragen von sowjetischen Firmen mit geschäftlichen Kooperationsangeboten verzeichnen.[169]
Kontakte und Kooperationen gab es auch in anderen Bereichen. So durfte eine israelische Theatergruppe im Januar 1990 in einem bekannten Moskauer Theater gastieren und im April 1990 gab das Israelische Philharmonische Orchester Konzerte in Moskau, Leningrad und Riga.[170] Außerdem kam es zwischen israelischen Universitäten und der sowjetischen Akademie der Wissenschaften zu mehreren Kooperationsabkommen.[171] Die im November 1990 vereinbarte wissenschaftliche Zusammenarbeit auf dem Gebiet der Astrophysik umfaßt auch eine für das Jahr 2015 projektierte Mars-Expedition.[172] Federführend auf israelischer Seite sind bei den Kooperationen zahlreiche in den siebziger Jahren ins Land gekommene Olims aus der UdSSR, so daß keinerlei Sprachschwierigkeiten bei der Zusammenarbeit mit den sowjetischen Fachkollegen auftreten.

1	Zur aktuellen Lage siehe Olt, S. 12.
2	Zur Geschichte der Rußlanddeutschen siehe auch den von Fleischhauer/Jedig herausgegebenen Sammelband.
3	Zum zahlenmäßigen Verhältnis der Emigration von Juden, Sowjetdeutschen und Armeniern aus der UdSSR siehe Frankel, Epilogue, S. 156; Heitman, Jewish, S. 115 ff.; Heitman, Soviet, S. 6 ff.
4	Zu eher ungewöhnlichen Abdrucken eines aufklärenden Berichtes und eines kritischen Leserbriefes in der Prawda siehe "Gibt es bei uns...", S. 12; Filanowskij, Diskriminierung, S. 7.
5	Sharansky, S. 21.
6	"Mehr GUS-Juden...", S. 5.
7	"An der Jahrtausendwende...", S. 5.
8	Siehe auch Barth, Tore, S. 3.
9	Siehe zum Gorbatschow-Besuch in Großbritannien im Dezember 1988 entsprechend Ben-Shlomo, Visa, S. 56.
10	Zur Emigration der Sowjetdeutschen seit 1948 siehe Heitman, Jewish, S. 115 ff.; Pinkus, S. 152 f.; Heitman, Soviet, S. 5 ff.
11	Siehe auch Zakan, Tore, S. 3.
12	Zur Fortführung seiner Theorie mit weiterem empirischen Datenmaterial siehe auch Brym, Statistical, S. 17 ff.
13	Brym, Changing, S. 25.
14	Ebd., S. 33, Figure 1.
15	Siehe auch Hoyt, S. 28 ff. zur Verhandlungsdauer.
16	OVIR: Otdel Vizy I Registratsii: Büro für Visa und Registration (die für Ausreisen zuständige Stelle des sowjetischen Innenministeriums).
17	Siehe Goodman, S. 20 f.; nur etwa ein Drittel der jeweils im Westen schon bekannten langjährigen Refuseniks erhielt ein Visa.
18	Dies gilt im übrigen auch für die Ausreisen der Sowjetdeutschen, deren Zahl von 7.226 (1979) über 6.954 (1980) auf 3.773 (1981) absank; siehe detailliert Pinkus, Minorities, S. 30 ff.
19	Der Abbruch der Entspannung wurde auch bedingt durch den US-Präsidentenwechsel von Jimmy Carter zu Ronald Reagan im Jahre 1980.
20	Levin, S. 749; Jacobs, Introduction, S. 6.
21	Siehe Sawyer, S. 186 ff.
22	Bertsch, Question, S. 68 ff.; Millar, S. 339 ff.
23	Siehe auch Thier, S. 27.
24	Czempiel/Schweitzer, S. 312.
25	Siehe auch "Die Rechnung des...", S. 5.
26	Bland-Spitz, S. 200 ff. "Amendment" ist der - meist nach dem vorschlagenden Senator benannte - und vom amerikanischen Kongreß gebilligte Zusatzantrag zu einem Gesetz, der dieses ergänzt oder auch, wie im vorliegenden Fall, in seiner Bedeutung einschränkt.
27	Siehe Farnsworth, S. A16.
28	Perkovich, S. 2; Farnsworth, S. A8.
29	Siehe Mertens, Lage, S. 3.
30	Rode, S. 212 f.
31	Jacobsen, S. 27. Zur Strategie der sowjetischen Außenpolitik gegenüber den USA siehe Pipes, Relations, S. 111 f.
32	Die beiden anderen Zusatzanträge waren das Stevenson-Amendment mit der Limitierung von Krediten auf 300 Mio. US-Dollar sowie das Church-Amendment mit dem Verbot von Regierungskrediten für bestimmte sowjetische Energieprojekte.
33	Machowski, S. 281 f.
34	Rode, S. 222, Tab. 2.
35	Farnsworth, S. A8.
36	Rode, S. 222, Tab. 2.
37	Siehe Kaltefleiter, S. 64 ff.; Czempiel/Schweitzer, S. 303 ff.; Pipes, Détente, S. 63 ff.
38	Brym, Changing, S. 25.
39	Malish, S. 217; Campbell, S. 147 f.
40	Bertsch, Politics, S. 266 f.; Stent, S. 312 ff.

41	Daß dies nicht früher geschah, hat zum einen mit der sukzessiven Machtetablierung eines neuen Generalsekretärs zu tun; zum anderen war die Emigrationsfrage für Gorbatschow angesichts der maroden Sowjetwirtschaft sicherlich nicht der oberste Tagungsordnungspunkt für Veränderungen. Siehe auch Curtius/Slambrouck, S. 13.
42	Zur anfänglichen Ambivalenz und Irritation in der westlichen Öffentlichkeit siehe Anderson et al., Gorbachev, S. 34 f.; Griver, S. 5; "Mr. Gorbachev...", S. 15; Pollack, S. 9; "Zwischen Schein...", S. 3.
43	Siehe auch Evans/Novak, S. A19; Gejdenson, S. A19.
44	D'Anastasio/France, S. 53; Fuerbringer, S. A20; Keller, Moscow, S. E1; Rom, S. 1.
45	"Bush hebt Sperren...", S. 8; "Bush honoriert...", S. 4.
46	Machowski, S. 281.
47	Siehe Zakan, Tore, S. 3.
48	Perkovich, S. 2.
49	Uthmann, Linie S. 16; Zakan, Weltkongreß, S. 4.
50	Siehe Quinn-Judge, S. 9 f.; Brummer, S. 34.
51	Siehe auch Aeppel, S. 9; Dillin, S. 7; Wayne, S. 3 f.
52	Im Dezember 1985 durften lediglich 92 Sowjetjuden die UdSSR verlassen; Ben-Shlomo, Russia let, S. 3.
53	"Soviet Emigration...", S. A16.
54	Cooper, Emigres, S. A8.
55	Barth, Rekorde, S. 1.
56	Brilliant, S. 1.
57	Dejevsky, Russians, S. 6; Im ersten Halbjahr 1988 konnten 16.500 der ca. 1,9 Mio. Sowjetdeutschen die UdSSR verlassen; siehe "Bonn rechnet...", S. 1 f.
58	Donath, S. 9.
59	Cody, S. A30; Greenberg, Israelis, S. 9.
60	Frankel, New Pact, S. A29.
61	"Jewish leaders expect...", S. 3.
62	Shanker, Soviet Jewish, S. 24.
63	Toth, S. 13.
64	Quinn-Judge, S. 9 f.
65	Koar, S. 7.
66	Sharansky, S. 21.
67	"Mehr GUS-Juden ...", S. 5.
68	Zu den sowjetischen Medienkampagnen gegen den vorgeblichen jüdischen Nationalismus und Kosmopolitismus in der späten Stalin-Phase der Jahre 1946-1953 siehe Pinkus, Campaigns, S. 53 ff.
69	Gitelman, Century, S. 263.
70	"Israel answers ...", S. 3.
71	Siehe Pinkus, Government, S. 71, Doc. 24.
72	Hoensch, S. 319.
73	Zur Annexion der polnischen Gebiete siehe auch Redlich, Jews, S. 82 ff.
74	Zit. in Korey, Right, S. 11. Siehe auch Heitman, Third, S. 28 ff. zu den rund 14.000 repatriierten Juden.
75	Pinkus, Government, S. 78, Doc. 29.
76	Siehe auch Korey, Right, S. 12.
77	Gitelman, Century, S. 268.
78	Koenen, Mythus, S. 181 ff.
79	Siehe Feinstein, Immigrants, S. 62.
80	Winkelmann, S. 129.
81	Gilison, Resettlement, S. 38.
82	Siehe Wroblewsky, S. 88.

83	Gitelman, Century, S. 264 f.; Siehe auch Gilbert, Hope, S. 110 ff.
84	Siehe Voronel, S. 74.
85	Gitelman, Century, S. 270.
86	Siehe auch Carrere d'Encausse, S. 202.
87	Gitelman, Century, S. 272.
88	Zur wachsenden Zahl der Petitionen zwischen 1968 und 1970 siehe Redlich, Appeals, S. 35 ff.
89	Gitelman, Century, S. 273.
90	Siehe Levin, Jews, S. 600 f.
91	Gitelman, Century, S. 274.
92	Redlich, Jews, S. 85 ff.
93	Levin, Jews, S. 602.
94	Gitelman, Century, S. 292.
95	Winkelmann, S. 137.
96	Redlich, Appeals, S. 28 spricht vom nationalen Wiedererwachen der Juden in der Sowjetunion.
97	Siehe Koenen, Mythus, S. 197 ff. u. S. 202 ff..
98	Levin, Jews, S. 600.
99	Zum Antisemitismus in der Breschnew-Ära siehe Korey, Brezhnev, S. 29 ff.; Pinkus, Jews, S. 224 ff.
100	Pinkus, Jews, S. 231 f.
101	Ausführlich dazu der dokumentarische Supplementteil in Soviet Jewish Affairs, 1. Jg. (1971), H. 1, der aus der Samisdatschrift Exodus (Nr. 4/1971) entnommen ist. Siehe außerdem den Bericht von Litvinoff, Leningrad, S. 1 ff; Bland-Spitz, S. 441 ff; Beermann, S. 3 ff.
102	Siehe Löwenthal, S. 20 ff.; Bland-Spitz, S. 199 ff.
103	Siehe auch Pipes, Détente, S. 91 ff.
104	Siehe auch Tabory, S. 25 ff.
105	Siehe Roth, Conference, S. 12 ff.; Koenen, Mythus, S. 220.
106	Gitelman, Century, S. 277; Koenen, Mythus, S. 220.
107	Löwenthal, S. 23.
108	Siehe Redlich, Appeals, S. 28 f.
109	Koenen, Mythus, S. 207.
110	Pinkus, Jews, S. 256.
111	Koenen, Mythus, S. 207.
112	Frankel, New Pact, S. A30; Ben-Shlomo, leave, S. 2.
113	Shanker, Soviet Jewish, S. 24.
114	Horovitz, Expert, S. 4.
115	Siehe auch Dinstein, Emigration, S. 12 f.
116	Horovitz, Expert, S. 4.
117	Siehe "Israel verzeichnet Flut...", S. 6.
118	"Israel erwartet...", S. 2. Noch im Herbst 1989 wurden lediglich 100.000 geschätzt; "Israel vor einer...", S. 2.
119	Steinmayr, Russen, S. 13.
120	Siehe auch Donath, S. 9.
121	Kettle, S. 25.
122	Har-Gil, Enge, S. 5.
123	Filanowski, Paßvermerk, S. 3.
124	Bulau, S. 3; Dinstein, Emigration, S. 9; Steinmayr, Russen, S. 13.
125	Weinstock, S. 215 ff.

126	Siehe u.a. Diner, S. 165 ff. und Mejcher, S. 206 ff., wo deutlich die historischen Wurzeln der latenten Auseinandersetzungen zwischen Juden und Palästinensern sichtbar werden.
127	Zu den anfänglich eher freundlichen sowjetisch-israelischen Beziehungen in den Jahren 1948-50, die eine extensive Militärhilfe einschloß, siehe detailliert Brod, S. 69 ff.
128	Koenen, Mythus, S. 178. Siehe ausführlich Mejcher, S. 163 ff.
129	"Moskau beschuldigt...", S. 1 f.
130	Siehe ausführlich die Darstellung von Brod.
131	Marx, Verhandlungen, S. 1; "Israel: Die Gespräche...", S. 2. Siehe auch Barth, Ebbe, S. 3; Black, Israeli, S. 7; Black, visas, S. 7; Blitzer/Wallfish/Finklestone, S. 1; Friedman, Issue, S. A3.
132	Zitzewitz, S. 12.
133	Zu den anfänglichen Kontakten siehe Fisher, Dancers, S. 7; Fisher, Delegation, S. 23; Frankel, Israel, S. A28.
134	Frankel, Visit, S. A21; Bohlen, Moscow, S. A17. Der genaue Termin wurde einen Monat später zwischen Schamir und Schewardnadse ausgehandelt; Oberdorfer, S. A27; Sciolino, Israel, S. A6; Barth, Nützlich, S. 1.
135	Murray, Moscow, S. 10; Dejevsky, Russians, S. 6. Zu den verschiedenen Treffen israelischer und sowjetischer Offizieller siehe u.a.: Black, Moscow, S. 6; Friedman, Contacts, S. A11; Jenkins, Peres, S. A34; "Peres rejects...", S. 6; Sciolino, Peres, S. A8; Tagliabue, S. A3.
136	Frankel, Hijackers, S. A36.
137	"Schewardnadse und Arens...", S. 1.
138	Siehe Black, Russian, S. 9; Friedman, Russians, S. A1; Keller, Delegation, S. A9.
139	Greenberg, Israelis, S. 9; Rafael, S. 2; Murray, Moscow, S. 10; Curtius, Israeli, S. 9.
140	Siehe Moffett, Role, S. 3; Weymouth, S. C1 f.; Curtius, consular, S. 11; Black, Mideast, S. 9. Zu den sowjetisch-israelischen Kontakten seit dem Amtsantritt Gorbatschows siehe Freedman, Relations, S. 44 ff.
141	Deming/Strasser/Kubic, S. 37; Jenkins, S. A18.
142	Lee, Israeli, S. A13; Nadgornyi, Moscow, S. 1.
143	"Erstmals seit...", S. 2.
144	Curtius, Soviet, S. 9; Siegl, Tauwetter, S. 2; Friedman, Diplomats, S. A13; Murray, Kremlin, S. 7; Ross, Israel, S. 7.
145	Bohlen, Soviet, S. 32; Fisher, Mission, S. 19; Fisher, Stick, S. 9; Friedman, Consular, S. A11; Friedman, Greetings, S. A7; Black, Return, S. 10; "Opening to...", S. E3; "Sowjetische Konsularbeamte...", S. 2.
146	Lynfield, S. 4; Frankel, Official, S. A10.
147	Siegl, Tauwetter, S. 2.
148	Shalev, S. 12.
149	"Israelis to move...", S. 1.
150	"Israelisches Generalkonsulat...", S. 2.
151	Shelliem, S. 44.
152	Keinon, Olim, S. 2.
153	Siehe auch "Das Gespräch war...", S. 3.
154	Reverse Diaspora, S. 38.
155	Alle Angaben im weiteren eigene Berechnungen.
156	Tyler, S. A21.
157	Vago, S. 15.
158	Ebd., S. 19.
159	Lee, Israeli, S. A13.
160	"Israel sends aid...", S. 1.
161	Jews in the U.S.S.R., 18. Jg., Nr. 11, 1. Juni 1989, London, S. 4.
162	Rosen, S. 26; "UdSSR-Team...", S. 8.
163	"Well played", S. 5.
164	Traxler, S. 11.
165	Jews in the U.S.S.R., 19. Jg., Nr. 9, 3. Mai 1990, London, S. 4.

166 Dohrn, Massenexodus, S. 119, Anm. 1; Steinmayr, Russen, S. 15.
167 "Moskau möchte Handel...", S. 2; "Israel liefert Obst...", S. 2; "Israel schickt Gemüse...", S. 11; "Israel and Russia...", S. 4.
168 Zu den Verhandlungen siehe die Meldung des Israelischen Rundfunks vom 29. Jan. 1990; Deutsche Welle, DW-Monitordienst, Nr. 21, 30. Jan. 1990, Köln, S. 1. Zu den ersten Handelskontakten im Januar 1990 siehe auch "Israeli-Soviet Accord", S. A11.
169 "Die sowjetisch-israelischen Handelsbeziehungen...", S. 12.
170 Kidron, S. 12.
171 Derfner/Siegel, S. 18; Remnick, Upgrade, S. A28; Siegel, Sovjet, S. 1; "Weizmann zeichnet...", S. 3.
172 Rudge, Soviet, S. 5; Siegel, Israel, S. 6.

3. GLIEDERUNG DES SOWJETISCHEN JUDENTUMS

3.1 DIE JÜDISCHE "NATIONALITÄT" IN DER UDSSR

Unter den mehr als 100 Nationalitäten und Völkerschaften, die in der Sowjetunion leben, nahm die nur 0,7 % der Gesamtbevölkerung umfassende und nach offizieller Definition als "Nationalität"[1] definierte jüdische Religionsgemeinschaft in den siebziger Jahren lediglich den 16. Platz ein.[2] Kennzeichnend für die jüdische Bevölkerung ist der hohe Urbanisierungsgrad, da 98 % der sowjetischen Juden in Städten leben, wobei ihr Anteil an der Gesamtpopulation der Kommunen zwischen drei und zwölf Prozent schwankt.[3] Die demographische Struktur der jüdischen Bevölkerung ist, neben dem extrem hohen Urbanisierungsgrad, gekennzeichnet durch eine überalterte Altersklassenverteilung und eine mit beiden Fakten verbundene geringe Geburtenrate. Sehr hoch sind überdies der Anteil der interkonfessionellen Mischehen und die Akkulturation an die slawische Umwelt.[4]

Nach den Angaben der staatlichen Zentralverwaltung für Statistik der UdSSR für das Jahr 1983 betrug der jüdische Anteil bei den sowjetischen Wissenschaftlern 5,3 %, bei den Medizinern 3,4 % und über sechs Prozent bei den sogenannten "Kulturschaffenden", d.h. Künstlern und Schriftstellern.[5] Diesem überproportionalen Anteil an der "Intelligenz" entsprechend, kamen auf je 10.000 jüdische Einwohner über 300 Studenten, während es im Landesdurchschnitt mit 200 je 10.000 Personen ein Drittel weniger waren!

Wie hoch der Prozentsatz gläubiger Juden in der Sowjetunion ist, läßt sich nicht präzise feststellen. Offizielle soziologische Untersuchungen konstatieren, daß der Anteil der Personen, die regelmäßig eine Synagoge besuchen, in den einzelnen Städten zwischen zwei und sieben Prozent schwankt.[6]

Für die sowjetischen Juden umfaßt dieser Akkulturationsprozeß eine doppelte Adaption, die durch die Übernahme russischer Sprache und Kultur sowie die Integration in das politische und ökonomische Gesellschaftssystem gekennzeichnet ist. Obgleich nach Pinkus die Akkulturation keinen Verlust der persönlichen Identität bedingt, sind die Juden, die am höchsten sowjetisierte "nationale" Minderheit in der UdSSR.[7] Dies dokumentieren auch die Tabellen 6 und 7 zur Muttersprache der jüdischen Minderheit.

Assimilation, verstanden als der Verfall (im Sinne von Lockerung) der individuellen Bindung an die eigene ethnische Gruppe, manifestiert sich für Pinkus in der wachsenden Zahl von Mischehen und den vielen jüdischen Intellektuellen, die - ungeachtet der religiösen Benachteiligung - in hohen öffentlichen Positionen sind. Ideologisch spiegelt sich diese Assimilation in den Mitgliedschaften in der KPdSU oder dem Komsomol (bei den Jugendlichen) wider.[8] Im Jahre 1976 waren 1,9 % der KPdSU-Mitglieder Juden.[9] In Relation zur jüdischen Bevölkerung der Sowjetunion gesetzt, entsprachen diese 294.744 Parteimitglieder 13,7 % der jüdischen "Nationalität";[10] dies wiederum bedeutet, daß die jüdische Minorität unter den Völkerschaften der UdSSR die proportional am größten repräsentierte Gruppe darstellt.[11] Dem überdurchschnittlichen jüdischen Anteil unter den KPdSU-Mitgliedern stand gleichzeitig eine unterproportionale Vertretung in den lokalen und regionalen Sowjets gegenüber,[12] die die reale Einflußlosigkeit bestätigt.

Die jüdische **Identität** beschränkt sich, bei wachsender Russifizierung und nachlassendem religiösen Moment, auf vier Schwerpunkte:

1. Kulturelle Aspekte;
2. Hebräisch-Unterricht;
3. Religiöser Glaube;
4. Emigrationswunsch.[13]

Nach offizieller Darstellung fehlt für eine Auswanderung aus der Sowjetunion die soziale und die politische Basis, da es keine Armut und keine Arbeitslosigkeit gebe[14] und überdies *"die Verfassung lebenswichtige soziale und politische Rechte"* garantiere.[15] Deshalb würde die überwiegende Mehrheit der Ausreiseanträge aus Gründen der Familienzusammenführung eingereicht. Die meisten Anträge würden von Personen gestellt, die *"während des zweiten Weltkrieges und der faschistischen Besatzung von ihren Familien getrennt wurden."*[16] Aber nicht nur diese letzte Aussage, die auf Grund des niedrigen Durchschnittsalters der Ausreisewilligen eindeutig widerlegt wird, auch die soziale Begründung wurde bereits ein Jahr später, im Juni 1987, in Frage gestellt, als offiziell von der Möglichkeit einer Arbeitslosigkeit in der UdSSR gesprochen wurde,[17] die dann im Sommer 1991 real wurde, als in Moskau die ersten Arbeitsämter in der Geschichte der Sowjetunion eröffnet wurden.[18] Nach einer Meldung der Nachrichtenagentur TASS könnten allein in der RSFSR bis zu fünf Millionen Menschen ihren Arbeitsplatz verlieren.

3.2 EINE DIFFIZILE DEFINITIONSFRAGE: "WER IST JUDE?"

Insgesamt bleibt festzuhalten, daß die Bestimmung der Größe der jüdischen Population sehr problematisch ist, da zwischen den folgenden Einordnungskategorien unterschieden werden muß:[19]

- **Juden** nach **Herkunft** oder **Abstammung**. Diese Gruppe umfaßt streng genommen nach der religiösen Formel nur diejenigen, deren Mutter Jüdin ist. Viele Sowjetologen dehnen allerdings häufig diese Kategorie auf alle Personen aus, die zumindest ein jüdisches Eltern- oder Großelternteil (also auch männlich) haben. Der reale Umfang dieser Gruppe läßt sich nur grob schätzen. Wird allerdings die religiöse Definition strikt angewandt, dürfte sich die Zahl der "Herkunftsjuden" auf einen kleinen Bruchteil der "Volkszählungsjuden" oder "Paßjuden" reduzieren;

- "**Volkszählungsjuden**", d.h. die Anzahl der Bürger jüdischer "Nationalität", die sich aus den Ergebnissen der jeweiligen Volkszählungen ergibt - obgleich diese Größe viel niedriger ist als die tatsächliche Zahl;

- "**Paßjuden**", d.h. alle Sowjetbürger, in deren nur im Inland gültigen Identitätskarte in der Rubrik Nationalität "Jewrej" eingetragen ist.[20] In diesem Paß, der ab dem 16. Lebensjahr ausgestellt wird, wird derjenige als Jude eingetragen, dessen beide Elternteile laut Paß jüdisch sind. Falls die Eltern verschiedener "Nationalität" sind, kann das Kind frei zwischen den beiden Nationalitäten der Eltern entscheiden[21], ohne jedoch diese Wahl später jemals wieder rückgängig machen zu können. Genaue Zahlen über die Anzahl der "Paßjuden" werden von den sowjetischen Behörden nicht veröffentlicht;[22]

- "**Emigrationsjuden**", hierunter fallen all jene, die emigrieren möchten, einschließlich etwaiger Ehegatten und Kinder, die selber nicht jüdisch sind (sei es nach Paß oder Religionsgesetz), die aber gleichfalls die Sowjetunion verlassen wollen. Angesichts einer großen Zahl von Mischehen (siehe unten Kap. 3.7) dürfte deren Anteil an dieser Gruppe relativ groß sein und ca. ein Drittel der Emigranten der neunziger Jahre umfassen.[23] Nach Meinung von Litvinoff ist der überwiegende Teil der Emigranten nur nach dem Stempeldruck im Inlandspaß jüdisch,[24] da vielfach kaum bzw. überhaupt keine Kenntnisse von oder Interesse an jüdischer Religion oder Kultur mehr vorhanden sind.[25]

Da außer für die Gruppe der "**Volkszählungsjuden**" keine offiziellen statistischen Angaben vorliegen, ist man gezwungen, sich auf diese Kategorie zu beschränken und auf die darüber veröffentlichten Daten zurückzugreifen.

Bei der Frage der "nationalen" Identität der sowjetischen Juden muß zwischen zwei Formen unterschieden werden: der **öffentlichen** und der **persönlichen**. Die öffentliche oder gesellschaftliche Identität ist dabei sowohl objektiv (Charakterisierung des Einzelnen aus Sicht der Anderen) wie auch subjektiv (das eigene Selbstverständnis, wie es von den Mitmenschen wahrgenommen wird) ausgeprägt. Die persönliche Identität umfaßt die individuelle Wahrnehmung der eigenen Fähigkeiten und Qualitäten, d.h. das Selbstbild.[26]

Der israelische Historiker Benjamin Pinkus hingegen unterscheidet weniger nach formalen und statistischen Gesichtspunkten, sondern betont vielmehr die religiöse

Gesinnung und die "nationale" Identität der Betroffenen. Daraus resultiert eine Aufteilung in vier Hauptgruppen, die allerdings gleichfalls nicht quantifizierbar sind:[27]

- **Assimilierte Juden.** Diese Gruppe umfaßt all jene, die keine Beziehung mehr zur jüdischen Religion und Kultur haben, die aber - z.B. durch den Inlandspaß - als "Jude" stigmatisiert[28] sind und dieser Einteilung nicht entgehen können;[29]
- **Kommunistisch-nationale Juden.** Diese Kategorie wird quantitativ zunehmend kleiner, einerseits als Folge des wachsenden Zerfalls der jüdischen Kultur in der Sowjetunion und andererseits als Resultat des aufkommenden zionistischen Gedankens als "alleiniger Lösung" (Pinkus) der Jüdischen Frage in der UdSSR.[30] Für Pinkus gehören nur jene vierzehn Prozent der Juden, die in der Volkszählung des Jahres 1979 Jiddisch als ihre Muttersprache nannten, in diese Gruppe;
- **Religiöse Juden.** Diese Kategorie, die lediglich zwischen 70.000 bis 100.000 Personen umfassen dürfte, rekrutiert sich aus orthodoxen und religiös noch aktiven Juden sowie Anhängern theologischer Splittergruppen (Chassidim)[31];
- **Zionistisch-national orientierte Juden.** In diese Gruppe, deren Zugehörige eine hohe Identifikation mit einem theokratischen Staat biblischer Tradition (Eretz Israel) auszeichnet und die Hebräisch als ihre Muttersprache ansehen, sind weniger die Emigranten (die durchaus auch aus den anderen drei Richtungen kommen), als vielmehr deren Aktivisten und Wortführer zu subsumieren, die fast in Gänze dann auch nach Israel emigrierten bzw. auswandern werden.[32]

3.3 DEMOGRAPHISCHE GRÖSSE DER "NATIONALITÄT"

Nach der Volkszählung des Jahres 1959 betrug die Gesamtbevölkerung der Union der Sozialistischen Sowjetrepubliken (UdSSR) 208,83 Millionen Bürger; die Zahl stieg bis zum Jahre 1970 auf 241,72 Millionen an. Dem gegenüber verringerte sich der Anteil von Personen jüdischer "Nationalität"[33] in diesem Zeitraum absolut von 2,27 Millionen auf 2,15 Millionen; prozentual gesehen betrug der Rückgang an der Gesamtpopulation der Sowjetunion zwischen 1959 und 1970 nur 0,2 Prozentpunkte: von 1,1 % auf 0,9 % aller Einwohner der UdSSR. Obgleich die Gesamtbevölkerung der Sowjetunion im Zeitraum von 1939 bis 1979 um fast die Hälfte auf 262 Millionen anstieg, war der jüdische Bevölkerungsanteil an der Gesamtpopulation der Union der Sozialistischen Sowjetrepubliken (UdSSR) in absoluten Zahlen um ein Drittel auf 1,8 Mio. Menschen und prozentual gesehen um über die Hälfte abgesunken (statt 1,8 % nur noch 0,7 %). Während der absolute Anstieg der Gesamtbevölkerung, einhergehend mit den expansiven Steigerungsraten in den zentralasiatischen Landesteilen, nicht erstaunt - er beeinflußt auch weitgehend den prozentualen Rückgang der jüdischen Bevölkerung -, überrascht die festgestellte absolute Abnahme. Dabei war der Rückgang der jüdischen Minderheit in der Sowjetunion **nicht allein** eine Folge der Emigration. Betrachtet man die Populationsziffern der Volkszählungen von 1970 und 1979, ist eine Bevölkerungsabnahme von 340.000 Personen zu konstatieren. In dieser Dekade waren rund 174.000 Juden emigriert, d.h. eine Differenz von 167.000 Personen ist **nicht** auf die Alija zurückzuführen. Selbst wenn unterstellt wird, daß die Populationsentwicklung infolge der Überalterung und einer hohen Urbanitätsrate gleich Null oder sogar leicht rückläufig war, bleibt dies als Erklärung unzureichend. Dies gilt auch für die achtziger Jahre, wo den 202.900 Emigranten ein Bevölkerungsrückgang von 360.700 Personen zwischen den Volkszählungen von 1979 und 1989 gegenüber steht - ein Saldo von 157.800 Juden. Es scheint vielmehr so, daß zehntausende aufgehört haben, sich als Juden zu verstehen und in der Volkszählung des Jahres 1979 - sei es legal oder illegal - eine andere Nationalität angegeben haben.[34] Daniela Bland-Spitz konstatiert, daß viele Juden aus Angst oder Scham, oder weil sie Repressalien fürchteten oder sich assimilieren wollten, ihre "Nationalität" bei der Volkszählung bewußt falsch eintrugen.[35] Der israelische Historiker Benjamin Pinkus hingegen betont als Gründe für die Differenz die Überalterung des jüdischen Bevölkerungsteils (siehe auch Graphik 6 für die RSFSR) und die traditionell geringere Geburtenrate in den urbanen Gebieten, in denen Juden wiederum überproportional häufig leben.[36] Außerdem müsse beachtet werden, daß durch die Emigration viele jüngerer Familien mit Kindern und vor allem Frauen im gebärfähigen Alter die Sowjetunion verlassen hätten.

Tabelle 4: Jüdischer Bevölkerungsanteil in ausgewählten Unionsrepubliken in den Jahren 1959, 1970, 1979 und 1989 nach den Ergebnissen der Volkszählungen

Republik (SSR)	Volkszählungen (in Prozent der Gesamtbevölkerung der Unionsrepublik)							
	1959		1970		1979		1989	
	abs.	in %	abs.	in %	abs.	in %	abs.	in %
RSFSR	875.307	0,7	807.915	0,6	699.286	0,5	550.422	0,4
Weißruß.	150.084	1,9	148.011	1,6	135.416	1,4	111.789	1,1
Ukraine	840.314	2,0	777.126	1,6	632.877	1,3	484.219	0,9
Moldau.	95.107	3,3	98.072	2,7	80.087	2,0	65.757	1,5
Georgien	51.582	1,3	55.382	1,2	28.121	0,6	24.669	0,5
Aserbaid	40.204	1,1	41.382	0,8	35.455	0,6	30.762	0,4
Armenien	1.024	0,1	1.048	0,0	953	0,0	676	0,0
Litauen	24.672	0,9	23.564	0,7	14.644	0,4	12.312	0,3
Lettland	36.592	1,7	36.680	1,5	28.312	1,1	22.897	0,9
Estland	5.436	0,5	5.288	0,4	4.954	0,3	4.613	0,3
Usbekist	94.344	1,2	102.855	0,9	99.863	0,6	94.659	0,5
Tadshik.	12.414	0,6	14.615	0,5	14.655	0,4	14.621	0,3
Kasach.	28.048	0,3	27.689	0,2	23.379	0,2	19.863	0,1
zusammen	2.255.128	1,1	2.139.627	0,9	1.798.002	0,7	1.437.259	0,5

(berechnet nach Shoup, S. 146 ff., Tab. C9; Heitman, Census, S. 28, Tab. 2)

Der Bevölkerungsverlust zwischen 1959 und 1970 betrug 115.501 Personen, d.h. ein Rückgang um 5,1 % gegenüber dem Jahr 1959. In den siebziger Jahren kam es hingegen zu einer Abnahme der jüdischen Bevölkerung um 341.625 Personen oder sechzehn Prozent der bei der Volkszählung 1970 registrierten Personen. Noch dramatischer war der Rückgang in den achtziger Jahren, wo es bei der jüdischen "Nationalität" in der UdSSR zu einer Abnahme um 360.743 Personen kam, ein Fünftel der im Jahre 1979 erfaßten Juden; gegenüber dem Jahre 1970 kam es sogar zu einem Rückgang von einem Drittel!

In der Phase von 1959 bis 1970 sank der jüdische Bevölkerungsanteil nachhaltig in der Ukraine und in der Russischen Sozialistischen Föderativen Sowjetrepublik (RSFSR), dem Kerngebiet des zaristischen Rußlands, während die Populationsrate in den Unionsrepubliken Georgien und Usbekistan in absoluten Zahlen sogar noch leicht anstieg. In den siebziger Jahren schließlich nahm die jüdische Minorität in allen aufgeführten Unionsrepubliken ab, wobei der Rückgang in Georgien (Halbierung) und Litauen - prozentual gesehen - am größten war, obgleich die Populationsverluste in absoluten Zahlen in der RSFSR und der Ukraine am höchsten waren. Berücksichtigt werden müssen bei diesem Vergleich allerdings die jeweilige **absolute** Größe des jüdischen Bevölkerungsanteils in den verschiedenen Unionsrepubliken. So sank in den zwanzig Jahren zwischen 1959 und 1979 der jüdische Bevölkerungsanteil in der RSFSR nur um 0,2 Prozentpunkte, obschon der absolute Rückgang um 174.000 Personen sieben Mal größer war als beispielsweise in Georgien, wo sich die jüdische Bevölkerung prozentual halbierte. Für diesen dramatischen Bevölkerungsverlust gibt es eine lokale Erklärung. Neben dem allgemeinen Katalysator Sechs-Tage-Krieg für die Emigrationsbereitschaft kam in Georgien noch ein weiteres, gleichwohl stärkeres Moment hinzu: der Sturz des Politbüro-Kandidaten und Ersten Sekretärs der Georgischen KP, Wassilij Mschawanadse, im Jahre 1972. Seine Ablösung durch Eduard Schewardnadse ließ zahlreiche personale Netzwerke und Kontakte zerbrechen. Da aber die georgischen Juden als Kleingewerbetreibende und Händler überproportional häufig mit der Schattenwirtschaft verquickt waren, ließ nach Altman/Mars der Machtwechsel, aus Furcht vor dem neuen Kurs, die Emigrationsziffern rasant ansteigen.[37] Ungeachtet dieser klaren Bevölkerungsabnahme in der RSFSR war die Republik in den siebziger Jahren unter den Emigranten eher unterrepräsentiert.[38] Diese vordergründige Widersprüchlichkeit läßt sich mit einer größeren Urbanität und dem höheren Assimilationsgrad der Juden in der RSFSR erklären,[39] der bei der Angabe der Muttersprache offenkundig wird (siehe Graphik 10).

Graphik 3: Jüdischer Bevölkerungsanteil im Vergleich zur Gesamtpopulation der UdSSR von 1939 bis 1989

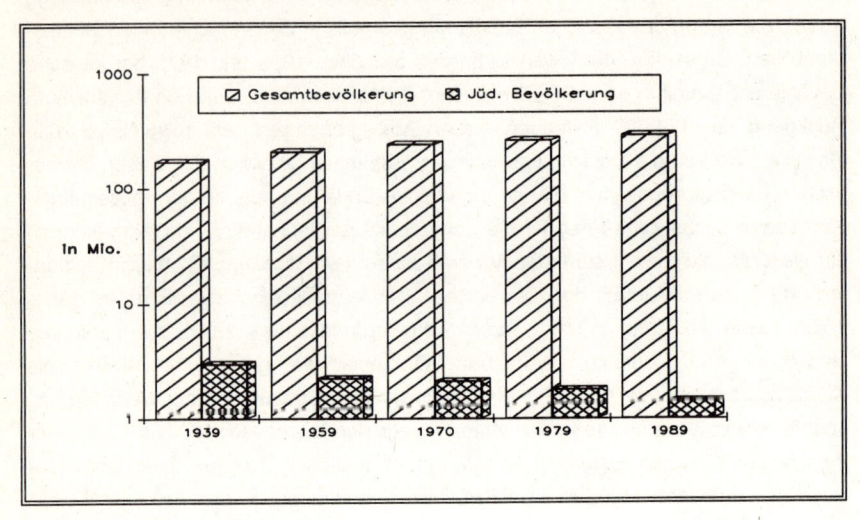

(erstellt nach Shoup, S. 140, Tab. C6)

Die Verteilung der Bevölkerung jüdischer "Nationalität" auf die einzelnen Unionsrepubliken der Sowjetunion sah nach den Zensusergebnissen des Jahres 1970 (mit hoher Konsistenz gegenüber 1959), und **vor** Beginn der massiven Ausreisewelle der siebziger Jahre, wie folgt aus:

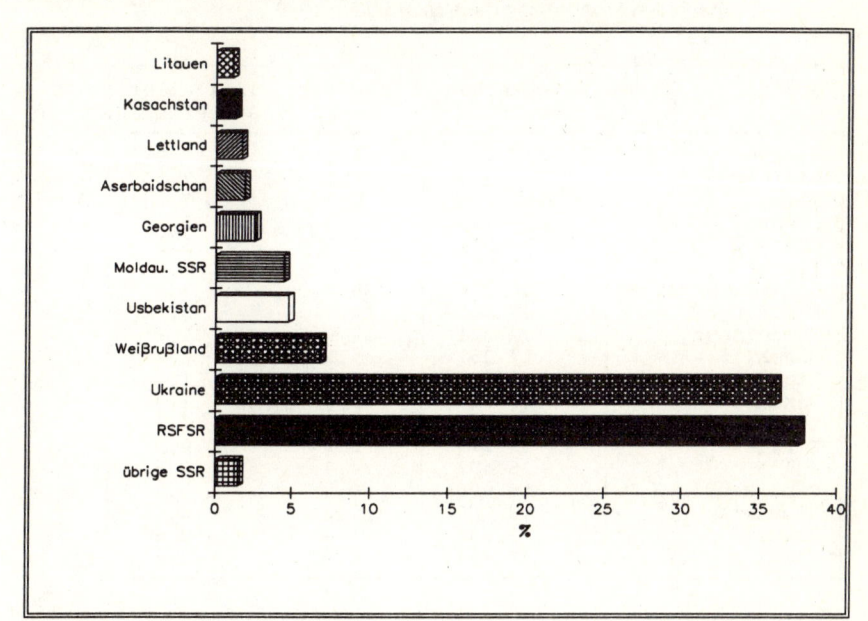

Graphik 4: Jüdische Bevölkerung nach Unionsrepubliken im Jahre 1970

(erstellt nach Bland-Spitz, S. 41, Tab. 2)

Bereits die Volkszählung von 1959 ergab, daß fast alle Juden (95,3 %) in Städten lebten; dieser Anteil stieg bis zum Jahre 1970 sogar noch auf 97,9 % an. Von der Gesamtbevölkerung wohnten hingegen im Jahre 1970 nur 56 Prozent in Städten.[40] Allein in der Hauptstadt Moskau lebte über ein Zehntel der jüdischen Sowjetbürger; über ein Viertel der sowjetischen Juden wohnen in nur drei Städten: Moskau, Kiew und Leningrad. In keiner Stadt der UdSSR überschreitet der jüdische Bevölkerungsanteil jedoch ein Fünftel an der Gesamteinwohnerzahl; er beträgt in den meisten Kommunen, in denen überhaupt Juden leben, rund fünf Prozent der städtischen Population.

Tabelle 5: Jüdische Bevölkerung in ausgewählten sowjetischen Städten nach den Ergebnissen der Volkszählung 1970

Stadt	jüd. Bevölkerung absolut	in % der Stadt	in % aller Juden in SU
Moskau	251.523	3,6	11,9
Leningrad	162.587	4,1	7,5
Kiew	152.006	9,3	7,1
Odessa	116.280	13,0	5,4
Charkow	76.211	6,2	3,5
Taschkent	55.758	4,0	2,6
Dnjepropetrowsk	68.776	8,0	3,2
Kischinjow	49.905	14,0	2,3
Tschernowzy	37.221	19,9	1,7
Minsk	47.057	5,1	2,2
Riga	30.581	4,2	1,4
Baku	29.716	2,3	1,4
Lwow	27.584	5,0	1,3
Tiflis	19.579	2,2	0,9
Wilna	16.491	4,4	0,8
Samerkand	16.000	6,0	0,7
Alma-Ata	9.180	1,3	0,4
Frunse	5.962	1,4	0,3
Tallinn	3.754	1,0	0,2

(erstellt nach Bland-Spitz, S. 44, Tab. 4)

Die Urbanitätsrate der sowjetischen Juden ist bei weitem die höchste aller Nationalitäten und Volksgruppen der Sowjetunion. Selbst im Weltmaßstab, mit Ausnahme von Stadtstaaten wie Hongkong oder Singapur, sind die Juden in der UdSSR überproportional urbanisiert.[41] Bei der Volkszählung im Jahre 1970 wohnten fast vier Fünftel (78,5 %) der sowjetischen Juden in Städten, gegenüber dem Landesdurchschnitt von 46,6 %; selbst die Russen als zweithöchste urbanisierte Gruppe folgten mit 56,3 % in deutlichem Abstand.[42] Die jüdische Landbevölkerung hingegen sank, durch die fortschreitende Verstädterung, zwischen den Jahren 1897 und 1970 um 83,7 % von einstmals fast drei Millionen Personen auf weniger als 500.000.[43]
Die hohe jüdische Konzentration in einigen wenigen Landesteilen ist ein Fortbestand der restriktiven Siedlungspolitik im zaristischen Rußland.[44] Die regionale Siedlungsstruktur der Juden war im Jahre 1926 - vor der Annektion der Baltischen Republiken und der übrigen nach dem zweiten Weltkrieg von der Sowjetunion angegliederten westlichen Gebiete - noch deutlich von der alten zaristischen Ansiedlungsbeschränkung für Juden auf 25 westliche Gouvernements Rußlands gekennzeichnet: in der

Ukraine lebten 58,9 %, in der RSFSR 22,1 % und in Weißrußland 15,2 % der jüdischen Bevölkerung.[45] Dieser 96prozentige Anteil an der gesamten jüdischen Bevölkerung der UdSSR fiel bis zum Jahre 1970 auf unter achtzig Prozent.
Die Emigrationszahlen variierten nicht nur von Unionsrepublik zu Unionsrepublik, sondern auch innerhalb der Regionen sind signifikante Unterschiede konstatierbar. Im Verhältnis zur (durch die Volkszählung im Jahre 1970 registrierten) jüdischen Einwohnerzahl haben zwischen 1973 und 1976 einzelne Städte in der Ukraine und Usbekistan zwischen drei und zwanzig Prozent ihrer jüdischen Bewohner durch die Emigration verloren.

Graphik 5: Jüdischer Bevölkerungsverlust in ausgewählten Städten der Ukraine und Usbekistans 1973-76 (in %)

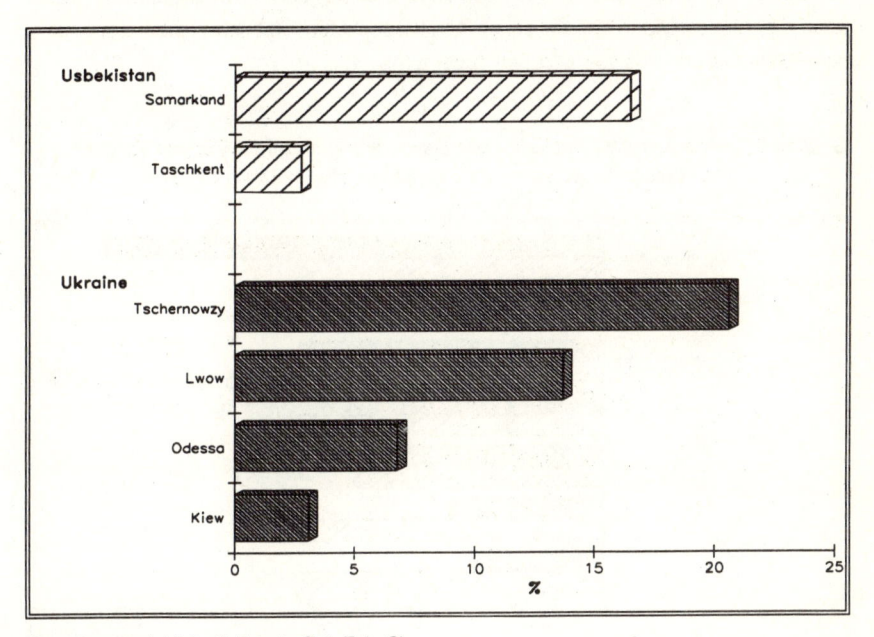

(berechnet nach Litvinoff, Trends, S. 8, Tab. G)

Signifikante Unterschiede sind nicht nur in der regionalen Herkunft, sondern außerdem zwischen der Väter- (den vor dem zweiten Weltkrieg Geborenen) und der Söhne-Generation (der 1950/60er Geborenen) konstatierbar. Während für die ältere

Generation die Kriegserfahrung und die kollektive Bedrohung der UdSSR durch den Nationalsozialismus prägend war, nehmen die Jüngeren, in der Post-Stalin-Ära Geborenen, den **Antisemitismus** als spezifisches **sowjetisches** Phänomen wahr.[46]

3.4 ALTERSSTRUKTUR

Genaue statistische Angaben über die Altersstruktur der jüdischen Bevölkerung der Sowjetunion liegen nicht vor.[47] Lediglich für die RSFSR lassen sich aufgrund der veröffentlichten Daten aus der Volkszählung des Jahres 1970 genauere Angaben über die Altersstruktur der jüdischen Unionspopulation machen; sie zeigen eine hohe Geriatrierung des sowjetischen Judentums.

Graphik 6: Altersstruktur der jüdischen Bevölkerung in der RSFSR im Vergleich zur Gesamtpopulation der Unionsrepublik im Jahre 1970

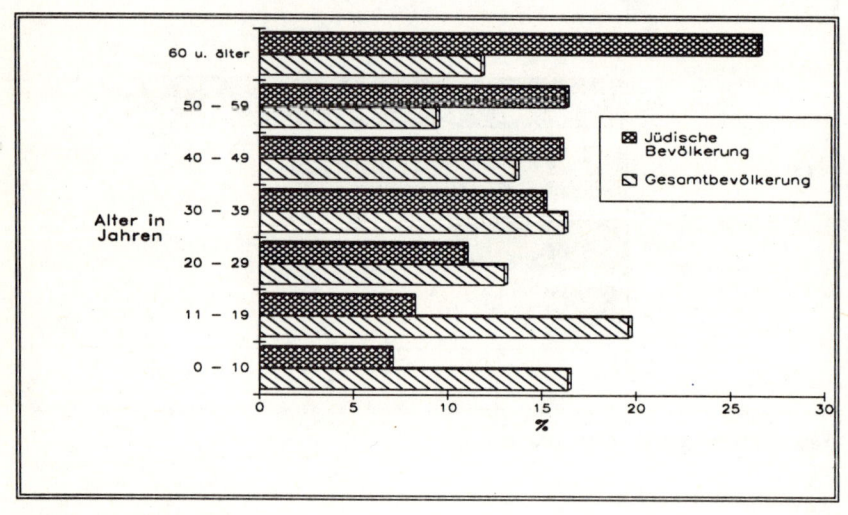

(erstellt nach Bland-Spitz, S. 47, Tab. 6)

Deutlich zu erkennen ist die unterproportionale Vertretung der Juden bei den Jugendlichen bis 19 Jahren. Andererseits ist die jüdische Minorität bei den über 60jährigen prozentual doppelt so häufig vertreten, als es der Gesamtbevölkerung entspricht. Noch dramatischer stellt sich diese Verteilung dar, wenn diese beiden Altersgruppen in absoluten Ziffern gegenübergestellt werden: den 121.712 bis Neunzehnjährigen stehen mit 213.379 fast doppelt soviele über Sechzigjährige gegenüber.

Verursacht wurde und wird dieses Ungleichgewicht zum einen durch die demographischen Auswirkungen und Folgen des Zweiten Weltkrieges mit seinen Millionen Kriegstoten auch unter der Zivilbevölkerung sowie der Opfer der nationalsozialistischen Verfolgungen und Völkermorde in den zeitweilig okkupierten Gebieten des Sowjetreiches. Andererseits ist die hohe Urbanitätsrate der jüdischen Bevölkerung neben der geringeren durchschnittlichen Geburtenrate ein Grund für die Überalterung.

Nach der ersten Volkszählung der UdSSR im Jahre 1926 waren nur 2,6 % der Juden in der Sowjetunion _nicht_ den Aschkenasi zuzurechnen. Die Ergebnisse des Zensus von 1970 zeigen, daß der Anteil der orientalischen Juden (Sephardim) an der Gesamtgruppe auf rund 6,5 % angestiegen ist.[48] Die Hauptgründe für diesen prozentual wie auch absolut relativ starken Anstieg der Sephardim sind vor allem die deutlich geringeren Populationsverluste unter den orientalischen Juden während des zweiten Weltkrieges und der damit verbundenen Shoah durch den Nationalsozialismus (die Hauptsiedlungsgebiete der Aschkenasim hingegen lagen im deutschen Okkupationsgebiet im europäischen Teil der Sowjetunion).[49] Außerdem liegt die Geburtenrate in den überwiegend rural strukturierten Gemeinden[50] der orientalischen Juden deutlich höher als bei den Aschkenasim, deren städtische Siedlungsgebiete von den für die urbanen Gemeinden typischen niedrigen Geburtenziffern geprägt sind.

3.5 BILDUNGSNIVEAU

Das überproportional hohe Bildungsniveau der jüdischen Glaubensgemeinschaft in der UdSSR verdeutlicht die in Graphik 7 vorgenommene Gegenüberstellung der verschiedenen Nationalitäten und ihrer unterschiedlichen bildungsmäßigen Partizipation. In den aufgeführten fünf Unionsrepubliken[51] leben 86,8 % der jüdischen Bevölkerung der Sowjetunion. Sie können daher einen umfassenden Überblick über die Bildungsverhältnisse der sowjetischen Juden vermitteln. Deutlich zu erkennen ist der geringe Anteil jüdischer Sowjetbürger an der Gruppe der Personen, die nur eine Grundstufenbildung[52] besitzt. Zwar liegt der jüdische Grundstufenanteil - kongruent zu dem der jeweiligen Unionsrepublik - in Weißrussland und in der Moldauischen SSR etwas höher als in den übrigen Unionsrepubliken. Zugleich aber ist der jüdische Anteil, wie in allen Republiken, innerhalb der einzelnen Unionsrepublik signifikant niedriger.

Vice versa partizipieren Juden an der höheren und mittleren Bildungsstufe immer deutlich über dem jeweiligen Unionsdurchschnitt der anderen Bevölkerungsgruppen wie Russen, Weißrussen, Ukrainer oder Letten. Kongruent zu dem hohen Grundstufenanteil liegt die Partizipation der Moldauer wie auch der dort lebenden Juden deutlich unter dem Niveau der anderen aufgeführten Republiken. Zugleich gilt aber auch hier, daß die jüdische Beteiligung an den Personen mit mittlerer und höherer Bildung deutlich über dem Unionsniveau, d.h. für die Moldauische SSR sogar doppelt so hoch ist.

Graphik 7: Bildungsniveau der Gesamt- und der jüdischen Bevölkerung in ausgewählten Unionsrepubliken im Jahre 1970 (Personen älter als 10 Jahre)

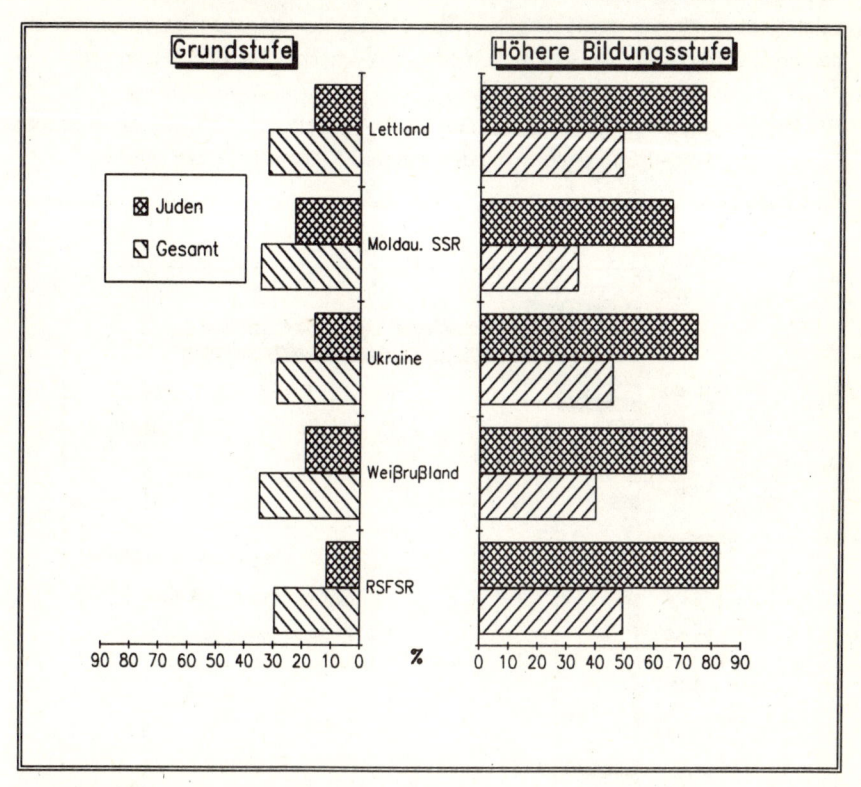

(erstellt nach Bland-Spitz, S. 55, Tab. 10)

Zu bemerken ist noch, daß die hohe sprachliche Akkulturation der jüdischen Minorität im Bildungsbereich sicher ein Vorteil ist, da Russisch als Amts- und Wissenschaftssprache im Vielvölkerstaat Sowjetunion absolut dominierend ist.

Die Graphik 8 zeigt eine Gegenüberstellung der einzelnen "Nationalitäten" und ihrer Bevölkerungsanteile an den wissenschaftlich Tätigen und dem Personenkreis mit dem akademischen Titel "Doktor der Wissenschaft."[53] Diese Aufstellung dokumentiert die überproportionale Beteiligung der jüdischen "Nationalität", deren hervorragende Stellung vor allem bei den promovierten Wissenschaftlern erkennbar ist. Hier stellt ein Prozent der Gesamtpopulation über ein Achtel aller Forscher! Deutlicher kann der Verlust "geistigen Potentials" (Nowikow) für die Sowjetunion nicht aufgezeigt werden, die vor allem langfristig das Niveau der sowjetischen Wissenschaft bedroht[54] und so auch die Gesellschaft und Volkswirtschaft der UdSSR tangiert.

Graphik 8: Jüdischer Anteil an der Gesamtbevölkerung und den wissenschaftlich Tätigen im Vergleich mit den anderen Nationalitäten der UdSSR

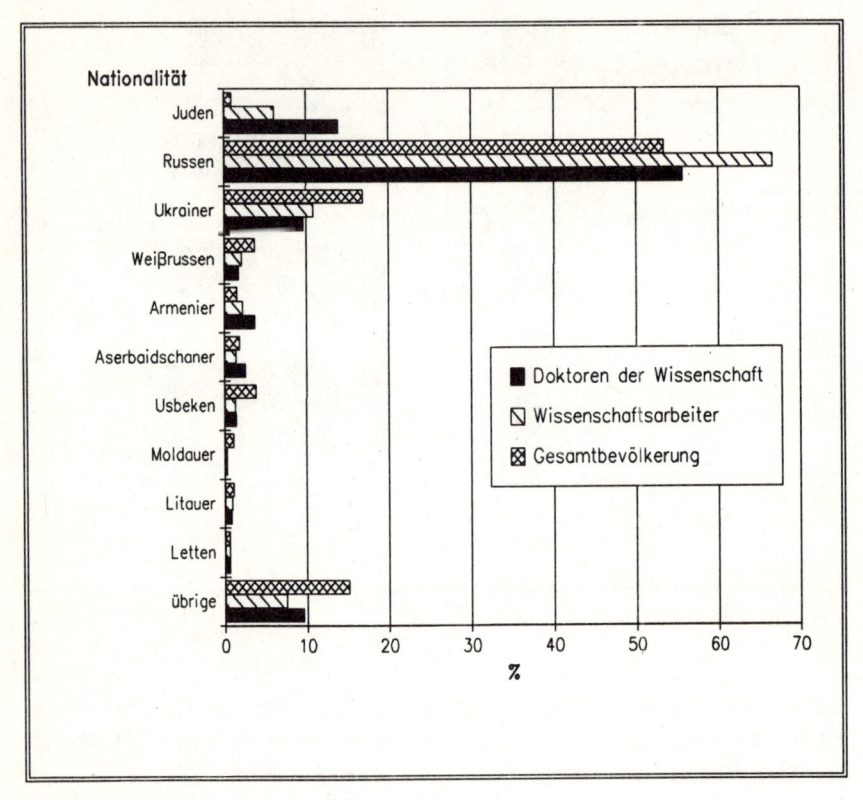

(erstellt nach Bland-Spitz, S. 57, Tab. 11)

Die herausragende Anzahl[55] von jüdischen Wissenschaftlern dokumentiert auch ein Vergleich mit der jeweiligen "Nationalbevölkerung". Während die Usbeken und Moldauer mit nur einem Promille ihrer Nationalität hier die geringste Beteiligung aufweisen, liegt die bei weitem größte Repräsentanz aller sowjetischen Völkerschaften, gemessen an der Nationalbevölkerung, bei den Armeniern (0,7 %) und den Russen (0,6 %). Deutlich übertroffen werden beide Volksgruppen jedoch von der jüdischen Glaubensgemeinschaft mit 3,1 %.[56] Anders ausgedrückt heißt das, auf je 1.000 Usbeken kommt ein Wissenschaftler aus dieser Volksgruppe, auf 1.000 Armenier sind es sieben, auf je 1.000 Juden (nach der Volkszählungseinordnung) jedoch 31!

Die Zugangsbeschränkungen für jüdische Studierende wurden zum Teil so restriktiv gehandhabt, daß beispielsweise in den siebziger Jahren kein Jude zur Rechtswissenschaftlichen Fakultät der Moskauer Universität zugelassen wurde.[57] Die Leningrader Parteiführung bestimmte Mitte der siebziger Jahre per Erlaß, daß an der Leningrader Universität keine Juden, Halbjuden oder Personen, die jüdisch aussähen (sic!), zum Studium zugelassen werden dürften.[58] Diese von Ioffe zitierte Maßnahme ist nicht nur als antisemitisch, sondern als rassistisch zu bezeichnen.

Einem jüdischen Studierwilligen, der aufgrund seiner jüdischen "Nationalität" an der Moskauer oder Leningrader Universität abgewiesen wird,[59] bleibt noch die Möglichkeit, sich an einer kleineren Universität in der Provinz, z.B. in Gorki oder Tula, einzuschreiben,[60] oder aber eine Tätigkeit als Fabrikarbeiter aufzunehmen, um so durch die Quote für Werktätige Berücksichtigung zu finden.[61] Dies sind jedoch vor allem hypothetische Möglichkeiten, die das Grundübel, den staatlich sanktionierten Antisemitismus,[62] nicht überwinden.

Ein betroffener Wissenschaftler sieht die Diskriminierungen und die Zurücksetzungen der verschiedenen Nationalitäten, wie hier in Usbekistan, eher "pragmatisch":

"Was heißt Benachteiligungen? Die Sowjetunion ist eine reine Kastengesellschaft. In dieser Kastengesellschaft weiß jede Nation ganz genau, welcher Platz ihr darin vorbehalten ist und welchen Platz sie nie wird einnehmen können. Das ist für Juden etwa der gesamte Verwaltungsbereich. Das kleinste jüdische Kind hat bereits vollkommen verinnerlicht, daß ein Verwaltungsberuf nicht in Frage kommt. Ich selber habe nie die Illusion gehabt, jemals einen höheren Posten in der Sphäre der Wissenschaft zu bekommen. Präsident der Akademie oder Vizepräsident - vollkommen ausgeschlossen. Ebenso weiß ein Kirgise, der in Usbekistan lebt, daß der Posten der usbekischen Akademie für ihn unerreichbar ist. Ein Armenier weiß, daß er auf den Handel festgelegt ist, ohne aber je Führungspositionen erreichen zu können. Und für Juden in Usbekistan bleibt im Grunde nur die Wissenschaft, denn der Handel einer der traditionellen jüdischen Wirkungsbereiche, ist ihm hier verschlossen, den Russen übrigens auch. Bis vor zehn Jahren war es den Juden unmöglich, an irgendeine Universität zu kommen. Übrig blieben die Institute, das sind Fachhochschulen, aber den Weißrussen und Armeniern ging es nicht viel besser. In Regionen wie Usbekistan waren die Kriterien sehr streng. Praktisch unmöglich war die Zulassung für Prestigefächer wie Philosophie. Nur Bereiche, die bei den Usbeken nicht so beliebt waren, Geographie

oder Ingenieurwesen, blieben übrig. Letzteres war für die Juden besonders wichtig, da sie ja nicht an die Universitäten konnten, und die Ingenieurberufe werden an Fachhochschulen gelehrt. Daher kommt auch eine so große Zahl der nach Israel einwandernden Juden aus dieser Berufssparte ... Und was den Beruf des Ingenieurs angeht, so ist er ein wenig prestigeträchtiger, eher mittelmäßiger Beruf, der sehr schnell zur Assimilation führt. Man nimmt keine exponierte Position ein, die in irgendeiner Weise das Selbstwert- und damit eventuell auch das Nationalgefühl stärken könnte. Im Prinzip leben hier Praktiken aus zaristischer Zeit in leicht veränderter Form weiter."[63]

Während der Besuch höherer Schulen je nach Nationalität zwischen einem Fünftel (Georgien) und einem Zehntel (Moldau, Weißrußland) der jeweiligen Altersgruppe der 16-24jährigen schwankt, beträgt der jüdische Schüleranteil auf höheren Bildungseinrichtungen über die Hälfte der Alterspopulation.

Graphik 9: Schüler in höheren Bildungseinrichtungen je 1.000 der jeweiligen Nationalitätspopulation im Alter von 16-24 Jahren im Jahre 1970

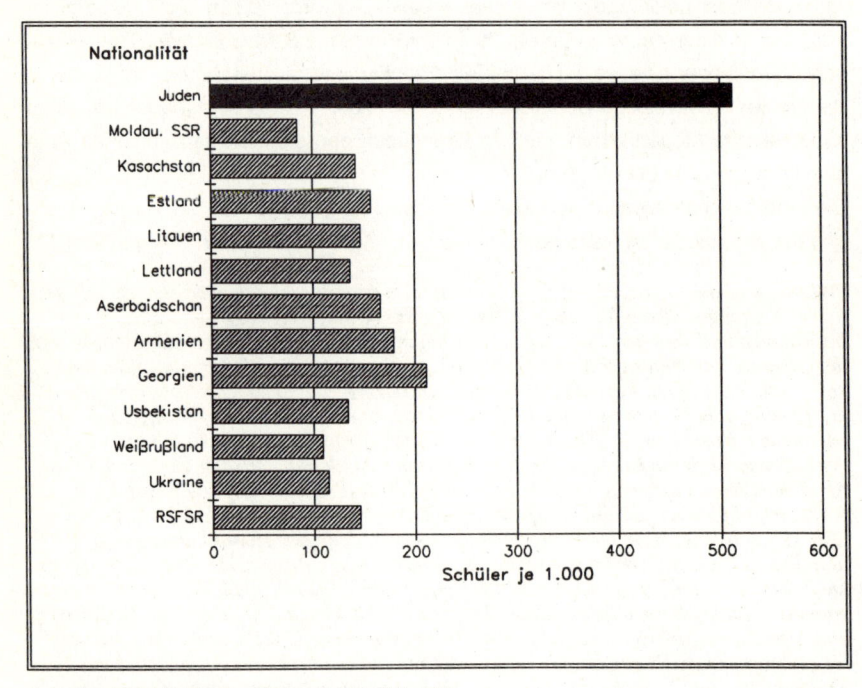

(erstellt nach Lewis/Rowland/Clem, S. 341, Tab. 9.5)

3.6 DIE BEDEUTUNG DER "NATIONALSPRACHE" JIDDISCH

Das Jiddische als Sprache der osteuropäischen Juden verlor im Sowjetreich immer mehr an Bedeutung. Während im Zarenreich bei der Volkszählung von 1897 sich noch nahezu alle russischen Juden (96,9 %) zum Jiddischen als Muttersprache bekannt hatten, waren es in den ersten Jahren der UdSSR (Volkszählung 1926) noch gut zwei Drittel (70,4 %).[64] So gab es in den zwanziger und frühen dreißiger Jahren in den wichtigsten jüdischen Siedlungsgebieten RSFSR, Weißrußland und Ukraine noch weit mehr als einhundert Gerichte, deren Amtssprache in den Verhandlungen Jiddisch war.[65]

Als Auswirkung der zahllosen Verfolgungen und Diskriminierungen unter dem stalinistischen Terrorregime bezeichneten in der Volkszählung des Jahres 1959 weniger als ein Fünftel (17,9 %) aller Juden das Jiddische als ihre Muttersprache. Kongruent dazu stieg die Bedeutung des Russischen als Nationalsprache rasch an.[66] Besonders unter den 20-49jährigen (Volkszählung 1970) ist der Anteil der noch Jiddisch sprechenden Personen überproportional gering.[67]

3.6.1 DIE MUTTERSPRACHE

Den hohen Grad der freiwilligen als auch der unfreiwilligen Assimilation[68] und einer konsequenten Russifizierung der sowjetischen Gesellschaft[69] bestätigen die statistischen Angaben zur Muttersprache. Bei der Volkszählung im Jahre 1970 betrachteten 78,2 % der Juden (Kategorie: "Nationalität") Russisch als ihre Muttersprache, lediglich 17,7 % nannten noch Jiddisch, die übrigen vier Prozent sprachen die jeweilige Sprache ihrer Unionsrepublik.[70] Bei der Volkszählung im Jahre 1959 waren es noch 21,5 % gewesen, die Jiddisch als ihre Erstsprache nannten. Im Jahre 1926 hatte sogar mit 70,4 % - ähnlich dem Ergebnis der zaristischen Volkszählung von 1897 mit 96,9 % - noch die überwiegende Mehrheit der sowjetischen Juden das Jiddische als Muttersprache betrachtet.[71]

Überdies muß bei einer Bewertung des Faktors Sprache auch die jahrzehntelange Diskriminierung alles Jüdischen im Sowjetreich mitberücksichtigt werden; eine ihrer sichtbaren Folgen ist dieser fortschreitende Verlust der originären Muttersprache.[72] Die am höchsten sprachlich integrierte und damit eigentlich russifizierte nationale Minderheit in der UdSSR ist die jüdische. Lediglich drei Prozent der sowjetischen

Juden sprechen nach den Ergebnissen der Volkszählung von 1979 kein Russisch als Erst- oder Zweitsprache.[73] Im Unionsdurchschnitt war es hingegen immerhin ein Drittel aller Sowjetbürger. Lediglich der russische Bevölkerungsanteil war - naturgemäß - stärker akkulturiert als die jüdische Minderheit. Zu beachten ist allerdings, wie Daniela Bland-Spitz detailliert für die einzelnen Unionsrepubliken ausführt, daß besonders in Georgien und Tadschikistan die verschiedenen orientalischen jüdischen Sprachen nicht mehr gesondert (wie noch im Jahre 1959) aufgeführt, sondern stattdessen unter der Republiksprache subsumiert werden. Für Georgien steht beispielsweise zweifelsfrei fest, daß über achtzig Prozent der dort lebenden Juden Jiddisch (d.h. georgisches Jiddisch) als ihre Muttersprache bezeichneten.[74]

Tabelle 6: Nationale Gruppen in der UdSSR nach ihrer linguistischen Integration im Jahre 1979 (in %)

Nationale Gruppen in der UdSSR	Prozentuale Anteile, die linguistisch formal integriert / funktional integriert / nicht integriert sind		
	Russisch ist Mutter-	Russisch ist Zweitsprache	wird nicht gesprochen
Ukrainer	17,1	49,8	33,1
Weißrussen	25,4	57,0	17,6
Usbeker	0,6	49,3	50,1
Moldauer	6,0	47,4	46,6
Georgier	1,7	26,7	71,6
Aserbaid.	1,8	29,5	68,7
Armenier	8,4	38,6	53,0
Kasachen	2,0	52,3	45,7
Letten	4,8	56,7	38,5
Litauer	1,7	52,1	46,2
Esten	4,5	24,2	71,3
Turkmenen	1,0	25,4	73,6
Kirgisen	0,5	29,4	70,1
Deutsche	42,6	51,7	5,7
Juden	83,3	13,7	3,0
Sämtliche Gruppen	14,4	49,4	36,2

(erstellt nach Rakowska-Harmstone, S. 76, Tab. 1)

Die geographische Verteilung der Juden, die vorwiegend Russisch sprechen, und denen, die weiterhin Jiddisch als Erstsprache verwenden, ist zugleich ein deutliches Barometer für den Grad der Assimilierung bzw. der Auswirkungen der linguistischen Russifizierung durch die Sowjetmacht in den verschiedenen Unionsrepubliken (Tabelle 7). Während in der RSFSR, der Ukrainischen und der Weißrussischen Unionsrepublik der hohe Grad des Russischen mit einem unterdurchschnittlichen Anteil des Jiddischen korreliert, ist in Litauen bei einem sehr großen Anteil an jiddisch sprechender Juden die Zahl der auch Russisch sprechenden Personen relativ niedrig;[75] das gilt auch für die kaukasischen Gebiete, wo z.B. in Dagestan, die sogenannten Berg-Juden noch immer zu 87 % "Tat", eine jüdische Sprache mit stark asiatischem Einschlag, sprechen.[76]

Graphik 10: Die Sprachbeherrschung (Mutter- und Zweitsprache) der jüdischen Bevölkerung nach Unionsrepubliken im Jahre 1970 (in %)

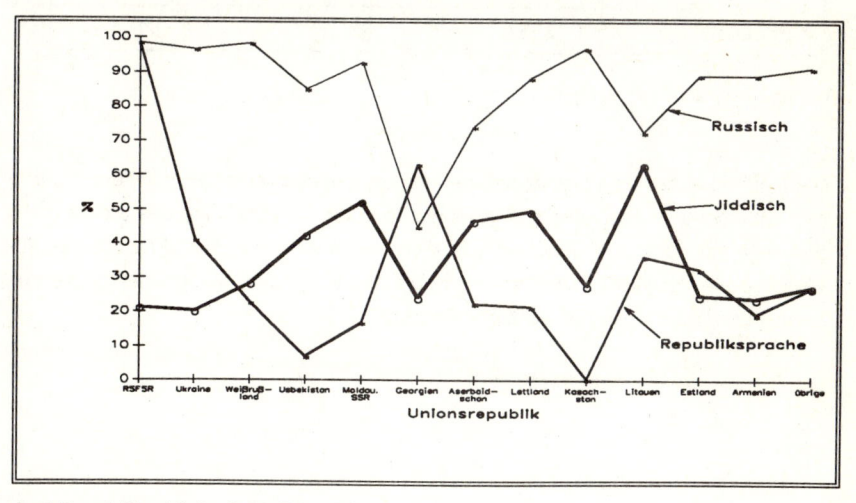

(erstellt nach Bland-Spitz, S. 80, Tab. 18c)

Tabelle 7: Die Sprachbeherrschung (Mutter- und Zweitsprache) der jüdischen Bevölkerung nach Unionsrepubliken im Jahre 1970 (in %)

Unions-Republik (SSR)	Jüdische Bevölkerung beherrscht (in %)		
	Jüdische Sprache	Russisch	Republik-sprache
RSFSR	21,3	98,5	98,5
Ukraine	20,3	96,7	41,0
Weißrußland	28,3	98,4	22,8
Usbekistan	42,3	85,1	6,9
Moldau.	52,1	92,8	16,8
Georgien	24,1	44,8	63,1
Aserbaid.	46,5	74,0	22,3
Armenien	24,0	89,2	19,4
Kasachstan	27,6	97,0	0,5
Lettland	49,4	88,3	21,5
Litauen	63,0	72,6	36,2
Estland	24,8	89,2	32,5
übrige	27,3	91,4	27,0
Gesamt	25,4	94,3	57,6

(erstellt nach Bland-Spitz, S. 80, Tab. 18c)

Darüberhinaus gab es signifikante altersmäßige Unterschiede (diese Differenzierung der Muttersprache nach Altersgruppen wurde in der Volkszählung des Jahres 1970 allerdings nur für die RSFSR veröffentlicht). Während nur acht Prozent der 20-49jährigen in der RSFSR Jiddisch noch als Muttersprache betrachteten, waren es bei den über 60jährigen fast achtzehn Prozent.

Graphik 11: Die Muttersprache der jüdischen Bevölkerung in der RSFSR im Jahre 1970 nach Altersgruppen differenziert

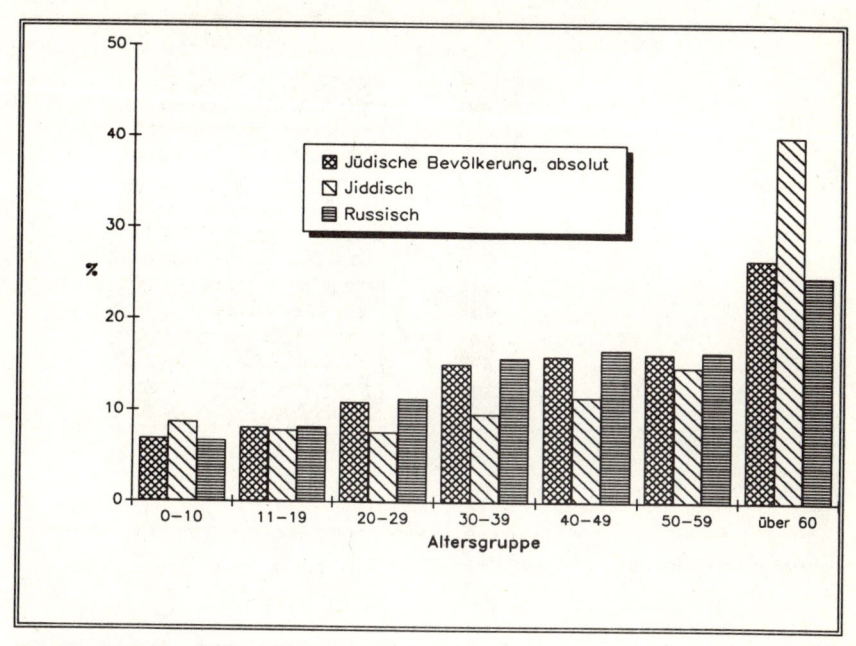

[Balkendiagramm mit Legende: Jüdische Bevölkerung, absolut; Jiddisch; Russisch. Altersgruppen: 0-10, 11-19, 20-29, 30-39, 40-49, 50-59, über 60]

(berechnet nach Bland-Spitz, S. 84, Tab. 19a)

Die Graphiken 11 und 12 zeigen deutlich den fortschreitenden Verlust des Jiddischen[77] unter den Jüngeren, während von den über 60jährigen in der RSFSR noch doppelt soviele Juden diese Sprache sprechen. Dies ist deutlich erkennbar an der Gegenüberstellung der prozentualen Werte innerhalb der jeweiligen Altersgruppe (die jeweils linke Säule dokumentiert den Anteil der Altersgruppe an der jüdischen Bevölkerung). Am stärksten russifiziert erscheinen danach die Altersgruppen der 20-39jährigen zu sein.

Graphik 12: Die Erst- (Mutter-) und Zweitsprache der jüdischen Bevölkerung in der RSFSR im Jahre 1970 nach Altersgruppen differenziert

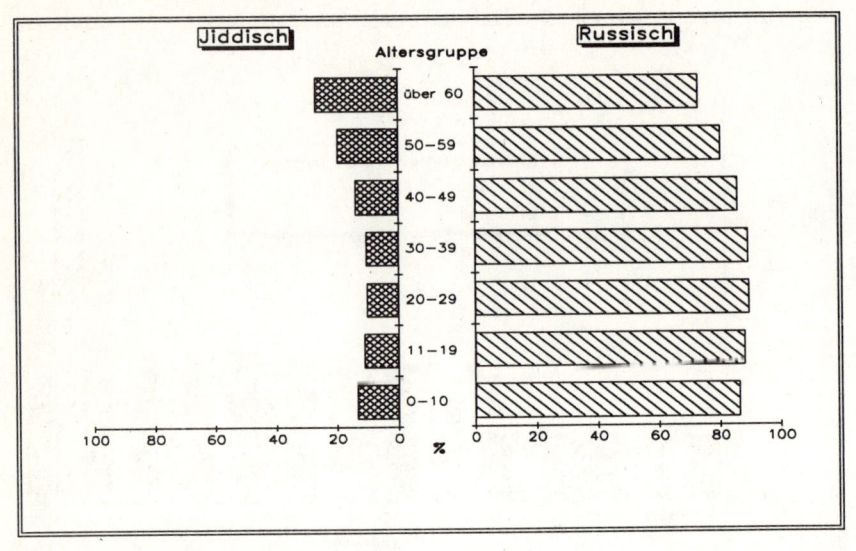

(berechnet nach Bland-Spitz, S. 84, Tab. 19b)

Wenn in diesem Zusammenhang häufig von einem hohen Grad der Assimilation der Juden in der UdSSR gesprochen wird, müssen natürlich die dezidierte atheistische Ideologie und eine, die Religion ausdrücklich bekämpfende Haltung[78] des kommunistischen Sowjetsystems mitberücksichtigt werden.[79] Diese strikt ablehnende Einstellung der kommunistischen Doktrin gegenüber der Religion (Karl Marx: "Opium des Volks")[80] hat sicherlich mit dazu beigetragen, die Religionsverbundenheit der jüdischen Gemeinschaft zu **zerstören**. Unter dem gleichfalls repressiven Zarenregime zeichnete sich das russische Judentum in der Zeit vor 1917 durch den hohen Grad der Orthodoxie aus.[81] Die weitreichende Bedeutung der Restriktionen und Verbote (siehe unter anderem auch die Siedlungskonzentration in wenigen Gebieten) auf die jüdische Identität läßt sich deshalb nur aus der engen inneren Verbundenheit des religiösen wie auch des "nationalen" (ethnozentristischen) Elements im Judentum verstehen.[82] Die jahrzehntelange Diskriminierung ist andererseits ein nicht zu unterschätzender Faktor beim Verlust des Jiddischen als Hauptsprache.[83]

Die permanente Benachteiligung der jüdischen Minorität im gesellschaftlichen Leben der UdSSR dokumentiert auch die staatlich dirigierte und genehmigte Publikation von Büchern und Broschüren in den Sprachen der Völker der Sowjetunion.[84] Im Jahre 1976 wurden für die im nachfolgenden aufgeführten Minoritäten eine sehr unterschiedliche Anzahl von Schriften in unterschiedlicher Auflagenhöhe publiziert.

Tabelle 8: Anzahl und Auflagenhöhe von Publikationen in den Sprachen ausgewählter Minderheiten im Jahre 1976

Natio-nalität	Bevölkerungs-anteil in %	Gesamtzahl der Publikationen	Auflagen-höhe gesamt
Aserbaid.	1,8	804	9.292.000
Armenisch	1,5	831	8.809.000
Moldau.	1,1	591	7.478.000
Litauisch	1,1	1.156	14.610.000
Lettisch	0,6	1.097	12.166.000
Jüdisch	0,9	7	10.000

(erstellt nach Lewytzkyj, S. 529 f., Tab. 10.1)

Gleichfalls nur sieben Publikationen, allerdings in einer Auflagenhöhe von sogar 23.000 Exemplaren[85], wurden für die nur 89.000 Personen[86] umfassende kurdische Volksgruppe veröffentlicht, die vierundzwanzigmal kleiner ist als die jüdische Gemeinschaft in der Sowjetunion!
Seit dem Jahre 1961 (seit 1965 monatlich) erscheint in Moskau in jiddischer Sprache die Zeitschrift "Sowjetish Hejmland" mit einer Auflagenhöhe von 25.000 Exemplaren und einem Umfang von 100-150 Seiten.[87] Neben der Veröffentlichung überwiegend schöngeistiger Literatur werden seit dem Jahre 1969 auch regelmäßig Materialien zum Erlernen des Jiddischen abgedruckt; weitere Hilfsmittel oder Unterrichtstexte werden jedoch von der staatlichen Zensur nicht zugelassen.[88] Deutlich erkennbar ist die politische und propagandistische Ausrichtung der Zeitschrift,[89] deren Redaktion überdies eine wichtige Aufgabe und Rechtfertigung der Existenz der Zeitschrift in einer fortschreitenden Assimilierung ihrer Leserschaft und nicht in der Verbreitung des Jiddischen sieht.[90] So leugnete der Chefredakteur, Aron Wergelis, auch hartnäckig die Notwendigkeit einer "jüdischen Kultur" - kein Wunder bei einem Organ mit ständigen Attacken gegen den Zionismus[91] und die "reaktionäre Religion".[92] Außerdem wird im "Jüdischen Autonomen Gebiet" um Biro-

bidshan fünfmal wöchentlich eine jiddischsprachige Ausgabe der lokalen Zeitung unter dem Titel "Birobidshaner Schtern" in einer unbekannten Auflagenhöhe (Schätzungen schwanken zwischen 1.000 und 12.000) veröffentlicht.[93]
Im Jahre 1981 wurde zwar in Birobidshan[94] an drei Schulen Jiddisch versuchsweise wieder als Wahlunterrichtsfach eingeführt. Die letzte Schule in der Jiddisch unterrichtet wurde, war dort im Jahre 1948 geschlossen worden war.[95] Besonders plausibel und hilfreich erscheint die Einführung eines fakultativen Jiddisch-Unterrichtes in Birobidshan nicht, da lediglich sechs Prozent der Gebietsbevölkerung Juden sind; unter diesen ist der Anteil derjenigen, die Jiddisch als Muttersprache angaben, klein und sinkt beharrlich (von 17,7 % im Jahre 1970 auf 13,4 % bei der Volkszählung 1979). Gleichzeitig verringerte sich die Gesamtpopulation durch Wegzug.[96] So lebten nach der Volkszählung von 1970 annähernd genauso viele Ukrainer (10.558) wie Juden (11.452)[97] im Jüdischen Autonomen Gebiet. Die Zahl der Russen (144.286) übertraf *alle* übrigen Nationalitäten bei weitem.[98] Das autonome Gebiet ist daher vor allem ein "Potemkinsches Dorf der Staatsideologie",[99] das als Feigenblatt des staatlich propagierten Atheismus diente.[100] Verdeutlicht wird dies auch in der Gebietsbibliothek, wo 4.000 jiddische Bücher in einem separaten, geschlossenen Magazin aufgestellt sind.[101] Im Vergleich zu anderen Gebieten der Sowjetunion (z.B. in RSFSR 14,2 % im Jahre 1979)[102] wäre eine Einführung von Jiddisch-Unterricht im Baltikum sinnvoller gewesen, da dort ein Großteil der jüdischen Minorität im täglichen Leben noch aktiv Jiddisch spricht.[103] Im September 1989 wurde in Riga die erste jüdische Schule seit 50 Jahren eröffnet. Unterrichtssprachen sind Russisch und Lettisch; Hebräisch wird als Wahlfach angeboten.[104] Im Oktober 1989 wurde im litauischen Wilna eine jüdische Schule eröffnet. Die Gehälter für die zehn Lehrer werden von der litauischen Regierung getragen. Über 700 Kinder lernen hier ganz offen Hebräisch. An den Eröffnungsfeierlichkeiten nahmen neben baltischen Regierungsvertretern auch Repräsentanten der Jewish Agency teil.[105] Außerdem kam es in Wilna im Januar 1989 zu einer Wiederbegründung eines Makkabi-Sportvereins.[106] Seit Oktober 1989 gibt es in Tallinn, der Hauptstadt Estlands, wieder eine Jüdische Sonntagsschule, die von rund 150 Kindern frequentiert wird. Unterrichtet werden in der Zeit von 9-16 Uhr Hebräisch, Jüdische Geschichte und Liedgut, Englisch und Sport.[107]
Die Einführung des Sprachunterrichtes in Birobidshan war indes eine politisch kalkulierte Maßnahme, *"um den Alibi-Charakter des 'Jüdischen Autonomen Gebiets' für die propagandistischen Zwecke der Moskauer Nationalitätenpolitik um eine weitere Facette zu bereichern, ohne dadurch die Rechtsstellung der jüdischen Minorität sub-*

stantiell verbessern zu müssen."[108]

Der hohe Grad der Russifizierung bei der Sprache führt nun in einzelnen Nachfolgestaaten der UdSSR zur Benachteiligung von Juden, wobei weniger antisemitische als vielmehr antirussische Ressentiments die Ursache dafür sind. Besonders in den baltischen Republiken ist eine starke Ablehnung alles Russischen in der Öffentlichkeit konstatierbar.[109]

3.6.2 DAS VERBOT VON HEBRÄISCH ALS "NATIONALSPRACHE"

Nach staatlicher Auffassung ist Jiddisch die "Nationalsprache" der in der Sowjetunion lebenden Juden. Nur in dieser Sprache (neben Russisch) dürfen daher Zeitschriften und Bücher erscheinen.[110] Hebräisch als jüdische Sprache wird hingegen öffentlich negiert. Seit Ende der sechziger Jahre hat die Problematik der Definition einer jüdischen "Nationalsprache" eine zusätzliche Brisanz bekommen, da eine numerisch zwar relativ kleine, dafür aber um so aktivere Gruppe innerhalb der jüdischen Ausreise- und Dissidentenbewegung das Neu-Hebräisch (Ivrit) als Muttersprache betrachtet und es in privaten Gruppen lernend und lehrend pflegt.[111] Bereits im Jahre 1980 waren allein in Moskau etwa sechzig Hebräischlehrer tätig, die schätzungsweise 1.000 Schüler in der Sprache des Gelobten Landes unterrichteten.[112] In den anderen sowjetischen Großstädten mit hoher jüdischer Einwohnerzahl waren es gleichfalls einige Dutzend Lehrer. Die Zahl der Schüler, die diese Privatkurse besuchten, ging in die Tausende.[113] Ende 1989 bestanden in mindestens 54 sowjetischen Städten Hebräisch-Sprachkurse.[114] Die Offerierung von öffentlichen Hebräisch-Kursen wird vom Staat - im Gegensatz zu solchen in Englisch und Französisch - nicht genehmigt. Hebräisch kann daher nur privat im kleinen Kreis erlernt werden.[115] Für die staatlicherseits zu genehmigenden Fremdsprachenkurse müssen die offiziell zugelassenen Fremdsprachenlehrer Gebühren an die Finanzbehörden abführen;[116] darum sind die privaten Hebräischlektionen nicht nur im juristischen Sinne illegal, sondern außerdem noch ein Bestandteil der "Schattenwirtschaft". Denn die Finanzbehörden weigerten sich, die privaten Hebräisch-Lehrer anzuerkennen[117] und zur Einkommensteuer zu veranlagen, andererseits wurden diese aber von der Staatsmacht unter falschen Anschuldigungen, wie etwa dem angeblichen parasitären Lebenswandel und "Arbeitsscheu", strafrechtlich verfolgt und belangt.[118] Die

Hebräisch-Lehrer und auch ihre Schüler wurden permanent vom sowjetischen Geheimdienst KGB observiert. Der Ivrit-Unterricht wurde strafrechtlich verfolgt,[119] da die Behörden darin "antisowjetische Aktivitäten" sahen.[120] Ein Nebenresultat der intensiven Sprachkurse war das Zusammenrücken und der größere kollektive Zusammenhalt unter den Ausreisewilligen.[121] Hinter diesem Phänomen stand die - besonders nach dem israelischen "Sechs-Tage-Krieg" vom Juni 1967 - gewachsene Identität mit dem Staat Israel.[122] Darüberhinaus erweist sich das Erlernen der Sprache als eine grundlegende praktische Vorbereitung auf eine potentielle Ausreise ins Gelobte Land und auf das dort zu erwartende Alltagsleben. Es verwundert daher nicht, wenn die sowjetische Partei- und Staatsführung repressiv gegen den hebräischen Sprachunterricht vorging und ihn als nationalistischen, d.h. im sowjetischen Sprachgebrauch als zionistischen Umtrieb demagogisch diffamierte ("Anstiftung zur Auswanderung")[123] und mit nahezu allen polizeilichen und strafrechtlichen Mitteln verfolgte und bekämpfte.[124]

Selbst hebräische Wörterbücher werden von den sowjetischen Staatsorganen wie KGB und Zoll mißtrauisch behandelt, da sie antisowjetische Handlungen enthalten könnten! Die Beschlagnahme eines hebräischen Grammatikbuches wurde beispielsweise mit der abstrusen Aussage begründet, daß es sich hierbei um "zionistische Propaganda" handele.[125] Die Strafverfolgung des Ivrit-Unterrichtes begründeten die sowjetischen Behörden damit, daß das Neu-Hebräische nicht unter die im Artikel 36 der Unionsverfassung verankerte Sprachgarantie falle.[126] Als Sprache der jüdischen Glaubensminorität lassen die Behörden, in äußerst restriktiver Auslegung der gesetzlichen Bestimmungen, nur Jiddisch gelten.[127] Da Hebräisch aber unzweifelhaft zur historischen Tradition und Kultur des Judentums gehört, müßte - wie Luchterhandt darlegt - das Recht zur Pflege der "nationalen" Kultur auch das Studium und den Gebrauch der Sprache einschließen. Für die sowjetischen Staatsorgane ist lediglich das Alt-Hebräische als sakrale Kultsprache im religiösen Sinne integraler Bestandteil der jüdischen Geschichte und Kultur.[128] Das Neu-Hebräische hingegen wurde als Propagierung zionistischer Ideologie diffamiert[129] und offiziell nicht zugelassen.[130]

Die administrativen Vorbehalte gegen den Unterricht des Ivrit, der vor allem aus nationalitäten- und außenpolitischen Gründen unerwünscht ist, werden allerdings durch manche offiziellen Vorgänge ad absurdum geführt, wie Luchterhandt in seiner Analyse dokumentiert:

1. Im Jahre 1963 konnte ein Wörterbuch "Hebräisch-Russisch" in einer Auflage von 25.000 Exemplaren erscheinen, das auch Begriffe der israelischen Umgangs-

sprache erfaßte. Beobachter bezeichneten dieses Wörterbuch als eine "great assistance" beim Erlernen des Hebräischen;[131]

2. An einzelnen Instituten sowjetischer Universitäten kann Ivrit **offiziell** studiert werden: unter anderem am Institut der Länder Asiens und Afrikas der Moskauer Lomonossow-Universität sowie an den Fakultäten für Orientalistik der Universitäten in Leningrad und Tiflis (allerdings fast nur von nichtjüdischen Studenten);

3. Radio Moskau strahlt regelmäßig Propagandaprogramme in Ivrit nach Israel aus;

4. In der Sowjetunion erscheinen gelegentlich Übersetzungen israelischer Publikationen aus dem Ivrit ins Russische.[132]

Aufschlußreich für die wechselhafte und diskriminierende Behandlung ist die Darstellung des Judentums in der "Großen Sowjetischen Enzyklopädie". In der ersten, im Jahre 1932 erschienen Ausgabe, wurde auf 117 Seiten die jüdische Geschichte und Kultur dargestellt. In der im Jahre 1952 erschienen zweiten Auflage wird das Judentum hingegen auf lediglich zwei(!) Seiten abgehandelt.[133]

Die Juden in der Sowjetunion, vor allem jene, die nach Israel auswandern wollen, haben natürlich ein großes Interesse an der Erlernung und Beherrschung von Ivrit, da dies die Eingewöhnung in die neue Umgebung erheblich erleichtert.[134] Durch die prinzipielle staatliche Ausreiseerlaubnis aus Gründen der "Familienzusammenführung"[135] mußte den sowjetischen Behörden die Legitimität dieses Interesses der sprachlichen Emigrationsvorbereitung bekannt sein.[136] Im Jahre 1984 protestierten rund 200 Juden aus elf verschiedenen Städten der UdSSR mit einem Hungerstreik gegen die unberechtigte Inhaftierung von Hebräischlehrern und jüdischen Aktivisten.[137]

Im Staat Israel sorgt eine "Akademie der Hebräischen Sprache" für die zeitgemäße Anpassung des Ivrit an die sprachlichen Bedürfnisse einer modernen Industriegesellschaft (durch Wortneuschöpfungen für "Computer" etc.).[138] Da die Sprache der Bibel aber nicht im Alltagsgebrauch profanisiert werden sollte, fehlen im Ivrit Flüche und Schimpfwörter. Waren um die Jahrhundertwende Flüche auf Russisch überall im Heiligen Land zu hören, so verdrängten in der britischen Mandatszeit englische Kraftausdrücke diese. Im heutigen Israel überwiegen arabische Schimpfworte, die aber durch die wachsende Zahl von Immigranten aus der Sowjetunion vielleicht gleichfalls wieder überholt werden könnten, da fast alle Neueinwanderer Zeit ihres Lebens Hebräisch mit dem Akzent der Muttersprache würzen, so daß die sowjetischen Neubürger für die nächsten Jahre den Klang des Ivrit beeinflussen werden.[139] Sprachprobleme im Staat Israel betreffen vor allem die ältere Generation. In den

Ulpans, so der israelische Name für die als Tagesschulen betriebenen intensiven Sprachschulen, die mit modernen Lehranlagen den Neubürgern die nötigen Hebräisch-Kenntnisse vermitteln sollen, werden die Neubürger durch die intensive Hebräischkurse[140] an die neue Sprache herangeführt, so daß das Erlernen dieser eigentlich schwierigen Sprache für die meisten angeblich leichter sei als Englisch.[141] Informationen in russischer Sprache erhalten die israelischen Neubürger nicht nur aus einer Vielzahl von Büchern und Broschüren, die in kyrillisch verlegt werden, sondern auch aus vier Wochenzeitungen und Illustrierten.[142] Seit Mitte der siebziger Jahre erscheint außerdem mit "Nasha strana" eine Tageszeitung in russisch, mit einer Auflagenhöhe von über 20.000 Exemplaren.[143] Die enorme Zuwanderung aus der UdSSR und die damit verbundene Steigerung der Nachfrage nach russischsprachigen Blättern, führte im Frühjahr 1991 zur Gründung von zwei weiteren Wochenzeitungen, von denen eine, die vom Maariv-Verlag des britischen Presseozaren Robert Maxwell herausgegebene "Wremja", mit einer Auflage von 40.000 Exemplaren erscheint.[144]

Diese Aussagen gelten modifiziert auch für die in die USA emigrierenden Sowjetjuden. Die mangelnde Einbindung in das kulturelle Leben und die fehlenden Freundschaften korrelieren mit den fehlenden Sprachkenntnissen, da drei Viertel der interviewten Personen das Erlernen der englischen Sprache als das größte Problem im Eingewöhnungsprozeß ansahen.[145] In den USA besteht eine sowohl extensive als auch intensive russischsprachige Subkultur, mit eigenen Zeitungen, Zeitschriften und Radioprogrammen, die durch die Konzentration in wenigen Wohnvierteln das Erlernen der Landessprache erschwert.[146] Neben New York und Chicago hat sich der größte Teil der sowjetischen Emigranten in Los Angeles niedergelassen.[147] Etwa 50.000 Juden aus der UdSSR leben nach Schätzung von Beobachtern in der südkalifornischen Megapolis,[148] wo sie innerhalb der jüdischen Minderheit eine abgeschlossene Subkultur bilden mit eigener russischsprachiger Zeitung, Radiostation und Kinos. Zu populären Fernsehserien wie z.B. "Dallas" oder "Dynasty" (Denver-Clan) wird im Radioprogramm der Dialog simultan ins Russische übersetzt.[149] Im Großraum New York ist im Bezirk Brooklyn der Stadtteil Brighton Beach[150] das Viertel mit einem besonders hohen sowjetischen Emigrantenanteil und zahlreichen "russischen" Geschäften und wird deshalb zuweilen auch "Klein-Odessa" tituliert, aufgrund der vergleichbaren Lage am Meer.[151] Auch Philadelphia ist ein beliebtes Ziel sowjetischer Juden, da die Stadt neben einer großen Jüdischen Gemeinde zahlreiche kulturelle Anreize bietet wie Konzerte, Ausstellungen und Museen. Darüberhinaus ist Philadelphia atmosphärisch in starkem Maße von der "alten Welt" geprägt.[152] Auch in Philadelphia erscheint seit 1982 mit "Novy Mir" (Neue Welt) eine russischsprachige Tageszeitung.[153] Signifikantes Zeichen für die fortbestehende sprachliche Barriere und die damit verbundene unzureichende Eingliederung der in Philadelphia lebenden ehemaligen Sowjetbürger ist die Tatsache, daß 88 % von ihnen eine russichsprachige Tageszeitung abonniert hatten.[154]

3.7 MISCHEHEN

Die Zahl der Mischehen ist ein weiteres wichtiges Zeichen für den Niedergang des sowjetischen Judentums. Bereits in den sechziger Jahren lag die Quote der Mischehen (vorwiegend mit Partner/in russischer Nationalität) zwischen 23 Prozent (Weißrußland) und 35 Prozent (Lettland);[155] inzwischen dürfte dieser Prozentsatz unionsweit noch höher liegen.[156] In Weißrußland, für das auch die aktuellsten Angaben vorliegen, kam es im Jahre 1975 bei insgesamt 1.529 Eheschließungen zu 447 (= 29,2 %) Mischehen. Während über ein Drittel (34,3 %) der jüdischen Männer eine nichtjüdische Partnerin heiratete, ehelichten lediglich ein knappes Viertel (23,3 %) der jüdischen Frauen einen Partner anderer Konfession.[157] Manche Autoren schätzen, daß lediglich zehn bis <u>maximal</u> zwanzig Prozent aller Sowjetjuden in rein jüdischen Familien leben. Für die RSFSR werden Mischehen für etwa neunzig Prozent aller Familien angenommen.[158] Und selbst unter den zionistischen Aktivisten, die in den Jahren 1969 bis 1971 nach Israel emigrierten, hatten ein Drittel eine nichtjüdische Ehepartnerin.[159]

Noch weitaus dramatischere Auswirkungen auf die zukünftige Bevölkerungsentwicklung hat allerdings die Wahl der Nationalitätszugehörigkeit in der Nachkommenschaft von Mischehen auf die jüdische Zukunft in der Sowjetunion. Partielle Untersuchungen in den baltischen Republiken zeigen, daß nur sechs bis vierzehn Prozent der Kinder aus Mischehen[160] die jüdische "Nationalität" ab dem 16. Lebensjahr wählen.[161]

Bestätigt werden die vorangegangene Befunde durch die "Vorläufigen Resultate der ethnosoziologischen Untersuchung der Juden von Leningrad-Sankt Petersburg",[162] die im März 1992 veröffentlicht wurden und idealtypisch für die in den GUS-Staaten verbliebenen Juden sein dürften. Diese im Jahre 1989 als Langzeitstudie begonnene Bestandsaufnahme jüdischen Lebens spiegelt als Momentaufnahme den hohen Grad der Akkulturation der Juden in der früheren Sowjetunion wider. So lebten 45 % der Petersburger Juden in Mischehen und lediglich fünf Prozent wollte, daß ihre Kinder später "jüdisch" als Nationalität wählen. Zwar will die Hälfte der Befragten, daß die Kinder die "jüdische Sprache" (für die meisten Iwrit) erlernen soll, doch nur ein Viertel von ihnen befolgt noch die rituellen Speisegesetze und kocht koscher. Dies verwundert nicht, da lediglich 7 % sich selbst als gläubig und traditionsbewußt einschätzten. Ein weiteres Indiz für die völlige Assimilation in die nichtjüdische, postkommunistische Gesellschaft ist die fast vollständige Akzeptanz des Russischen als Muttersprache. Ein Spiegelbild dieses insgesamt extremen Akkulturationsgrades sind auch die Antworten auf eine etwaige Emigration. Während nur 13 % der Petersburger Juden auf jeden Fall Haus und Hof verlassen wollten, will über ein Drittel auf Gedeih und Verderb am Ort verbleiben.[163]

3.8 RELIGIÖSE SITUATION

Das jahrzehntelange Verbot der Bildung einer überregionalen Repräsentanz der Jüdischen Gemeinschaft stellte eine eklatante Diskriminierung dar, weil nach der staatlichen Kultgesetzgebung[164] nur die überregionalen Vertretungen der verschiedenen Religionsgemeinschaften das Anrecht besitzen, religiöse Kultusgegenstände zu produzieren und zu verkaufen, eigene Gebets- und Gemeindehäuser zu errichten, Transportmittel zu erwerben sowie - als besonders wichtig für die aktive Glaubensausübung anzusehen - religiöse Literatur und Bibeln herzustellen und zu verbreiten und geistige Lehr- und Vorbereitungsanstalten zu gründen. Luchterhandt schildert diese Schwierigkeiten ausführlich in seinen Untersuchungen zur sowjetischen Religionsgesetzgebung.[165] Außerdem dürfen nur die überregionalen Gemeinschaften offizielle Auslandskontakte pflegen; das ist für die jüdische Minorität wegen der Diasporasituation besonders wichtig, namentlich in Form der Zusammenarbeit mit amerikanischen und israelischen Religions- und Kulturinstitutionen. Die sowjetischen Behörden verboten die Bildung einer zentralen jüdischen Organisation bis Ende der achtziger Jahre[166] und verhinderten rechtlich abgesicherte Auslandskontakte und -besuche unter anderem deshalb, weil so ein zentraler Sammel- und Koordinationspunkt der sowjetischen Juden hätte entstehen können. Dieser hätte der jüdischen Dissidenten- und Nationalbewegung weiteren Auftrieb geben können und wäre darüberhinaus gegebenfalls in der Lage gewesen, konzentrierte und effektive Öffentlichkeitsarbeit zu betreiben sowie Kontakte mit dem westlichen Ausland zu pflegen;[167] doch dies alles stand konträr zu den Intentionen des staatlich propagierten Anti-Zionismus.[168]

In einer inoffiziellen Umfrage Anfang der achtziger Jahre bezeichneten sich nur sieben Prozent der befragten sowjetischen Juden als religiös, über die Hälfte (53 %) beachtete die religiösen Gesetze nicht mehr,[169] respektierte aber die Religion. Nur ein Fünftel (21 %) ging hin und wieder in die Synagoge und siebzehn Prozent zeigten eine ausgesprochen atheistische Grundhaltung.[170] Sicherlich können die Ergebnisse dieser Umfrage nicht als repräsentativ für alle Juden in der UdSSR gelten, jedoch weisen sie - vor allem unter Beachtung ähnlicher Resultate anderer Umfragen[171] unter den sowjetischen Immigranten in die Vereinigten Staaten - einen deutlichen Trend auf, der eine wachsende Säkularisierung und wohl auch eine Akkulturation im Sinne des staatlich gewünschten Atheismus erkennen läßt. So besuchte Mitte der siebziger Jahre nur zwei bis drei Prozent der jüdischen Bevölkerung eine Synagoge.[172]

Ein Bericht der Vereinten Nationen verzeichnete im Jahre 1956 noch 450 Synagogen in der Sowjetunion. Im Jahre 1961, auf dem Höhepunkt der Religionsverfolgung unter Chruschtschow,[173] waren es nur noch 100. Die unmittelbaren Folgen der zum Teil spezifisch antijüdisch geprägten Kirchenpolitik[174] verdeutlicht ein Anfang der siebziger Jahre erstellter Vergleich: den Russisch-Orthodoxen stand je 2.000 Gläubige eine Kirche zur Verfügung, den Lutheranern in Lettland ein Gotteshaus je 1.740 Gläubige, den Moslems eine Moschee je 10.000 Gläubige, den Juden eine Synagoge aber nur je 23.400 Gläubige.[175] Nicht nur der Rückgang der absoluten Zahl gläubiger Juden ist bedeutsam, sondern es finden sich auch kaum jüngere Personen, die sich (als mindestens zwanzig) Gründungsmitglieder für die verwaltungsrechtliche Eröffnung und den Unterhalt eines Gebetshauses zusammenfinden müssen.[176] Solche Gründungsmitglieder sind überwiegend ältere Personen, oftmals Pensionäre, die nicht mehr viel vom Staat zu erwarten oder zu befürchten haben; sie können sich deshalb leichter derartigen den Behörden "verdächtig erscheinenden" Gruppen anschließen. Die Schwäche dieses Systems liegt darin begründet, daß oft das (natürliche) Ableben eines einzelnen Gründungsmitgliedes bereits den notwendigen Mitgliedskreis gefährden kann, da plötzlich nicht mehr genügend Mitglieder vorhanden sind.[177]

Einhergehend mit der Alija aus der UdSSR erfolgt der Niedergang des jüdischen Lebens in der Sowjetunion; besonders des religiösen Elements. Die Zahl der offiziell registrierten religiösen Zusammenschlüsse (d.h. hier Synagogengemeinden und Minjans) sank von 259 (1961)[178] auf 109 im Jahre 1986. Dieser drastische Rückgang um mehr als die Hälfte aller früher bestehenden Gruppen dokumentiert dramatisch die langsame Austrocknung des jüdischen Gemeindelebens.[179] Für den Niedergang der jüdischen Religion in der Sowjetunion sind vor allem fünf Gründe zu nennen:

1. Es gibt nur noch wenige ältere Rabbiner in der UdSSR;[180]

2. Es bestand jahrzehntelang keine Lehranstalt für die Ausbildung von Rabbinern und Kantoren in der UdSSR;[181]

3. Eine Versorgung mit koscheren Lebensmitteln ist praktisch nicht möglich.[182] Lediglich die Moskauer Choral-Synagoge verkaufte einzelne koschere Lebensmittel (Mazze, Wein).[183] Es gibt selbst in der sowjetischen Hauptstadt keinen Schächter oder koscheren Bäcker;[184]

4. Jahrzehntelang war keine zentrale religiöse Organisation erlaubt, die Gebetsbücher, Bibeln oder auch nur Mitteilungsblätter verschicken oder Aktivitäten hätte koordinieren können;

5. Nur noch etwa 60 Synagogen sind geöffnet.[185]

Tabelle 9: Synagogen in der UdSSR nach Unionsrepubliken

Unionsrepublik	Zahl der Synagogen
RSFSR	17
Georgien	14
Ukraine	12
Usbekistan	9
Aserbaidshan	3
Weißrußland	3
Kasachstan	2
Lettland	2
Litauen	2
Moldau. SSR	2
Estland	1
Kirgische SSR	1
Tadschikistan	1

(berechnet nach Litvinoff, Judaism, S. 6 f.; Insight, 3. Jg. (1977), H. 8, S. 8)

Borodowskij sprach daher von "geistigem Völkermord" an den Juden in der Sowjetunion.[186] Erst seit Ende 1986 wird unter Gorbatschow eine veränderte, etwas freizügigere Religionspolitik sichtbar.[187]
Bis zum Jahre 1975 sank die Zahl der funktionsfähigen Gotteshäuser auf 69 Synagogen. Lediglich in Baku und Tiflis gab es noch zwei Synagogen in einer Stadt. Das usbekische Taschkent beherbergte mit drei Synagogen die meisten.[188]

3.9 KULTURELLES UND RELIGIÖSES LEBEN

Einige eindringliche Impressionen über das religiöse Leben vermittelt der israelische Historiker Ro'i. Seine Schilderungen für den August 1979, lassen erkennen, wie beschwerlich die Situation war, wenn beispielsweise in der im Jahre 1884 erbauten Choral-Synagoge,[189] die im Herzen Moskaus unweit des Roten Platzes liegt, nur 60-70 ältere Männer sich zum Minjan versammelten und nur gelegentlich zwei bis drei Jüngere am Gebet teilnahmen.[190] Das Hauptproblem war auch hier, daß die Jüngeren nach Israel oder in die USA emigrierten und die Alten zurückblieben.[191] Während bis in die sechziger Jahre hinein den Gläubigen in der sowjetischen Hauptstadt drei Synagogen offenstanden, sind es heute nur noch zwei.[192] Die zweite, kleinere Synagoge liegt am Stadtrand in Marina Roschtscha und wurde 1926 errichtet. Sie gehört der chassidischen Richtung an,[193] deren spirituelles Oberhaupt, der Lubawitscher Rebbe, in New York residiert.
Die Synagogen in der UdSSR besitzen kaum Gebetschals und nur wenige Gebetbücher, die ihnen zumeist von westlichen Besuchern geschenkt wurden.[194] An die Choral-Synagoge angeschlossen ist eine Jeschiwa, die erst im Jahre 1957 gegründet wurde. Die wenigen Schüler (im Jahre 1989 waren es dreißig[195] - nach nur sechs 1984) werden als Kantoren oder rituelle Schächter ausgebildet, um diese Funktionen in den Gemeinden aufrechtzuerhalten.[196] Seit Sommer 1988 sind an der Moskauer Jeschiwa,[197] der einzigen Talmud-Tora-Hochschule der Sowjetunion, mehrere Amerikaner und Israelis als Lehrer zugelassen;[198] in der UdSSR gibt es schon lange keine kompetenten Dozenten mehr für Judaistik.[199] Allerdings bereiteten sich - nach Aussage des Direktors - die meisten Studenten durch die Ausbildung auf ihre Ausreise vor.[200] Im Sommer 1991 erhielt die Moskauer Synagogengemeinde, nach sechsjährigen Verhandlungen mit dem Stadtsowjet, ein im Jahre 1941 als Militär-

krankenhaus requiriertes Nebengebäude der Synagoge zurück. In diesem Haus soll nun ein Schul- und Kulturzentrum entstehen.[201]
Die Rabbinerausbildung erfolgt hingegen im ungarischen Budapest, wo sich das einzige Rabbinerseminar Osteuropas befindet. Da die Rabbiner früher von der Regierung eingesetzt wurden,[202] nannte sie der Volksmund auch KGB-Rabbiner.[203] Der Moskauer Oberrabbiner Shajevitsch war beispielsweise Mitglied des verbalantisemitischen "Sowjetischen Anti-Zionistischen Komitees"![204]
In Moskau und Leningrad besteht seit Mitte der siebziger Jahre die Möglichkeit zweimal wöchentlich koscheres Fleisch zu erwerben; jedoch nur in begrenzter Menge. Den religiösen Speisegesetzen gemäß zubereitetes Brot und koscherer Wein sind dagegen nicht erhältlich.[205] In den ländlichen Regionen behelfen sich die wenigen orthodoxen Juden zumeist damit, daß sie innerhalb der Gemeinden gemeinschaftliche koschere Schlachtungen organisieren und zusammen Brot backen. In den ruralen Gebieten sind, wie Litvinoff hervorhebt, auch alle männlichen Nachkommen, dem Ritus folgend, beschnitten, während dies in den urbanen Gebieten nur noch sehr unregelmäßig geschieht.[206] Im Herbst 1988, anläßlich des Besuchs des amerikanischen Rabbiners Schneier, erhielten zwei junge Männer die Erlaubnis, zu einem von Schneier vermittelten dreimonatigen Lehrgang in die USA zu reisen,[207] um als Mohel[208] ausgebildet zu werden.
Andererseits ist in jüngster Zeit, unter dem Einfluß von Glasnost, eine gewisse Liberalisierung, eine staatliche Duldung jüdischen Lebens zu beobachten.[209] So wurden beispielsweise in Moskau und Leningrad kulturelle Organisationen offiziell zugelassen.[210] Bereits im September 1987 war in Moskau in einer Privatwohnung eine Leihbücherei mit 500 Monographien zur jüdischen Geschichte und Kultur eröffnet worden.[211] Ein kleines Museum folgte im Januar 1988.[212] Dessen zwei Räume in einer Wohnung im neunten Stock eines Moskauer Mietshauses werden von rund 800 Besuchern pro Woche aufgesucht.[213] Längst ist aus dem Museum ein Kommunikationszentrum geworden,[214] das die meisten der Gäste auch deswegen aufsuchen, weil sie hier ungestört und unbeobachtet miteinander reden können; ganz im Gegensatz zu den Räumlichkeiten in der Choral-Synagoge.[215]
Eine Untersuchung der amerikanischen Rundfunksender Radio Free Europe/Radio Liberty kam zu dem bemerkenswerten Ergebnis, daß - infolge der größeren politischen und ideologischen Offenheit - mehr Schriftsteller und Journalisten mit jüdischen Namen in Publikationen auftauchen, ohne wie früher ein Pseudonym zu benutzen, und daß häufiger jüdische Folkore übersetzt und publiziert wird.[216]

Die größere religiöse Freizügigkeit in der UdSSR zeigte sich im ersten Halbjahr 1988, als im Mai einem amerikanischen[217] und einen Monat später, im Juni 1988, auch einem israelischen Rabbiner die Einreise und die theologische Betätigung bei Gottesdiensten und Bibelstunden in Moskau gestattet wurde.[218] Im Juni 1988 besuchte mit Simcha Kook zum erstenmal seit dem Abbruch der sowjetisch-israelischen Beziehungen im Jahre 1967 wieder ein israelischer Rabbiner die Jüdische Gemeinde in Moskau. Nach Meinung von Rabbi Kook ist die stärkere Heranführung der sowjetischen Juden an die Tora hilfreicher als jeder israelische Regierungsbeschluß, um die Emigranten nach Israel zu leiten.[219] Im Februar 1988 trafen der Rabbiner und der Kantor der Moskauer Synagogengemeinde zu einem dreimonatigen Studienaufenthalt an der New Yorker Yeshiva Universität ein, um sich dort in jüdischem Recht, in Tradition und Kultur weiterzubilden.[220] Diese von einem amerikanischen jüdischen Verband vermittelte Studienreise (die amerikanische Delegation weilte im März 1987 in Moskau)[221] wäre wohl ohne die durch die Gipfeltreffen in Washington[222] und Moskau[223] gekennzeichnete sowjetisch-amerikanische Entspannungspolitik undenkbar gewesen. Im Frühjahr 1989 folgten sowjetische Studenten, die amerikanischen Stipendien für ihre Ausbildungszeit erhalten hatten.[224]

Eine Befragung von über 1.100 Sowjetjuden, die in den Jahren 1977-1980 emigriert waren, zeigt - unterteilt nach dem Immigrationsland - hinsichtlich der religiösen Verbundenheit einige unerwartete Ergebnisse auf. Als religiös bezeichneten sich 46,2 % der nach Israel Immigrierten gegenüber 48,4 % der in die Vereinigten Staaten eingewanderten Sowjetjuden. Noch verwunderlicher ist, daß 2,8 % der in Israel Lebenden (gegenüber 0,2 % in den USA) sich als atheistisch bezeichneten;[225] hierbei könnte es sich um nichtjüdische Ehepartner handeln, die ihrem Ehegatten ins Gelobte Land gefolgt sind, ohne selbst der mosaischen Religion anzugehören. Wenn die in dieser Untersuchung aufgeführten Gründe für die Ausreise aus der Sowjetunion berücksichtigt werden, wird die unerwartet geringe religiöse Affinität schon etwas plausibler.

Tabelle 10: Emigrationsgrund nach Immigrationsland differenziert (in %)

Motive	nach Israel	in die USA
politische Gründe/Freiheit	14,0	15,7
der Wunsch unter Juden zu leben	26,5	12,3
Vereinigung mit Verwandten	30,9	14,2
Schul. u. berufl. Möglichkeiten	2,9	8,5
Furcht vor Antisemitismus	11,3	19,3
ökonomische Verbesserung	2,1	5,9
andere Gründe[226]	12,1	21,9
keine Antwort	0,2	2,2
Total	100,0	100,0

(erstellt nach Gitelman, Quality, S. 59)

Die überwiegende Mehrheit der sowjetischen Juden immigrierte deshalb nach Israel, weil dort bereits Verwandte wohnen bzw. weil man unter Juden leben möchte.[227] Hier scheint sich die Ansicht einer jungen Frau zu bewahrheiten, die, obgleich sie sich als atheistisch bezeichnete, gleichfalls nach Israel ausgewandert war und für die Jüdischsein lediglich etwas mit "**Mentalität**" zu tun hatte.[228] In diesem Fall scheint die staatliche "Nationalitäts"-Einordnung ein Motiv zu spielen.

Zusätzliche Motive für eine Emigration, zumindest seit etwa 1987, waren die Nationalitätenkonflikte in den verschiedenen Unionsrepubliken, der Rückgang des Lebensstandards und die immer schwierigere Versorgungslage, die zunehmend stärker thematisierte, gewaltige Umweltzerstörung, die in einzelnen Gebieten der UdSSR Ausmaße einer Ökokatastrophe annimmt, und schließlich, durch das Scheitern von Versprechungen von Gorbatschows Perestroika, die enttäuschten Hoffnungen auf rasche Veränderungen in der Sowjetunion.[229]

Die Ergebnisse der 19. Allunionskonferenz[230] im Juni 1988 und die programmatische Rede des Generalsekretärs Michail Gorbatschow[231] enttäuschte die Erwartungen der sowjetischen Juden[232], da die Probleme der Effektivierung und Modernisierung der sowjetischen Wirtschaft im Vordergrund der Debatten standen. Überdies wurden die eher marginal behandelten Nationalitätenfragen vom armenisch-aserbaidshanischen Konflikt um die Region Nagorny-Karabach vollkommen überschattet. Allerdings war die XIX. Parteikonferenz der KPdSU im Juni 1988 das Startsignal für eine größere nationale Eigenständigkeit und mehr Recht für die Nationalitäten; auch die jüdische "Nationalität" profitierte davon. Nun war es möglich, Kongresse, Ausstellungen und Festivals zu organisieren, wie etwa ein jüdisches Filmfestival,[233] oder eine vom Simon Wiesenthal Center in Los Angeles zusammengestellte Photoausstellung zum Holocaust, die mehrere tausend Besucher fand.[234] Symptomatisch für die neue Offenheit war allerdings auch, daß die Moskauer Stadtverwaltung ihre anfängliche Unterstützung der jüdischen Filmwoche, die verbunden war mit der zur Bereitstellung von drei Kinos, aus Angst vor Demonstrationen und Gewaltaktionen nationalistischer und antisemitischer Kreise wie Pamjat (siehe Kap. 6), zurückzog.[235] Erst westliche Proteste führten zur Intervention hoher Politiker, so daß die Filmtheater doch für die 29 Filme aus acht Ländern zur Verfügung standen.[236] Symptomatisch für das partielle Verharren staatlicher Stellen in den alten Denkstrukturen war auch die Behandlung der Frage der Einrichtung von neuen Friedhöfen, die anläßlich der Rundreise einer internationalen Rabbiner-Delegation im Mai 1989 diskutiert wurde. Da die alten Friedhöfe an den Grenzen ihrer Kapazität angelangt sind, baten die Delegationsteilnehmer bei ihren Gesprächen mit sowjetischen Regierungsstellen um neue Grundstücke für ausschließlich jüdische Bestattungen. Zuerst lehnten die staatlichen Gesprächspartner dieses Ansinnen entschieden ab, mit dem Hinweis, daß dies "rassistisch" sei. Als ihnen aber erwidert wurde, es gebe auch eigene Sektionen für Moslems und Armenier, stimmten sie der Bitte sofort zu.[237] Amerikanische Juden wollen außerdem, mit Erlaubnis der Moskauer Stadtverwaltung, ein koscheres Hotel mit 300 Zimmern in der sowjetischen Hauptstadt eröffnen.[238]

Ehemals nur im geheimen als Samisdat (d.h. Selbstverlag) erschienene Zeitschriften und Informationsblätter konnten nun, offiziell toleriert, frei verkauft werden.[239] Seit Frühjahr 1989 darf mit behördlicher Erlaubnis VESK (Vestnik Evreiskoi Sovetskoi Kultury [Bulletin Jüdisch Sowjetischer Kultur]) erscheinen.[240]

Die wachsende Entfremdung vom Judentum und der, durch die staatliche Repression früherer Jahre, beschleunigte Niedergang jüdischer Kultur bezeichnete der Tel Aviver Oberrabbiner Lau als "spirituellen Holocaust".[241] Auch die Erlaubnis zur Eröffnung eines jüdischen Kulturzentrums[242] im Februar 1989 wird wohl den Niedergang nicht aufhalten können. Benannt wurde die Einrichtung nach Solomon Michoëls, einem jüdischen Schauspieler und Regisseur, dessen Ermordung durch den sowjetischen Geheimdienst KGB im Jahre 1948 symptomatisch war für den staatlich initiierten Antisemitismus[243] der späten vierziger und frühen fünfziger Jahre. Die feierliche Eröffnung des Kulturhauses[244] wurde, vor allem durch die Anwesenheit internationaler jüdischer Persönlichkeiten,[245] wie etwa des Nobelpreisträgers Elie Wiesel, für die UdSSR zu einem außenpolitischen Propagandaerfolg.[246] Das das Michoëls-Zentrum - infolge interner Streitigkeiten[247] - mehrere Monate geschlossen blieb,[248] war die Kehrseite der Medaille. Aber auch die Ausladung ausländischer, vor allem israelischer Gäste von den Vorträgen, deren internationale Vermittlung mühsam gewesen war, verärgerte den Jüdischen Weltkongreß, der die Reisekosten übernahm und das Kulturzentrum bereits als "Verlust" abschrieb.[249] Symptomatisch für die Schwierigkeiten beim Erhalt jüdischer Kultur dürfte die Situation in Lwow (früher Lemberg) sein. Zwar gründete sich im Jahre 1988 ein Jüdischer Kulturverein, der auch eine Tanzgruppe und einen Makkabi-Sportverein umfaßte. Angesichts der Tatsache, daß aber die Hälfte der 14.000 Juden dieser ukrainischen Stadt die Ausreise bereits beantragt hat, ist die Zukunft des 500 Mitglieder starken Kulturvereins ungewiß.[250]

Erstmals seit der Zarenzeit konnte im Dezember 1989 in Moskau ein jüdischer Kongreß durchgeführt werden.[251] Die 350 Teilnehmer repräsentierten 160 jüdische Vereine in 75 Städten der UdSSR;[252] bezeichnend war, daß mit Rabbiner Adolf Shajevitsch und Hejmland-Chefredakteur Aron Wergelis die zwei langjährigen offiziell protegierten Repräsentanten nicht am Kongreß teilnahmen.[253] Eine soziologische Befragung der Delegierten ergab ein verkleinertes Abbild der sowjetischen Juden: die Teilnehmer waren zwischen dreißig und fünfzig Jahre alt, in leitenden Positionen im Bildungs- und Verwaltungsbereich tätig und sprachen als Muttersprache überwiegend Russisch[254] (lediglich sechzehn Prozent sprach noch Jiddisch). Fast ein Drittel (30 %) hatte nur geringe Kenntnisse von jüdischer Geschichte und lediglich ein Viertel (26 %) hatte gute Kenntnisse von jüdischen Riten. Andererseits bezeichneten sich mit 24 Prozent nur ein Viertel der Teilnehmer als religiös.[255] Selbstkritisch konzedierte ein Teilnehmer, daß auf der Tagung nur die Stimmen der Führungskräfte zu vernehmen seien, während der "Chor" vor der niederländischen und amerikanischen Botschaft für Ausreisevisa Schlange stehe.[256] Allein im Dezember 1989 stellten 90.000 Sowjetjuden ihre Ausreiseanträge (bei insgesamt 400.000 in diesem Jahr).[257]

Ungeachtet dessen waren von den Teilnehmern des ersten jüdischen Kongresses seit der Zarenzeit über die Hälfte der Meinung, die Perestroika habe die Situation der Juden in der UdSSR eher verschlechtert![258] Nachvollziehbar wird diese vordergründig unverständliche Aussage, wenn sie in Verbindung mit anderen Antworten gestellt wird. Etwa die Hälfte hält antisemitische Pogrome in der nächsten Zukunft für durchaus möglich.[259] Und nur ein Drittel sieht eine Perspektive für jüdisches Leben am Wohnort bzw. in der jeweiligen Unionsrepublik.[260] Der Vorsitzende der Moskauer Gruppe von B'nai B'rith verwies auf das Dilemma, daß die Politik Gorbatschows nicht nur "Glasnost" und Freizügigkeit für jüdische Aktivitäten gebracht, sondern auch den antisemitischen Kräften Auftrieb gegeben habe.[261] Diese Momentaufnahmen (Dohrn) können nur einen Ausschnitt jüdischer Identität beleuchten, sind jedoch für das Selbstverständnis und schwindende Hoffnung auf eine jüdische Existenz in der Sowjetunion aufschlußreich.[262] Sie bieten außerdem Erklärungshinweise für die springfluthafte Alija in Richtung Israel, die durchaus als **letzter Ausgang** nach Jerusalem verstanden werden kann.[263]

Weniger als etwaiger Ausdruck religiöser Toleranzpolitik, sondern mehr unter dem Einfluß ökonomischer Perestroika konnte in Moskau das erste jüdische Restaurant eröffnet werden.[264] Das nach dem Vornamen seines Managers Maxowitsch unter dem Namen "Joseph's" firmierende erste jüdische Kaffeehaus Moskaus, bietet 35 Gästen Platz, die mit traditionellen jüdischen koscheren Spezialitäten bewirtet werden.[265] Zur Unterhaltung spielt eine kleine Kapelle alte jüdische Weisen. Zur Belegschaft der Gaststätte gehören neun Voll- und zwölf Teilzeitkräfte.[266] Das Lokal arbeitet auf privatgenossenschaftlicher Basis, einer durch die Perestroika ermöglichten ökonomischen Betriebsform, die die Privatinitiative besonders im Dienstleistungsbereich ermöglichen soll.

Das jüdische Leben in der Sowjetunion wieder zu aktivieren,[267] nach Jahrzehnten der Oppression, ist allerdings sehr schwierig,[268] da es vor allem an spirituellen Führungspersönlichkeiten, wie Rabbinern und Kantoren, mangelt.[269] Darüberhinaus müsse verhindert werden, daß ein Potemkinsches Dorf, als "Schaufenster für barmherzige ausländische Besucher" entstehe, in dem *"man statt preisgekrönter Zuchtbullen sowie seltsamer kosmischer Apparate glückliche sowjetische Juden vorführt."*[270]

Überhaupt erst ermöglicht wird die Revitalisierung durch finanzielle und personelle Hilfestellungen von Glaubensbrüdern aus der westlichen Welt. Die "Memorial Foundation for Jewish Culture" beispielsweise unterstützt die Revitalisierung durch ein 25 Millionen US-Dollar-Programm und die Entsendung von Rabbinern und Kantoren.[271] Im Mai 1991 konnte ein 65köpfige Delegation sowjetischer Juden nicht nur an der

Tagung des World Jewish Congress in Jerusalem teilnehmen, sondern auch dem Dachverband der Jüdischen Gemeinden offiziell beitreten.[272] Aber auch Kuriositäten geschehen, wie etwa anläßlich einer internationalen Umweltkonferenz im Kreml im Januar 1990. Als Freitagabends eine Sitzung erst nach Sonnenuntergang endete und die jüdischen Teilnehmer - entgegen ihrem ursprünglichen Plan - zum Gebet nicht mehr in die Moskauer Choral-Synagoge fahren konnten, ohne die Sabbatgesetze zu verletzen, entschloß sich Rabbi Schneier aus New York zusammen mit den Oberrabbinern aus England und Rumänien, die Gebete auf einem Seitenflur des Gebäudes zu sprechen. Nach Auskunft sowjetischer Teilnehmer war dies der erste jüdische Gottesdienst, der je im Kreml gehalten wurde![273]

Ein signifikantes Zeichen für die staatliche Liberalisierung in den zurückliegenden Jahren unter den Bedingungen der Perestrojka und die individuelle Rückbesinnung auf die eigene, jüdische Kultur ist das Schulwesen. Es gibt in den GUS-Staaten insgesamt wieder 130 jüdische Schulen, die rund 13.000 Kinder unterrichten. Obgleich das Gros der Schulen in Rußland und der Ukraine, den beiden Nachfolgestaaten mit der größten Population liegt, sind auch in anderen Regionen bemerkenswerte Entwicklungen konstatierbar. Neben Usbekistan sind dabei vor allem die baltischen Staaten zu nennen. So unterhält die jüdische Minderheit von weniger als 30.000 Personen in den drei Ostseerepubliken neun Schulen mit etwa 1.700 Schülern; davon allein vier mit 700 Schülern in Litauen.[274]

Unter den religiösen Aktivisten in den GUS-Staaten sind viele zeitweilige Rückkehrer, die in den späten sechziger und frühen siebziger Jahren nach Israel immigriert waren und nun nach dem Untergang der Sowjetunion in die alte Heimat heimkehrten, um vor Ort zu helfen. Es handelt sich dabei vor allem um orthodoxe und nationalreligiös geprägte Personen, die zwar die Ansicht vertreten, auch die GUS-Staaten seien nicht der richtige Ort für Juden, zugleich aber konzedieren, daß es noch Jahre dauern wird, bis alle Juden aus der früheren Sowjetunion emigriert seien.[275]

1 Zur diskriminierenden Bedeutung siehe Boim, Nationality, S. 173 ff.
2 "Die Juden in...", S. 7; Baum, Kulturpolitik, S. 12.
3 Siehe Bland-Spitz, S. 42 ff.
4 Levin, Concern, S. 6.
5 "Die Juden in...", S. 7.
6 Hirszowicz, Cultural, S. 11; Litvinoff, Future, S. 1; "Die Juden in...", S. 8.
7 Dohrn, Massenexodus, S. 108; Gilison, Resettlement, S. 33; Pinkus, Identity, S. 10.
8 Pinkus, Identity, S. 11.
9 Für die verschiedenen individuellen Gründe, Mitglied der Kommunistischen Partei zu werden, siehe ausführlich Harris, Membership, S. 24 ff. Siehe auch Koenen, Mythus, S. 221.
10 Jacobs, Note, S. 115.
11 Carrere d'Encausse, S. 207.
12 Jacobs, Jewish, S. 19 ff.; Jacobs, Note, S. 114 f.
13 Carrere d' Encausse, S. 205.
14 Zur veränderten Sicht im Jahre 1989 siehe Dujmovic, S. 19.
15 "Die Juden in...", S. 10.
16 Ebd.
17 Siehe Petrossjan, S. 9.
18 "Erstmals Arbeitsämter...", S. 7; "Sowjetunion beginnt...", S. 5.
19 Bland-Spitz, S. 37.
20 Korrekt lautet dies "Hebräer" nicht "Jude"; siehe Dohrn, Massenexodus, S. 106.
21 Dies bedeutet explizit, ein nach dem Religionsgesetz durch die Mutter "jüdisches" Kind kann die "Nationalität" des Vaters annehmen und gilt staatlicherseits nicht mehr als Jude; dagegen kann ein nach der religiösen Definition nichtjüdisches Kind durch die Annahme der "Nationalität" des Vaters jüdisch werden.
22 Zum diskriminierenden Charakter der Bestimmungen siehe Boim, Passport, S. 149 ff.
23 Siehe ausführlich dazu "Peretz: Limit...", S. 1 f.
24 Litvinoff, Israel, S. 3.
25 Siehe Winkelmann, S: 136 f.; Vgl. auch Dohrn, Massenexodus, S. 118.
26 Pinkus, Identity, S. 4.
27 Pinkus, Jews, S. 302 ff.
28 Für den Schriftsteller Joseph Brodsky hat das Wort "Jewrej" (Jude) im gedruckten Russisch einen Stellenwert, der vergleichbar sei mit einer Obszönität oder der "Vulgärbezeichnung einer Geschlechtskrankheit"; Brodsky, S. 13.
29 Neben der Rubrik "Nationalität" im Paß werden sie allerdings häufig durch ihren Namen und manchmal auch durch ihr Aussehen als Juden erkannt; Dohrn, Massenexodus, S. 106.
30 Siehe auch Winkelmann, S. 136 f.
31 Siehe dazu ausführlich: Jüdisches Lexikon, Stichwort: "Chassidim, Chassidismus", Sp. 1339 ff.
32 Im Gegensatz zu Pinkus, Jews, S. 305 erscheint es mir nicht sinnvoll, **alle** Emigranten, von denen mehrere Jahre lang mehr als zwei Drittel in die USA und nur noch etwa ein Zehntel nach Israel gingen, in dieser Gruppe einzuordnen.
33 Zur Problematik der Kategorisierung und damit der Bezeichnung, die hier der offiziellen staatlichen Terminologie folgt, die das Judentum nicht als religiöse sondern als nationale (ethnische) Gruppe auffaßt, siehe die im weiteren Text folgenden Definitionen und Erläuterungen. Bei statistischen Angaben über das Judentum **in** der Sowjetunion sind fast immer "Volkszählungsjuden" gemeint, während bei empirischen Ergebnissen von **aus** der UdSSR emigrierenden Personen nur die "Emigrationsjuden" Beobachtungsgut sind.
34 Jacobs, Introduction, S. 7.
35 Bland-Spitz, S. 36.
36 Pinkus, Jews, S. 262.
37 Altman/Mars, S. 302 f.
38 Siehe auch Alexander, Immigration, S. 268 ff.

39   Gilison, Resettlement, S. 33; Dohrn, Massenexodus, S. 108.
40   Bland-Spitz, S. 42.
41   Lewis/Rowland/Clem, S. 173.
42   Ebd., S. 136, Tab. 5.1.
43   Ebd., S. 176.
44   Zur Geschichte des sowjetischen Judentums in der ersten Hälfte dieses Jahrhunderts siehe ausführlich Schreiner, S. 99 ff.
45   Jüdisches Lexikon, Stichwort: "(Bevölkerungs-) Statistik der Juden (Europa: Rußland)", Sp. 651 ff.
46   Dymerskaia-Tsigelman, S. 50 ff.
47   Bland-Spitz, S. 47.
48   Pinkus, Jews, S. 265.
49   Lewis/Rowland/Clem, S. 176.
50   Pinkus, Jews, S. 265.
51   Ausführlicher in Checinski, S. 9, Tab. 5.
52   Zur sowjetischen Bildungspolitik und dem Schulsystem in der UdSSR siehe Anweiler/Kuebart/Meyer, S. 5 ff.
53   Dieser Titel steht, durch die unterschiedliche wissenschaftliche Laufbahnausrichtung in der UdSSR, etwas über dem deutschen Doktorgrad, dem eher der Status eines "Kandidaten der Wissenschaften" vergleichbar ist, da es die Habilitation als formellen Befähigungsnachweis nicht gibt; siehe Meyer, Wissenschaft, S. 459 f.; Voronel, Search, S. 70.
54   Nowikow, S. 52 f.
55   Checinski, S. 10 f.
56   Bland-Spitz, S. 57, Tab. 11.
57   Shelley, S. 17 u. S. 156, Anm. 2. Siehe auch Voronel, Search, S. 71.
58   Ioffe, S. 39; Siehe auch Checinski, S. 10 f.
59   Zur Sperrung des Hochschulzugangs für jüdische Studenten in einzelnen Fakultäten siehe auch Luchterhandt, Rechtsstellung, S. 100; Litvinoff, Mathematics, S. 1 ff.
60   Siehe Winkelmann, S. 129, wo ein Interviewter trotz Auszeichnung in der Schule nicht in Moskau studieren konnte und nach Taschkent ging.
61   Friedgut, Jewry, S. 14.
62   Siehe auch Kanowitsch, S. 121.
63   Zit. in Winkelmann, S. 130 f.
64   Carrere d'Encausse, S. 203.
65   Siehe detailliert dazu Pinkus, Courts, S. 48 ff.
66   Siehe auch Millman, S. 18.
67   Bland-Spitz, S. 84, Tab. 19a.
68   Checinski, S. 5 f.; Luchterhandt, Rechtsstellung, S. 79.
69   Siehe detailliert Schalhorn, S. 158.
70   Bland-Spitz, S. 81; Checinski, S. 6.
71   Luchterhandt, Rechtsstellung, S. 78.
72   Brunner, S. 9.
73   Rakowska-Harmstone, S. 75 f.
74   Bland-Spitz, S. 81 f.
75   Carrere d'Encausse, S. 203.
76   Bland-Spitz, S. 77, Anm. 1.
77   Checinski, S. 7.
78   Siehe Schifter, S. 81 ff.
79   Simon, Kirchen, S. 508 f.
80   Marx, Kritik, S. 378; siehe auch Mertens/Voigt, S. 612 f.

81	Besonders gute vergleichende Einblicke in das Judentum der europäischen Staaten vor dem Ersten Weltkrieg und in ihre unterschiedliche gesellschaftliche Stellung, ihren jeweiligen Assimilationsgrad sowie ihre Verbundenheit mit Religion und Kultur anhand umfangreicher statistischer Materialien vermittelt die "Zeitschrift für Demographie und Statistik der Juden" (Berlin, 1. Jg. ff. [1904 ff.]), die von dem Soziologen Arthur Ruppin begründet wurde.
82	Gries/Voigt, S. 170 f.; Bland-Spitz, S. 107.
83	Siehe Brunner, S. 9.
84	Siehe auch Hirszowicz, Cultural, S. 15.
85	Lewytzkyj, S. 530, Tab. 10.1.
86	Ebd., S. 53, Tab. 2.11.3.
87	Siehe ausführlich dazu Brumberg, S. 27 ff.
88	Luchterhandt, Rechtsstellung, S. 79; Hirszowicz, Cultural, S. 14 f.
89	Dohrn, Massenexodus, S. 112 f.
90	Brumberg, S. 28 f.
91	Zur extrem regierungsfreundlichen und zugleich antizionistischen Haltung des Chefredakteurs von Sowjetish Hejmland, Aron Wergelis, siehe Litvinoff, Role, S. 1 ff.
92	Koenen, Mythus, S. 193.
93	Luchterhandt, Rechtsstellung, S. 79 f.; Brumberg, S. 40; Bland-Spitz, S. 97; Plafker, S. 5.
94	Zum autonomen Gebiet und seiner Geschichte siehe ausführlich Golczewski, S. 204 ff.; Hirszowicz, Birobidzhan, S. 38 ff.
95	Korey, Law, S. 18.
96	Millman, S. 18.
97	Im Jahre 1990 waren es nur noch 9.000 Juden; Plafker, S. 5.
98	Hirszowicz, Birobidzhan, S. 39.
99	Dohrn, Massenexodus, S. 107.
100	Siehe ausführlich zu Birobidshan auch Koenen, Mythus, S. 151 ff.
101	Plafker, S. 5.
102	Hirszowicz, Data, S. 57.
103	Siehe auch Lachauer, S. 3.
104	Knobel-Ulrich, o.S.; "Jüdische Schule...", S. 4.
105	Jews in the U.S.S.R., 18. Jg., Nr. 20, 25. Okt. 1989, London, S. 2.
106	Ben-Shlomo, Maccabi, S. 1.
107	Jews in the U.S.S.R., 19. Jg., Nr. 12, 4. Juli 1990, London, S. 4.
108	Luchterhandt, Rechtsstellung, S. 80. Zu den Gebietsansprüchen siehe auch Boim, Territorial, S. 241 ff.
109	Struminski, Israel, S. 5.
110	"Die Juden in...", S. 9.
111	Luchterhandt, Rechtsstellung, S. 81.
112	Korey, Law, S. 11 f.
113	Ebd.
114	Jews in the U.S.S.R., 19. Jg., Nr. 1, 4. Jan. 1990, London, S. 1 f.
115	Ulanovskij, S. 259.
116	Ebd., S. 259 f.
117	Siehe auch Hirszowicz, Cultural, S. 10.
118	Luchterhandt, Rechtsstellung, S. 87 f.
119	Gilboa, S. 272 f.
120	"Hebräisch hört...", S. 8; Gitelman, Century, S. 283.
121	Gitelman, Century, S. 284.
122	Koenen, Mythus, S. 219.

123	"Hebräisch hört...", S. 8.
124	Luchterhandt, Rechtsstellung, S. 81.
125	Zaslavsky/Brym, S. 106.
126	Luchterhandt, Rechtsstellung, S. 81.
127	Siehe auch Gitelman, Century, S. 288 f.
128	Luchterhandt, Rechtsstellung, S. 81 f.
129	Korey, Law, S. 11.
130	Vgl. Stonova, Hebrew, S. 36, für erste Ausnahmen.
131	Gilboa, S. 271.
132	Luchterhandt, Rechtsstellung, S. 85.
133	Korey, Soviet Cage, S. 85 f.
134	Fein, Hebrew, S. A8.
135	Ginsburgs, Citizenship, S. 332 f.
136	Dinstein, Freedom, S. 21.
137	Gitelman, Century, S. 288 f. Zur diskriminierenden Behandlung in den Prozessen siehe auch Dershowitz, S. 254 ff.
138	Philipp, Hebräisch, S. 4.
139	Ebd.
140	Schreiber, Probleme, o.S.
141	Pinkus, Identity, S. 19.
142	Har-Gil, Enge, S. 5; Clyne, S. 12.
143	Siehe detailliert dazu Frankel, Press, S. 48 ff.
144	"Zwei israelische Zeitungen...", S. 12.
145	Simon/Simon, S. 29, Tabelle 2-9.
146	Gitelman, Resettlement, S. 13.
147	Simon/Simon, S. 30.
148	Zur ebenfalls in den Großraum Los Angeles erfolgenden großen armenischen Emigration siehe Eaton, Policy, S. 16.
149	Heuwagen, S. 3.
150	Siehe ausführlich Orleck, S. 273 ff.
151	Black, Reviving, S. 6 f.; Howe, S. A27; Jacoby, Brooklyn, S. B1; Litvinoff, Crisis, S. 11.
152	Levin, Immigrants, S. 15.
153	Ebd., S. 27.
154	Ebd., S. 23.
155	Pinkus, Jews, S. 301.
156	Entsprechende statistische Übersichten für die gesamte Sowjetunion fehlen.
157	Altshuler, Jewry, S. 27, Tab. 2.4.
158	Friedgut, Jewry, S. 13.
159	Pinkus, Identity, S. 5.
160	Pinkus, Jews, S. 301.
161	Siehe auch Bland-Spitz, S. 164 f.
162	Ausführlich in Oschlies, S. 15.
163	Zit. in ebd.
164	Zu den liberalisierten Modifikationen durch das Religionsgesetz vom Oktober 1990 siehe Roth, Soviet, S. 29 ff.
165	Luchterhandt, Religionsgesetzgebung, S. 58 ff.; Luchterhandt, Rechtsstellung, S. 94.
166	Siehe Barth, Träume, S. 1; "Erster zentraler Kongreß...", S. 44 f.
167	Luchterhandt, Rechtsstellung. S. 95.

168	Boim, Anti-Semitism, S. 240 ff.; Friedgut, Anti-Zionism, S. 3 ff.; Korey, Committee, S. 30 ff.; Korey, Kremlin, S. 133 ff. Siehe auch Barth, Perestroika, S. 2.
169	Zu den Schwierigkeiten der alltäglichen Religionsausübung im atheistischen Sowjetsystem siehe Wein, S. 244 ff.
170	Pinkus, Jews, S. 297.
171	Siehe Gitelman, Immigrants, S. 23.
172	Pinkus, Jews, S. 298.
173	Siehe detailliert Luchterhandt, Religionsgesetzgebung, S. 24 ff.
174	Siehe u.a. das Verbot der Herstellung und des Verkaufs von ungesäuertem Mazzotbrot für die Pessach-Feiertage; Korey, Religious, S. 43 f.
175	Ebd., S. 42.
176	Yodfat, Closure, S. 55.
177	Hirszowicz, Cultural, S. 11.
178	Zum Religionskampf unter Chruschtschow siehe Koenen, Mythus, S. 202.
179	Ben-Shlomo, Russia admits, S 4.
180	Litvinoff, Future, S. 1; Hirszowicz, Cultural, S. 11.
181	Warum es nur wenige Rabbiner-Kandidaten gibt und zu den Gründen siehe Litvinoff, Judaism, S. 3 f.
182	Carrere d' Encausse, S. 204.
183	"Soviet Jews gets...", S. 5.
184	Dohrn, Massenexodus, S. 114. Siehe auch Ben-Shlomo, matzot, S. 6.
185	Über den Niedergang von einstmals mehr als 400 Synagogen siehe ausführlich Yodfat, Religious, S. 66 f.; Koenen, Mythus, S. 202.
186	Borodowskij, S. 115.
187	Siehe ausführlich Anderson, Soviet, S. 22 ff.; Roth, Soviet, S. 28 ff.
188	Litvinoff, Judaism, S. 6 f.
189	Zu ihrer offiziellen Propagandafunktion und der dort tätigen Offiziellen siehe Litvinoff, Future, S. 3.
190	Ro'i, Religious, S. 39 f.; Siehe auch Dohrn, Massenexodus, S. 114.
191	Shelliem, S. 45.
192	"Moscow's Choral Synagogue", S. 65, Anm. 2.
193	Borodowskij, S. 113.
194	Siehe auch "Galinski bekam Zusage...", S. 6.
195	Shapiro, Rabbis, S. 2.
196	"Moscow's Choral Synagogue", S. 64 ff.
197	Gradstein, S. A22.
198	Zakan, Moskau, S. 6.
199	Knobel-Ulrich, o.S.
200	Siehe Dohrn, Massenexodus, S. 110.
201	"Moskauer Synagoge...", S. 9.
202	Siehe auch Ben-Shlomo, rabbi, S. 32.
203	Kremer, o.S.; Siehe auch Shapiro, Rabbis, S. 2.
204	Goldberg, S. 3.
205	Ro'i, Religious, S. 41.
206	Litvinoff, Future, S. 3 f. Shelliem, S. 47.
207	Goldberg, S. 3.
208	Mohel, Bezeichnung des die Berit Mila (Beschneidung) ausführenden Religionsbeamten einer Synagogengemeinde.
209	Vgl. Derwinski, S. 78 f.
210	Ben-Shlomo, Russia admits, S 4.

211 Ben-Shlomo, Moscow, S. 2.
212 "Soviet Jews open...", S. 8.
213 Yuenger, S. 26.
214 Kremer, o.S.
215 Siehe Yuenger, S. 26.
216 Toth, S. 13
217 Schneier, S. 12.
218 Shapiro, Rehovot, S. 1.
219 Shapiro, Israel, S. 2.
220 Goldman, Suspicion, S. B24. Zum Besuch in Israel im Dezember 1988 siehe "Soviet Rabbis...", S. A15.
221 Bohlen, Progress, S. A24.
222 Siehe "Dokumente...Washington", S. 1 ff.
223 Siehe "Dokumente...Moskau", S. 1 ff.
224 "Erste US-Stipendien...", S. 21.
225 Gitelman, Quality, S. 57.
226 (u.a. "Leben in der Sowjetunion zu langweilig"; "Jeder emigrierte, so taten wir es auch"; "Ich wollte nicht gehen, aber die Kinder taten es, was sollte ich machen")
227 Siehe auch Horowitz, Absorption, S. 15 ff; Horowitz, Integration. S. 20 ff.
228 Epp, S. 31.
229 Heitman, Emigration, S. 19.
230 Siehe ausführlich "Über den Verlauf...", S. 51 ff.
231 Siehe Gorbatschow, S. 15 ff.
232 Ben-Shlomo, Gorbachev, S. 1.
233 Parks, Moscow, S. A1 u. A13; Parks, Film, S. A10.
234 Parks, Soviets, S. A1 u. A12 f.
235 Parks, Fearful, S. A1 u. A9.
236 Parks, Film, S. A10.
237 Shapiro, Rabbis, S. 2.
238 Ben-Shlomo, Kosher, S. 44.
239 Dohrn, Massenexodus, S. 116 f; Beker, S. 16; Siehe auch "Appell gegen...", S. 3. Zur antizionistischen Berichterstattung in den sowjetischen Medien siehe Friedgut, Anti-Zionism, S. 6 ff.
240 Jews in the U.S.S.R., 18. Jg., Nr. 22, 23. Nov. 1989, London, S. 3.
241 Zit. in Shapiro, Rabbis, S. 2.
242 Adam, S. 6; Schodolski, Soviet, S. 1; Remnick, Center, S. B10.
243 Dohrn, Massenexodus, S. 115.
244 "Moskaus jüdisches Kulturzentrum...", S. 3 f.; "Jewish-studies...", S. 12; "Soviet Jewish...", S. 8.
245 Siehe Ben-Shlomo, Soviet, S. 2.
246 Siehe auch Belousovitch, S. 1 ff.; Shapiro, Rabbis, S. 2.
247 Zu den Protesten von Refuseniks gegen den Mitinitiator Bronfman siehe Ben-Shlomo, Bronfman, S. 52.
248 Ben-Shlomo, WJC, S. 56; Hoffman, WJC, S. 1.
249 Hoffman, WJC, S. 1.
250 Jews in the U.S.S.R., 19. Jg., Nr. 10, 16. Mai 1990, London, S. 1 f.
251 Barth, Träume, S. 1; Clines, Jews, S. A18; "Erster zentraler Kongreß...", S. 44 f.
252 Hamilton, Jews, S. A26.
253 Hirszowicz, Congress, S. 62.
254 Für die ersten Ergebnisse der Volksbefragung des Jahres 1989 siehe auch Heitman, Census, S. 24 ff.

255 Dohrn, Massenexodus, S. 108 f.
256 Siehe ebd., S. 118.
257 Curtius, influx, S. 2.
258 Dohrn, Massenexodus, S. 109.
259 Siehe auch Ginzburg, Juden, S. 44.
260 Dohrn, Massenexodus, S. 109.
261 Hamilton, Jews, S. A26.
262 Siehe auch Kanowitsch, S. 118 ff.
263 Siehe Koenen, Front, S. 41.
264 Nadgornyi/Ben-Shlomo, S. 47; "Moscow adds...", S. 34.
265 Schneier, S. 12.
266 "Altjüdische Küche", S. 2.
267 Siehe Carl, S. 4.
268 Siehe Borodowskij, S. 114 f.
269 Jütte, Rabbinern, S. 3.
270 Kanowitsch, S. 124.
271 Steinfels, S. A11; "Historic Soviet...", S. 44.
272 "Ein Beitritt...", S. 3.
273 Anderson, Rabbi, S. B4.
274 Silberbach, Wissensdurst, S. 5.
275 Struminski, Religionspioniere, S. 5.

4. DIE EMIGRATION
4.1 RELIGIÖSES SELBSTVERSTÄNDNIS
4.1.1 RELIGIÖSE SELBSTEINSCHÄTZUNG DER NACH ISRAEL EMIGRIERTEN

Die erwartungsgemäß geringe religiöse Gebundenheit der sowjetischen Einwanderer (Olims) bestätigt die Graphik 13. Nur ein Fünfzehntel von ihnen schätzt sich als religiös ein;[1] bei über der Hälfte sind keine tiefgreifenden Glaubensbindungen mehr zu erkennen.[2] Überraschend hoch[3] - wie auch unter den amerikanischen Immigranten - ist mit einem Zehntel aller Einwanderer die Zahl der areligiös eingestellten Personen, die ins Gelobte Land emigrieren, obwohl der Staat Israel sich gerade qua Religion als Heimstatt aller Juden definiert. Angesichts der geringen religiösen Vorkenntnisse meinte ein israelischer Konsulatsbeamter nachsichtig: *"Jedenfalls wissen sie über das Väterchen Frost, den russischen Weihnachtsmann mehr als über Passah, das jüdische Osterfest."*[4]

Graphik 13: Religiöse Selbsteinschätzung von sowjetischen und amerikanischen Immigranten im Jahre 1975 (in %)

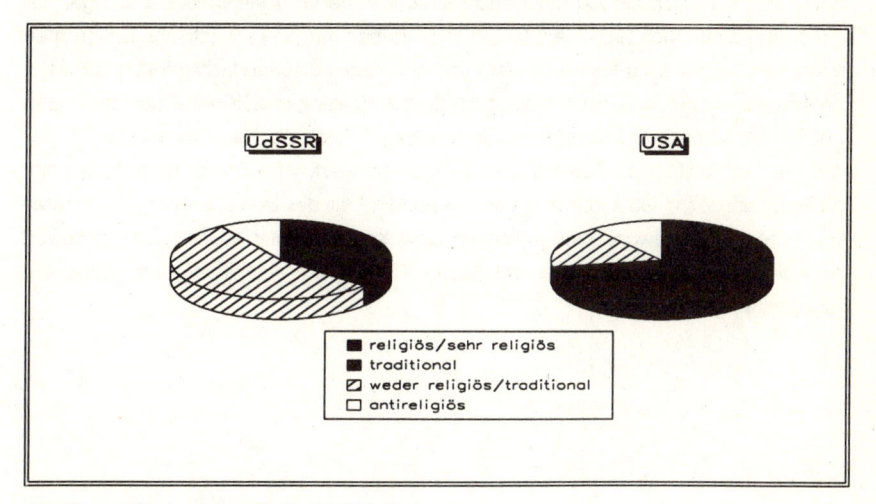

(erstellt nach Gitelman, Israelis, S. 201, Tab. 6.5)

Da dieses religiöse Selbstverständnis im wesentlichen auch für die gegenwärtige Immigrationswelle nach Israel gilt[5] - vor allem da für die meisten Amerika unerreichbar ist[6] -, wird die Aussage des ultraorthodoxen Rabbiner Jitzhak Peretz, der zugleich Einwanderungsminister im Kabinett Schamir ist, verständlich: *"Mindestens ein Drittel sind keine Juden."*[7] Der frühere Dissident Iosif Begun hingegen verweist darauf, daß die Sowjetunion fast siebzig Jahre lang jüdische Tradition verhinderte, daher könne man keine "perfekte Juden" erwarten.[8]

4.1.2 RELIGIÖSE VERBUNDENHEIT DER IN DIE USA EMIGRIERTEN

Kennzeichnend für die starke Säkularisierung der sowjetischen Juden, die nun in den USA leben, ist die mangelnde religiöse Affinität. Lediglich sieben Prozent besuchen regelmäßig eine Synagoge, drei Viertel gelegentlich und 18 % nie![9] Ähnliche Ergebnisse weist die Beachtung traditioneller Bräuche auf.[10] Nur ein Fünftel der Befragten betrachten den Sabbat als einen besonderen Tag[11] und entzündet noch Sabbatkerzen. Lediglich ein Zehntel beachtet die koscheren Speisegesetze und gar nur 4,6 % sprechen noch täglich ein Gebet.[12] So haben manche sowjetische Emigranten noch nie (!) zuvor vom Hanukka, dem traditionellen jüdischen Lichterfest gehört. Für andere war es nur eine Reminiszenz an lang zurückliegende Kindheitserinnerungen und die Geschenke des Großvaters am Festtag.[13] Auch der Sederabend, als Erinnerung an den biblischen Auszug aus Ägypten gefeiert, ist für viele eine neue spirituelle Erfahrung.[14] Über die religiöse Verbundenheit der in die Vereinigten Staaten von Amerika ausgewanderten jüdischen Sowjetbürger gibt die Graphik 14 detailliert Auskunft. Die Beachtung der religiösen Rituale ist signifikant vom Alter der Emigranten geprägt.

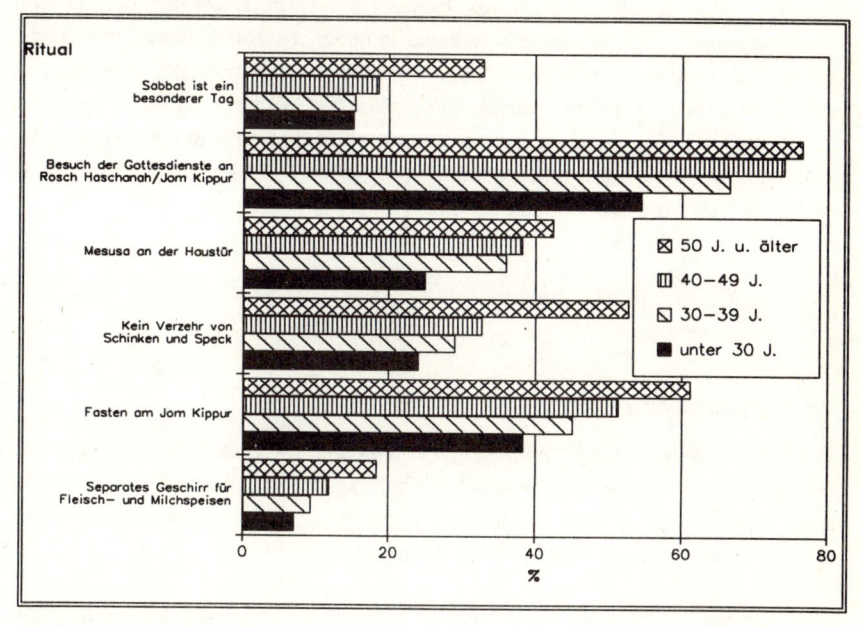

Graphik 14: Regelmäßige Beachtung von religiösen Ritualen, nach Altersgruppen differenziert (in %)

Ritual	
Sabbat ist ein besonderer Tag	
Besuch der Gottesdienste an Rosch Haschanah/Jom Kippur	
Mesusa an der Haustür	⊠ 50 J. u. älter
	⊞ 40–49 J.
Kein Verzehr von Schinken und Speck	◫ 30–39 J.
	■ unter 30 J.
Fasten am Jom Kippur	
Separates Geschirr für Fleisch– und Milchspeisen	

(erstellt nach Simon/Simon, S. 43, Tab. 2A-1)

Die geringe Beachtung der traditionellen Bräuche ist ein auffälliges Zeichen für den hohen Assimilationsgrad der sowjetischen Juden.[15] Besonders deutlich wird das bei der Befolgung der Speisegesetze, die doppelt soviel über Fünfzigjährige als unter Dreißigjährige beachten; gleiches gilt für die Einhaltung des Sabbats. Die allzu geringe religiöse Bindung zeigt sich auch im seltenen Synagogenbesuch. Außerdem lag die Beteiligung der Emigranten am Gemeindeleben in keiner Kommune über zwanzig Prozent.[16]

Bestätigt werden diese Befunde durch die "Vorläufigen Resultate der ethnosoziologischen Untersuchung der Juden von Leningrad-Sankt Petersburg",[17] die im März 1992 veröffentlicht wurden und idealtypisch für die in den GUS-Staaten verbliebenen Juden sein dürften. Diese im Jahre 1989 als Langzeitstudie begonnene Bestandsaufnahme jüdischen Lebens spiegelt als Momentaufnahme den hohen Grad der Akkulturation der Juden in der früheren Sowjetunion wider. So lebten 45 % der Petersburger Juden in Mischehen und lediglich fünf Prozent wollte, daß ihre Kinder später "jüdisch" als Nationalität wählen. Zwar will die Hälfte der

Befragten, daß die Kinder die "jüdische Sprache" (für die meisten Iwrit) erlernen soll, doch nur ein Viertel von ihnen befolgt noch die rituellen Speisegesetze und kocht koscher. Dies verwundert nicht, da lediglich 7 % sich selbst als gläubig und traditionsbewußt einschätzten. Ein weiteres Indiz für die völlige Assimilation in die nichtjüdische, postkommunistische Gesellschaft ist die fast vollständige Akzeptanz des Russischen als Muttersprache. Ein Spiegelbild dieses insgesamt extremen Akkulturationsgrades sind auch die Antworten auf eine etwaige Emigration. Während nur 13 % der Petersburger Juden auf jeden Fall Haus und Hof verlassen wollten, will über ein Drittel auf Gedeih und Verderb am Ort verbleiben.[18]

4.2 DIE EMIGRATIONSFORMALITÄTEN

Um eine Auswanderungsgenehmigung und die damit verbundene Entlassung[19] aus der sowjetischen Staatsbürgerschaft[20] zu beantragen und den Spießrutenlauf durch die sowjetische Bürokratie zu beginnen,[21] benötigten die emigrationswilligen Bürger eine Vielzahl von Dokumenten und Bescheinigungen.[22]

1. Eine formelle Einladung (vyzov) von in Israel lebenden Verwandten ersten Grades. Diese Einladung muß den Verwandtschaftsgrad bestätigen und das Versprechen enthalten, den Sowjetbürger nach seiner Ankunft zu unterstützen. Diese Versicherung muß zusätzlich vom israelischen Staat beglaubigt und garantiert werden. Zusätzlich muß ein offizielles Schreiben der israelischen Regierung beigelegt sein, in dem diese dem potentiellen Emigranten (und ggf. seinen Angehörigen) die Einreisegenehmigung in den jüdischen Staat garantiert. Darüberhinaus müssen alle notwendigen Dokumente der finnischen Botschaft in Tel Aviv, die die Sowjetunion in Israel diplomatisch vertritt, vorgelegt und dort beglaubigt werden; erst dann können das Einladungsschreiben und die offizielle Einreiseerlaubnis an die Verwandten in der UdSSR geschickt werden.[23] Nur wenn er im Besitz dieser beiden Dokumente ist, hat ein Ausreisewilliger überhaupt eine Chance, daß sein Ausreiseantrag von den sowjetischen Behörden angenommen und bearbeitet wird. Zwischen 1968 und 1980 wurden von Angehörigen über 630.000 Einladungen in die Sowjetunion gesandt,[24] aber nur 251.000 Personen konnten das Land in diesem Zeitraum verlassen.[25]

Viele Sowjetbürger waren infolge der Postzensur zu verängstigt, ihre Angehörigen in Israel schriftlich um dieses Einladungsschreiben zu bitten.[26] In vielen Fällen wurden die israelischen vyzovs überhaupt nicht von der sowjetischen Post zugestellt oder erst mit monatelanger Verspätung. In anderen

Fällen lehnten die Sachbearbeiter des lokalen OVIR,[27] der zuständigen Registrations- und Paßbehörde des sowjetischen Innenministeriums, die Annahme der Einladungsschreiben ab, weil ein Name, ein Datum oder eine Adresse falsch geschrieben waren, oder der Verwandschaftsgrad vorgeblich nicht nahe genug war.[28] Teilweise wurden derartigen Bagatellen als Alibi vorgeschoben, um dem Bittsteller das eigentliche Antrags**formular** für die Ausreisegenehmigung zu verweigern.[29] Diese formelle Einladung von in Israel lebenden Verwandten ist seit 1978 notwendig zur Erlangung eines Ausreisevisums. Hintergrund dieser Maßnahme war nach Vermutung der Jewish Agency, daß dies die "Aussteiger"-Rate sollte senken helfen, da durch eine Übersiedlung in die USA für alle in der UdSSR verbliebenen Angehörigen das nun notwendige Einladungsschreiben nicht mehr erlangbar gewesen wäre.[30]

2. Eine persönliche Charakteristik, die vom Arbeitgeber auszufertigen ist und die Angaben über die fachlichen und persönlichen Qualitäten des Antragstellers enthalten muß. Für alle nicht Berufstätigen muß vom Hauskomitee am lokalen Wohnort eine derartige Bescheinigung ausgestellt werden.

Obgleich diese Bescheinigung nach offiziellen Richtlinien innerhalb von zwei Wochen nach Beantragung auszustellen ist, ist sie vielfach ein weiteres Hindernis auf dem Weg zur eigentlichen Antragstellung. Nicht nur, daß die Ausfertigung oft monatelang verschleppt wird oder mit zahlreichen Anfeindungen durch Vorgesetzte und Arbeitskollegen verbunden ist, oftmals folgt auf den Wunsch nach dieser mit dem Stigma "Israel" verbundenen Erklärung die Kündigung.[31] Da für die Ausfertigung des Persönlichkeitsprofils keinerlei Verwaltungsrichtlinien vorliegen, birgt die Erstellung der Charakteristik auch für den Arbeitgeber bzw. für die verantwortlichen Genossen der Unternehmensleitung eine ideologische Gefahr: eine negative Auskunft über die berufliche Qualifikation des Antragstellers würde staatlicherseits unweigerlich die Rückfrage auslösen, warum denn eine so "unqualifizierte" Person überhaupt beschäftigt wurde. Zum anderen könnte ein positiver Bescheid Nachfragen auslösen, warum denn das Management einer so "wertvollen" Arbeitskraft sogar noch bei der Auswanderung behilflich ist. Um diesem Dilemma zu entrinnen, ist es aus Sicht der Verantwortlichen - das Persönlichkeitsprofil muß vom Betriebsdirektor, dem Gewerkschaftssekretär und dem Sekretär der Betriebsparteiorganisation der KPdSU (auch bei Parteilosen!) abgezeichnet werden -[32] die angenehmste Lösung, den Wunsch des potentiellen Emigranten nach Ausfertigung einer Charakteristik einfach zu ignorieren. Wenn das nicht mehr möglich ist, entläßt man den Antragsteller besser, um sich selbst von einem ungewünschten schwierigen Problem zu befreien.[33] Viele emigrationswillige Juden, denen die Ausreise bei der ersten Antragstellung verweigert worden war, wurden so häufig infolge zwielichtiger Kündigungsgründe gezwungen, ihren angestammten Arbeitsplatz aufzugeben und andere, wesentlich geringer qualifizierte und entlohnte Tätigkeiten zu verrichten.[34] Diese staatliche Taktik, beruflichen, d.h. auch ökonomischen und psychologischen Druck[35] auf die Emigrationswilligen auszuüben, ist gekoppelt mit dem sozialen Zwang zur Arbeit, da das im Sozialismus vorgeblich herrschende "Recht auf Arbeit" in Wahrheit ein Zwang zur Arbeit ist.[36] Alle Personen, die arbeitslos sind (auch unverschuldet oder sogar zwangsweise wie die entlassenen Ausreisewilligen), werden mit polizeilichen und strafrechtlichen Mitteln verfolgt und als "asoziale, parasitäre Elemente" verunglimpft.[37] Als "parasitäres Leben" wird nach Artikel 209 der sowjetischen Verfassung definiert, wenn jemand, der zu einer Arbeit fähig ist, länger als vier Monate ohne Beschäftigung[38] ist und jegliche gesellschaftlich nützliche Arbeit vermeidet.[39] Auffällig ist auch die sich häufende Kriminalisierung von jüdischen Aktivisten durch die sowjetischen Behörden: wurden im Jahre 1982 nur vier Verfahren wegen vorgeblicher krimineller Handlungen beobachtet, so waren es im Jahre 1985 bereits dreizehn.[40] Es darf hier ein illegitimer Versuch der Disziplinierung von politisch Mißliebigen mit strafrechtlichen Mitteln vermutet werden. Besonders hart trifft die staatliche Entlassungspraxis Wissenschaftler, die, weil überall auf parteilichen Druck abgelehnt, plötzlich als Hilfsarbeiter oder Straßenkehrer arbeiten müssen.[41] Der Physiker Alexander Voronel hat diese Schwierigkeiten pointiert zum Ausdruck gebracht, in dem er konstatierte, daß viele sowjetische Juden ihre kulturelle Tradition für einen anderen immatriellen Wert, den der Bildung, eingetauscht haben. Wenn aber nun der Staat ihnen diesen Wert nehme, wären sie all ihres Besitzes beraubt![42] Für Studenten und ältere Schüler muß gleichfalls von der Universitäts- oder Schulleitung ein Persönlichkeitsprofil ausgestellt werden.[43] Es ist deutlich zu erkennen, daß die Bescheinigung über den Charakter lediglich ein weiteres Hindernis auf dem Wege zur Ausbürgerung sein soll und deshalb ausschließlich obstruktiven Charakter besitzt.[44]

3. Ein Lebenslauf und eine schriftliche Darlegung der Gründe für den Auswanderungswunsch.[45]

4. Das eigentliche Antragsformular, welches Fragen zum Familienstand, dem Geburtsdatum und Geburtsort, Nationalität, sozialer Herkunft, Bildungsgrad, Militärdienst und Arbeitsplatz enthält. Außerdem sind Mitgliedschaften in KPdSU, Komsomol und gesellschaftlichen Massenorganisationen anzugeben, und, ob er Mitglied eines lokalen, regionalen oder zentralen Gremiums war und ggf. dabei in irgendeiner Form ausgezeichnet wurde. Weitere Fragen gelten etwaiger strafrechtlicher Verurteilung und Haft. Außerdem anzugeben ist, ob der Antragsteller während des Zweiten Weltkrieges unter fremder Besatzung gelebt hat und schließlich ob er jemals in einem ausländischen Staat gewesen sei: falls ja, wann und aus welchem Anlaß. Darüberhinaus muß der Antragsteller zum Schluß noch die Namen aller nahen Verwandten - egal ob lebendig oder tot - angeben, ganz gleich, ob sie innerhalb der UdSSR oder im Ausland leben; bei allen nicht mehr in der Sowjetunion lebenden Angehörigen muß überdies der Ausreisegrund genannt werden.[46]

Für den Erhalt des Vordrucks gilt als conditio sine qua non der Besitz einer vyzov (siehe Punkt 1), obgleich auch Personen, die im Besitz einer formellen Einladung sind, häufig vier-, fünfmal vorsprechen müssen, nur um dieses Formular zu erhalten, da dessen Ausgabe in der Willkür des einzelnen Bearbeiters im OVIR liegt.[47]

5. Die Einverständniserklärung (affidavit)[48] zur Auswanderung des Antragstellers durch Eltern, Kinder oder auch Ex-Ehepartnern[49], die in der UdSSR zurückbleiben.[50]

Theoretisch und rein technisch eigentlich nur eine (weitere) Formalität, die bestätigen soll, daß die Unterzeichnenden keinerlei finanzielle und moralische(!) Forderungen gegenüber dem Antragsteller haben, oder **in Zukunft geltend machen werden** (!),[51] brachte und bringt diese familiale Entsagungsklausel vielfach Zwietracht und Haß in einstmals intakte Familienverbände.[52] So etwa, wenn Eltern die Situation der Juden in der Sowjetunion anders einschätzen als ihre erwachsenen Kinder oder vielleicht die Enkelkinder nicht missen möchten und deshalb das Emigrationsvorhaben der Jüngeren durch die Verweigerung der Verzichtserklärung sabotieren.[53] Hierzu muß angemerkt werden, daß infolge des immer noch akuten Wohnraummangels häufig mehrere Generationen in einer Wohnung zusammenleben;[54] was die Spannungen im Konfliktfall noch verstärken dürfte. Denn die Verweigerung der Unterschrift unter diese Verzichtserklärung ist gleichbedeutend mit einem vorzeitigen Scheitern der Emigrationsbemühungen der Auswanderungswilligen.[55] Überdies muß diese Erklärung, die vom Hauskomitee des Unterzeichnenden zu beglaubigen ist, im Ablehnungsfalle bei jedem Wiederholungsantrag immer wieder neu beigebracht werden.[56]

6. Die Bestätigung der polizeilich registrierten Adresse durch das Hauskomitee,[57] wodurch die Emigrationsbemühungen der Nachbarschaft bekannt werden und diese psychischen Druck auf die potentiellen Auswanderer ausüben kann und soll.

7. Letztlich noch mehrere Paßfotos[58] und die Einzahlungsbelege über die Entrichtung der Verwaltungsgebühr für die Antragsbearbeitung von 30 Rubeln. Sofern der Antrag auf eine Emigration von den sowjetischen Behörden positiv beschieden wird, kommen noch zwei ungleich höhere Beträge auf den Antragsteller zu: 300 Rubel für die Ausfertigung des eigentlichen Ausreisevisums sowie weitere 500 Rubel für die Entlassung aus der sowjetischen Staatsbürgerschaft.[59]

Die immense Höhe dieser Gebührensätze zeigt sich daran, daß ein durchschnittliches Monatseinkommen in der UdSSR etwa 150 Rubel beträgt.[60] Wie einseitig ausgerichtet diese Gebühren sind, zeigt die Tatsache, daß sie nur für eine Ausreise ins **kapitalistische** Ausland gelten; bei Emigrationen in **sozialistische** Staaten wird jeweils nur ein **zehntel** der oben genannten Beträge (30 bzw. 50 Rubel) erhoben. Überdies muß **jeder** ausreisewillige Erwachsene diese Abgaben entrichten, es handelt sich **nicht** um eine Pauschale für eine ganze Familie, so daß einer mehrköpfigen Familie mit heranwachsenden Kindern enorme Beträge abverlangt werden. Hinzu kommen noch die Kosten für Fahrkarten nach Wien und die Gebühren für das aufzugebende Gepäck, das mit ausgeführt werden darf.[61]

Die aufgeführten sieben Punkte für die Beantragung einer Emigrationserlaubnis gelten für alle ausreisewilligen Familienmitglieder **über 16 Jahre**,[62] d.h. für jede einzelne Person müssen auch die Fragebögen ausgefüllt und die diversen Erklärungen beigebracht werden, sowie die exorbitanten Verwaltungsgebühren bezahlt werden. Dies führt dazu, daß eine vierköpfige Familie zwei durchschnittliche Jahresgehälter allein für die Entrichtung der Gebühren aufbringen muß.[63]

Bei der Vergabe der Ausreisevisa an emigrationswillige Juden gab es bis Mitte der achtziger Jahre[64] große Unterschiede zwischen den einzelnen Gemeinden innerhalb einer Republik. Juden aus Großstädten machten dabei andere Erfahrungen als jene aus Kleinstädten oder Dörfern. Schließlich beeinflußte die Persönlichkeit, die soziale Stellung und das etwaige politische Engagement die individuelle Behandlung des Auswanderungsantrages. Eine wichtige Rolle nehmen dabei Fragen ein, wie: Aktivist? Wissenschaftler? Alt oder jung? Ledig oder verheiratet (mit Kindern)? Wenn verheiratet, mit einem jüdischen Partner? Bildungsniveau? Militärdienst absolviert? Diese und einige andere Variablen beeinflussen, neben Ort und Zeit, die Bearbeitung und die Erfolgsaussichten eines Auswanderungsantrages.

Im Jahre 1982 wurde der Antragsprozeß für die Auswanderungserlaubnis erneut erschwert. Hatte es bis dahin genügt, bei der ersten Antragsabgabe eine offizielle

Einladung aus Israel vorzulegen, so wurde nun von den sowjetischen Behörden verlangt, daß bei jedem Wiederholungsantrag - nachdem der erste abgewiesen worden war - jeweils eine <u>neue</u> Einladung beizubringen sei, da diese vorgeblich nur eine Gültigkeit von sechs Monaten habe; dies war, unter Berücksichtigung der damit verbundenen langwierigen Briefwechsel und Formalitäten, eine rein administrative Schikane um die Ausreisewilligen noch zusätzlich zu traktieren.[65]
Seit dem Frühjahr 1972 müssen alle Emigranten zusätzlich eine Erklärung unterzeichnen, daß sie in der Zukunft nicht um ein Einreisevisa für die Sowjetunion nachsuchen werden. Diese Verzichtserklärung sollte alle zögernden Ausreisewilligen von der Emigration abhalten,[66] da durch die Unterzeichnung jede Hoffnung auf einen Besuch der in der UdSSR zurückbleibenden Eltern, Kinder oder übrigen Verwandten ausgeschlossen wird, die nicht emigrieren wollen oder können.[67] Darüberhinaus darf die Wirkung der sowjetischen Propaganda über die vorgeblich riesige Zahl der vom "Gelobten Land" enttäuschten und rückkehrwilligen ehemaligen Sowjetbürger auf diese kleinmütigen emigrationswilligen Juden nicht außer acht gelassen werden;[68] durch die seit dem 1. Juli 1991 bestehenden Paßbestimmungen scheint nun eine eingeschränkte Rückkehrmöglichkeit zu bestehen (siehe unten Kap. 5.6.3).
Die Zurückweisung des Erstantrages, die bis Mitte der achtziger Jahre die Regel war, bedingt eine zumindest zwölfmonatige Wartezeit, bevor überhaupt ein neuer Antrag abgegeben werden darf. Vielen Antragstellern wird häufig mitgeteilt - immer nur mündlich nie schriftlich - sie sollten erst wieder in drei oder fünf Jahren vorsprechen. Die Mitteilung des Ablehnungsbescheides folgt seit über zwanzig Jahren denselben Regeln. Der Antragsteller erhält fünf bis sieben Monate nach Einreichung seines Emigrationsgesuches eine Postkarte mit einer Telefonnummer und der Aufforderung des Rückrufs zugestellt. Unter der mitgeteilten Rufnummer meldet sich eine anonym bleibende Person, die dem Anrufer lediglich mitteilt, daß der Ausreiseantrag "geprüft" und zurückgewiesen wurde. Insistierende Fragen des Antragstellers werden nicht beantwortet oder mit Verweisen auf die "zuständigen Organe", die jedoch nie näher spezifiziert werden, beantwortet.[69] Eine schriftliche Fassung der Ablehnung hat kein Emigrationswilliger erhalten, so daß auch keiner etwas fixiertes "in der Hand hält", womit er etwaige weitere rechtliche Schritte einleiten oder begründen könnte. Ein häufiger Grund für die Zurückweisung des Ausreiseantrages ist - besonders bei Wissenschaftlern -, die Kenntnis von "Staatsgeheimnissen",[70] obgleich die Arbeit in so klassifizierten Bereichen oder die Einsichtnahme in als geheim eingestufte Akten oftmals viele Jahre zurückliegt und etwaiges "Geheimwissen" längst wissenschaftlich überholt oder technisch veraltet ist.

4.2.1 DIE SUSPENDIERTE DIPLOMSTEUER

Eine weitere für sowjetische Verhältnisse gigantische finanzielle Belastung der Emigrationswilligen wurde Anfang der siebziger Jahre auf Druck der westlichen Weltöffentlichkeit suspendiert.[71] In der Jahresmitte 1971 tauchten erste Gerüchte auf, daß alle Auswanderungswilligen eine sogenannte "Diplomsteuer" als vorgeblichen Kostenausgleich für die erhaltene höhere Bildung zu entrichten hätten. Die tatsächliche Einführung dieser Zwangsabgabe ein Jahr später zielte staatlicherseits darauf ab, die Emigrationszahlen der jüdischen Intelligenz zu senken.[72] Als Begründung für die Erhebung wurde angeführt, die gesamte Gesellschaft habe unter dem Verlust von Spezialisten zu leiden, wenn diese sich entschlössen, das Land zu verlassen. Um den Verlust "wiedergutzumachen", habe man die Abgabe eingeführt, die einen Teil der staatlichen Aufwendungen für die höhere Bildung des Emigrationswilligen an die Gesellschaft zurückführen solle.[73] Die "Diplomsteuer" schwankte je nach Ausbildungsgrad zwischen 6.000 (für Graduierte) und 24.000 Rubeln (für Doktoren der Wissenschaft).[74] Die restriktive Wirkung einer derartigen zusätzlichen Belastung zu den übrigen Auswanderungsgebühren verdeutlicht ein Vergleich mit dem durchschnittlichen Monatseinkommen, daß im Jahre 1972 in der UdSSR bei 130 Rubel lag.[75] Das Interesse der Sowjetunion an einer fortschreitenden Entspannungspolitik und das sich abzeichnende umfangreiche bilaterale Handelsabkommen mit den Vereinigten Staaten von Amerika führten anscheinend im Frühjahr 1973 zu der Entscheidung, die Bildungssteuer aufzuheben. Meldungen, daß die sowjetischen Behörden die Zahlung der "Diplomsteuer" ausgesetzt hatten, wurden im Westen Anfang 1973 bekannt, d.h. bezeichnenderweise kurz vor dem Staatsbesuch Leonid Breschnews in den Vereinigten Staaten im Juni 1973.[76] Das Jahr des Washingtoner Gipfeltreffens brachte überdies mit mehr als 34.000 Ausreisen einen ersten Höhepunkt in der Geschichte der jüdischen Emigration aus der UdSSR, der erst im Jahre 1979 wieder übertroffen wurde.

Die betroffenen Personen, die in der Zeit des Bestehens dieser Abgabe ausgereist waren, hatten jedoch zusammen über drei Millionen Rubel an die "Gesellschaft" entrichten müssen.[77]

4.3 DER AUSREISEKAMPF DER ABGELEHNTEN - DIE REFUSENIKS

Als einziger Ausweg aus seiner juristisch absolut unzulässigen Situation[78] blieb dem auswanderungswilligen Sowjetbürger nach der Ablehnung meist nur noch die Möglichkeit, öffentliches Interesse (vor allem im westlichen Ausland)[79] an seiner Person und an seiner Lage zu erregen. Am verbreitesten war dabei der Protest durch Demonstrationen und das Ersuchen um Hilfe in Briefen an westliche jüdische Organisationen,[80] namentlich in den Vereinigten Staaten von Amerika und Großbritannien, die dann ihrerseits durch die Einschaltung der westlichen Massenmedien, aber auch einzelner interessierter einflußreicher Politiker[81] versuchten, den jeweiligen "Fall" publik zu machen und dadurch dem Betroffenen und seinen Angehörigen zur Ausreise zu verhelfen.[82] Besonders wenn es sich, wie bei den "Gefangenen Zions", wie sich selbst bezeichneten, um Refuseniks handelte, die ihren Ausreisewunsch mit langjährigen Haft- oder Lagerstrafen büßen mußten. Prominente Fälle derartiger zum Teil jahrelanger - westlicher Medienkampagnen[83] sind u.a. Anatoli Schtscharanski,[84] Iosif Begun[85] und Ida Nudel.[86]

Viele Refuseniks sahen sich nach der wiederholten Beantragung der Auswanderung einer Reihe von Repressionen ausgesetzt:

- Arbeitsentlassung oder Ausschluß vom Studium;
- Telefongespräche wurden plötzlich unterbrochen;
- Briefe wurden zurückgehalten und kontrolliert;
- beharrlich folgten unbekannte Personen und die Bewegungsfreiheit wurde administrativ auf bestimmte Gebiete begrenzt;
- die Kinder wurden in der Schule grundlos bestraft und schikaniert;
- völlig Unbekannte attackierten und schlugen plötzlich die Antragsteller an einsam gelegenen Stellen (das diese Nachstellungen "von oben" dirigiert wurden, zeigte sich an der Tatsache, daß die Schläger über detaillierte Kenntnisse der Lebensumstände ihrer Opfer verfügten).[87]

Der westlichen Öffentlichkeit waren im Sommer 1986 mindestens 309 Fälle von Refuseniks bekannt,[88] die seit zehn und mehr Jahren auf ihre Emigrationserlaubnis warteten.[89] Während die meisten von ihnen Anfang der siebziger Jahre um die Emigrationsgenehmigung ersucht hatten, warteten einzelne schon seit 1966/67. Die damals bekannten 309 langjährigen Fälle[90] addierten sich aus 26 Einzelpersonen und 283 Familien zu insgesamt 1.196 Ablehnungen, die älter als zehn Jahre waren.[91] Die Durchschnittsgröße der 283 Familien betrug 4,1 Personen. Der größte Familienverband aus Großeltern, Eltern, Kindern und Enkelkindern umfaßte 21 Personen, drei weitere bestanden aus 11 Personen.[92]

Nach Darstellung von Michail Gorbatschow, auf einer Pressekonferenz während des Gipfeltreffens in Washington im Dezember 1987, war "nur 222" zumeist jüngeren Personen von den Behörden die Ausreiseerlaubnis verweigert worden, da sie infolge ihrer Arbeit in der Rüstungsindustrie oder im Elektronikbereich mit Staatsgeheimnissen in Berührung kämen.[93] Bereits im August 1987 hatten sowjetische Offizielle behauptet, lediglich jeder zehnte Ausreiseantrag sei zurückgewiesen worden.[94] Westliche Beobachter hingegen vermuteten, daß die Zahl der abgewiesenen Personen sich auf mehrere tausend addierte.[95] Bei der überwiegenden Mehrheit der im Frühjahr 1990 bekannten 230 Refusenik-Familien war die Ausreisegenehmigung deshalb verweigert worden, weil Verwandte sich weigerten, die gesetzlich vorgeschriebene Verzichtserklärung zu unterschreiben und so die Ausreisewilligen von allen etwaigen Verpflichtungen zu entbinden.[96] So brachte die verweigerte Unterzeichnung des affidavit durch den früheren Ehepartner, von dem eine emigrationswillige Frau seit drei Jahren getrennt lebte, einen Ausreiseantrag zu Fall. Die Begründung des Mannes, er wolle nicht, daß seine siebenjährige Tochter, die er seit mehreren Jahren nicht mehr besucht hatte, das Land verlasse, reichte den Behörden als Begründung für eine Ablehnung des Emigrationsantrages.[97]

Die Zahl derer, denen aus Gründen der früher so beliebten "Kenntnis von Staatsgeheimnissen" die Ausreise verweigert wurde, war stark zurückgegangen.[98] Es gab allerdings noch immer vereinzelte Fälle, in denen Personen, die bis zum Jahre 1980 mit als "Staatsgeheimnissen" deklarierten Informationen in Berührung gekommen waren, deshalb zehn Jahre später die Ausreise verweigert wurde.[99]

Problematisch war die Ausreise für Familien mit Söhnen im wehrpflichtigen Alter, die oftmals vor einem doppelten Dilemma standen. Das OVIR verweigerte den heranwachsenden Kindern die Ausreise mit der Bemerkung, sie sollten erst ihren Armeedienst absolvieren, danach könnten sie dann ausreisen. Da aber dem zweijährigen Militärdienst eine Einordnung als "Geheimnisträger" folgt, dauerte es mindestens weitere fünf Jahre, bis zur Aufhebung dieser Klassifikation, ehe die männlichen Kinder ausreiseberechtigt sind, so daß sich die Emigration ganzer Familienverbände um sieben und mehr Jahre verschieben konnte.[100]

Die Aushändigung der langjährig verweigerten Visa zur Emigration für die bekannten Refuseniks wie Begun, Goldstein, Nudel oder Schtscharanski, war für die Zurückgebliebenen mit einem Phyrrussieg gleichzusetzen.[101] Durch die jeweilige Ausreise der bekanntesten Refuseniks ließ zum einen international das Interesse der westlichen Presse[102] an der jüdischen Emigrationsfrage zeitweilig nach, zum anderen fehlten national wichtige, vor allem aktive Schlüsselpersonen, die den Kontakt untereinander aufrechterhielten und den Kampf gegen die Behörden organisierten

und koordinierten.[103]
Letztendlich waren alle diese Versuche, Öffentlichkeit zu erzeugen und als Ergebnis westlicher Hilfe und Interesses eine rasche und vor allem positive Bearbeitung des Ausreiseantrages zu erreichen, so unsicher und zufällig wie ein Lotteriespiel mit ungewissem Ausgang. Es gab zwar zahlreiche Beispiele dafür, daß derartige Aktionen zur Bearbeitung von Anträgen in Rekordzeiten geführt hatten,[104] um die "Krawallmacher" loszuwerden.[105] Andererseits gab es genügend Fälle, in denen die unkonventionellen Methoden des Insistierens lediglich zu strafrechtlichen Verfolgungen und einer unverhältnismäßig langen Ablehnung der Emigrationsanträge (teilweise über 10 Jahre) geführt hatten.[106]
Seit dem Jahre 1987, mit dem Beginn der liberalisierten Ausreisepolitik, wurden nahezu alle "Gefangene Zions" aus der Haft entlassen und konnten zusammen mit ihren Angehörigen emigrieren;[107] eine Gruppe von 120 Personen im Dezember 1988.[108] Ungeachtet dessen wurde in Einzelfällen weiterhin die Ausreise verweigert.[109]
Nach Darstellung des Prawda-Chefredakteurs Viktor Afanasjew sollten die seit Januar 1987 geltenden gesetzlichen Regelungen[110] den Emigrationsprozeß vereinfachen und beschleunigen.[111] Afanasjew führte weiter aus, die ehedem langen Verzögerungen bei der Visaerteilung seien "Treibstoff" für die antisowjetischen Kampagnen der westlichen Presse gewesen.[112] Westliche Experten beurteilten das neue Emigrationsgesetz nüchterner, kamen aber gleichwohl zu dem Schluß, daß es sich um einen Fortschritt handelte, da zum erstenmal in der sowjetischen Rechtsgeschichte die Gründe für eine Beantragung wie auch für die Ablehnung kodifiziert worden seien. Überdies müsse nun die behördliche Antwort in genau festgelegten zeitlichen Fristen erfolgen.[113]
Die im Januar 1987 erlassenen Emigrationsbestimmungen[114] schränkten in der Tat die Auswanderung nicht ein, wie zuerst von westlichen Beobachtern befürchtet wurde, sondern führten im Gegenteil zu einem Ansteigen der Emigrationszahlen. Wie der Vorsitzende des All-Unions-OVIR, Kuznetsow, in einem Interview mitteilte, akzeptierten die sowjetischen Behörden nun auch Einladungsschreiben von Verwandten, die nicht in Israel lebten. Die entsprechenden Anträge würden genauso geprüft und bearbeitet wie alle übrigen. Daß manche früheren Sowjetbürger niemals einen Fuß auf israelischen Boden gestellt hätten, obgleich sie dorthin die Ausreise beantragt hätten, bezeichnete Kuznetsow als "deren Problem"![115]
Nach Auskunft von Karl Zuckerman, dem amerikanischen HIAS-Vorsitzenden, hatten bis 1988 über 12.000 Sowjetbürger von den sowjetischen Behörden eine direkte Emigrationserlaubnis in die Vereinigten Staaten erhalten.

Als es Ende Januar 1988 zu einer nicht genehmigten Demonstration von über 100 Refuseniks auf dem Vorplatz der Lenin-Bibliothek in der Nähe des Kremls kam[116], griffen - zum Erstaunen der Weltöffentlichkeit - die Polizei und die Miliz nicht ein,[117] sondern beschränkten sich auf die Beobachtung der Szenerie.[118] Westliche Diplomaten in Moskau erklärten die ungewöhnliche Zurückhaltung damit, daß sich, neben der entspannten geopolitischen Lage[119] zwischen den beiden Supermächten, zeitgleich eine Delegation der internationalen Helsinki-Föderation, einem Zusammenschluß von 13 nationalen Menschenrechtsgruppen westlicher Industriestaaten, in der sowjetischen Hauptstadt aufhielt.[120] Die Teilnehmer dieser unangemeldeten und größten Protestkundgebung in der sowjetisch-jüdischen Geschichte forderten lautstark die unbeschränkte Ausreisefreiheit.[121]

Im März 1987, anläßlich des Besuches der Repräsentanten wichtiger jüdischer Organisationen, Edgar Bronfman (Präsident des World Jewish Congress) und Morris Abram (Vorsitzender der "Conference of Presidents of Major American Jewish Organisations"), hatte es bereits eine kleinere, einstündige Kundgebung von etwa zwei Dutzend Personen gegeben, die gleichfalls nicht von Sicherheitskräften aufgelöst worden war.[122] Der amerikanische Außenminister George Shultz traf sich während seines Moskau-Aufenthaltes im April 1987 mit Refuseniks und bestärkte sie in ihrem Kampf gegen die sowjetischen Behörden.[123]

Westliche Beobachter erstaunt überdies, wie groß die Zahl der Refuseniks unter den Emigranten ist, die gar nicht im Westen namentlich bekannt waren und deshalb auch nicht auf der 11.000 Namen umfassenden Liste standen, die der amerikanische Außenminister George Shultz im Dezember 1986 an die sowjetischen Behörden übergab.[124] Von den über 100 Refuseniks, die während des Moskauer Gipfeltreffens mit US-Präsident Ronald Reagan zusammentrafen, hatte eine Woche danach noch keiner ein Ausreisevisa erhalten.[125]

Zu beachten ist in diesem Zusammenhang, daß wiederholt Politiker der beiden amerikanischen Parteien in Stellungnahmen darauf hingewiesen haben, die von US-Seite aufgebauten Handelsbarrieren und -restriktionen (z.B. Cocom-Liste) würden erst nach einer freizügigeren Behandlung der jüdischen Auswanderungsfrage durch die sowjetischen Behörden gemildert.[126] Allerdings zeigte sich im Februar 1987 als ein Protest jüdischer Organisationen gegen die Ausfuhrerlaubnis des amerikanischen Außenministeriums zur Lieferung von Ölbohrgeräten und -technologie von US-Firmen an die UdSSR unterblieb[127], ein Entspannungserfolg. Diese als "Investment" in die Zukunft bezeichnete jüdische Duldung[128] wurde durch die sowjetischen Besuchseinladungen für Abram und Bronfman überraschend schnell amorti-

siert. Überdies erhielten die beiden prominenten jüdischen Vorsitzenden die Zusage zum Import von religiösen Büchern, der Eröffnung von Synagogen und die Erlaubnis Bewerber für eine Rabbinerschulung in westliche Staaten zu entsenden.[129] So wurden im August 1988 über 10.000 Gebetsbücher aus den USA in die UdSSR geschickt.[130]
Bei allem Druck der westlichen Öffentlichkeit auf die sowjetischen Politiker die Freizügigkeit der jüdischen Emigration zu ermöglichen, sollte allerdings nicht der Kreis derer vergessen werden, die aus den verschiedensten Gründen (familiärer, lokaler, nationaler oder vielleicht auch politischer Natur) in der Sowjetunion verbleiben möchten. Für diese, nun Minderheit der jüdischen Bevölkerung in der UdSSR gilt es die theologische Betreuung durch Rabbiner und die Versorgung mit religiösen Subsidiarien wie Bibeln, Gebetbüchern und Erziehungsmaterialien sowie mit koscherem Lebensmitteln zu gewährleisten.[131] Die über ein halbes Jahrhundert dauernde Religionsverfolgung hat in der jüdischen Gemeinschaft ihre Spuren hinterlassen und zu großen theologischen wie auch spirituellen Defiziten geführt, die von westlichen Gästen immer wieder schmerzlich konstatiert werden.

4.4 TERMINHAST - DIE WEITEREN SCHRITTE BEI DER AUSREISE

Die Auswanderungspapiere zu erhalten, ist nur ein erster, wenn auch wichtiger Schritt auf dem Weg zur Emigration. Danach folgen weitere Hürden, die vor allem für die Zukunft im Immigrationsland wichtig sind; so müssen etwa alle persönlichen Dokumente, Zeugnisse, Diplome und Urkunden kopiert und notariell beglaubigt werden. Dies kann jedoch erst <u>nach</u> dem Erhalt der Ausreiseerlaubnis erfolgen,[132] so daß der Emigrant, dem in der Regel nur zwischen fünf und maximal dreißig Tage bis zum Verlassen der UdSSR verbleiben,[133] innerhalb dieser Zeitspanne einem sehr großen Zeitdruck ausgesetzt war. Da Beglaubigungen von Diplomen nur durch das Oberste Gericht der UdSSR vorgenommen werden und dort Wartezeiten von einigen Wochen bestehen, verlassen viele Emigranten die Sowjetunion ohne ihre Zeugnisse und Urkunden in der vagen Hoffnung, sie vielleicht später per Post nachgesandt zu bekommen. Besonders schwierig ist die Lage für die Juden aus den entlegenen Landesteilen der UdSSR, da viele wichtige Verfahren in diesen letzten Tagen vor der Auswanderung nur in Moskau abgewickelt werden können. So waren die israelischen Transitvisa nur bei der niederländischen Botschaft in Moskau erhältlich, die den Staat Israel diplomatisch in der Sowjetunion vertrat.[134] Außerdem mußten bei der österreichischen Botschaft die Einreisevisa nach Wien beantragt und abgeholt werden.

Nicht nur, daß die Auswanderer tagelang von einem Amt zum nächsten hetzen mußten, um ihre Unterlagen zu vervollständigen und beglaubigen zu lassen, als Fremde fanden sie in Moskau auch keine Schlafgelegenheit; sofern nicht Verwandte oder Freunde in der Hauptstadt wohnen, mußten sie oftmals auf Parkbänken oder dergleichen nächtigen.[135] Schließlich und endlich waren die Eisenbahnfahrkarte[136] nach Österreich zu kaufen und das Gepäck aufzugeben. Vorher war noch der Hausstand aufzulösen und zu veräußern oder an Freunde und Bekannte zu verschenken, da die Emigranten nur einen geringen Teil ihres Besitzes mitnehmen können und dürfen. Unabhängig von der Höhe der Ersparnisse darf höchstens der Gegenwert von 100 US-Dollar ausgeführt werden. Darüberhinaus verfallen alle Pensions- und Rentenansprüche.[137] Diese zahlreichen Vorgänge in maximal vier Wochen zu erledigen, war kein leichtes Unterfangen - und die Ausreisefrist wurde nur in sehr seltenen, wohlbegründeten Ausnahmefällen verlängert.[138]

Jüdische Emigranten aus der Sowjetunion kamen in der Regel mit der Eisenbahn in Wien an, nur in seltenen Fällen per Flugzeug. In der österreichischen Hauptstadt wurden sie von Mitarbeitern der israelischen Jewish Agency in Empfang genommen.[139] Sie wurden in Einrichtungen der Organisation betreut, bis alle Formalitäten erledigt waren, und dann einige Tage später nach Israel geflogen. Nach der Ankunft in Tel Aviv, durch die sie nach dem Heimkehrergesetz automatisch israelische Staatsbürger werden, wurden die Neubürger aus der UdSSR auf die über sechzig Absorbtionszentren der Jewish Agency mit ihren etwa 13.000 Plätzen verteilt. Hier lernten sie in den nächsten fünf bis sechs Monaten in Intensivkursen Hebräisch und nahmen gegebenenfalls an beruflichen Umschulungsmaßnahmen teil.[140] Beamte des Einwanderungsministeriums waren danach den Immigranten bei der Beschaffung eines Arbeitsplatzes und bei der Wohnungssuche behilflich. Die finanzielle Unterstützung[141] durch den israelischen Staat reicht bis zur Arbeitsaufnahme und endgültigen Niederlassung; längstens ein Jahr lang.[142] Danach müssen alle Neuankömmlinge, die keine Arbeit gefunden haben, von der Arbeitslosenunterstützung leben.[143] Arbeiter und Menschen mit handwerklichen Berufen, für die Hebräischkenntnisse weniger erforderlich sind, werden rascher in den Arbeitsprozeß eingegliedert; für sie besteht die Möglichkeit, ihre Kenntnisse der Landessprache in Abendschulkursen zu erweitern.[144]

Für alle diejenigen, für deren beruflichen Qualifikationen und Spezialisierungen in der israelischen Volkswirtschaft kein Bedarf besteht (z.B. seltene Handwerksberufe, Sprachlehrer für eine Unionssprache der UdSSR) oder deren Kenntnisse und Ausbildung nicht den Anforderungen einer modernen Industriegesellschaft entsprechen (z.B. fehlende Computerkenntnisse), werden in den Absorbtionszentren überdies spezielle Schulungskurse durchgeführt.[145]

Die seit Herbst 1989 strömende Einwandererflut hat dazu geführt, daß vielen Immigranten kein Platz mehr in einem der Absorbtionszentren angeboten werden kann, ihnen stattdessen nur Bargeld und Schecks in die Hand gedrückt werden und sie sich selbst um eine Unterkunft und eine Arbeitsstelle kümmern müssen.[146] Diese von den Behörden als "direkte Absorbtion" bezeichnete Maßnahme[147] wird durch die kollektive Hilfsbereitschaft unter den Immigrantenfamilien und durch bereits im Lande lebende Verwandte und Freunde abgemildert.

Sowjetische Emigranten, die in Wien ankamen und **nicht** ins "Gelobte Land" weiterreisen wollten, wurden im allgemeinen von der amerikanischen jüdischen Hilfsorganisation HIAS (Hebrew Immigrant Aid Society) betreut.[148] Sie ist unter privater Trägerschaft und finanziert ihre Arbeit vornehmlich aus Spenden und Mittelzuweisungen der US-Regierung. Die HIAS und andere karitative jüdische Organisationen in den Vereinigten Staaten[149] verteidigten ihre vom Staat Israel kritisierten Hilfestellungen[150] durch folgende Argumente:

1. der Sachverhalt sei die Rettung von Juden, daß Ziel sei es daher, sie aus der UdSSR herauszubringen - egal wohin;

2. Gemäß dem Prinzip der freien Willensentscheidung, habe jeder Jude das Recht, selbst das Land auszuwählen, in das er emigrieren möchte;

3. Alle Möglichkeiten einer Emigration in die USA zu verschließen, würde die sowjetischen Juden nicht beeinflußen, nach Israel zu gehen, sondern sie würden es vorziehen, in der UdSSR zu bleiben.[151]

Besonders die dritte Begründung wurde, beeinflußt von der verschärften innenpolitischen Situation in der Sowjetunion und einer Einreisebeschränkung in die USA,[152] durch den Emigrationsstrom seit Oktober 1989 deutlich widerlegt.

Nur verschwindend wenige der in Österreich ankommenden Juden wurden nicht von der Jewish Agency oder der HIAS aufgenommen und versorgt. Sie versuchten auf eigene Faust, in die westeuropäischen Staaten oder nach Übersee (Australien, Kanada) zu emigrieren; zumeist mit Hilfe bereits dort lebender Verwandter oder Freunde.

Alle Emigranten, die in die Vereinigten Staaten einwandern wollten und sich in die Obhut der HIAS begeben hatten, wurden zunächst nach Italien gebracht, wo die Hilfsorganisation in der Nähe von Rom ein großes Betreuungszentrum unterhielt.[153] Hier in Ladispoli blieben die "Aussteiger", die ja nur im Besitz israelischer Einreisevisa waren, mehrere Monate,[154] bis alle Formalitäten und Einwanderungsanträge durch die US-Behörden (seltener auch Australien und Kanada) geprüft und gebilligt waren. Erst wenn die individuellen Immigrationsgenehmigungen vorlagen[155], durften sie in ihre neuen Heimatländer weiterreisen.[156] Die Aufenthaltsdauer in Italien war angefüllt mit der Erledigung aller Formalia, Befragungen und Interviews, Sprachkursen sowie Hinweisen über das jeweilige Aufnahmeland. Zwischenzeitlich zirkulierten Biographien und Beschreibungen der beruflichen Fähig- und Tätigkeiten der Antragsteller zwischen den örtlichen Büros der Jüdischen Wohlfahrtsverbände in den Vereinigten Staaten. Die lokalen Wohlfahrtseinrichtungen übernehmen später auch die Federführung, damit die Neubürger in die örtlichen Gegebenheiten eingegliedert werden können. Die lokalen karitativen Verbände unterstützen die Immigranten nicht nur bei der Arbeits- und Wohnungssuche, sondern gewähren darüberhinaus auch finanzielle Unterstützung. Außerdem wurde der notwendige Sprachunterricht organisiert, da die fehlenden Sprachkenntnisse die meisten Schwierigkeiten bei der gesellschaftlichen Eingliederung darstellen.[157] Zusätzlich wurden die sozialen Kontakte zu den örtlichen jüdischen Gemeinden und Gruppen hergestellt.[158] In Philadelphia beispielsweise wurden die sowjetischen Neubürger drei Monate lang finanziell unterstützt. Die lokale HIAS-Vertretung übernahm die Wohnungsmiete und zahlte einen Betrag für Lebensmittel; die Mietkaution hingegen wurde als Kredit vergeben.[159] Von den fast 80.000 Sowjetjuden, die in den siebziger Jahren in die Vereinigten Staaten immigrierten, ließen sich über 6.000 in Chicago nieder.[160] Der jüdische Familien- und Gemeindedienst in Chicago umfaßt mehrere fließend Russisch sprechende Sozialarbeiter, die z.T. selbst einige Jahre zuvor emigriert waren. Die jüdischen Neubürger wurden für einige Monate mit 500-600 US-Dollar unterstützt, um alle Ausgaben bestreiten zu können.[161]

Die amerikanischen Behörden unterstützten die Eingliederungsbemühungen der karitativen Hilfsorganisationen mit einer finanziellen Zuwendung von 300 US-Dollar pro Person.[162] Auch die Aufenthaltskosten für die Wartezeit in Italien bis zur Visaerteilung wurden von der US-Regierung getragen und beliefen sich, je nach Länge der Wartedauer, auf 2.000-3.000 US-Dollar je Emigrant.[163]

Lediglich ein kleinerer Teil der sowjetischen Juden reiste nach Beendigung der Einreiseformalitäten ohne institutionelle Hilfe in die USA ein, zumeist, um sich mit bereits dort lebenden Angehörigen zu vereinen.

Darüberhinaus wurden den Neuankömmlingen in den USA, ebenso wie in Israel, neben den materiellen Zuschüssen noch kostengünstige und langfristig rückzahlbare Darlehen vermittelt.[164] In Israel werden den Immigranten außerdem einige andere Konzessionen eingeräumt, die die Eingewöhnung und Anpassung an den (aus amerikanischer und westeuropäischer Sicht) niedrigeren Lebensstandard erleichtern sollen. Als diese zusätzlichen Eingliederungshilfen Ende der sechziger Jahre erlassen wurden, hatte man vor allem eine Erhöhung der Attraktivität Israels für potentielle Einwanderer aus den Vereinigten Staaten und Westeuropa vor Augen, da zu diesem Zeitpunkt eine Emigration aus der Sowjetunion nur in einigen wenigen Einzelfällen erfolgen konnte und eine staatlich sanktionierte Massenauswanderung damals unvorstellbar erschien. Da die Benefitien aber für alle israelischen Immigranten gelten, bedeuten sie für die meisten Einwanderer aus der UdSSR zusätzliche Vergünstigungen, obgleich der durchschnittliche Lebensstandard in der Sowjetunion deutlich unter dem israelischen Niveau liegt. Die als "Privilegien" (zkhuyot) bezeichneten Konzessionen umfassen unter anderem:

- eine in den ersten drei Jahre niedrigere Einkommenssteuer, die progressiv steigend im vierten Jahr den normalen Steuersatz erreicht;
- eine auf 25 % reduzierte Verkaufssteuer für Automobile (statt der landesüblichen 200 % [!]); [165]
- das Recht, Güter für den persönlichen Bedarf in den ersten drei Jahren steuerfrei zu importieren;
- niedrigere Hypothekenzinsen (z.B. neun statt der marktüblichen achtzehn Prozent).[166]

Obschon dies aus Sicht vieler israelischer Veteranen, die an den mühevollen und entbehrungsreichen Landesaufbau zurückdenken, sehr großzügige Vergünstigungen[167] sind, war die Anziehungskraft auf die angestrebten Zielgruppen aus der westlichen Welt eher beschränkt. Die Immigranten aus der Sowjetunion nahmen hingegen die dargebotenen Privilegien dankbar an, so daß manche Alteingesessenen[168] bereits das Siegeszeichen der Neuankömmlinge zynisch uminterpretierten. Die populäre Definition des aus gespreizten Zeige- und Mittelfinger gebildeten "V" war nun nicht mehr Sieg (Victory) über die sowjetischen Behörden, sondern das Symbol dafür, daß sie bald eine Villa und einen Volvo[169] besitzen würden.[170]

Entsprechende Aversionen gegen die Neubürger wurden zum einen noch verstärkt durch den raschen Neuwagenbesitz von Importautos,[171] zum anderen auch durch groß aufgemachte Zeitungsberichte, wie etwa über einen Sowjetimmigranten, der mit dem eigenen Volvo nach Israel via Griechenland einreiste. Dieser Refusenik, der vierzehn Jahre auf seine Ausreisegenehmigung gewartet hatte,[172] investierte das beim Verkauf der Eigentumswohnung erhaltene Geld auf dem Moskauer

Schwarzmarkt in den Erwerb dieses Fahrzeugs.[173] Derartige Berichte können bei der einheimischen Bevölkerung, die mit Importzöllen von bis zu 250 % belastet ist,[174] kaum auf Verständnis stoßen und Hilfsbereitschaft für die Neubürger wecken; obgleich nur ein kleiner Teil von Ihnen zur privilegierten Oberschicht der "Volvofahrer" gehört. Denn der israelische Mythos, daß alle sowjetische Immigranten innerhalb kürzester Zeit ein Auto besässen, wird durch wissenschaftliche Untersuchungen deutlich widerlegt. Drei Jahre nach der Ankunft im Gelobten Land besaß weniger als ein Drittel der früheren Sowjetbürger ein Auto; ein Anteil der dem der Einwanderer aus Afrika und Asien entspricht. Von den Olims aus Westeuropa besassen hingegen mit 61 % fast zwei Drittel ein eigenes Auto.[175]

Nachdrücklich zu betonen ist, daß die meisten Kritiker die sowjetische Einwanderungswelle **nicht grundsätzlich** ablehnen, sondern daß sie lediglich die bevorzugte Behandlung und die ihres Erachtens übermäßige Unterstützung kritisieren, die zu Lasten junger und kinderreicher Familien sowie aus dem Armeedienst entlassener Soldaten gehe.[176] Ein Immigrant stelle gewiß ein großes Potential dar, benötige aber erst einmal eine gewaltige Förderung. Ein Soldat, dessen Dienstzeit beendet sei, könne jedoch ohne Sprachkurse oder andere mehrmonatige Integrationsmaßnahmen sofort zum Allgemeinwohl beitragen, lautet die Meinung der Kritiker.[177] Tatsächlich hat die Regierung, zum einen wegen der Kritik an den zu reichhaltigen Beihilfen und zum anderen wegen der zu hohen Kosten durch die zu vielen Emigranten der letzten Monate, die finanziellen Unterstützungen beschnitten. Das grundsätzliche *"stille, opferbereite Einverständnis der israelischen Bevölkerung"*[178] spiegelte sich auch in einer Fernsehaktion wider, die 10.000 Familien dazu bewegte, Einwanderer zu "adoptieren" und bei sich aufzunehmen, um ihnen die Eingliederung zu erleichtern.

4.5 GRÜNDE FÜR DIE ÄNDERUNG DES REISEZIELES

Vielfältige individuelle Ursachen und Motive führten dazu, daß die sowjetischen Emigranten ihr Reiseziel änderten und - statt nach Israel - vornehmlich in die Vereinigten Staaten von Amerika migrierten. Die Gründe für das nachlassende Interesse der sowjetischen Juden an einer Emigration nach Israel waren mannigfaltig. Die fünf wichtigsten Faktoren sind:

1. Die Verbesserung des politischen Klimas in den sowjetisch-amerikanischen Beziehungen und die damit verbundene (positivere) Darstellung der USA in den sowjetischen Massenmedien.[179]

2. Obendrein verbesserte sich Mitte der 70er Jahre die ökonomische Situation in den Vereinigten Staaten. Da diese Überwindung der Rezessionsphase sich durch Nachfrageimpulse auf dem Arbeitsmarkt bemerkbar machte[180], wurde die allgemeine Attraktivität des Landes für die Immigranten verstärkt.

3. Neben der latenten Kriegsgefahr durch die arabische Bedrohung und der erschwerten volkswirtschaftlichen Lage Israels nach dem Jom-Kippur-Krieg[181], gewinnen außerdem

4. die Berichte der bereits übergesiedelten Verwandten und Freunde über die unzureichende Absorbtion und mangelnde Integration[182] in die dortige Gesellschaft eine zunehmende (negative) Bedeutung.

5. Schließlich ist die demographische und besonders die regionale Zusammensetzung der Auswanderungswilligen und ihre Affinität zum Judentum wichtig. Das Reservoir der zionistisch und stark religiös motivierten potentiellen Emigranten war beispielsweise durch die erste Auswanderungswelle der frühen siebziger Jahre weitgehend ausgeschöpft.[183]

Die ökonomische Motivation und der Wunsch nach Steigerung des Lebensstandards (Millionäre als Sinnbild Amerikas) war allerdings einer der am häufigsten genannten Gründe.[184] Ein Teil der Emigranten, die beim Zwischenaufenthalt in Wien offen eingestand, nichts über das Judentum zu wissen, wanderte vornehmlich deshalb aus, weil sie ein "komfortableres Leben" führen wollten und glaubten, in den USA eine bessere Zukunft vor sich zu haben.[185] Für eine Sprecherin der israelischen Jewish Agency waren viele Juden aus der UdSSR der Ansicht, daß sie - anstatt sich in Israel mit der Last des latenten Kriegszustand herumzuplagen - in Amerika das *"Geld von den Bäumen pflücken"*[186] könnten. Der Jom-Kippur-Krieg von 1973 vergegenwärtigte die unsichere außenpolitische Situation im Nahen Osten und wirkte als Katalysator beschleunigend auf die nachlassende Attraktivität Israels auf die sowjetischen Emigranten.[187] Daher entschieden sich nach 1973 immer mehr Emigranten dazu, in die USA auszuwandern, da sie die schwierigere ökonomische Situation Israels und die potentielle Gefahr eines weiteren Waffenganges im Nahen Osten fürchteten. Überdies sank - gegenüber 1970/71 - die Zahl der emigrierenden "Zionisten" erheblich, so daß die religiös und ideologisch motivierten Auswanderungen gleichfalls stark abnahmen, da die meisten Personen mit diesem Emigrationsantrieb bereits die UdSSR verlassen hatten.[188] Abgesehen von diesen Motiven gab es weitere Beweggründe für sowjetische Juden, **nicht** nach Israel auszuwandern. Diese Ursachen traten natürlich auch kombiniert auf und verhinderten so eine genaue Bestimmung des letztlich ausschlaggebenden Faktors. Die wichtigsten Gründe für das veränderte Reiseziel waren:[189]

- Vereinigung mit Verwandten:

Weil immer mehr Emigranten sich für die USA entschieden, stieg auch die Zahl derer, die ihnen aus Gründen der Familienzusammenführung nachfolgten.

- Ein nichtjüdischer Ehepartner:

In vielen Mischehen herrschte die Befürchtung vor, der nicht-jüdische Ehepartner könnte sich im theokratisch geprägten Israel unwohler fühlen als in einem säkularisierten Staat, in dem Gesellschaft und Religion strikt voneinander getrennt sind.[190]

- Geringe jüdische Identität:

Selbst formal rein jüdische Familien sind in hohem Grade assimiliert. Weil jedoch religiöse und kulturelle Bezugspunkte fehlen, kam es auch nicht zu einer Identifikation mit dem Jüdischen Staat.

- Bessere Möglichkeiten, Arbeit zu finden:

Diese Einstellung wurde häufig herbeigeführt durch die eklatanten Fehlinformationen der sowjetischen Presse über die israelische Gesellschaft sowie die Unkenntnis vieler Emigranten über den Staat Israel (im Gegensatz zu den USA). Besonders im Bereich der Handwerksberufe und der Arbeitsmöglichkeiten in der Industrie waren in realiter die Beschäftigungschancen für die Neuankömmlinge in Israel bedeutend besser als in den USA. Überdies werden in Israel zahlreiche Weiterbildungs- und Umschulungsmöglichkeiten angeboten, die es in Amerika in dieser Form nicht gibt; dies gilt auch für die wesentlich intensivere Sprachschulung der Neubürger.

- Die Attraktivität der amerikanischen Konsumgesellschaft:

Einhergehend mit dem vorangegangenen Punkt bestehen überaus idealistisch-verklärte und naiv-phantastische Wunschvorstellungen über die neue Heimat. Die "schnell reich werden"-Mentalität, verbunden mit der Vorstellung, daß in den USA das Geld von den Bäumen gepflückt werden könne,[191] wurde gespeist von falschen Vorstellungen über die kapitalistische Wirtschaft und Gesellschaft, die sie in ihren

Träumen bereits erobert hatten. Die übergroße, irrationale Erwartungshaltung kam bei einem Emigranten dadurch zum Ausdruck, daß für ihn sich Amerika auf Las Vegas, Millionäre, Jeans und Cadillacs reduzierte - und nicht auf lange, harte Arbeit. Auch die Erwartung vieler Auswanderer, daß jeder vor Freude platzen würde, wenn man ankäme, erfüllte sich (meist) nicht.[192]

- Die Verunsicherung über Israels wirtschaftliche Lage:

Ein besonders nach dem Jom-Kippur-Krieg immer öfter genannter Grund, der seine Begründung in den Phänomenen rascher Geldentwertung und hoher Inflationsraten fand. Emigranten, die diese Gründe nannten, waren deutlich besser informiert als der Durchschnitt und darüberhinaus in ihren ökonomischen Wünschen wesentlich zielgerichteter als die vorangegangene Gruppe.

- Die Verunsicherung über die politische Lage im Nahen Osten
  und herrschende latente Kriegsgefahr:

Diese sicherlich berechtigte Befürchtung war besonders seit Mitte der siebziger Jahre eine häufige Begründung für die Immigration in ein anderes Land. Wie Gidwitz betont, kam dieser Gesichtspunkt sehr oft bei Familien mit männlichem Nachwuchs zum Tragen.[193]

- Der Wunsch sich aktiv politisch zu betätigen für die
  Demokratiebewegung (Dissidenten) in der Sowjetunion:

Hierzu ist zu bemerken, daß die israelische Regierung politische Aktivitäten in dieser Richtung weitgehend mißbilligt, um nicht von der UdSSR als Brutstätte des Anti-Sowjetismus gebrandmarkt zu werden, mit allen unabsehbaren negativen Folgen für die (noch) in der UdSSR verbleibenden Juden. Einen viel größeren Raum als die vorgebliche politische Betätigung nimmt hier nach Harris[194] für die Emigranten die Frage ein, ob man in einen säkularisierten oder einen theokratischen Staat[195] auswandern sollte. Da die meisten sowjetischen Juden, infolge ihrer geringen Affinität zu jüdischer Religion und Kultur, ein materiell reichhaltigeres Leben ohne einen "-ismus" wünschen, entschieden sie sich gegen Israel (Zion**ismus**),[196] da die Charakterisierung als religiöser Staat nicht wünschenswert erschien.[197]

So erklärten von den in einer Forschungsstudie im Jahre 1984 befragten jüdischen Emigranten, die sich für die USA entschieden hatten, über ein Drittel, wenn sie nur die Wahl zwischen einer Auswanderung nach Israel und dem Verbleib in der Sowjetunion gehabt hätten, hätten sie sich für den Verbleib in der UdSSR entschieden.[198] Daher waren diese sowjetischen Juden - nach der zynisch klingenden Ansicht eines israelischen Beobachters - *"keine Zionisten, oder andere -isten"*, sondern *"sie suchen eine Chance zum Leben ... la dolce vita."*[199] Daß dieser Vorwurf nicht ganz unberechtigt war, dokumentiert eine amerikanische Untersuchung der Emigrationsmotive, wonach nur 43 % von ihnen in den USA einer jüdischen Gemeinde angehören und lediglich 14 % den Namen Theodor Herzls schon gehört hatte![200]

- Die Vorstellung, daß die Vereinigten Staaten von Amerika
  die einzig wirklich freie Gesellschaft der Erde sind:

Israel hingegen wird als eine geschlossene Gesellschaft mit den zwei dominanten Machtfaktoren "Armee" und "religiöser Führungsschicht" gesehen.

- Furcht vor der "extremen Hitze" im israelischen Klima:[201]

Auch hier lagen wieder die Ursachen in den Fehlinformationen über den Jüdischen Staat, speziell über sein Wetter. Obgleich es in einigen Gebieten Israels im Sommer recht warm ist, herrscht mediterranes Klima im Lande vor, während viele Emigranten sich Israel als ein ausgedehntes Wüstengebiet vorstellen, das von der Sonne ausgedörrt wird.[202] Daß die Furcht vor "extremer Hitze", neben einer gewissen Portion Unwissenheit, ein vorgeschobener Grund ist, zeigt sich daran, daß ein großer Teil der in die Vereinigten Staaten Immigrierten sich in Florida, Texas oder Südkalifornien niederließ, wo mancherorts höhere Durchschnittstemperaturen als in Israel gemessen werden.[203]

Für Zvi Alexander, der seit vielen Jahren die Emigration sowjetischer Juden wissenschaftlich analysiert, hatte das Phänomen der "Aussteiger"-Quote weitaus differenziertere Ursachen:[204]

- die kulturelle Assimilation und die "Erosion" eines Nationalgefühls, speziell in jenen Gebieten, die seit dem Jahre 1917 zum Sowjetreich gehören;
- die systematische Sowjetpropaganda gegen den Staat Israel und den Zionismus, wodurch die Realität der Situation verfälscht wurde und Israel als gefährlich erschien;
- die vom kommunistischen Staat betriebene Isolation der sowjetischen Juden von Israel und vom Weltjudentum. Das Stören israelischer Rundfunksender,[205] die Beeinträchtigung von brieflicher und telefonischer Kommunikation mit Juden außerhalb der UdSSR. Das Verbot zum Besuch von Israel und der nahezu unmögliche Besuch anderer Staaten, die ein Informationsdefizit erzeugten;[206]
- die Furcht vor zukünftigen kriegerischen Auseinandersetzungen zwischen Israel und den arabischen Nachbarstaaten;
- die Schwierigkeiten bei der Eingewöhnung und die diffizile volkswirtschaftliche Lage des Jüdischen Staates;

- die vielfältigen Aktivitäten von HIAS in Wien, Rom und Washington (auf diplomatischer Ebene), welche die "Aussteiger" ermutigten, in andere Staaten als Israel zu immigrieren, und ihnen moralische (sowie materielle) Unterstützung im Namen der amerikanischen Juden verhießen;
- die Bildung sowjetisch-jüdischer Gemeindezentren in den Vereinigten Staaten von Amerika und anderen westlichen Staaten.

Die von Alexander dargelegten Gründe sind viel weniger individuell (Mischehen, Kriegsgefahr) als vielmehr gesellschaftlich (Sowjetsystem) und organisatorisch (HIAS) bedingt. Es kann darum nicht verwundern, wenn die einzelne Emigrantenfamilie aufgrund dieser vielfältigen gesellschaftlich-organisatorischen Einflüsse sich - vielleicht sogar gegen die ursprüngliche Intention - für eine Immigration in die USA statt nach Israel entschied. Prägnant kommentierte ein früherer Fabrikleiter aus der Sowjetunion die unterschiedliche Entscheidung: *"Sowjetische Juden gehen nach Israel, wenn sie den Antisemitismus los werden wollen* ['get rid of']. *Sie gehen in die USA, wenn sie den Sozialismus los werden wollen."*[207]

Für kritische israelische Beobachter hatte die Mehrzahl der emigrierten sowjetischen Juden durch ihr gesellschaftliches Verhalten und ihre persönliche Lebensweise nach der Immigration in die Vereinigten Staaten deutlich gezeigt, daß ihr Hauptaugenmerk nicht dem Jüdischen Leben, sondern dem Traum vom "schnellen Dollar" gelte.[208] Aus diesem Grund wurde aus Israel in Richtung der amerikanischen Glaubensbrüder die nachdrücklich die Forderung erhoben, nur noch diejenigen, unter all jenen die aus der Sowjetunion auswandern wollten, zu unterstützen, die wirklich an einem reicheren "jüdischen Leben" interessiert seien; verklausuliert ausgedrückt hieß dies, nur noch Emigrationen zu unterstützen, die tatsächlich ins Gelobte Land führten. Denn aus israelischer Sicht ist auch in den westlichen Diasporastaaten im originären Sinne kein jüdisches Leben gewährleistet. Argwöhnisch wurde deshalb registriert, daß die sowjetischen Juden eine kulturelle Diaspora für die andere eintauschen, anstatt in das Gelobte Land des mosaischen Volkes zu migrieren.[209] Alle sowjetischen Juden, die bei dem Gedanken an ein Leben in Israel erschauderten, sollten so vor die "freie Wahl" gestellt werden, in der UdSSR zu verbleiben, oder ihre "Chancen" zu ergreifen, dorthin in der Welt zu gehen, wohin sie gerne möchten - aber dann ohne jüdische Hilfe.[210] Den blanken Zynismus dieser "freien Wahl" verdeutlichten die nichtexistenten "Chancen" aller Sowjetbürger (nicht nur der Juden) über ihren Lebensmittelpunkt **frei** zu entscheiden. Erst ab dem übernächsten Jahr, 1993, werden alle Sowjetbürger die Berechtigung erhalten, einen Auslandsreisepaß zu beantragen.[211] Das monatelange im Obersten Sowjet diskutierte Ausreisegesetz war immer wieder hinausgezögert und das Inkrafttreten schließlich von 1992 auf 1993 verlegt worden, da die Kosten für den Ausbau der Grenz- und Zollstationen und vor allem für die Bereitstellung von Devisen als Reisezahlungsmittel, von Experten auf 19 Milliarden Rubel veranschlagt werden;[212] für die ökonomisch angeschlagene Sowjetunion ein enormer Betrag.

Karl Zuckerman, der HIAS-Vorsitzende, war der Meinung, selbst wenn die Vereinigten Staaten ihre jährliche Immigrationsquote reduziere (wie es dann im Herbst 1989 geschah), würden **nicht alle** sowjetischen Juden, die dann nicht mehr in die USA einwandern könnten, sich automatisch für eine Immigration nach Israel entscheiden.[213] Empirische Umfragen bestätigten diese Einschätzung nachdrücklich.[214] Nicht vorhersehbar war indes der wachsende Antisemitismus, der zahlreiche Sowjetjuden veranlaßte, nicht mehr auf eine Ausreise nach Amerika zu warten, sondern nur irgendwie und irgendwohin das Land zu verlassen. Denn das Gros der sowjetischen Emigranten entschied sich bis zum Herbst 1989 für die Vereinigten Staaten, um dort - unter leichteren Erwartungen als in Israel und ähnlich den aus Israel in die USA Eingewanderten - berufliche und finanzielle Wünsche und Träume zu verwirklichen.[215] Die Pioniere, die bei der Staatsgründung in den Staat Israel kamen, und wie beispielsweise David Ben-Gurion ebenfalls aus Rußland stammten, waren idealistischer und *"stellten weniger Ansprüche, als diese hochqualifizierten Emigranten von heute,"*[216] von denen die meisten nicht aus religiösen oder politischen, sondern aus ökonomischen Gründen kommen.[217]

Ein Rückblick auf die siebziger Jahre zeigt, daß die "Aussteiger"-Problematik nicht nur einzelne Städte betraf, sondern überdies, wie ein Virus, in fast allen Regionen beharrlich wuchs.

Tabelle 11: Anstieg der "Aussteiger"-Quote in ausgewählten Städten in den Jahren 1973-1975 (in %)

Stadt	1973	1974	1975
Moskau	25	55	72
Leningrad	27	54	73
Odessa	19	72	90
Kiew	10	49	70
Wilna	2	7	16
Riga	7	29	51
Kischinjow	1	3	9

(erstellt nach Sawyer, S. 210, Tab. 15)

Nicht nur der rasante Anstieg der Aussteigerquoten für Emigranten aus Moskau und Leningrad, wo statt ein Viertel (1973) zwei Jahre später bereits drei Viertel aller Auswanderer "aussteigen" ist bemerkenswert, auch die zeitlich verzögerte Inkubation anderer Städte wie Wilna und Kischinjow ist erstaunlich.
Gitelman führt den seit Mitte der siebziger Jahre ständig steigenden Anteil von "Aussteigern" weniger auf den Jom-Kippur-Krieg und die danach einsetzende wirtschaftliche Rezession in Israel zurück, als vielmehr auf die unterschiedlichen Rekrutierungsgebiete der emigrationswilligen Juden in der UdSSR. Seiner These zufolge sind die jüdischen Bewohner des sogenannten Herzlandes, d.h. der drei slawischen Republiken der Sowjetunion, viel weniger vom Wissen und der Partizipation an jüdischer Religion und Kultur geprägt als die aus den westlichen Gebieten (vor allem dem Baltikum) stammenden Emigranten, die erst seit den 1940er Jahren unter sowjetischer Herrschaft leben.[218] Diese Bedeutung der geographischen Herkunft bei der Wahl des Aufnahmelandes ist signifikant meßbar. Nur etwa 40 % der bis Anfang der achtziger Jahre nach Israel auswandernden sowjetischen Juden kam aus den Kernrepubliken wie der RSFSR, Weißrußland und der Ukraine, d.h. den drei großen slawischen Landesteilen. Im Gegensatz dazu stammten ca. 85 % der in die USA einwandernden Personen aus der RSFSR und der Ukraine.[219]
Nach Gitelman sind die Gründe für die unterschiedliche Entscheidung mehrschichtig. Zum einen seien die Juden aus den slawischen Kerngebieten weniger stark von jüdischer Tradition geprägt, bzw. in viel höheren Maße von der russischen Kultur assimiliert. Unterstrichen wird diese These durch das Migrationsverhalten von Juden aus Großstädten. Die Auswanderer aus den urbanen Ballungszentren, wie z.B. Moskau, Kiew und Leningrad, sind am stärksten akkulturiert und entscheiden sich sehr viel häufiger für die Emigration in die Vereinigten Staaten.[220] Die Juden aus den peripheren Gebieten und Städten, die überdies erst seit dem zweiten Weltkrieg zur UdSSR gehören wie etwa Wilna, Tschernowzy oder Kischinjow, haben deutlich niedrigere Anteile an der Auswanderung in die USA.[221]

Tabelle 12: Einwanderer nach Israel in den Jahren 1985-Juni 1988 im Verhältnis zur jüdischen Bevölkerung ausgewählter Städte

Stadt	jüd. Bevölkerung absolut im Jahre 1970	Olims absolut 1985-88	in % je 100 der Bevölkerung
Moskau	251.523	214	8,5
Leningrad	162.587	106	6,5
Kiew	152.006	37	2,4
Odessa	116.280	21	1,8
Charkow	76.211	21	2,8
Taschkent	55.758	12	2,2
Kischinjow	49.905	49	9,8
Minsk	47.057	17	3,6
Tschernowzy	37.221	40	10,7
Riga	30.581	26	8,5
Baku	29.716	16	5,4
Lwow	27.584	8	2,9
Tiflis	19.579	16	8,2
Wilna	16.491	28	17,0
Alma-Ata	9.180	5	5,4

(erstellt nach Bland-Spitz, S. 44, Tab. 4; Jews in the U.S.S.R. 1986-88, London, passim)

Die vorangegangene Tabelle 12, die nach den Angaben über die geographische Herkunft der sowjetischen Olims der Jahre 1986-88 in der wöchentlichen Publikation "Jews in the U.S.S.R." erstellt wurde, bestätigt die Aussage Gitelmans, ohne allerdings voll repräsentativ sein zu können, da nur für einen Teil der israelischen Immigranten die Heimatstadt bekannt war. Allerdings bestätigt eine Gegenüberstellung der in der Zeitschrift "Jews in the U.S.S.R." genannten Heimatorte aller dort erwähnten ausreisenden Familien die regionale Diskrepanz; vor allem im Vergleich mit den Herkunftsstädten der ebenfalls angezeigten in Israel eingetroffenen Personen. Obgleich die erwähnten wöchentlichen Emigrationslisten nur ein Fünftel aller Emigranten des Zeitraumes 1985-Juni 1988 (bzw. ein Viertel der nach Israel Emigrierten) umfassen, weisen sie deutliche geographische Unterschiede auf.

Tabelle 13: Migrationsverhalten von jüdischen Auswanderern ausgewählter Städte 1985-Juni 1988

Stadt	Emigranten aus Stadt absolut 1985-88	Olims in Israel absolut 1985-88	Olims in Israel in % aller Emigranten
Moskau	958	214	22,3
Leningrad	287	106	36,9
Kiew	123	37	30,1
Odessa	126	21	16,7
Charkow	51	21	41,2
Kischinjow	94	49	52,1
Minsk	53	17	32,1
Tschernowzy	46	40	87,0
Riga	145	26	17,9
Baku	23	16	69,6
Lwow	76	8	10,5
Tiflis	39	16	41,0
Wilna	89	28	31,5
Nowosibirsk	16	9	56,3

(berechnet nach Jews in the U.S.S.R. 1985-88, London, passim)

Die Kontinuität historischer Wurzeln und religiöser Bindungen weisen die regional differenzierten Befragungsergebnisse von Gitelman über den "jüdischen Hintergrund" der sowjetischen Immigranten in Israel auf. Dieser "Hintergrund" definiert sich als die Zusammenfassung dreier Variablen, die die Einschätzung der Befragten nach der "jüdischen Atmosphäre" im Elternhaus, nach der elterlichen Muttersprache sowie der eigenen Muttersprache erfassen und jeweils von "niedrig" bis "hoch" skaliert sind.[222]

Gegenübergestellt werden dabei zwei geographisch wie auch historisch-politisch voneinander unabhängige Teile der Union der Sozialistischen Sowjetrepubliken. Zum einen das russische Herzland (Gitelman), d.h. die Gebiete die bereits in zaristischer Zeit zu Rußland gehörten wie die heutige RSFSR, Weißrußland sowie die Ukraine, und die seit der Oktoberrevolution von 1917 unter dem kommunistischen Einfluß stehen.[223] Zum anderen die im und nach dem zweiten Weltkrieg annektierten Gebiete an der russischen Westgrenze (die drei baltischen Republiken und die früher zu Polen, Rumänien und der Tschechoslowakei gehörende Territorien), die erst seit den 1940er Jahren in den sowjetischen Machtbereichen fielen und nachfolgend als "Westgebiete" bezeichnet werden.[224]

Signifikante Unterschiede zwischen den beiden Emigrantenregionen zeigten sich schon bei der sprachlichen Verbundenheit. Während von den von Gitelman befragten Personen aus den sogenannten Westgebieten über 41 % noch Jiddisch sprachen, waren es bei den aus dem Herzland stammenden Emigranten lediglich noch knapp dreizehn Prozent.[225] Die signifikant höher ausgeprägte Verbundenheit mit dem Judentum in den erst nach dem zweiten Weltkrieg unter Stalin annektierten Gebieten ist dadurch begründet, daß selbst Kinder, die erst nach der Sowjetisierung ihrer Heimat geboren wurden, durch ihr jüdisches Elternhaus ein viel größeres und vor allem intensiveres Wissen und Bewußtsein über jüdische Religion und Kultur empfangen haben als ihre Altersgenossen im Herzland. In diesen Regionen, die bereits vor der kommunistischen Revolution zum Russischen Reich gehörten, können sich nur noch die Großeltern oder oftmals nur noch die Urgroßeltern an das umfassende religiöse und kulturelle Leben in den Jüdischen Gemeinden erinnern.[226] Darum erstaunt es nicht, daß sich die bereits erwähnte Wiederbelebung jüdischen Gemeindelebens Anfang der sechziger Jahre sich im Baltikum vollzog und nicht in den Kerngebieten des Sowjetreiches.[227] Auch die sich als Zionisten fühlenden Emigranten stammten überwiegend aus den baltischen Unionsrepubliken.[228] Die meisten Juden, die aus zionistischen Gründen nach Israel auswandern wollte, emigrierten bereits Ende der 60er/Anfang der 70er Jahre;[229] sofern ihnen die Ausreiseerlaubnis nicht verweigert wurde.

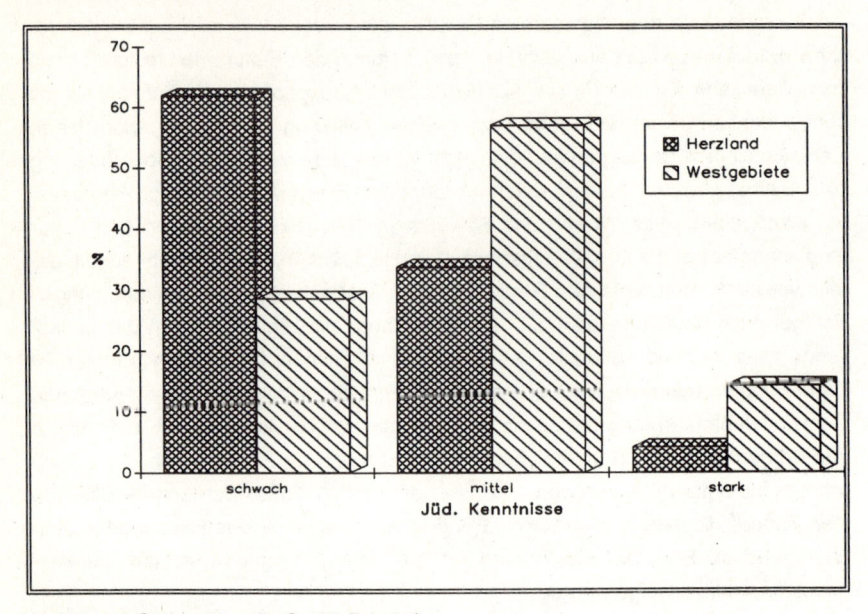

Graphik 15: Jüdischer Hintergrund sowjetischer Emigranten, regional differenziert (in %)

(erstellt nach Gitelman, Israelis, S. 199, Tab. 6.4)

Obgleich die individuellen Lebensbedingungen zumeist über dem Durchschnitt der sowjetischen Gesamtbevölkerung lagen, kommt es in der Mehrzahl der Immigrationen in der neuen Heimat zu einer weiteren Steigerung. Eine Gegenüberstellung verschiedener ethnischer Gruppen im Bezirk Nowosibirsk bei der Versorgung mit langlebigen Konsumgütern wie Waschmaschinen, Fernseh- und Radiogeräten etc. zeigte deutlich den überproportional häufigeren Besitz dieser Artikel durch jüdische Familien auf.[230] Erklärbar ist diese, z.B. im Vergleich mit den Sowjetdeutschen, bessere Konsumgüterversorgung in dem höheren Urbanisierungsgrad der Juden und ihrem größeren Anteil an höherer Schulbildung sowie besser bezahlten Berufstätigkeiten.[231]

Der (hohe) Verlust der sozialen Kontakte in Israel wird vor allem auf die als kühler und isolierter betrachteten zwischenmenschlichen Beziehungen zu den Arbeitskollegen zurückgeführt; hier werden die intimen und oft langjährigen gewachsenen Bindungen innerhalb der Arbeitskollektive schmerzlich vermißt.[232] Ähnliches gilt auch für die Aufweichungen der engen Beziehungen innerhalb des Familienverbandes. Eindeutig verbessert hat sich für die Hälfte der Immigranten hingegen der materielle Lebensstandard.

Graphik 16: Veränderungen in den Lebensumständen nach der Immigration aus der UdSSR nach Israel (in %)

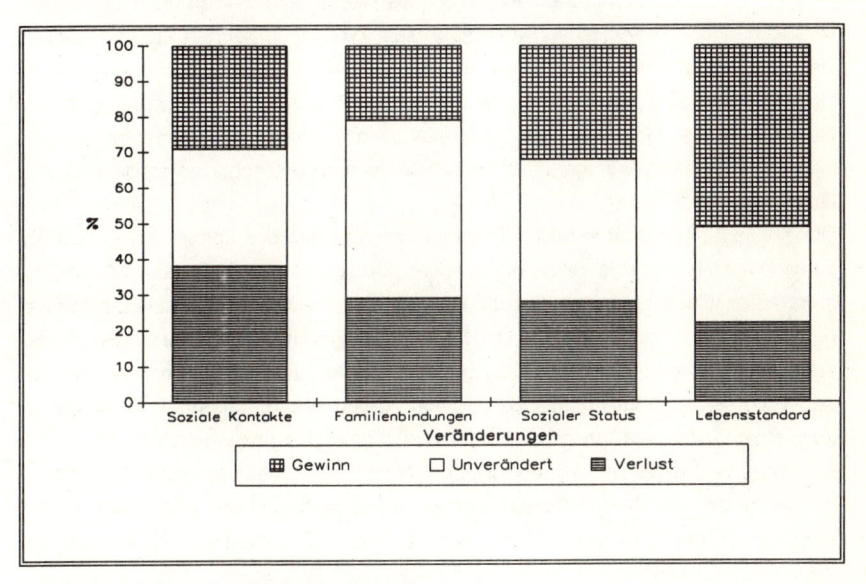

(erstellt nach Gitelman, Israelis, S. 213, Tab. 6.7)

Graduelle Unterschiede waren in den Familienstrukturen der nach den USA bzw. den nach Israel emigrierenden Familien sichtbar. Es schien so, als ob alleinerziehende Elternteile eher den Staat Israel bevorzugten. Familien mit Kindern nahe dem wehrpflichtigen Alter[233] hingegen emigrierten fast ausschließlich in die Vereinigten Staaten. Darüberhinaus orientierten auch sich die meisten konfessionell gemischten Ehepaare auf die USA. Da nach strenger Auslegung[234] des jüdischem Religionsrechts nur der als Jude gilt, dessen Mutter jüdisch ist, befürchteten diese Familien mit lediglich jüdischen Vater Nachteile für ihre Kinder.[235] Gegen eine flexiblere Handhabung dieser Regelung, bei der beispielsweise auch der jüdische Vater oder die Entscheidung für die jüdische "Nationalität" im sowjetischen Paß ausreichen würde, wandten sich nachdrücklich wiederholt ultraorthodoxe Politiker.[236] Gemäß der gesetzlichen Bestimmungen des Heimkehrergesetzes dürfen nicht nur Juden mit ihrem Ehepartner einwandern, sondern auch die Kinder und sogar die Enkel. Der ursprüngliche Gedanke dabei war es, Familienspaltungen zu verhindern. Doch kommen nun Immigranten, die zwar eine jüdische Großmutter oder einen jüdischen Großvater haben, die selbst nicht miteinwandern, oder auch gar nicht mehr am Leben sind.[237] Obgleich die orthodoxen Rabbiner es suggerieren,[238] lösen diese Personen, die sich oftmals selbst als Nichtjuden registrieren lassen und nicht religiös verankert sind, keine religiöse Streitfragen aus. Zum theologischen Problem werden vielmehr jene, die sich zum Judentum aktiv bekennen, aber nach den Regeln der Halacha keine Juden sind, da die Mutter nichtjüdisch ist.[239] Fatal ist allerdings, daß diese Olims, die in ihrem früheren Heimatland vielfach als "Jidd" beschimpft wurden, in Israel nicht als vollwertige Juden betrachtet werden und sogar verächtlich "Goj"[240] tituliert werden.[241]

Der Knesset-Abgeordnete Michael Kleiner, Vorsitzender des Immigrations- und Absorbtionskomitees der israelischen Knesset, kündigte im Juli 1991 an, in das Parlament einen Gesetzesantrag einzubringen um das Heimkehrergesetz zu modifizieren, so daß nur noch Familien nach Israel immigrieren dürften, bei denen <u>mindestens ein</u> Familienmitglied eine jüdische Mutter habe oder zum Judentum konvertiert sei. Nötig sei diese Gesetzesänderung, um zu verhindern, daß immer mehr Personen einwanderten, die "absolut keine Verbindung" zum Judentum hätten.[242]

Allerdings bestanden bei der Mehrzahl der Mischehen bereits grundsätzliche Abneigungen gegen die starken theokratischen Strömungen in Israel; besonders seit die religiösen Parteien zunehmend an politischen Einfluß gewannen[243] und dies sich mehr und mehr unmittelbar im täglichen Leben niederschlug.[244]

Jüngere und Emigrantenfamilien mit höherer Bildung bevorzugten ebenfalls häufiger westliche Staaten, da sie glaubten, dort bessere Berufs- und soziale Aufstiegschancen zu finden. Außerdem waren sie der Ansicht, Englisch sei leichter zu erlernen als Hebräisch. Ungeachtet dieser Prämissen, besaßen 45 % der zwischen 1972-77 nach Israel immigrierten Sowjetjuden einen Universitätsabschluß.[245] Ältere Personen hingegen fanden die Eingewöhnung in die weniger hektische und sozial egalitärere israelische Gesellschaft einfacher.[246]

Was schon für die Jahre 1972 - 1979 konstatiert wurde[247], galt auch noch Ende der achtziger Jahre. Juden aus Georgien und der Moldauischen SSR emigrierten überproportional häufig nach Israel,[248] während die Auswanderer aus der Ukraine, dem Baltikum und der RSFSR noch stärker als der Durchschnitt die Vereinigten Staaten bevorzugten. Dies ist nach Gilison auf die kulturellen Eigentümlichkeiten und regionalen Unterschiede zurückzuführen, die eine nationale Inhomogenität erzeugen. Überdies ist das Verhältnis zur regionalen Bevölkerung sehr unterschiedlich.[249] Während die Juden in Georgien traditionell stark verwurzelt sind, ist in der Ukraine ein latenter Antisemitismus vorhanden.[250] Darüberhinaus ist besonders in Georgien und im Kaukasus eine deutlich höhere Identität zum Judentum konstatierbar.[251] Bezüglich des Zusammengehörigkeitsgefühl der Georgier zitiert Elam in seiner Studie über die Konfliktbereitschaft von Immigranten einen israelischen Hafenarbeiter: *"Wenn Du einen Georgier verprügelst, strömen nicht nur seine Verwandten, sondern auch seine Feinde in Bussen aus dem ganzen Land zusammen, um ihm zu helfen."*[252]

Eine im Jahre 1981 durchgeführte Befragung von 900 sowjetischen Juden in vierzehn amerikanischen Großstädten[253] nach den Gründen für ihre Emigration aus der UdSSR in die Vereinigten Staaten erbrachte einige bemerkenswerte Erkenntnisse. Die Gründe auszuwandern, waren vielfältig (Mehrfachantworten waren möglich), jedoch ließen sich einige deutliche Schwerpunkte in den Aussagen erkennen:[254]

- Antisemitismus in der UdSSR   49 %
- Ausbildung der Kinder und ihre Zukunft   34 %
- Familienzusammenführung, Verwandte in USA   33 %
- Beruf, Karrierechancen   18 %
- Finanzielle Gründe, Verdienstmöglichkeiten   15 %
- Jüdische Identität, religiöse Freiheit   15 %
- Ausbildungsmöglichkeiten, Universitätsbesuch   8 %
- Wunsch des Ehegatten[255]   4 %

Am häufigsten wurde der Antisemitismus in der Sowjetunion als Ausreisegrund genannt[256] und die damit eng verbundene Befürchtung, daß die Kinder dadurch benachteiligt werden könnten.[257] Differenziert nach dem Herkunftsort nannten die aus Riga (41 %) und Leningrad (42 %) Stammenden dies am wenigstens, am häufigsten hingegen wurde dieser Grund von Personen aus Minsk (60 %) und Lwow (64 %) angegeben.[258]

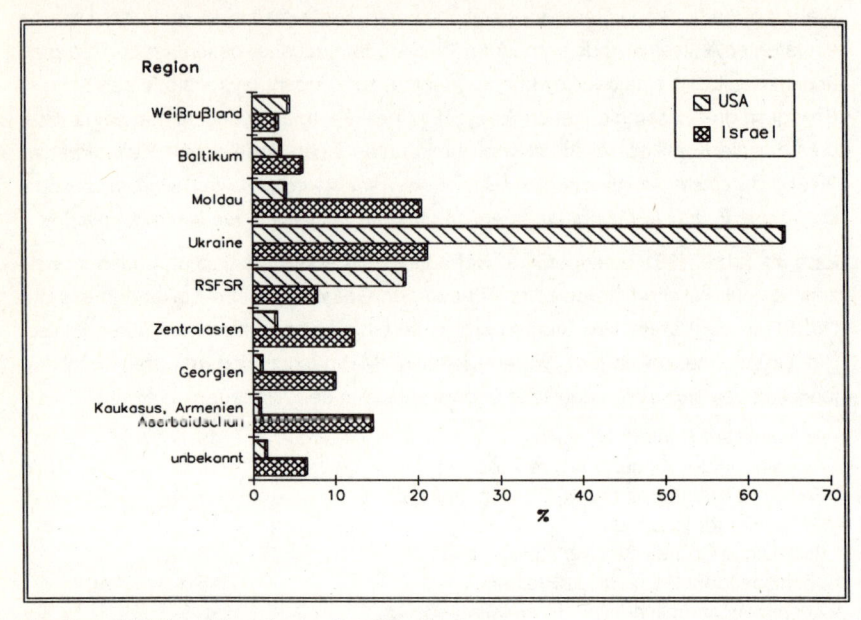

Graphik 17: Sowjetische Emigration nach Israel und in die USA,
1971 bis Juni 1979 nach Regionen differenziert (in %)

(erstellt nach Gitelman, Resettlement, S. 5, Tab. 2)

Für die siebziger Jahre, in denen die "Aussteiger"-Quote noch nicht so hoch war, so daß signifikante Unterschiede zwischen den Immigrationsströmen nach Israel und in die Vereinigten Staaten registriert werden können, zeigen sich deutliche, nach Unionsrepubliken differenzierte Migrationsverhalten.

Die Einwanderer nach Israel umfassen einen sehr großen Anteil von Juden aus Georgien, Zentralasien und dem Baltikum, d.h. Gebieten in denen das jüdische Bewußtsein höher ausgeprägt und durch eigenständige kulturelle Einrichtungen gestärkt wird. Die israelischen Immigranten kommen daher zum überwiegenden Teil aus den erst in den 1940er Jahren okkupierten Gebieten (Baltikum, Moldawien) der Sowjetunion.[259] Die georgischen Juden repräsentierten in den siebziger Jahren lediglich drei Prozent der jüdischen Bevölkerung in der Sowjetunion, zugleich stellten sie aber zehn Prozent der nach Israel emigrierenden Juden.[260] Dies erstaunt nicht, denn über 30.000 der 55.000 (d.h. 55 %) der in der Volkszählung des Jahres 1970 registrierten georgischen Juden waren bis 1980 nach Israel emigriert.[261] Die Bewohner der übrigen Unionsrepubliken sind hingegen stärker assimiliert und mehr von der russischen Kultur akkulturiert, so daß große Teile dieser stark säkularisierten Gruppe[262] sich, vorwiegend aus sozio-ökonomischen Gründen[263], häufiger von den Vereinigten Staaten als von Israel den damit verbundenen traditionell-religiösen Werten angezogen fühlen.[264] Die Personen aus diesen Regionen sind durch *"70 Jahre sowjetischer Propaganda und Unterdrückung Analphabeten, was ihr Wissen vom Judentum betrifft. Man hat systematisch versucht, das jüdische Gedächtnis zu zerstören."*[265]

Signifikante Differenzen und unterschiedliche Präferenzen sind bei den Gründen für die Auswanderung aus der Sowjetunion zwischen den nach Israel bzw. den in die Vereinigten Staaten emigrierenden Juden konstatierbar, die in einer bereits oben genannten Untersuchung deutlich wurden.

Nicht überraschend steht der Wunsch "unter Juden zu leben" für die sich nach Israel wendenden Emigranten im Vordergrund. Erstaunlich ist der höhere Anteil derer, die aus der Furcht vor dem Antisemitismus in der UdSSR die Vereinigten Staaten präferierten.[266] Nach Ansicht des konservativen Rabbiners Leonid Feldman, der 1976 selbst aus der Sowjetunion emigrierte, verliessen die Juden die UdSSR bereits in den frühen achtziger Jahren nicht infolge **religiöser** Verfolgung sondern wegen des latenten **Rassismus**.[267] Der größere Anteil bereits im Lande lebender Verwandten und das höhere Zusammengehörigkeitsgefühl der vielfach noch patriarchalisch strukturierten Großfamilien georgischer und zentralasiatischer Juden[268] erklärt den doppelt so hohen Prozentsatz unter den "Israelis" bei dem Motiv der Familienzusammenführung.[269] Die vielfältigeren schulischen und beruflichen Aufstiegschancen sowie die daraus resultierenden besseren ökonomischen Möglichkeiten waren erwartungsgemäß Triebfedern für eine Übersiedlung in die Vereinigten Staaten.[270] Die größeren wirtschaftlichen Opportunitäten in den USA lassen sich auch bei der persönlichen Einschätzung der Veränderung des Lebensstandards ablesen.

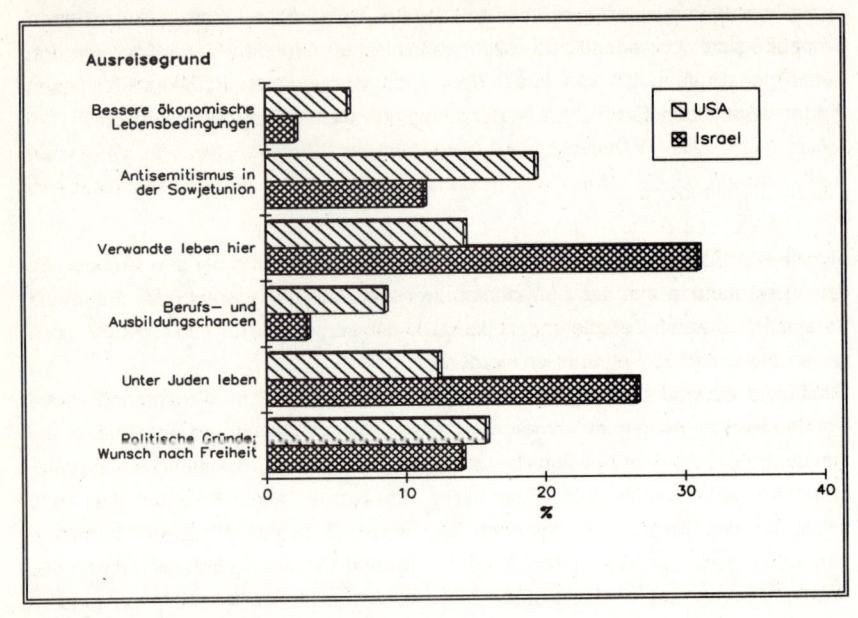

Graphik 18: Motive für die Übersiedlung nach Israel bzw. in die USA (in %)

[Balkendiagramm mit Ausreisegründen: Bessere ökonomische Lebensbedingungen, Antisemitismus in der Sowjetunion, Verwandte leben hier, Berufs- und Ausbildungschancen, Unter Juden leben, Politische Gründe; Wunsch nach Freiheit — Vergleich USA und Israel, Skala 0 bis 40 %]

(erstellt nach Gitelman, Quality, S. 59)

Für 29,8 % der Emigranten in Israel und sogar für 56,1 % der in den USA lebenden kam es zu einer Erhöhung. Gleichgeblieben ist, im Vergleich zum früheren Niveau in der UdSSR, der Lebensstandard für 26,6 % in Israel und 28,5 % in den Vereinigten Staaten. Ein Absinken gar konstatieren 36,9 % der Befragten in Israel, aber nur 12,3 % in den USA.[271] Verifiziert werden die materiellen Differenzen zwischen den beiden Staaten durch den häufigeren Besitz von Konsumartikeln wie etwa Fernsehgeräten, Cassettenrecordern und Autos durch die in den Vereinigten Staaten lebenden sowjetischen jüdischen Emigranten.[272] Interessant sind, bei einer weiteren Differenzierung der Lebensverhältnisse in den Vereinigten Staaten, die Unterschiede in einzelnen Teilbereichen, die in einer anderen empirischen Untersuchung erfolgte. Deren Aussagen lassen einige bemerkenswerte Rückschlüsse zu. Die Wohnverhältnisse, das finanzielle Einkommen und der Lebensstandard haben sich deutlich verbessert, doch zugleich werden der soziale Status und das gesellschaftliche Prestige als deutlich schlechter eingestuft.[273] Hier offenbart sich, daß häufig Personen nicht mehr in ihren angestammten (in der UdSSR prestigeträchtigen) Berufen tätig sind und die neuen Tätigkeiten - obgleich sie ein saturierendes Einkommen sichern - nicht mehr dem sozialen Status und beruflichen Ansehen der früheren Profession (nach sowjetischen Kriterien) entsprechen; dies gilt besonders für Akademiker.

Graphik 19: Veränderungen in den Lebensverhältnissen nach der Übersiedlung in die USA (in %)[274]

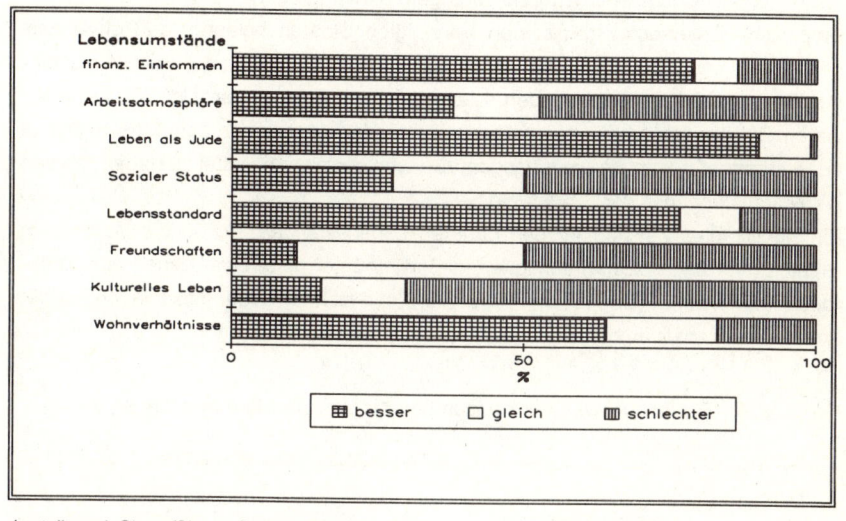

[Balkendiagramm mit Kategorien: Lebensumstände, finanz. Einkommen, Arbeitsatmosphäre, Leben als Jude, Sozialer Status, Lebensstandard, Freundschaften, Kulturelles Leben, Wohnverhältnisse; Legende: besser, gleich, schlechter]

(erstellt nach Simon/Simon, S. 27, Tab. 2-8)

Der erhöhte Lebensstandard der Emigranten in den Vereinigten Staaten drückt sich, neben dem höheren Durchschnittseinkommen beider Ehepartner, in denen verbesserten Wohnbedingungen aus. Bemerkenswert ist dabei, die deutliche Diskrepanz zur individuellen Einschätzung des sozialen Status. Haben sich fast die Hälfte der Befragten in der UdSSR als der "Intelligentsia" zugehörig gefühlt, ordneten sich nun, als Neubürgern in den USA, nur noch ein Zehntel in diese soziale Gruppe ein.[275] Verzögert wird die kulturelle Eingliederung in die amerikanische Gesellschaft darüberhinaus durch die spezifische Infrastruktur der bevorzugten Wohngebiete in den Großstädten, die als Ballungsräume der Emigranten über eigenständige, russischsprachige Kommunikationsnetze mit Zeitungen, Kinos und Fernsehstationen verfügen.[276]

Auch für viele Neueinwanderer in Israel besteht via TV weiter eine Verbindung zur alten Heimat. Mittels Satellitenantennen kommt allabendlich das sowjetische Fernsehprogramm ins Haus. Besonders jene, die erst seit kurzem im Lande sind und noch Schwierigkeiten mit der hebräischen Sprache haben, bevorzugen die Sendungen aus der alten Heimat. So kommt es häufig zu skurril anmutenden Situationen, daß Familien aus Moskau oder Leningrad jahrelang um eine Ausreisegenehmigung nach Israel gekämpft haben, nun aber abends das sowjetische Fernsehprogramm bevorzugen.[277] Diese mangelnde Akkulturation in die israelische (bzw. die amerikanische) Gesellschaft behindern und verzögern die Integration.[278]

Empirische Untersuchungen in den Vereinigten Staaten belegen, daß etwa zwei Drittel derjenigen, die tatsächlich im wesentlichen aus Gründen der Familienzusammenführung emigrierten, mit den Lebensbedingungen in der UdSSR zufrieden waren. Bei denjenigen, die aus politischen Gründen oder wegen des Antisemitismus auswanderten, waren - erwartungsgemäß - weniger als ein Drittel zufrieden mit den Lebensumständen in der Sowjetunion.[279]

Ein signifikantes Zeichen für den höheren Lebensstandard der in die Vereinigten Staaten (hier nach Detroit) immigrierten Sowjetbürger gegenüber denen aus osteuropäischen Staaten (UdSSR und Rumänien), die sich für Israel entschieden, ist der höhere Besitzanteil an hochwertigen Konsumgütern.

Graphik 20: Besitz hochwertiger Konsumgüter in den USA und in Israel (in %)

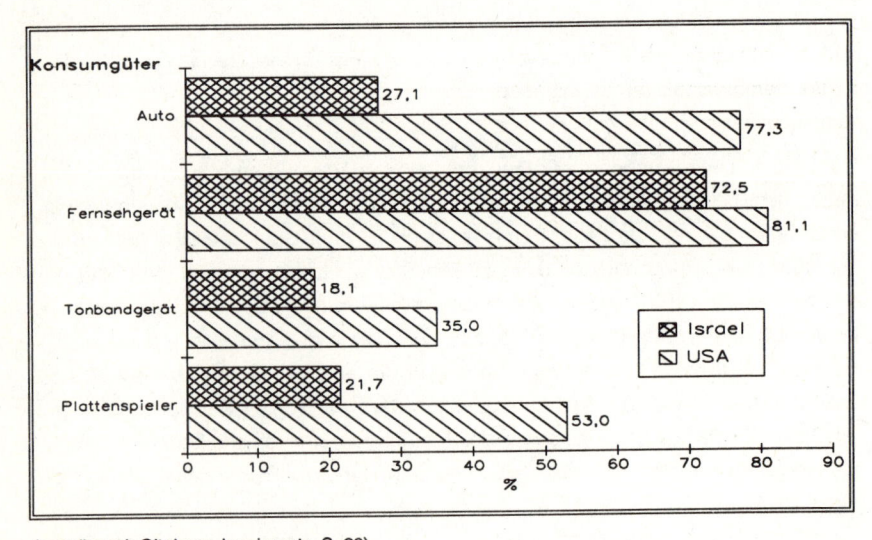

Konsumgüter	Israel	USA
Auto	27,1	77,3
Fernsehgerät	72,5	81,1
Tonbandgerät	18,1	35,0
Plattenspieler	21,7	53,0

(erstellt nach Gitelman, Immigrants, S. 20)

Die durchschnittlich schwierigeren Lebensbedingungen im Staat Israel belegen auch die Aussagen über den Lebensstandard. Während 29,8 % der nach Israel Eingewanderten ihn als verbessert ansahen, waren es in den Vereinig-ten Staaten über die Hälfte (56,1 %) der Befragten. Eine Verschlechterung ihrer Lebensumstände mußte sogar ein Drittel (36,9 %) der in Israel Lebenden hinnehmen, gegenüber lediglich 12,3 % der in die USA Emigrierten (bei allen anderen blieb er gleich bzw. die Frage blieb unbeantwortet).[280] Obgleich sich für die Mehrheit die Lebensumstände in den Vereinigten Staaten deutlich verbessert haben, wird bei der Selbsteinordnung in eine soziale Schicht ein Absinken reklamiert.[281]

Tabelle 14: Selbsteinschätzung der sozialen Schichtzugehörigkeit in der UdSSR und in den USA (in %)

Schicht	UdSSR	USA
Arbeiter	31,8	45,5
Unterschicht	0,8	21,9
Mittelschicht	20,5	18,9
Intelligenz	42,4	-
übrige/keine Antwort	4,5	13,6
Insgesamt	100	100

(erstellt nach Gitelman, Immigrants, S. 23)

Die Gruppe der "Intelligenz" hat sich vollständig aufgelöst und die Unterschicht ist ebenso wie die Arbeiterklasse stark angewachsen. Die Frage amerikanischer Wissenschaftler nach einer exakten Definition von "Intelligentsia", der sich die Emigranten in hohem Maße zuzählten, erbrachte einige absonderliche Antworten, die beinahe jeden Beruf unter diese Gruppe subsumieren ließ. Für die Mehrheit war die Antwort zwar "eine Person, die geistig arbeitet oder einen kreativen Beruf ausübt", jedoch gab es auch Definitionen wie diese: "Jeder mit breiten kulturellen Interessen", "Leute, die nicht an die Regierungspropaganda glauben" oder "Jemand, der sich im Leben auskennt, nicht notwendigerweise mit formaler Bildung".[282]

Die bereits erwähnten Sprachprobleme, die drei Viertel der Befragten als das größte Problem bei der Niederlassung bezeichneten,[283] finden ihren negativen Ausdruck bei den schlechteren Bedingungen für "Freundschaften" und "kulturelles Leben". Die Arbeitsatmosphäre ist in den Vereinigten Staaten von Effizienz, Wettbewerb und Arbeitsstreß gekennzeichnet, d.h. Umständen, die in der Arbeitswelt der Sowjetunion fast völlig unbekannt sind; daher kann die Verschlechterung der Arbeitsatmosphäre nicht verwundern. Darüberhinaus bestehen, ganz im Gegensatz zum sozialistischen Kollektiv, in amerikanischen Fabriken und Büros nur recht selten persönliche Kontakte unter den Arbeitskollegen außerhalb der Arbeitsstätte.

4.6 DER "NORMALE" AUSREISEWEG IN DEN 1980ER JAHREN

Wegen des kontingentierten Platzangebots auf den Flugverbindungen in die österreichische Hauptstadt und des gegenüber der Bahnfahrt stark eingeschränkten Reisegepäcks[284] reiste die Mehrzahl der sowjetischen Juden per Eisenbahn nach Wien. Hier wurden sie von Vertretern der Jewish Agency in Empfang genommen, die auch ihren Weiterflug nach Israel arrangierten. Aber auch Offizielle von amerikanisch-jüdischen Organisationen kümmerten sich um die Auswanderer und machten sie auf die Möglichkeit der Weiterreise in die USA aufmerksam. Bereits im Jahre 1982 hatte die Jewish Agency energisch gegen das von der österreichischen Bundesregierung geförderte Vorgehen protestiert, die in Wien-Simmering eintreffenden Emigranten auf die **freie** Entscheidung über ihre Weiterreise aufmerksam zu machen.[285] Diese Opportunität wurde nämlich von einer steigenden Mehrzahl der Ankömmlinge genutzt, da neben der israelischen Jewish Agency die amerikanisch-jüdischen Hilfsorganisationen Joint und HIAS (Hebrew Immigrant Aid Society) die weitere Migration der sowjetischen Auswanderer nach Nordamerika unterstützten.[286] Rückbetrachtend ist festzustellen, daß bis zum Jahre 1973 die Zahl dieser "Aussteiger" unter einem Prozent lag,[287] die sich nach dem Verlassen der UdSSR in Wien statt zur Migration nach Israel für ein anderes westliches Land entschied.

Ausgelöst wurde die sich seit Anfang der siebziger Jahre dramatisch verändernde Migrationspraxis (neben der Kriegsfurcht nach dem Jom-Kippur-Krieg) durch die seit Sommer 1973 vorgenommene Zuständigkeitsverschiebung. Bis dahin hatte die israelische Regierung in eigener Regie (und mit eigenen israelischen Wachmannschaften als quasi exterritoriales Gebiet!) in Schloß Schönau außerhalb Wiens ein Auffanglager betrieben und so die vollständige Kontrolle über die Emigration und die ungehinderte Absorbtion des Flüchtlingsstroms aus der Sowjetunion innegehabt. Als die damalige österreichische Regierung unter Bundeskanzler Bruno Kreisky, (der selbst jüdischer Herkunft war und deshalb von der damaligen israelischen Premierministerin Golda Meir zwecks Beschlußrücknahme hart bedrängt wurde), die Schließung Schönaus verfügte und dafür in der Nähe des Wiener Flughafens in Simmering eine neue, nun unter österreichischer Aufsicht stehende Durchgangsstation eröffnete, wandelte sich die Situation sofort.[288] Nun - durch österreichische Offizielle und die Mitarbeiter amerikanischer jüdischer Hilfsorganisationen, denen **allen** der Zutritt in Schönau verwehrt worden war - darauf aufmerksam gemacht, daß für sie auch die Möglichkeit einer Übersiedlung in die USA bestehen würde, entschloß sich von Jahr zu Jahr eine ständig wachsende Zahl sowjetischer Juden, diese neue Möglichkeit wahrzunehmen. Sie reisten durch die materielle Großzügigkeit der amerikanischen Hilfsorganisationen animiert - nicht mehr nach Israel weiter. Lag der Prozentsatz der "Aussteiger", die nicht nach Israel migrierten, im Jahre 1973 erst bei 4,3 % (nach 0,8 % im Jahre 1972), so schnellte die Ziffer in den folgenden Jahren rasant nach oben: 1974 auf 18,7 %, im Jahre 1975 auf 36,8 % und 1976 auf 48,9 %.[289] Im Jahre 1988 schließlich stieg diese Zahl auf fast 90 %, als lediglich noch ein Zehntel der Emigranten nach Israel reiste, während die große Mehrheit der Auswanderer sich für andere Staaten, vor allem die USA, entschied. Dieser dramatische Trend setzte sich im Jahre 1989 fort, so daß im vorletzten Monat der "freien" Entscheidung in Wien, dem August 1989, von 7.770 Sowjetjuden nur noch 131, d.h. 1,7 %, sich für die Weiterreise nach Israel entschieden.[290]

Da mit der Sowjetunion, infolge der seit 1967 unterbrochenen diplomatischen Kontakte, keine Verhandlungen über Direktflüge geführt werden konnten, erhielten die Spekulationen um eine Verlegung der Transitstelle von Wien in eine osteuropäische Stadt, wie etwa Warschau oder Bukarest,[291] durch die steigende Zahlen von "Aussteigern" immer neue Nahrung. Eine derartige Verlagerung der Transitstelle hätte alle jüdischen Emigranten gezwungen, *"direkt nach Israel zu fliegen. Und da sie bei der Ankunft auf dem Ben-Gurion-Flughafen nach dem Heimkehrgesetz automatisch israelische Staatsbürger würden, verlören sie den Anspruch auf den Status 'politischer Flüchtlinge' und damit das Recht, sich in den USA niederzulassen und zu arbeiten"*[292]; eine Intention, die die israelische Regierung anstrebte.[293] Denn bei der Ankunft in Israel werden die Neuankömmlinge aufgrund des sogenannten Heimkehrergesetzes aus dem Jahres 1952 automatisch israelische <u>Staatsbürger</u> und verlieren ihren Status als "Flüchtlinge". Besonders im Hinblick auf die Ein- bzw. Weiterreise in die USA verbirgt sich dahinter ein gewichtiger Unterschied. Während die staatenlosen (aus amerikanischer Sicht politischen)[294] "Flüchtlinge"[295] aus der UdSSR (bis Herbst 1989) direkt in die Vereinigten Staaten einreisen konnten[296] und dort auch sogleich eine Aufenthalts- und Arbeitserlaubnis erhielten, müssen emigrationswillige israelische Staatsbürger, die in die USA auswandern wollen[297], infolge von Immigrationsquotierungen zwischen drei und fünf Jahren auf diese Genehmigungen warten.[298]

Nicht nur die Frage der Behandlung der sowjetischen Juden als politische Flüchtlinge[299] und ihre daraus folgende bevorzugte Aufnahme[300] belastete das traditionell gute Verhältnis zwischen den Vereinigten Staaten und Israel. Die Enttarnung des früheren Marineoffiziers Jonathan J. Pollard im Frühjahr 1987, eines amerikanischen Juden, der jahrelang für den israelischen Geheimdienst spioniert hatte, beeinträchtigte das politische Klima zwischen beiden Staaten erheblich. Die amerikanische Öffentlichkeit sah in der aufgedeckten israelischen Nachrichtendiensttätigkeit in den Vereinigten Staaten einen erheblichen Vertrauensbruch.[301] Dieser Verrat führte außerdem zu öffentlichen Diskussionen über eine potentielle "zweifache Loyalität" der amerikanischen Juden.[302] Daher bedeutete die gesamte Pollard-Affäre einen erheblichen Prestigeverlust für das jüdische Establishment und belastete zugleich das Verhältnis amerikanisch-jüdischer Organisationen zu Israel.[303] Das Vertrauensverhältnis wurde danach durch die Unnachgiebigkeit der israelischen Regierung in den Fragen des Friedensprozesses weiter strapaziert, so daß die frühere nahezu uneingeschränkte öffentliche Zustimmung zur Unterstützung deutlich absank. Bei einer Meinungsfrage waren im Sommer 1990 bereits 38 % der befragten Amerikaner der Ansicht, die USA sollten stärker die Belange der Palästinenser berücksichtigen; im Vergleich mit 26 % im Jahre 1988 war dies eine nachdrückliche Distanzierung.[304]

4.7 DER VERSUCH DER TRANSITSTELLENVERLAGERUNG

Um die wachsende Zahl von "Aussteigern" zu stoppen, die via Wien vornehmlich in die Vereinigten Staaten von Amerika weiterreisten, beschloß die israelische Regierung in ihrer wöchentlichen Kabinettssitzung am 19. Juni 1988 in Jerusalem eine generelle Modifikation bei der Visaerteilung: *"Um sicherzustellen, daß sowjetische Juden, die um Ausreisegenehmigungen nach Israel ersucht haben, auch tatsächlich dort direkt ankommen".*[305]

Die Kritik an dem israelischen Kabinettsbeschluß, daß dadurch die Wahlfreiheit der sowjetischen Juden eingeschränkt würde,[306] war für die israelischen Kommentatoren, welche die Entscheidung befürworteten, schlichtweg dumm und albern.[307] Sie verwiesen darauf, daß beispielsweise viele Millionen Menschen rund um den Globus gerne ein permanentes Niederlassungsrecht für die Schweiz oder eine Einreiseerlaubnis in die USA hätten und diese Genehmigungen infolge der wohl begründeten restriktiven Migrationspraxis der beiden angeführten Staaten ebenfalls nicht erhielten.[308] Obgleich Israel nicht Sibirien sei, könnten die sowjetischen Neubürger, denen es im zionistischen Staat wirklich nicht gefalle, sich dann immer noch den Israelis anschließen, die vor der US-Botschaft in Tel Aviv für eine Einreiseerlaubnis in die Vereinigten Staaten warteten.[309] Nach der persönlichen Überzeugung des israelischen Außenministers Peres würde der Regierungsbeschluß über die Direktflüge die jüdische Emigration aus der UdSSR nicht beeinflußen, sondern lediglich die Zahl der "Aussteiger" nach Westeuropa und in die USA verringern.[310] Für die Anhänger des rechtsgerichteten Likud-Blocks von Premierminister Schamir waren die Juden, die mit israelischen Visa die Sowjetunion verlassen, sich dann aber für die USA, Australien oder Westeuropa entscheiden, schlichtweg "Betrüger und Verräter".[311] Konträr zu dem von fast allen Opponenten vorgebrachten Einwand, durch die via Bukarest[312] intendierten Direktflüge würde die Wahlfreiheit eingeschränkt, meinte Simcha Dinitz, der Vorsitzende der Jewish Agency, die sowjetischen Juden entmündigen zu müssen. Seiner Darstellung zufolge, sind die sowjetischen Juden das Objekt einer mannigfaltigen antiisraelischen Propaganda, so daß sie gar nicht "richtig" entscheiden können, wo sie hin wollen, bevor sie in Israel gewesen sind um sich dort ein eigenes Bild zu machen.[313] Der Sprecher des israelischen Einwanderungsministeriums, Gad Ben Ari, argumentierte zynisch, *"jeder Jude könne direkt in Moskau ein Visa für die Vereinigten Staaten beantragen".*[314]

Unterschiedliche Reaktionen rief die israelische Kabinettsentscheidung über die Verlegung der Visa-Ausgabestelle bei den jüdischen Organisationen in den Vereinigten Staaten hervor. Während Morris Abram, der Vorsitzende der "National Conference on Soviet Jewry", die Entscheidung begrüßte, warnte Rita Hauser, die Vizepräsidentin des "American Jewish Committee", daß dieser Beschluß möglicherweise Juden davon abhalten könnte, die Sowjetunion zu verlassen.[315] Für die amerikanische Direktorin der "National Conference on Soviet Jewry", Myrna Sheinbaum, hatte Israel zwar als ein souveräner Staat ein Recht, die mißbräuchliche Benutzung seiner Visa zu verhindern.[316] Zugleich betonte sie jedoch, daß ihre Organisation, wie auch die Hebrew Immigrant Aid Society (HIAS), die Zahl der Einladungsschreiben aus den Vereinigten Staaten rasch erhöhen wolle, um ein "Zwei-Wege-System" (in die USA und nach Israel) zu erreichen.[317] Lediglich 300 sowjetische Juden hatten in der ersten Jahreshälfte 1988 mit US-Visa aus der UdSSR emigrieren können.[318]

Die US-Regierung ihrerseits sah durch das israelische Kabinett die Wahlfreiheit der sowjetischen Juden hinsichtlich ihres Ausreiseziels beschnitten.[319] Ein Sprecher des US-Außenministeriums betonte, die amerikanische Haltung sei es, neue Möglichkeiten für die Emigranten zu **er**schließen und nicht diese zu **ver**schließen.[320] Nach Ansicht der amerikanischen Behörden waren die israelischen Visa nur Erlaubnisscheine und keine verbindlichen Aufforderungen oder ausschließliche "One-Way-Tickets".[321] Im amerikanischen Außenministerium wurden deshalb bereits Möglichkeiten durchdacht, die, unter großzügiger Auslegung der erst kurz zuvor modifizierten US-Asylvorschriften, eine rasche Einreise sowjetischer Juden auch nach einem zwischenzeitlichen Aufenthalt in Israel gestatten sollten.[322] Israelische Offizielle in den USA verwehrten sich energisch gegen diese offen diskutierten Überlegungen, da dies ihrer Ansicht nach implizieren würde, *"daß Juden in Israel Flüchtlinge"* seien.[323]

Die ersten Stellungnahmen der Betroffenen in der UdSSR bezeichneten die israelische Regierungsdirektive als "einen tragischen Fehler - ein Desaster". Viele Refuseniks befürchteten als unmittelbare Folge der Entscheidung einen starken Rückgang der Zahl der Auswanderungsanträge, da nun wohl nur noch all jene, die auch tatsächlich nach Israel wollten - also ein kleiner Prozentsatz aller emigrationswilligen Juden in der UdSSR - die Ausbürgerung anstreben würden.[324] Nach Ansicht sowjetischer Emigranten, die bereits seit einigen Jahren in Israel lebten, sollte die Regierung die Integration und Absorbtion in die Gesellschaft verbessern[325] statt eine Verlagerung der Transitstelle anzustreben. Auch nach Überzeugung des israelischen Rabbiners Simcha Kook, der im Juni 1988 Moskau besuchte, sichert die stärkere Heranführung der sowjetischen Juden an die Torah ein größeres Interesse an Israel (und die Emigration dorthin), als dies durch administrative Maßnahmen geschehen könne.[326]

Allerdings gab es innerhalb der Emigrantenszene schon seit Jahren anhaltende Diskussionen darüber, inwieweit die mißbräuchliche Nutzung der Alija zur Emigration in andere Staaten nicht ein Betrug an den Aktivisten sei,[327] die durch ihre vielfältigen Aktivitäten und Opfer die Auswanderung erst ermöglichten.[328] Darüberhinaus sei es nicht nur a priori unmoralisch, sondern überdies auch politisch gefährlich, da die sowjetischen Behörden die hohen Aussteigerquoten zum Anlaß nehmen könnten, jede weitere Auswanderung zu unterbinden[329], so daß auch die Emigration nach Israel für die tatsächlich Einwanderungswilligen wieder ein Wunschtraum bleiben müßte.

Nach Aussage eines Offiziellen der sowjetischen Botschaft in Washington würden die zuständigen sowjetischen Stellen bei der Frage der Direktflüge nicht mit der israelischen Regierung kooperieren,[330] da die Emigranten *"keine Exportprodukte seien, die man in ein bestimmtes Land dirigieren könne"*.[331] Wie der stellvertretende sowjetische Außenminister Wladimir Petrowskj in einem Interview erklärte, beschränke sich die Sowjetunion darauf, den Emigranten zu erlauben, das Land zu verlassen; wo sie sich dann hinwendeten, wäre ihre Sache. Auf die von der israelischen Regierung intendierte Verlagerung der Transitstelle angesprochen, sträubte sich Petrowskj und meinte nur, daß dies eine "Verletzung der Menschenrechte" sei;[332] eine für sowjetische Offizielle erstaunliche Einschätzung der elementaren Grundrechte des Individuums.

Vereinzelt wurde selbst in der israelischen Öffentlichkeit die letztendlich gescheiterte Regierungsentscheidung[333] kritisiert. Hervorgehoben wurde, daß man im Jahre **1988** lebe und nicht mehr im Jahre **1948**, dem Jahr der Staatsgründung, als jüdische Emigranten aus aller Welt in Schiffen und Flugzeugen ins Land strömten, da sie nirgendwo anders in Frieden leben konnten.[334] Kritisiert wurde das eilfertige Bemühen um mehr sowjetische Auswanderer auch deshalb, weil beispielsweise die Probleme der räumlichen Unterbringung - ganz zu schweigen von der gesellschaftlichen Integration - der äthiopischen Falaschas noch (immer) nicht gelöst sei[335] (siehe auch Kapitel 7).

Besonders betont wurde außerdem die Tatsache, daß die überwiegende Mehrheit der Emigrationswilligen sehr stark assimiliert sei, keine formale jüdische Erziehung genossen habe[336] und nicht aus zionistischen oder religiösen Gründen wie einige wenige Refuseniks auswandern wollten. Kritische Betrachter glauben daher, daß viele "Aussteiger" ihre Verbindung zum Judentum sehr rasch abstreiften,[337] wenn sie erst einmal in westlichen Staaten eingetroffen seien. Circa 500.000 sowjetische Juden warten auf ihre Ausreiseerlaubnis nach Israel,[338] obgleich das tatsächlich gewünschte Ausreiseziel bei der Mehrzahl von ihnen eigentlich die USA sind, die aber durch die seit Oktober 1989 begrenzte Aufnahmezahl dieses verhindere, so daß den Emigrationswilligen nur der Ausweg nach Israel bleibt. Diese vor allem auf die Juden aus Großstädten wie Moskau und Leningrad zutreffende Situation wird als Menetekel dafür angeführt, daß die als "neue Gefangene Zions" apostrophierten unfreiwilligen Neubürger Israels womöglich bald vor der US-Botschaft in Tel Aviv für ihre (Weiter-)Immigration in die Vereinigten Staaten protestieren könnten,[339] so daß der aus der UdSSR bekannte Hilferuf *"Let my People go"* fataler weise im "Gelobten Land" ertönen würde.[340]

Obgleich der Kabinettsbeschluß offiziell nicht von Fristen begleitet wurde, hatten westliche Beobachter und Diplomaten in Moskau schon seit April 1988 eine Veränderung in der Praxis der Visaerteilung erkannt. Bereits seit dem Frühjahr 1988 erhielten sowjetische Juden Briefe von Verwandten und Freunden aus Israel, die eine modifizierte Visapolitik der israelischen Regierung belegten.[341] Für die Emigrationsbemühungen eines sowjetischen Juden ist, wie bereits dargelegt, der erste Schritt die Erlangung eines formellen Einladungsschreibens nach Israel durch nahe Verwandte. In den nun seit April 1988 in der UdSSR eintreffenden Einladungsbriefen aus Israel war in den beigefügten Regierungsschreiben ein neuer Paragraph eingeschoben, der darauf hinwies, daß die Einwanderungsvisa nur von der israelischen Botschaft in Bukarest ausgestellt würden;[342] zuvor wurden diese von der niederländischen Botschaft in Moskau ausgehändigt,[343] die seit dem Abbruch der diplomatischen Beziehungen der Warschauer Paktstaaten[344] zu Israel im Jahre 1967 deren Interessen dort wahrnimmt. Dieser Passus sollte ein Abschreckungsmanöver gegen "Aussteiger" sein. Überdies waren die amerikanischen jüdischen Hilfsorganisationen wie etwa HIAS, die in Wien eilfertig den Emigrantenstrom umlenken halfen,[345] nicht daran interessiert, Büros in Bukarest zu eröffnen.[346] Hintergrund dieser territorialen Verschiebung des Ausgabeortes war, daß von Bukarest nur die Möglichkeit eines Weiterfluges nach Israel bestand. Ein Sprecher der israelischen Einwanderungsbehörde kommentierte denn auch pointiert: *"Es soll keine Situation geben, wo ein Jude mit einem israelischen Visum nach Wien fliegt, weil Wien bedeutet in die Vereinigten Staaten"*.[347] Etwa 300 der rund 7.000 sowjetischen Juden, die in der ersten Jahreshälfte 1988 emigrierten, besassen allerdings amerikanische Visa und konnten so unter ausdrücklicher Billigung durch die sowjetischen Behörden in die USA ausreisen.[348] Ungeachtet dessen entschied sich auch die überwiegende Mehrheit der mit israelischen Visa ausgestatteten Sowjetjuden für die USA, so daß lediglich ein Zehntel nach Israel emigrierte.[349] Zu beachten ist dabei auch, daß die Behörden in der UdSSR nur in wenigen Ausnahmefällen Ausreisevisa für andere Staaten als Israel erteilen[350] - z.B. wenn dort bereits nahe Verwandte wie Eltern oder Ehegatten leben. Generell ist zu konstatieren, daß die Bedingungen für die Erlangung einer Ausreisegenehmigung nach Israel wesentlich liberaler und flexibler gehandhabt werden.[351]

4.8 HÜRDE BEI DER EINREISE ODER DIE UMLENKUNG NACH ISRAEL

Die Umlenkung des sowjetischen Emigrantenstromes[352] von den Vereinigten Staaten von Amerika nach Israel wurde vor allem durch die Entscheidung der US-Regierung ausgelöst,[353] ab dem 1. Oktober 1989, dem Beginn des Fiskaljahres 1990,[354] die Einwanderung von Personen aus der UdSSR auf maximal 50.000 Personen jährlich zu begrenzen.[355] Da unter dieses Kontingent beispielsweise auch emigrationswillige Bürger aus der Armenischen Sowjetrepublik fallen, die gleichfalls über eine starke Lobby in den USA verfügen, beschränkt diese Kontingentierung die Einreisemöglichkeiten für sowjetische Juden ganz erheblich;[356] so durften im Jahre 1990 lediglich 6.500 Juden und 6.500 Armenier aus der UdSSR in die USA immigrieren.[357] Gleichzeitig entschloß sich die amerikanische Regierung aufgrund der hohen Kosten[358] für den Unterhalt der Transitstationen in Wien und Rom zur Schließung der dortigen Übergangsheime.[359] Seither können sich Sowjetbürger, die in die USA emigrieren wollen,[360] nicht mehr **nach** dem Verlassen der UdSSR an der Transitstation entscheiden, sondern müssen bereits **in** der Sowjetunion, bei der Beantragung der Transitvisa die Vereinigten Staaten als Reiseziel angeben. Alle jene, die sich in den USA niederlassen möchten, können jetzt nur noch die entsprechenden Einwanderungspapiere bei der amerikanischen Botschaft in Moskau beantragen und müssen bis zur US-Immigrationserlaubnis, die mehrere Jahre dauern kann, auch in der UdSSR bleiben.[361] Diese restriktive Haltung der US-Regierung hat die Umlenkung des Auswandererstroms bewirkt, den die israelische Regierung seit Jahren vergeblich gefordert hatte.

Während in den zwölf Monaten von Mai 1987 bis April 1988 nur ungefähr einhundert Juden mit amerikanischen Visa direkt in die Vereinigten Staaten emigrieren konnten,[362] betreute die US-Botschaft in Moskau im Sommer 1989 jeden Monat mehrere hundert Juden, die in die USA emigrieren wollten und fertigte für sie die nötigen Transitpapiere aus. Die übrigen der in die Zehntausende gehenden Einreisewilligen mußten weiterhin nach ihrer Ausreise aus der Sowjetunion in Transitlagern in Italien auf ihre Einwanderungserlaubnis in das "Land der unbegrenzten Möglichkeiten" warten.[363] Um diese Situation etwas zu entspannen, versuchte der amerikanische Immigrations- und Naturalisationsdienst seinen Personalbestand in Moskau um weitere russischsprechende Beamte aufzustocken.[364] In Italien hingegen war die Situation sehr angespannt,[365] da im Frühjahr 1989 bereits über 7.000 und im Juni 1989 schon 11.000 Sowjetjuden[366] auf ihre Einwanderungserlaubnis in die Vereinigten Staaten warteten[367] und deshalb die Durchgangslager der amerikanischen Hilfsorganisationen an den Grenzen ihrer Aufnahmekapazitäten angelangt waren. Überdies prüften die amerikanischen Einwanderungsbehörden nun jeden Immigrationsantrag individuell, ohne wie vor dem Jahre 1989, automatisch jedes Gesuch zu genehmigen.[368] Deshalb warteten im Juni 1989 3.294 ehemalige Sowjetbürger, deren erster Antrag abgelehnt worden war, weiter auf eine Einreisegenehmigung, da ihnen die US-Einwanderungsbehörden den Flüchtlingsstatus nicht zubilligten;[369] die Ablehnungsquote lag bei dreißig Prozent.[370] Sowjetische Juden, die zum Teil schon mehrere Monate in Italien auf die amerikanische Immigrationserlaubnis warteten, lehnten eine potentielle Einreise nach Israel kategorisch ab. Viele von ihnen waren der Meinung, Israel sei ein sozialistischer Staat, indem man permanent gegen eine Bürokratie kämpfen müsse, wie gegen jene, die man in der UdSSR zurückgelassen habe.[371] Auch dies ist ein Indiz für die jahrelange Fehlinformation und Diffamierung Israels in der Sowjetunion.

Der amerikanische Generalkonsul in Moskau, Max Robinson, erklärte im Herbst 1989 in einem Fernsehinterview, daß vom US-Konsulat in einem Monat(!) 250.000 Immigrationsformulare[372] ausgehändigt worden seien.[373] Dies bedeute, daß bei einer jährlichen Einreisequote von 50.000 Personen, die von den Vereinigten Staaten seit Oktober 1989 aufgenommen würden, "nicht alle" sofort mit der Emigration rechnen könnten: *"Bis vor kurzem hat die sowjetische Regierung die Ausreise für Juden beschränkt, ... jetzt, wo die Ausreise praktisch unbegrenzt möglich ist, müssen wir eine Auswahl treffen ... und viele müssen eben warten."*[374] Die Aussicht auf mehrjährige Wartezeiten ohne eine garantierte Immigrationserlaubnis[375] in die USA ist ein wichtiges Motiv für die Umorientierung sowjetischer Juden Richtung Israel. *"Wir werden wieder selektiert"* kommentierte verbittert ein sowjetischer Jude das Robinson-Statement: *"Sie werden erst wieder helfen, wenn es für uns zu spät ist."*[376] Diese pessimistische Erfahrung kommt aus der historischen Erfahrung, die sie lehrt, daß gesellschaftlicher Umbruch und "leere Mägen" sich bisher immer für die Juden verhängnisvoll ausgewirkt haben.[377] Aus Israel wurden Anfang 1990 monatlich 150.000 Einladungsschreiben in die Sowjetunion geschickt.[378] Da die Bearbeitung der Ausreisegenehmigungen im Durchschnitt sechs Monate dauert, erklärte sich so auch der gewaltige Ansturm von Olims im Jahre 1990.

Problematisch für eine erfolgreiche Integration in die amerikanische Gesellschaft war auch die Beschränktheit der zur Verfügung stehenden finanziellen Mittel. Die von der US-Regierung bereitgestellten Gelder reichten lediglich für die Unterstützung von maximal 20.000 sowjetischen Flüchtlingen (Juden **und** Armeniern). Da allein die jüdische Emigrationsziffer bei monatlich 4.000 Personen lag, waren umfangreiche Bemühungen um weitere finanzielle Unterstützungen nötig. Für das am 1. Oktober 1989 beginnende neue Fiskaljahr 1990 hätte die amerikanische Regierung, angesichts eines Flüchtlingsstroms von weiteren mindestens 100.000 Einreisewilligen,[379] die Mittel gewaltig aufstocken müssen, wozu sie allerdings aus Haushaltssparmaßnahmen nicht bereit war.

4.9 DIREKTFLUGVERBINDUNGEN

Die israelische Regierung versuchte außerdem in monatelangen Verhandlungen mit sowjetischen Stellen, die Aufnahme einer Direktflugverbindung Moskau - Tel Aviv zu erreichen, um die sowjetischen Emigranten schneller - ohne Umwege und "Aussteiger" - direkt nach Israel leiten zu können. Der schließlich im Dezember 1989 zwischen der israelischen Fluggesellschaft EL AL und der sowjetischen Aeroflot ausgehandelten Vereinbarung über den Aufnahme eines bilateralen Luftverkehrs wurde jedoch vom sowjetischen Außenministerium, aus Rücksichtnahme auf die arabischen Verbündeten, die Zustimmung verweigert;[380] obgleich die amerikanische Regierung sich auch dafür eingesetzt hatte.[381] Lediglich im Dezember 1989 sowie Februar 1990 erfolgten je ein Direktflug Moskau-Tel Aviv, der die israelischen Hoffnungen auf die baldige Aufnahme einer **regelmäßigen** Direktverbindung steigerte.[382] So bezeichnete die staatliche Nachrichtenagentur TASS die direkten Charterflüge von "Kulturschaffenden" und Sportlern als *"eine Folge des Ausbaus der Kontakte zwischen beiden Ländern auf humanitärem und kulturellem Gebiet".*[383]

Den emigrationswilligen Juden blieb weiterhin nur der übliche Weg über die Transitpunkte in Budapest und Bukarest. Die Zahl der auf den Flügen in die ungarische und rumänische Hauptstadt zur Verfügung stehenden Plätze ist begrenzt. Durch die unter Gorbatschow für alle Sowjetbürger gelockerten Reisebestimmungen und die verdoppelte Anzahl von Geschäftsreisenden[384] ist das Platzangebot auf diesen Flugstrecken durch eine zunehmende Zahl von Reisenden noch knapper geworden,[385] so daß die Plätze in den Maschinen für Monate im voraus ausgebucht sind. Außerdem kamen täglich vier Fernzüge aus der UdSSR in Budapest an, deren Plätze aber nicht ausgebucht waren.[386] Einzelne, besonders findige Olims nutzten als Alternativroute die Flugstrecke Moskau-Kairo und reisten dann mit dem Taxi durch den Sinai nach Israel.[387]

Die weiterhin ausstehende Zustimmung des sowjetischen Außenministeriums löste im israelischen Kabinett **keine** energischen Proteste aus,[388] da **wöchentlich** rund 5.000-6.000 einwandernde Personen (gegenüber 13.000 im **gesamten** Jahre 1989) die Absorbtionsfähigkeit des kleinen Staates bereits auf eine harte Probe stellen;[389] besonders die ausreichende Beschaffung von Wohnraum und Arbeitsplätzen war nicht einfach.[390] Überdies warteten im März 1990, nach Aussage von Raphael Rothstein, dem Vizepräsidenten des United Jewish Appeal, zwischen 10.000 bis 13.000 Sowjetjuden, die ihre Ausreiseformalitäten erledigt hatten, auf Transportmöglichkeiten nach Israel.[391]

Neben den täglichen Linienflügen der israelischen EL AL und der ungarischen Fluggesellschaft Malev wurden die Sowjetbürger auch mit zwei wöchentlichen, von der israelischen Regierung gecharterten Flügen der Malev nach Tel Aviv gebracht. Ermöglicht wurde dies durch die Wiederaufnahme diplomatischer Beziehungen zwischen Ungarn und Israel im September 1989.[392] Im März 1990, nach Drohungen palästinensischer Terrorgruppen, setzte Malev dann alle Flüge nach Israel aus.[393] Gleichzeitig wurde die sowjetische Aeroflot gebeten, keine weiteren Transitpassagiere nach Budapest zu befördern, die prompt den Verkauf weiterer Flugtickets einstellte, da bereits ein Überhang von mehreren Tausend Passagen bestand.[394] Die massive Einschränkung der Transportmöglichkeiten für die Sowjetjuden, von denen etwa zwei Drittel den Transit via Ungarn nahmen,[395] verbunden mit dem Zurückweichen vor einer Terrordrohung, führte zu massiven Protesten westlicher Stellen in Ungarn.[396] Da die ungarische Regierung diese nicht mit ihr abgesprochene Entscheidung als "Ermutigung des internationalen Terrorismus" auffaßte,[397] wurde der Direktor der staatlichen Fluggesellschaft "als politische Konsequenz"[398] des internationalen Drucks entlassen und nach einer Woche diese Entscheidung rückgängig gemacht. Nach zehntägiger Unterbrechung wurden die Linien- nicht aber die Charterflüge wieder aufgenommen.[399]

Fünf Tage nach der Malev-Entscheidung über die Aussetzung von Charterflügen,[400] erlaubte Ende März 1990 Polen als dritter Staat den Transit sowjetischer Juden nach Israel,[401] die von der polnischen Luftfahrtgesellschaft Lot befördert werden sollen.[402] Die Zahl der wöchentlichen Flugverbindungen zwischen Warschau und Tel Aviv wurde dafür von zwei auf vier Flüge verdoppelt.[403] Bekanntgegeben wurde die Entscheidung von Ministerpräsident Mazowiecki, der als erster polnischer Premier auf Einladung des American Jewish Congress in New York an einem Festbankett teilnahm.[404] Nach der Wiederaufnahme der diplomatischen Beziehungen zum Staat Israel einen Monat zuvor, war dies eine freundschaftliche Geste auf dem Wege zur Normalisierung der bilateralen Beziehungen.[405]

Die Benutzung von Flughäfen in Ostblockstaaten als Transitpunkt hat vor allem ökonomische Gründe. Nach Auskunft von Repräsentanten des American Jewish Congress, der die Alija finanziell unterstützt, wären in westeuropäischen Städten wie Frankfurt/M., Genf oder Rom die Transitkosten doppelt so hoch wie in Budapest, Bukarest oder Warschau.[406] Mehrere Komponenten bedingen die Kostensteigerung:

1. die Flugstrecken zu den osteuropäischen Städten sind kürzer und bedingen so einen geringeren Umweg, der zu einer Einsparung von Kerosin führt;

2. Die Airportgebühren für die Flugzeugstandzeiten am Boden sind deutlich niedriger als in westeuropäischen Metropolen;

3. Die Lohnkosten für das benötigte lokale technische Personal beim Transit liegen in Osteuropa um ein Vielfaches unter denen in Westeuropa.

Um den gewaltigen Emigrationsstrom besser und rascher bewältigen zu können, die latent drohende Gefahr eines terroristischen Anschlages zu mindern und schließlich den außenpolitischen Einfluß der einzelnen Transitstaaten auf die israelische Innen- und besonders die Siedlungspolitik zu begrenzen, vereinbarte Israel mit Finnland im Mai 1990 die Aufnahme einer vierten Flugroute für sowjetische Juden.[407] Die finnische Regierung erlaubte ab Juli 1990 insgesamt 100 Flüge, obgleich sie nicht die von ihr gewünschte Zusage des israelischen Kabinetts bezüglich der Nichtansiedlung der Transitreisenden in den besetzten Gebieten erhalten hatte.[408] Außenminister Pertti Paasio betonte, daß die getroffene Entscheidung vorerst nur bis zum 24. Oktober 1990 gelte und Finnland seine Zusage gegebenenfalls auch früher wieder rückgängig machen könne. Die finnischen Vorbehalte gegenüber der israelischen Siedlungspolitik hatte Präsident Mauno Koivisto bereits beim Staatsbesuch von Chaim Herzog, dem israelischen Staatsoberhaupt, deutlich betont.[409]

Die israelische Fluglinie EL AL begann Mitte Juli 1990 mit wöchentlichen Charterflügen[410] von Lappeenranta, einer Kleinstadt in Südostfinnland, die rund 20 km von der sowjetischen Grenze entfernt liegt, nach Israel. Besonders für emigrationswillige Juden aus Leningrad und Estland ist die neue Route attraktiv, da Finnland in wenigen Fahrstunden mit der Eisenbahn oder dem Bus zu erreichen ist.[411] Für Verärgerung in Israel sorgte die finnische Auflage, den Transitreisenden in Lappeenranta ein Überdenken ihrer Entscheidung einzuräumen; dies ermöglicht es den Sowjetbürgern, in ein anderes westliches Land ihrer Wahl weiter zu reisen oder sich in Finnland niederzulassen.[412] Für den einflußreichen Knesset-Abgeordneten Kleiner, ist dies eine anti-israelische Bestimmung, die zum "Absprung" geradezu ermuntere![413]

Im Herbst 1991 kam es endlich zu verbindlichen Abkommen zwischen der israelischen Fluglinie EL AL und der sowjetischen Aeroflot über Direktflüge, die auch von Emigranten benutzt werden durften.[414] Seit Dezember 1991 gibt es neben Moskau und Kischinjow auch von Riga aus Direktflüge nach Israel; besonders für die Emigranten aus den baltischen Staaten ist diese neue Verbindung interessant.[415] Die Jewish Agency hat bislang 16 Büros zur Betreuung der potentiellen Emigranten in den GUS-Staaten eingerichtet.[416]

4.10 WEITERWANDERUNG AUS ISRAEL IN DIE USA

Im Gegensatz zu der Einwanderung in andere Staaten ist die Immigration **nach** Israel eine **religiöse** (Judentum), eine **ideologische** (Zionismus) und eine **politisch-soziale** (theokratischer Staat) Frage. Diese Mehrdimensionalität der Alija erklärt zugleich, warum die Emigration **aus** Israel in andere Länder so emotional stigmatisiert und als Desertion bzw. als Hochverrat gebrandmarkt wird.[417]

Aufschlußreich ist auch eine israelische Untersuchung der verschiedenen Immigrationsströme in Bezug auf die individuelle Identifikation mit dem Staat Israel nach zwei Jahren Aufenthaltsdauer in der jüdischen Heimstatt. Die aus der UdSSR stammenden Juden zeichnen sich als anpassungsfähig und als sehr schnell integriert aus, obgleich sie aufgrund der Sprachbarriere zu einer Selbstghettoisierung neigen. Deutlich über den Vergleichswerten liegen die sowjetischen Juden auch beim Selbstverständnis als israelische Staatsbürger. Als nur mäßig integriert erweisen sich die amerikanischen und westeuropäischen Immigranten, die überdies - im Gegensatz zu den Einwanderern aus Osteuropa und Afrika/Asien - die Chance einer Rückkehr ins Geburtsland besitzen.

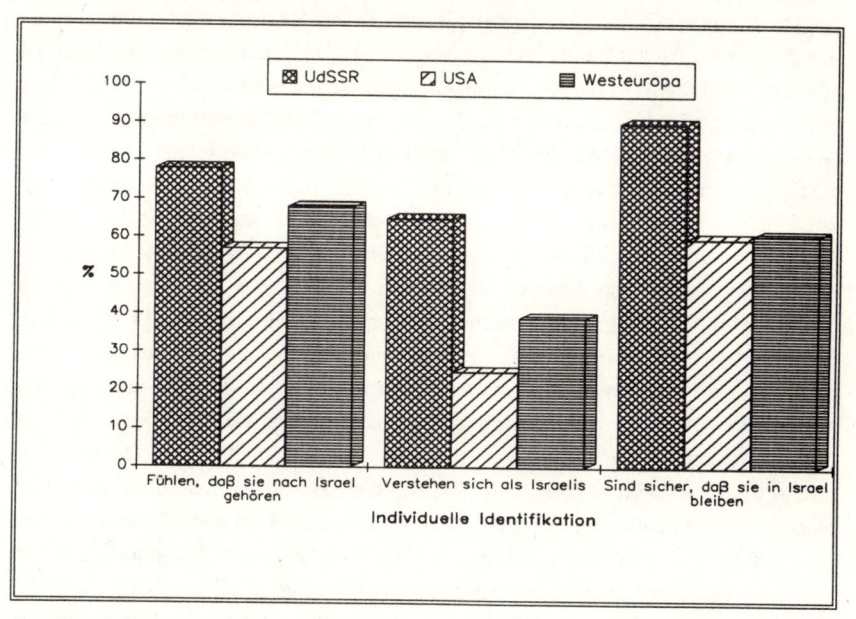

Graphik 21: Individuelle Identifikation der Immigranten mit dem Staat Israel nach zwei Jahren Aufenthaltsdauer, differenziert nach Herkunftsland (in %)

(erstellt nach Gitelman, Israelis, S. 155, Tab. 4.4)

Obgleich ihr Prozentsatz relativ niedrig ist, verlassen auch einige sowjetische Juden den Staat Israel nach kurzer Aufenthaltsdauer wieder. Während nach fünf Jahren über ein Drittel der amerikanischen (37 %) bzw. der westeuropäischen (34 %) Einwanderer den Jüdischen Staat wieder verlassen haben, sind es aber unter den osteuropäischen Juden nur sieben Prozent.[418] Die Zielrichtung der enttäuschten osteuropäischen Auswanderer sind vornehmlich die Vereinigten Staaten und Westeuropa, da sie nur in einigen seltenen Fällen in ihre Heimatländer zurückkehren können. Dies ist wohl ein Hauptgrund für die deutlich niedrigere Zahl von "Desertionen". Hinzu kommen allerdings auch ein größerer Anpassungswillen und eine stärkere Anpassungsfähigkeit, deren drei wichtigste Bestandteile sind:

1. geringe materielle Erwartungen (hierzu zählt auch eine etwaige Verbesserung des Lebensstandards, statt einer Verschlechterung, wie sie häufig Einwanderer aus den USA feststellen müssen);

2. eine größere kulturelle Eingliederungsbereitschaft (ungeachtet der Sprachschwierigkeiten) und das Interesse an einer aktiven Partizipation;

3. eine bedeutend höhere politisch-ideologische Motivation, die ihrerseits aus den negativen Erfahrungen der Unterdrückung und Verfolgung gespeist wird.[419]

Ein Teil der sowjetischen Emigranten, die sich für Israel entschieden haben, verlassen schon nach kurzer Zeit enttäuscht wieder das Land, da ihnen die Integration zu mühsam erscheint und sie die Hoffnung hegen, in anderen Ländern rascher Fuß fassen zu können. Über Fünftausend (4,7 %) der 106.000 sowjetischen Juden, die zwischen den Jahren 1967 und 1975 ins Land kamen, hatten Israel innerhalb von durchschnittlich drei Jahren bereits wieder verlassen; vorwiegend in Richtung USA und Westeuropa.[420] Nur einige wenige wollen und können zurück in die Sowjetunion. Alle, die sich nach kurzem Aufenthalt in Israel für eine Migration in die Vereinigten Staaten von Amerika entscheiden, müssen dies aus eigener Initiative bzw. mit Hilfe karitativer Organisationen wie Caritas, Weltkirchenbund oder Tolstoi-Stiftung bewerkstelligen.[421] Die Hilfestellung durch die christlichen Hilfsorganisationen entbehrt nicht einer gewissen Pikanterie; die jüdische HIAS verweigert nämlich - nach der massiven Intervention durch die israelische Regierung - seit dem September 1973 in Israel lebenden Juden ihre Unterstützung.[422] Die amerikanische Stiftung erklärt seither, daß alle, die den demokratischen Staat Israel auf eigenen Wunsch verlassen möchten, gewöhnliche Auswanderer sind. Daher würden sie nicht mehr, wie bei der Emigration aus der UdSSR, als Flüchtlinge aus einem totalitären Staat eine besondere Unterstützung benötigen.[423] Ein weiteres Motiv für die ablehnende Haltung der HIAS ist sicherlich der permanente Streit mit den israelischen Behörden um die Tätigkeit der amerikanischen Hilfsorganisation in Wien und deren erfolgreiches Umdirigieren der dort ankommenden "Flüchtlinge". Um sich nicht auch noch dem Vorwurf auszusetzen, die Neubürger in Israel "abzufischen", wird nun jegliche Hilfe abgelehnt. Außerdem ist noch zu berücksichtigen, daß bei einem entsprechenden Engagement im Gelobten Land viele Israelis, die in die USA migrieren möchten, ebenfalls um Unterstützung nachsuchen könnten, was wiederum die finanziellen Möglichkeiten der HIAS sprengen würde.[424] Erst wenn die via Israel kommenden Sowjetjuden aus eigener Kraft oder mit finanzieller Hilfe einer der bereits genannten christlichen Hilfsorganisationen die Vereinigten Staaten erreicht haben, werden auch sie wieder von HIAS oder der New York Association for New Americans (NYANA) bei der Niederlassung materiell unterstützt.[425]

Als Gründe für das Verlassen Israels nannten die israelischen Emigranten aus der UdSSR u.a. (aber auch die Ablehnungsgründe gegen Israel und für die USA, die im vorhergehenden dargelegt wurden,[426] finden sich hier wieder):

- Unzufriedenheit mit der beruflichen Tätigkeit:

Manche ehemaligen Sowjetbürger finden ihre Ausbildung und Berufserfahrung (nach eigener Einschätzung) nur unzureichend genutzt[427] (ohne die unterschiedlichen Vorbedingungen zu berücksichtigen) und hoffen in der ungleich größeren amerikanischen Volkswirtschaft auf eine adäquatere Beschäftigung.

- Unzufriedenheit mit dem sozialen Leben:

Die Hoffnungen auf eine rasche Integration wurden enttäuscht. Im Vergleich mit Immigrantengruppen aus anderen Staaten hatten die ehemaligen Sowjetbürger die wenigsten Kontakte außerhalb der eigenen Familie geknüpft.[428] Eine im Jahre 1974 erstellte Studie israelischer Sozialwissenschaftler zeigt auf, daß nach einer Aufenthaltsdauer im Land von einem Jahr nur 36 % der sowjetischen (gegenüber 91 % der amerikanischen) Neubürger Kontakte zu langjährigen israelischen Siedlern geknüpft haben.[429] Hier dürfte die Sprachbarriere wiederum eine entscheidende Rolle spielen: den mangelnden Hebräischkenntnissen einerseits stehen eher Englisch- als Russischkenntnisse andererseits gegenüber. Überdies dürften zwischen Israelis und Amerikanern größere soziale und kulturelle Identifikationspunkte bestehen als zwischen Israelis und Sowjetbürgern.[430] Psychologische Studien weisen darüberhinaus auf die ungewöhnlich hohe Bedeutung von Freundschaft und Zuneigung in den persönlichen Beziehungen von ehemaligen Sowjetbürgern hin.[431] Zwei Bezugssysteme lassen sich dabei erkennen: der innere Kreis mit Familie und Freunden und der äußere Kreis der Bekannten und Arbeitskollegen.

- Unzufriedenheit mit dem kulturellen Leben:

Wiederum liegt ein hauptsächlich durch Sprachprobleme verursachtes Integrationsdefizit vor. Ohne fundierte Sprachkenntnisse sind Theaterbesuche, Vortragsabende und das Lesen von Tageszeitungen nicht leicht. Nach Israel importierte fremdsprachige Spielfilme im Kino oder im Fernsehen haben Untertitel in Hebräisch und manchmal auch Arabisch - aber nicht in Russisch. Dies führt zum Teil zu so absurden Situationen, daß die israelischen Neubürger aus der UdSSR mittels entsprechender Satellitenantennen versuchen, das sowjetische Fernsehen zu empfangen und allabendlich als Informationsquelle "Wremja" ("Die Zeit"), die Nachrichtensendung des sowjetischen Staatsfernsehen verfolgen.[432]

- Verärgerung über die Grobheit und die "Inkompetenz" der israelischen Bürokratie und der z.T. doppelten Zuständigkeit:

Das Problem der Hyperbürokratisierung und der damit einhergehenden Nichtzuständigkeit der diversen Behörden läßt auch langjährige Siedler mitunter am Jüdischen Staat verzweifeln.[433] Für die ehemaligen Sowjetbürger vergrößern die obligaten Sprachschwierigkeiten die Frustrationen, besonders da sie bei fast allen Komponenten der Integration (Wohnungsbeschaffung, Arbeitsplatzsuche, medizinische Versorgung) auf die allgegenwärtige Bürokratie einschließlich der einflußreichen Gewerkschaftsorganisation Histradrut angewiesen sind.[434] Darüberhinaus besteht, tief verwurzelt und auf vielen leidvollen Erfahrungen (z.B. Emigrationsformalitäten) begründet, ein völliges Mißtrauen gegenüber der Bürokratie und jeglicher Form von Verwaltung.[435] Selbst in der neuen Heimat sind viele noch feindselig eingestellt, gegen alle und alles, was Bürokratismus oder dergleichen repräsentiert. Der Beamte, der auf der anderen Tischseite sitzt, ist *"ein Bürokrat, der gegen dich eingestellt ist, ein Feind und ein Ignorant"*.[436] Aufgrund ihrer hohen Abhängigkeit von der Verwaltung bei der Eingliederung in den israelischen Alltag greifen die Neubürger nicht selten zu ungewöhnlichen Methoden, um ihre Wünsche und Forderungen durchzusetzen: einerseits werden Streiks und Demonstrationen inszeniert und andererseits direkte sowie indirekte Bestechung von Offiziellen versucht, um die eigene Situation zu verbessern.[437]

Obgleich die meisten israelischen Staatsbürger die Probleme des Kompetenzgerangels zwischen Behörden und Histradrut sowie die daraus resultierende Überbürokratisierung kennen und gleichfalls darunter leiden, ist eine Lösung dieses Problems, das aus den Wurzeln der Staatsgründung herrührt,[438] nur durch eine umfassende Umgestaltung der israelischen Gesellschaft und ihrer politischen Strukturen zu lösen.[439] Der Gewerkschaftsverband Histradrut ist zugleich Israels größter öffentlicher Arbeitgeber. In den verschiedenen Firmen und Kooperationen der Gewerkschaftsorganisation arbeiten 23 % aller berufstätigen israelischen Bürger.[440]

- Feindseligkeit jüngerer, im Lande geborener Ehepaare und sich benachteiligt fühlender orientalischer Juden aus den arabischen Staaten:

Obgleich die oben aufgeführten staatlichen Vergünstigungen und Eingliederungshilfen für alle Immigranten gelten, richtet sich der Zorn der sich benachteiligt fühlenden Alteingesessenen besonders gegen die ehemaligen Sowjetbürger: die jungen Ehepaare, die verzweifelt eine eigene Wohnung suchen und sehen, wie eine Emigrantenfamilie "sofort" eine Unterkunft zugewiesen bekommt, oder die orientalischen Einwanderer, die aufgrund durchschnittlich niedrigerer Berufsqualifikation rascher in den Wirtschaftskreislauf eingegliedert werden und zum Teil wohl auch nicht so gezielt beruflich gefördert werden, wie die in der Regel höher, d.h. akademisch ausgebildeten osteuropäischen Immigranten. Gitelman nennt als Beispiel eine Gruppe im Lande Geborener (Sabras), die georgischen Immigranten einen Drohbrief zuschickte, in dem stand: *"Ihr werdet den Staat nicht melken, wie ihr eine Kuh melkt"*.[441] Derartige Ressentiments schüren bei den ehemaligen Sowjetbürgern den Glauben, insgesamt unwillkommen zu sein, was (mit den bereits häufig genannten Sprachproblemen) die Entscheidung zur Aus- bzw. Weiterreise nachhaltig beeinflußt. In einer Zeitungsumfrage im Jahre 1980 nannten nur noch vierzehn Prozent der Befragten die "Alija" als wichtigste nationale Aufgabe des Staates Israel,[442] d.h. nur noch eine kleine Minderheit der Interviewten vertrat die Auffassung der Gründungsväter des Jüdischen Staates und die Intentionen der biblischen Tradition zur Errichtung eines eigenen Staates als Sammelpunkt aller Juden.[443]

- Abneigung gegen die wahrgenommenen israelischen Verhaltensweisen:[444]

Die am häufigsten kritisierten negativen Attitüden sind Sorglosigkeit, Nachlässigkeit, Grobheit, Gleichgültigkeit, Unverantwortlichkeit und ein Mangel an Respekt vor Autorität(!).[445] Diese Aufzählung ist ein Beweis dafür, wie prägend die gesellschaftliche Sozialisation für die Persönlichkeitsbildung des Einzelnen ist. Die Lehren und Erfahrungen des kommunistischen Gesellschaftssystems prägen die Einstellungen und Verhaltensweisen der Neubürger auch in einer demokratisch-pluralistischen Grundordnung. Die einzelnen Kritikpunkte sind Schlüsselworte für ganze Subsysteme der kommunistischen Persönlichkeitsbildung. Sorglosigkeit ist in einer Mangelgesellschaft wie den sowjetisch verfaßten Staaten Osteuropas gleichbedeutend mit Nichtpartizipation an einer Vielzahl von Gütern, die nur rationiert und unperiodisch erhältlich sind. Nachlässigkeit und Grobheit sind hingegen geringer ausgeprägt, da der Gruppenzusammenhalt in der Familie (häufig mehrere Generationen unter einem Dach) und durch das Kollektiv am Arbeitsplatz höher ausgeprägt sind (auch durch die permanente politische Oppression im alltäglichen Leben). Der gruppendynamische Zusammenhalt in Familie und Arbeitskollektiv geben dem Einzelnen mehr Bezugspunkte. Der Fortbestand alter Wertvorstellungen wird am deutlichsten in der Autoritätsgläubigkeit und -unterordnung, die jeden Zweifel und Widerspruch an Entscheidungen übergeordneter Institutionen als sinnlos und geradezu gefährlich erscheinen läßt.[446]

Eine ironische Randnotiz betrifft die Bürokratie der neuen Heimat. Während lediglich zwei Prozent der in die USA ausgewanderten Sowjetjuden der Ansicht war, die sowjetischen Behörden würden effizienter arbeiten, waren von den nach Israel Immigrierten über dreißig Prozent dieser Meinung![447] Im Mai 1990 kam es in Netanja zu ersten Demonstrationen unzufriedener sowjetischer Immigranten, die gegen die schleppende Integration protestierten.[448] Es verwundert daher auch nicht, wenn über 38 % der "Amerikaner" sich von den verschiedenen Hilfsorganisationen "gut" oder "sehr gut" betreut fühlten, während dies lediglich zwölf Prozent der "Israelis" empfand.[449]

4.11 RÜCKKEHR IN DIE SOWJETUNION

In allen Zeiten und allen Staaten, in denen es im Laufe der Geschichte zur Immigrationen kam, gab es immer eine kleine Minderheit unter den Einwanderern, die mit den Lebensverhältnissen, den klimatischen Bedingungen oder dem eigenen Heimweh nicht zurechtkam und das Aufnahmeland wieder verließ, um weiterziehen oder in die angestammte Heimat zurückzukehren.[450] So hat es schon in früheren Jahren einige Juden gegeben, die nach einiger Zeit wieder in ihre alte Heimat zurückkehren wollten.[451] Bereits am Ende der fünfziger Jahre tauchten in der sowjetischen Presse erste Artikel auf, in denen unzufriedene Emigranten, die mit staatlicher Erlaubnis wieder in die UdSSR zurückgekehrt waren, ihre auswanderungswilligen jüdischen Mitbürger davor warnten, ins Gelobte Land zu emigrieren; denn dieses sei in Wirklichkeit eine "zionistische Hölle".[452] In den siebziger und achtziger Jahren stieg die Zahl dieser "Warnungen" parallel zur Emigrationswelle stetig an. Die Darstellung der Emigration als Verrat am sowjetischen Staat war dabei ein beliebtes Motiv in der Berichterstattung der Massenmedien der UdSSR: *"Sie glaubten nicht, daß König Salomons Schätze auf sie am Toten Meer warten würden. Darum plünderten sie die Schätze hier, in dem Land, wo sie geboren wurden, aufwuchsen und lebten."*[453] Um gegen diese vorgebliche "Plünderung" der Schätze vorzugehen, führten die sowjetischen Behörden Anfang der siebziger Jahre eine sogenannte "Diplomsteuer" ein, die alle ausreisewilligen Juden mit akademischer Ausbildung zu zahlen hatten (siehe ausführlich Kap. 4.2.1).

Um eigene Erkenntnisse zu erweitern und zu verbreiten, sowie dem staatlichen Informationsmonopol mit seiner tendenziös abwertenden Berichterstattung zu entgehen, griffen die jüdischen Dissidenten verstärkt zum Mittel des Samisdat, d.h. dem Selbstverlag, um ihre Meinungen zu verbreiten. Gleichzeitig wurde damit das wachsende Interesse an jüdischer Kultur befriedigt,[454] das von den offiziellen Massenmedien durchweg als zionistische Verirrung diffamiert wurde.

In allen Epochen und Emigrationsphasen kam es zu Rückwanderungen, da immer einige wenige, vor allem Ältere, nicht mit den Gegebenheiten ihrer Gastländer zurechtkamen und in ihre Heimat zurückgingen. Den über 34.000 sowjetischen Auswanderern des Jahres 1973 standen Anfang 1974 circa 100 Personen gegenüber, die sich mit den westlichen Lebensumständen nicht zurechtfanden. Auf eine Rückkehrerlaubnis in ihre angestammte Heimat hoffend, warteten sie in Wien auf die Entscheidung der sowjetischen Behörden.[455] Auf dem Höchststand der Emigrationswelle, Mitte der siebziger Jahre, hofften zeitweilig fast 1.000 sowjetische Juden in der österreichischen Hauptstadt auf die Rückreisegenehmigung in die UdSSR; verglichen mit dem Ausreisestrom jener Jahre war das weniger als ein Prozent aller Emigranten. Im Mai 1977 zogen die rund 700 Sowjetjuden, die damals in Wien auf eine Remigrationserlaubnis in die UdSSR warteten, mit einer Pressekonferenz die weltweite Aufmerksamkeit auf sich. Die Veranstaltung, die von Beschuldigungen gegen westliche Staaten geprägt war, enthielt kein einziges kritisches Wort gegenüber der Sowjetunion und zu den noch immer ausstehenden Rückkehrgenehmigungen. Überdies wurde in für das kommunistische System typischer Form "Selbstkritik" geübt, die immer wieder in Anschuldigungen und Bezichtigungen gegen die USA und Israel mündete. Warum aber hatte die UdSSR die Reumütigen noch nicht wieder aufgenommen? Eine Erklärung lautete: Die jüdischen Auswanderer hätten, als sie den "Sirenenklängen der 'Zionisten' folgend", die UdSSR verließen, die sowjetische Regierung und das gesamte Volk beleidigt. Obgleich beide großherzig bereit seien, Verzeihung zu üben und die verlorenen Söhne und Töchter wieder aufzunehmen, müßten diese noch etwas in der Fremde ausharren, da ihre Arbeitsplätze und Wohnungen inzwischen von "ehrlichen Arbeitern" eingenommen worden seien. Die wahren Schuldigen an ihrer Misere seien natürlich die zionistischen Kreise in Amerika und Israel, die die "hochherzige Einstellung" der UdSSR zur Familienzusammenführung betrügerisch mißbraucht hätten, um Personen in den Westen zu locken, die dort gar keine Verwandten besaßen![456] In ihrem Tenor übertrafen diese abstrusen Unterstellungen und Verleumdungen streckenweise sogar den damaligen antizionistischen Agitationsstil der Parteizeitung Prawda. Aber nicht nur der devote und fast byzantinische Ton gegenüber dem Sowjetsystem war demaskierend, sondern vor allem der verdrehte Inhalt der Vorwürfe. Nach Gidwitz handelte es sich bei den Rückkehrwilligen zum überwiegenden Teil um ältere unverheiratete bzw. geschiedene Personen aus dem europäischen Teil der Sowjetunion. Auffallend gering war die Zahl von Familien.[457] Ebenso wie bei den Heimkehrern in den achtziger Jahren scheint es sich um Einzelgänger und Personen zu handeln, die weder sprachlich noch beruflich in das neue Gesellschaftssystem integriert waren, und zusätzlich, ohne familiäre Bindung, auch noch menschlich isoliert waren. Die wenigen Juden, die in den siebziger Jahren eine Rückkehrgenehmigung in das "sozialistische Paradies" erhielten, wurden von staatlicher Seite rücksichts- und bedingungslos in die antizionistische Propagandamaschinerie eingespannt und regelrecht "vorgeführt": einige hielten beispielsweise Vorträge über das "Verwerfliche in Israel". Diese Vortragsreisen führten sogar in die Gefängnislager, in denen ausreisewillige Juden ("Gefangene Zions") inhaftiert waren! In anderen Fällen wurden die Heimkehrer vom OVIR beschäftigt und befragten dort die Personen, die um eine Auswanderungserlaubnis nachsuchten.

Weltweite publizistische Beachtung fand Ende Dezember 1986 die freiwillige Rückkehr von 55 Personen aus den Vereinigten Staaten von Amerika in die Sowjetunion,[458] von ihnen waren 80 % Juden (genaue Angaben wurden nicht gemacht). Die freiwillige Remigration von sowjetischen Juden aus den USA zurück in die Sowjetunion schockierte die amerikanische Öffentlichkeit. Kennzeichnend dafür ist zum einen die geringe publizistische Aufmerksamkeit des Ereignisses - über die Ankunft verschiedener Refuseniks (Begun, Nudel) in Israel war die Berichterstattung ungleich großzügiger und detaillierter, als über diese freiwillige Rückkehr von 55 Personen in die Sowjetunion - zum anderen die in der amerikanischen Presse von vollkommenen Unverständnis gegenüber den Motiven und Hintergründen geprägte und konsterniert-irritierte Berichterstattung[459] über die Remigranten, die so leichtfertig den "American Dream" zurückwiesen. Es verwundert nicht, daß besonders die sowjetischen Massenmedien die Heimkehrer aus den "kapitalistischen USA" propagandistisch vereinnahmte; denn schließlich saßen zum gleichen Zeitpunkt Zehntausende jüdischer Sowjetbürger bereits ungeduldig wartend auf "gepackten Koffern", die man dadurch abschrecken wollte.

Für die Mehrzahl der Emigranten[460] war es schwer, sich mit dem "American Way of Life" zurechtzufinden. Besonders die Umstellung von einer eher betulich-behäbigen Arbeitsweise sowjetischer Prägung auf die effiziente, zugleich jedoch hektische Arbeitswelt amerikanischen Stils war augenscheinlich für die meisten dieser Rückkehrer eine Tortur, da sie in den Interviews immer wieder den rücksichtslosen Wettbewerb und den unbarmherzigen Geist des schnellen Geldverdienens beklagten.[461] Zum Verständnis der Motivation dieser Rückwanderer muß gesagt werden, daß die überwiegende Mehrheit ältere Menschen, besonders Fünfzig- bis Sechzigjährige waren, die auch nach mehreren Jahren in der Neuen Welt nicht Fuß gefaßt hatten und entsprechend vom Heimweh getrieben wurden.[462] Unter den Gründen für die Rückkehrentscheidung in die UdSSR standen die individuellen familiären Belange im Vordergrund. Außerdem führte die Umstellung auf Wettbewerbsdenken und Konkurrenzkampf,[463] neben den Sprachbarrieren, zu Frustrationen, die - einhergehend mit der positiven Rezeption der Reformpolitik Michail Gorbatschows durch die westlichen Massenmedien - den Wunsch nach einer Rückkehr in die vertraute, anscheinend warmherzigere Heimat verstärkten.[464] Überdies waren die Remigranten der Ansicht, die politische und religiöse Freizügigkeit des westlichen Systems könne nicht die fehlende ökonomische Sicherheit und die freizügigen Sozialleistungen wie kostenlose Gesundheitsfürsorge und gebührenfreies Bildungssystem (Hochschulstudium) in der sozialistischen Gesellschaftsform kompensieren.[465] Von der sowjetischen Presse in den Vordergrund gerückt wurden die ideologisch reizvollen Motive, wie etwa die hohe Kriminalitäts- und Gewaltrate sowie der Drogenmißbrauch.

Die Rückkehrwilligen mußten, neben einem Gesuch um Wiederherstellung ihrer sowjetischen Staatsbürgerschaft und mehreren ausführlich zu beantwortenden Fragebögen, auch eine "Empfehlung" einer prosowjetischen Institution beibringen, die ihnen bestätigte, daß sie die "Schrecken des US-Imperialismus" am eigenen Leibe erfahren hatten.[466] Immer wieder wurden die hohe Straßenkriminalität und die Schwierigkeiten, im erlernten Beruf zu arbeiten, als Rückreisegründe angeführt. Zur Relativierung der Remigrantenzahl muß gesagt werden, daß zum einen allein im November 1986 doppelt so viele Personen die UdSSR verließen wie im Dezember zurückkehrten und daß zum anderen diese Rückwanderer, gemessen an der Zahl der Emigranten seit 1968, noch nicht einmal ein Promille ausmachen!

Es ist daher durchaus glaubhaft, wenn der Sprecher des sowjetischen Außenministeriums von weiteren 1000 Personen sprach, die auf eine Erlaubnis zur Rückkehr in die UdSSR warteten;[467] denn selbst dadurch würde der Rückwandereranteil nur ein halbes Prozent aller seit dem Sechs-Tage-Krieg 1967 Emigrierten erreichen.[468] Aus Israel sind seit 1971 weniger als einhundert Personen in die UdSSR zurückgekehrt.[469] Im Februar 1987 durften aus Wien, von der Weltöffentlichkeit weitgehend unbemerkt, weitere 25 Juden in die Sowjetunion zurückkehren.[470]

Nach Darstellung des damaligen sowjetischen Botschafters in den USA, Juri Dubinin, hatten sich im Jahre 1987 über 100 Personen, denen bereits eine Ausreisegenehmigung zugesagt worden war, ihre Meinung noch geändert - wohl unter dem Eindruck der politischen Veränderungen unter Gorbatschow.[471]

Viele der Rückkehrer aus den USA nahmen Kleidung und vor allem elektrische Geräte mit in die alte Heimat, da diese Artikel in Moskau nicht erhältlich sind, wie der sowjetische Botschaftsrat Alexej Schwakin einräumte, der die Gruppe auf dem Weg in die UdSSR begleitete.[472]

Nach vertrauenswürdigen Aussagen des sowjetischen Konsulats in Tel Aviv erkundigten sich im Sommer 1991, angesichts von Arbeitslosigkeit und Wohnungsnot in Israel, täglich "Dutzende" von ehemaligen Sowjetbürgern nach etwaigen Rückkehrmöglichkeiten in die UdSSR.[473] Wenn täglich zwei Dutzend enttäuschte Olims beim Konsulat **vorsprechen**, d.h. ja noch nicht ausreisen, sondern sich nur erkundigen, wären dies in einem Jahr weniger als 10.000 potentielle Remigranten, oder anders formuliert, weniger als vier Prozent der allein im Jahre 1990 ins Gelobte Land geströmten Sowjetbürger **erwägt** die Möglichkeit einer Rückkehr in die angestammte Heimat.

Offiziellen israelischen Darstellungen zufolge hatten bis Ende 1991 lediglich 2.449 Personen, d.h. ein Prozent der seit 1990 eingetroffenen Olims, das Land wieder verlassen,[474] andererseits aber tragen sich fast ein Drittel der Neueinwanderer mit diesem Gedanken und die Hälfte aller Neubürger riet den zurückgebliebenen Verwandten und Bekannten ihre eigene Alija zu verschieben.[475]

1   Siehe auch "For a New Emigré...", S. A2.
2   Siehe auch Langer, S. 5.
3   Vgl. dagegen Gitelman, Israelis, S. 201, der diese Ziffer als niedrig einschätzt.
4   Zit. in Steinmayr, Russen, S. 13; (statt Passah muß es richtig Pessach heißen).
5   Siehe auch Franklin, Soviet, S. 21 f.
6   Siehe ausführlich Ben-Shlomo, American, S. 5; Cooper, Route, S. A9; Goshko, Limit, S. A24; Goshko, Soviet, S. A19; Remnick, Emigres, S. A41
7   Ebd., S. 13.
8   Zit. in Williams, Soviet, S. A6. Siehe auch Keinon, status, 2.
9   Simon/Simon, S. 35.
10   Für knappe Erklärungen der wichtigsten Grundbegriffe und Bräuche siehe Vogt, S. 11.
11   Bei unter Befragung von amerikanischen Juden im Jahre 1971 waren es über ein Drittel; siehe Simon/Simon, S. 37.
12   Ebd., S. 36.
13   Chazanov, Soviet, S. 3.
14   Kendall, S. 1.
15   Siehe auch Barth, Kinder, S. 12, zur raschen Integration jüdischer Kinder in eine jüdische Umwelt.
16   Simon/Simon, S. 36.
17   Ausführlich in Oschlies, S. 15.
18   Zit. in ebd.
19   Siehe ausführlich dazu Ginsburgs, Citizenship, S. 230 ff.
20   Im Gegensatz durften die armenischen Emigranten ihre Reisepässe behalten; siehe "Begun calls...", S. 42.
21   Siehe Roggenkamp, Wand, S. 72.
22   Zu den administrativen Hürden siehe auch Pettiti, S. 288 ff.
23   Sawyer, S. 198.
24   Im Frühjahr 1990 wurden täglich mehr als 2.000 vyzovs aus Israel in die UdSSR gesandt; Jews in the U.S.S.R., 19. Jg., Nr. 5, 1. März 1990, London, S. 3.
25   Gitelman, Israelis, S. 71, Table 3.2.
26   Gitelman, Century, S. 280; Bland-Spitz, S. 391.
27   OVIR: Otdel Vizy I Registratsii (Büro für Visa und Registration); siehe ausführlich Sawyer S. 197.
28   Ginsburgs, Soviet, S. 9.
29   Schroeter, S. 13.
30   Zaslavsky/Brym, S. 134.
31   Ginsburgs, Soviet, S. 10.
32   Bland-Spitz, S. 391. Der Buchhalter des Unternehmens muß außerdem bestätigen, daß keinerlei materielle Forderungen gegenüber dem Antragsteller bestehen.
33   Ginsburgs, Soviet, S. 11.
34   Siehe passim die Biographien zahlloser Refuseniks.
35   Gitelman, Century, S. 285 f.
36   Siehe Voigt, S. 472.
37   Ginsburgs, Soviet, S. 11; Roth, Madrid, S. 13.
38   Stalin persönlich hatte die Arbeitslosigkeit im Jahre 1930 aus der staatlichen Statistik und damit aus dem öffentlichen Bewußtsein verbannt; "Sowjetunion beginnt...", S. 5.
39   Korey, Law, S. 13.
40   Roth, Madrid, S. 13.
41   Siehe Jaffe, S. 24 f.
42   Zit. in Gitelman, Century, S. 286.
43   Bland-Spitz, S. 391.

44   Ginsburgs, Soviet, S. 11.
45   Gitelman, Century, S. 280.
46   Schroeter, S. 14.
47   Ebd.
48   Siehe ausführlich dazu Ginsburgs, Citizenship, S. 334 f.; Litvinoff, Judaism, S. 8 f.
49   Sofern aus der Ehe gemeinsame Kinder hervorgegangen sind.
50   Schroeter, S. 14.
51   Gilbert, Hope, S. 107 f.
52   Ginsburgs, Soviet, S. 11 f.
53   Siehe Jews in the U.S.S.R., 17. Jg., Nr. 2, 14. Jan. 1988, S. 1 und ebd., Nr. 43, 8. Dez. 1988, S. 1, wo Familien nicht emigrieren können, da der Vater seine Unterschrift verweigert (obgleich in einem Fall bereits 16 und 13 Jahre alte Töchter bzw. Enkeltöchter da sind).
54   In der UdSSR ist es infolge des Wohnungsmangels - einem Problem, dessen Lösung erst für das Jahr 2000 projektiert ist - durchaus üblich, daß zwei oder drei Generationen zusammen in einer Wohnung leben, siehe Ruban, S. 62.
55   Greenberg, Obstacles, S. 9.
56   Gilbert, Hope, S. 107 f.; Sawyer, S. 198.
57   Schroeter, S. 14; Sawyer, S. 198.
58   Bland-Spitz, S. 390 nennt zwei, Sawyer, S. 198 hingegen acht.
59   Siehe Schroeter, S. 11; Bland-Spitz, S. 386.
60   Gitelman, Century, S. 281; Bland-Spitz, S. 390. Allerdings gab es zahlreiche Personen, die 300 Rubel und mehr verdienten; Har-Gil, Enge, S. 5.
61   Litvinoff, Tax, S. 8.
62   Bland-Spitz, S. 391.
63   Litvinoff, Tax, S. 8.
64   Für die siebziger Jahre siehe Schroeter, S. 3 f.
65   Gilbert, Hope, S. 77 f.
66   Siehe auch Gitelman, Century, S. 280.
67   Ginsburgs, Soviet, S. 15.
68   Schroeter, S. 16.
69   Ebd., S. 15.
70   Gitelman, Century, S. 281.
71   Ginsburgs, Problems, S. 5.
72   Siehe Sawyer, S. 194 ff.
73   Bannov, S. 7.
74   Sawyer, S. 195.
75   Bland-Spitz, S. 387 f.
76   Strober, S. 57; Freedman, Jewry, S. 45.
77   Bland-Spitz, S. 389 f.
78   Dinstein, Human, S. 194 ff.; Dinstein, Freedom, S. 17 ff.; Eliav, S. 116 ff.; Higgins, S. 275 ff.; "Symposium on...", S. 408 ff.
79   Siehe auch Baum, Tatsachen, S. 3.
80   Schroeter, S. 15.
81   Siehe Nadgornyi, Baker, S. 1.
82   Siehe Ottaway, Emigration, S. A30; Muir, S. 3; Eaton, Dissident, S. 5.
83   Siehe auch Altman, S. 23.
84   Ruby, Warning, S. 5. Siehe auch die biographische Studie: Gilbert, Shcharansky.
85   Eaton, Soviets, S. 1; Lee, Dissident, A1, A14.
86   Singer/Elkind, S. 282 ff.; Fisher, Years, S. 1 u. 8.

87	Gilbert, Shcharansky, S. 113.
88	Position of Soviet Jewry, Anhang A, S. 64 ff.
89	Siehe auch Lee, Jew, S. A19; Schodolski, Refuseniks, S. 5; Taubman, S. A10.
90	Siehe auch Ben-Shlomo, Beware, S. 3.
91	Zur sozio- und geographischen Struktur und Herkunft der Refuseniks siehe Altshuler, Refuseniks, S. 5 ff.
92	Berechnet nach ebd., S. 64-77.
93	Blitzer, Gorbachev, S. 2; Siehe auch Dinstein, Emigration, S. 12 f.; Bohlen, Security, S. A16; Eaton, Rule, S. 10.
94	Eaton, Visas, S. 5.
95	Chazanov, Jewish, S. 8; Horovitz, Expert, S. 4.
96	Jews in the U.S.S.R., 19. Jg., Nr. 9, 3. Mai 1990, London, S. 1.
97	Ebd., Nr. 3, 31. Jan. 1990, London, S. 2 f.
98	Siehe Nadgornyi, Refuseniks, S. 1, für ein Fall wo vor achtzehn Jahren als "geheim" klassifizierte Arbeiten ausgeführt wurden, die eine mehr als zehnjährige Wartezeit bedingten.
99	Jews in the U.S.S.R., 19. Jg., Nr. 11, 6. Juni 1990, London, S. 4.
100	Ebd., 18. Jg., Nr. 22, 23. Nov. 1989, London, S. 19. Siehe auch Lee, Soviet, S. A30.
101	Shindler, S. 174 f. Siehe auch Kempster, S. 5.
102	Siehe z.B. Blackman, S. 14.
103	Remnick, Passover, S. A15; Shanker, Refuseniks, S. 3; Walker, refusenik, S. 21.
104	Siehe auch Ginsburgs, Soviet, S. 10.
105	Schroeter, S. 15.
106	Roth, Madrid, S. 13; Siehe auch Jews in the U.S.S.R. passim, wo beinahe monatlich derartige Fälle aufgeführt werden.
107	Gitelman, Century, S. 293; Eaton, Moscow, S. 15.
108	Beeston, S. 11; Gordon, Kremlin, S. A9.
109	Siehe Jews in the U.S.S.R., 19. Jg., Nr. 11, 6. Juni 1990, London, S. 3 f.
110	Siehe ausführlich Feldbrugge, S. 9 ff.
111	Mc Guire, S. 6.
112	Vgl. auch Fisher, Israeli, S. 7.
113	Mc Guire, S. 6.
114	Siehe ausführlich Arzt, S. 18 ff.
115	Litvinoff, Leaving, S. 6.
116	"Rights Monitors...", S. A2.
117	Zum gegenteiligen harten Eingreifen siehe Shanker, arrest, S. 4.
118	Eaton, Refuseniks, S. 6.
119	Shanker, Soviet allow, S. 12.
120	Eaton, Refuseniks, S. 6.
121	Siehe auch Dinstein, Human, S. 194 ff. für die siebziger Jahre.
122	Shanker, Soviet Jews, S. 3.
123	Eaton/Toth, S. 14; Goshko, Shultz, S. A25. Für seine weiteren Bemühungen siehe "Shultz Makes...", S. A5.
124	Toth, S. 13. Siehe auch Goldman, Leaders, S. 10.
125	Remnick, Lawyers, S. A34.
126	Bohlen, Moynihan Urges, S. A16.
127	Frankel, New Pact, S. A30.
128	Zur veränderten Haltung siehe Hoffman, Bronfman, S. 3.
129	"Jewish leaders expect...", S. 3; Goshko, Leader, Predicts, S. A26.
130	Siehe auch "Gebetbücher für...", S. 2.
131	Schneier, S. 12.

132	Schroeter, S. 16.
133	Bland-Spitz, S. 392.
134	Schroeter, S. 16.
135	Ebd., S. 16.
136	Infolge des nur begrenzt mitzuführenden Fluggepäcks bevorzugten fast alle Emigranten die Bahnfahrt gegenüber dem schnelleren Luftweg.
137	Litvinoff, Tax, S. 8.
138	Bland-Spitz, S. 392.
139	Leshnik, S. 4. Siehe auch Hofmann, S. 311 f.
140	Gitelman, Israelis, S. 38; Gidwitz, S. 27; Schreiber, Probleme.
141	Siehe auch Keinon, Cash, S. 2.
142	Siehe auch Friedman, Emigré, S. A3.
143	Har-Gil, Enge, S. 5.
144	Gidwitz, S. 28.
145	Gitelman, Israelis, S. 38; Gidwitz, S. 28.
146	Siehe Frazer, S. 29; Levavi, Soviet, S. 2.
147	Hoffman, Chaos, S. 2.
148	Zu den Einflußmöglichkeiten der amerikanischen Organisationen auf das Umlenken der Alija, siehe Ro'i, Aliya, S. 147.
149	Siehe Orbach, Movement, S. 19 ff.
150	Siehe auch Eisenstadt, S. 574 f.
151	Litvinoff, Leaving, S. 6.
152	Siehe Pear, Soviet, S. A1 u. A8.
153	Zum Aufenthalt der Emigranten in Italien siehe auch Litvinoff, Crossroads, S. 1 ff.
154	Die durchschnittliche Aufenthaltsdauer in Italien betrug seit Mitte der siebziger Jahre vier Monate; Litvinoff, Crossroads, S. 2.
155	Simon, Introduction, S. 2 f.
156	Siehe Lorenzo, S. XIV, Horovitz, Pipeline, S. 33.
157	Siehe auch "Anpassungsprobleme...", S. 5.
158	Gidwitz, S. 28. Für lokale Beispiele siehe Aronow, S. 1, 6; Saft, 21.
159	Levin, Immigrants, S. 29, Anm. 6.
160	Litvinoff, Chicago, S. 6.
161	Ebd.
162	Jacoby, Brooklyn, S. B4.
163	Jacoby, Wait, S. B4.
164	Gidwitz, S. 29.
165	Die Zollsteuer für den Import eines Volvo reduziert sich so beispielsweise auf rund 3.000 DM; Keinon, Indirect, S. 2. Infolge des wachsenden Unmuts in der einheimischen Bevölkerung wurde dieser Steuervorteil im Sommer 1990 auf einen Höchstbetrag festgesetzt und im Frühjahr 1991 sogar über eine Abschaffung diskutiert; Odenheimer, Immigrant, S. 2; Odenheimer/Keinon, S. 6.
166	Gitelman, Israelis, S. 37 f.
167	Zu den exorbitanten Steuersätzen und deren unnachgiebiger Erhebung durch die Finanzbehörden sei auch auf die brillanten Kurzgeschichten des israelischen Satirikers Ephraim Kishon verwiesen, der immer wieder die hohen Steuersätze und Importabgaben in seinen Erzählungen geißelt.
168	Siehe auch Frankel, Tasting, S. A21; Odenheimer, Immigrant, S. 2.
169	Siehe Simon/Myerson/Spechler, S. 94 ff. zum der Realität konträr entgegenstehenden Mythos Autobesitz.
170	Gitelman, Israelis, S. 38.
171	Siehe Gordin, S. 2.
172	Siehe auch Jews in the U.S.S.R., 18. Jg., Nr. 22, 23. Nov. 1989, London, S. 4.
173	Keinon, Indirect, S. 2.

174 Chartrand, Shekel, S. A4.
175 Simon/Myerson/Spechler, S. 95.
176 Siehe auch ebd., S. 94 ff.
177 Schrag, Russians, S. 8.
178 Steinmayr, Russen, S. 14.
179 Horowitz, Absorption, S. 9.
180 Siehe Magdoff/Sweezy, passim.
181 Gitelman, Israelis, S. 72.
182 Horowitz, Absorption, S. 9; Horowitz, Integration, S. 19 ff.
183 Gitelman, Israelis, S. 72.
184 Siehe auch O'Shaughnessy, S. 4.
185 Litvinoff, Crisis, S. 8.
186 Zit. in Brinkley, For Israelis, S. A5.
187 Gitelman, Quality, S. 47.
188 Jacoby, Brooklyn, S. B4.
189 Gidwitz, S. 29 f.
190 Zu den Klagen liberaler Israelis gegen die Vereinnahmung durch religiöse Fundamentalisten siehe Mass, Juden, S. 4.
191 Siehe Brinkley, For Israelis, S. A5.
192 Gitelman, Resettlement, S. 14; O'Shaughnessy, S. 4.
193 Gidwitz, S. 29 f.
194 Harris, Note, S. 112.
195 Zu diesen Tendenzen nach den Knesset-Wahlen im Jahre 1988 siehe Bendkower, S. 1 f.; Wallfish/Shalev, S. 36.
196 Harris, Note, S. 110.
197 Gitelman, Jewish, S. 43.
198 Barth, Warum, S. 3.
199 Zitiert in Kass/Lipset, S. 44 ff.
200 Barth, Warum, S. 3.
201 Siehe auch Rabinovich, Israel, S. 18.
202 Gidwitz, S. 30.
203 Harris, Note, S. 112.
204 Alexander, Emigration, S. 18.
205 Die Behinderung israelischer Radiosendungen durch sowjetische Störsender ist seit Ende November 1988 beendet; siehe Jews in the U.S.S.R., 17. Jg., Nr. 43, 8. Dez. 1988, London, S. 4.
206 Siehe auch Dohrn, Massenexodus, S. 109.
207 Zit. in Litvinoff, Israel, S. 3.
208 Goell, Soviet, S. 6.
209 Goell, Israel, S. 8.
210 Goell, Soviet, S. 6.
211 "Sowjetbürger können...", S. 4; "Ausreisegesetz...", S. 5.
212 "Ausreisegesetz...", S. 5; "Sowjetbürger können...", S. 4.
213 Ruby, Soviet, S. 4.
214 Litvinoff, Leaving, S. 6; Pear, Soviet, S. A8.
215 Goell, Soviet, S. 6. Siehe auch Shokeid, passim.
216 Zit. in Schreiber, Probleme. Siehe auch Altshuler/Hoffman, S. 12; Keren Hayessod, S. 9.
217 Philipp, Fremd, S. 4.
218 Gitelman, Jewish, S. 31 ff.
219 Gitelman, Israelis, S. 74.

220 Ebd., S. 74 f.
221 Ebd., S. 75.
222 Ebd., S. 355, Anhang A.
223 Zu den großen Bevölkerungsverlusten und Massakern an ca. einer Million jüdischer Menschen in diesen Regionen während der nationalsozialistischen Okkupation der UdSSR im zweiten Weltkrieg siehe ausführlich Orbach, Destruction, S. 15 ff.
224 Gitelman, Israelis, S. 185 f.
225 Gitelman, Jewish, S. 37, Tab. VI.
226 Gitelman, Israelis, S. 198 f.
227 Levin, Jews, S. 602; Gitelman, Century, S. 274.
228 Krivine/Hertzberg, S. 8.
229 Ro'i, Aliya, S. 146.
230 Pinkus, S. 124, Table 5.7.
231 Ebd., S. 125.
232 Siehe auch die individuellen Aussagen der Befragten in Gitelman, Israelis, S. 215.
233 Wehrpflichtig sind in Israel auch Frauen, wenn auch mit verkürzter Ausbildungsdauer (zwei statt drei Jahre); Nyrop, S. 260 f.
234 Zu den erbitterten Diskussionen in Israel um die Frage "Wer ist Jude?" und zu möglichen Verschärfungen, die auch in den USA für Entrüstung und Verbitterung sorgen, siehe ausführlich Jütte, Israel, S. 1; Barth, Trauma, S. 3.
235 Pinkus, Identity, S. 19. Zu den Forderungen des sephardischen Oberrabbiners im Sommer 1991 nach einer Dokumentation der jüdischen Herkunft über vier Generationen siehe "Chef-Rabbiner will...", S. 5.
236 Londe, Sowjetjuden, S. 4.
237 Silberbach, Minderheit, S. 3.
238 Zu den Limitierungsabsichten für die Immigration dieses Personenkreises durch Einwanderungsminister siehe "Peretz: Limit...", S. 1 f.
239 Silberbach, Minderheit, S. 3.
240 Der Begriff "Goj" bedeutet ursprünglich "Nichtjude" bzw. "Heide"; Jüdisches Lexikon, Stichwort "Goj", Sp. 1180.
241 "Ein neuer Begriff...", S. 4.
242 Keinon, families, S. 3.
243 Detailliert dazu Lange, S. 13 ff.
244 Williams, Soviet, S. A6; "Israel's orthodox...", S. A4; Brinkley, Dancer, S. A5..
245 Horowitz, Choice, S. 113.
246 Pinkus, Identity, S. 19.
247 Gilison, Emigration, S. 14.
248 Siehe Altman/Mars, S. 297 ff.
249 Gilison, Emigration, S. 14.
250 Pshonik, S. 63 ff.
251 Zaslavsky/Brym, S. 29.
252 Zit. in Elam, S. 323.
253 Simon/Simon, S. 13.
254 Ebd., S. 14.
255 Zu den durchgängigen Aversionen von nichtjüdischen Ehepartnern zur Emigration nach Israel siehe auch das Kapitel über Mischehen.
256 Siehe auch Shapiro, Rabbi, S. 1.
257 Simon/Simon, S. 31.
258 Ebd., S. 15.
259 Gitelman, Resettlement, S. 5 f.
260 Gitelman, Immigrants, S. 13.
261 Gitelman, Century, S. 304.
262 Siehe auch Chazanov, Soviet, S. 3 f.

263 Gitelman, Quality, S. 58.
264 Ebd., S. 51.
265 Winkelmann, S. 138.
266 Siehe dazu auch Simon/Simon, S. 14 f.
267 Kendall, S. 2.
268 Gitelman, Israelis, S. 76.
269 Gitelman, Quality, S. 60.
270 Ebd., S. 59.
271 Ebd., S. 60; mit "weiß ich nicht" bzw. "keine Angabe" antworteten 6,6 % der Befragten in Israel und 3,2 % in den Vereinigten Staaten.
272 Ebd., S. 61.
273 Siehe auch Gitelman, Resettlement, S. 11 ff.
274 Die fehlenden Prozentwerte sind in den Kategorien "gleich" bzw. "weiß nicht" enthalten.
275 Ausführlich in Gitelman, Resettlement, S. 5 ff.
276 Heuwagen, S. 3.
277 Philipp, Sport, S. 4.
278 Horowitz, Integration, S. 24 ff.
279 Gitelman, Jewish, S. 42.
280 Gitelman, Quality, S. 60.
281 Gitelman, Immigrants, S. 21 f.
282 Feinstein, Immigrants, S. 61.
283 Simon/Simon, S. 28.
284 Einer Meldung des Israelischen Rundfunks vom 29. Jan. 1990 zufolge traf im Hafen von Haifa ein unter türkischer Flagge fahrendes Schiff aus der UdSSR ein. An Bord waren 2.600 Kisten mit Hausrat sowjetischer Olims; ein Zeichen für die gelockerten Ausfuhrbestimmungen; Deutsche Welle, DW-Monitordienst, Nr. 23, 1. Feb. 1990, Köln, S. 5.
285 Hofmann, S. 311 f.; Konitzer, S. 5; Burger, S. 4.
286 Leshnik, S. 4.
287 Siehe Leshem/Rosenbaum/Kahanov, S. 58.
288 Harsch, S. 14.
289 Leshem/Rosenbaum/Kahanov, S. 58.
290 Brinkley, Finding, S. A18.
291 Barth, Tore, S. 3; Remnick, Israel, S. A18; "Sowjetische Juden jetzt...", S. 1.
292 Barth, Ebbe, S. 3.
293 Siehe auch Montalbano, S. 9.
294 Siehe auch Pilon, S. 67 ff.
295 Noel, S. 5.
296 Keller, Jews, S. A4.
297 Gordon, Israeli, S. A1.
298 Shanker, Jewish emigres, S. 6.
299 Zur Kritik Schamirs im Februar 1987 siehe Hoagland, S. A23.
300 Klein, S. 4.
301 Frankel, Pollard, S. A32; Goshko, Jewish, S. A32.
302 Friedman, Jews, S. D1; Kinsley, S. A23; Krauthammer, Pollard, S. A17
303 Scheer, S. 12; Schachter, S. 7.
304 Rozenman, S. 6; Schmidt, S. A1, A9. Siehe auch Uthmann, S. 16.
305 "Soviet Jews to be Pressed...", S. 1 u. 7.
306 Siehe auch Goldman, Asking, S. A3.

307 Zu den innenpolitischen Meinungen siehe auch Brinkley, Growing, S. A5.
308 Goell, Israel, S. 8.
309 Goshko, Leader, Predicts, S. A26.
310 Wallfish/Hoffman, S. 1. Siehe auch Dinstein, Emigration, S. 10 f.
311 Schmetzer, S. 5.
312 Siehe Cohen/Naftalin, S. A31, zur seit Juni 1987 intendierten Verlagerung der Transitstation in die rumänische Hauptstadt.
313 Wallfish/Hoffman, S. 8.
314 Schmetzer, S. 5.
315 Gordon, Israeli, S. A2.
316 Siehe auch Bernstein, S. 9.
317 Ruby, Hias, S. 1. Siehe auch Goshko, Emigres, S. A2.
318 Gordon, Holds, S. A5.
319 "Israel Seeks to...", S. A5. Siehe auch Simes, S. 5 für das Frühjahr 1987.
320 Goshko, Leader Predicts, S. A26.
321 Brinkley, For Israelis, S. A5.
322 Gordon, Israeli, S. A2.
323 Ebd., S. A1. Siehe auch Hoagland, S. A23 f.
324 Ben-Shlomo, Refuseniks, S. 52; siehe auch Blackman, S. 14.
325 Greenberg, Obstacles, S. 10.
326 Shapiro, Rehovot, S. 1.
327 Vgl. "Prominent refuseniks...", S. 8, zu einem der wenigen Fälle, wo die Emigration von Refuseniks nicht nach Israel, sondern in die USA erfolgte.
328 Siehe auch Nossik, S. 16, zur verschwindend geringen Zahl von Olims, die nach Israel kommen und bereits Hebräisch sprechen und realistische Vorstellungen über ihr zukünftiges Leben haben.
329 Gitelman, Quality, S. 50.
330 Vgl. Barringer, S. A9; Keller, Soviet, S. A8 zu der ein Jahr zuvor vertretenen Position.
331 "Soviets won't...", S. 1.
332 Lee, First Israeli, S. A13.
333 Goshko, Plan, S. A33.
334 Hoffman, prisoners, S. 24.
335 Ebd., S. 24.
336 Gitelman, Israelis, S. 69.
337 Siehe Williams, Soviet, S. A6
338 "Israel kein beliebtes...", S. 7.
339 Hoffman, prisoners, S. 24.
340 Ruby, Hias, S. 1.
341 Keller, Jews, S. A4.
342 Shanker, Jewish emigres, S. 6; Wallace, S. 8.
343 Keller, Jews, S. A4.
344 Siehe auch Moffett, Soviet, S. 7 f.
345 Siehe auch Burger, S. 4.
346 Hoffman, Hias, S. 6.
347 "Soviet Jews to be Pressed...", S. 7.
348 Gordon, Holds, S. A5.
349 Hoffman, Bronfman, S. 3.
350 Keller, Jews, S. A4.
351 Siehe "Soviet Jews to be Pressed...", S. 1 u. 7.

352	"'Noshrim' aus Moskau...", S. 4.
353	Für die erfolglosen Versuche der Erhöhung der Immigrationsquote siehe Goshko, Category, S. A2.
354	Zur konträren Situation ein Jahr zuvor, mit einer angeblich weit geöffneten "Tür", siehe Goshko, Groups, S. A28.
355	Pear, S. A8.
356	Berger, S. 21 rechnet mit einem Anteil von 38.000-40.000 Juden.
357	Heitman, Soviet, S. 7, Tab. 3.
358	Zu den ebenfalls von der Emigrationsflut ausgelösten Finanzproblemen der amerikanischen Hilfsorganisation "Joint" siehe Carroll, S. 52.
359	"Ende des Wiener...", S. 2.
360	Zu den Problemen in den amerikanischen Beratungsstellen infolge der Einwanderungsflut siehe Howe, Deluge, S. B3.
361	Pear, S. A8.
362	Ruby, numbers, S. 4.
363	"Längere Wartezeiten...", S. 1.
364	Hoffman, moves, S. 1.
365	Parmelee. S. A29; "Probleme um...", S. 3.
366	Blitzer, Israel, S. 4; Hoffman, Rome, S. 2; Ruby, Soviet, S. 4.
367	Reaves, S. 9.
368	Hoffman, Rome, S. 2.
369	Blitzer, Israel, S. 4; "Sowjetische Juden im...", S. 8.
370	"Längere Wartezeiten...", S. 1; Horovitz, Pipeline, S. 33; Haberman, S. A3.
371	Hoffman, Rome, S. 2.
372	Diese Zahl schließt alle Bevölkerungsgruppen ein, d.h. nicht nur Juden, sondern auch Armenier etc.
373	Siehe auch Hamilton, Embassy, S. 14; "235000 Menschen...", S. 1.
374	Robinson-Interview in Knobel-Ulrich, o.S. Die schwelenden Nationalitätenkonflikte im Kaukasus und dem Baltikum verringern eher die Chancen der sowjetischen Juden gegenüber emigrationswilligen Armeniern oder Bürgern aus den baltischen Republiken.
375	Hamilton, Rules, S. 12; Pear, Door, S. D3; Remnick, Emigres, S. S. A46.
376	Zit. in Knobel-Ulrich, o.S.
377	Ebd.
378	Meldung des Israelischen Rundfunks vom 2. Feb. 1990; Deutsche Welle, DW-Monitordienst, Nr. 26, 6. Feb. 1990, Köln, S. 5.
379	Goell, Soviet, S. 6.
380	Barth, Direktflüge, S. 4; Londe, Sowjetjuden, S. 4; Pear, Moscow. S. A1; "Sowjets behindern...", S. 5. Siehe auch Ibrahim, S. A6.
381	Kamen, Soviet, S. A4.
382	Brilliant, S. 1; Schreiber, Probleme, o.S.
383	TASS-Meldung. Zit. in DW-Monitordienst, Nr. 39, 23. Feb. 1990, S. 7.
384	Siehe auch "Soviet airline...", S. 40.
385	Mc Manus, S. A1.
386	Keinon, Panic, S. 10.
387	Meldung des Israelischen Rundfunks vom 6. Dez. 1989; Deutsche Welle, DW-Monitordienst, Nr. 205, 8. Dez. 1989, Köln, S. 6.
388	Zu Protesten der amerikanischen Öffentlichkeit in New York vor dem UN-Gebäude, siehe Goldman, Protesters, S. B3.
389	Siehe Keinon, immigrants, S 2.
390	Mc Manus, S. A10.
391	Prial, Poland. S. A11.
392	"Wieder Beziehungen...", S. 5.
393	Williams, Hungary, S. A4; Bohlen, Hungary, S. A18; Makovsky/Keinon, Hungary, S. 1.
394	"Aeroflot closes...", S. A27; "Soviet airline...", S. 40; Barth. Turbulenzen, S. 1; Diehl, Flights, S. A14.
395	Wallfish, Most, S. 1.
396	Siehe "Budapest route...", S. 1; "Hungary official...", S. 2.

397	Schreiber/Wallfish, S. 1; Makovsky, Malev, S. 8. Siehe auch Rosenthal, S. E19.
398	Bohlen, Again, S. A13; Makovsky, Malev, S. 1.
399	Diehl, Flights, S. A13.
400	Siehe auch Brinkley, Soviets, S. A6.
401	Schwartz, S. A15.
402	Barth, Turbulenzen, S. 1.
403	Makovsky/Keinon, Hungary, S. 1.
404	Prial, Poland, S. A11.
405	Schwartz, S. A15.
406	Prial, Poland, S. A11.
407	Makovsky, Finland, S. 3; "Finland opens gate...", S. 1.
408	"Nordeuropa und...", S. 5; Keinon, Finland, S. 3 f.; "Finland to Be a Route...", S. A3.
409	Makovsky, flights, S. 1; "Finland says transit...", S. 1.
410	"Finland Will Allow...", S. A14.
411	"Finland opens gate...", S. 18.
412	"Nordeuropa und...", S. 5
413	"Ausreise sowjetischer Juden...", S. 10; "Finland says transit...", S. 1.
414	Gordon/Keinon, S. 3; Ruby/Keinon, S. 6; "El Al, Aeroflot...", S. 6.
415	Keinon, Riga, S. 2.
416	"An der Jahrtausendwende...", S. 5.
417	Gitelman, Israelis, S. 157; Tugend, S. 37.
418	Ebd., S. 158.
419	Gitelman, Israelis, S. 158.
420	Gidwitz, S. 31; Shuval, Immigrants, S. 20.
421	Frank, S. 32.
422	Jacoby, Brooklyn, S. B4.
423	Gidwitz, S. 30.
424	Zum Wirken amerikanischer Verbände siehe Orbach, Movement, S. 117 ff.
425	Frank, S. 32.
426	Gidwitz, S. 29 f.
427	Siehe auch Gitelman, Israelis, S. 142 f.
428	Horowitz, Choice, S. 120.
429	Siehe Shepherd, S. E7.
430	Gidwitz, S. 31.
431	Horowitz, Choice, S. 119.
432	Philipp, Sport, S. 4.
433	Hoffman, Bureaucracy, S. 3; Sharkansky/Radian, S. 58 f.
434	Siehe Eisenstadt, S. 202 f. u. S. 333 f.; Kleiman, S. 81 ff.; Schreiber, Immigrants, S. 2.
435	Gidwitz, S. 34; Gitelman, Israelis, S. 49.
436	Litvinoff, Emigrants, S. 6.
437	Horowitz, Transition, S. 292 ff.; Horowitz, Choice, S. 119.
438	Siehe Jendges, S. 58 f. u. S. 96 f; Eban, S. 114 f.
439	Gidwitz, S. 31.
440	Sharkansky/Radian, S. 59.
441	Gitelman, Israelis, S. 51.
442	Yishai, S. 28.

443 Jüdisches Lexikon, Stichwort "Alija", Sp. 216 f.;
     Gitelman, Israelis, S. 36.
444 Ähnlich lauten die Kritikpunkte auch bei den in die USA eingewanderten Sowjetbürger.
445 Gidwitz, S. 31 f.
446 Horowitz, Choice, S. 118.
447 Gitelman, Quality, S. 62; Siehe auch Hoffman, Rome, S. 2. Hier sei nochmals auf die Kurzgeschichten des Satirikers Ephraim Kishon hingewiesen, wo die israelische Bürokratie häufiges Objekt der Kritik ist.
448 Keinon, Netanja, S. 1. Siehe auch Izenberg, Welcome, S. 4.
449 Gitelman, Quality, S. 62.
450 Siehe Ferenczi, S. 202 ff.
451 Siehe Shabad, S. A3.
452 Gitelman, Century, S. 280.
453 Zit. in Gilison, Emigration, S. 9.
454 Gitelman, Century, S. 285.
455 Litvinoff, Emigrants, S. 1.
456 "Protestaktion...", S. 4.
457 Gidwitz, S. 32.
458 "55 sowjetische Auswanderer...", S. 8; "Von den USA enttäuschte...", S. 1.
459 "Back in the U.S.S.R.", S. A22; "The Long Hard...", S. 22.
460 Weitere zwölf Personen kehrten in den ersten Januartagen 1987 in die Sowjetunion zurück; "Soviet Emigres...", S. A18; Howe, Returnees, S. A27.
461 Ellsworth-Jones/Branson, S. 13.
462 "Die Seele singt". In: Der Spiegel, 41. Jg., Nr. 3, 12. Jan. 1987, Hamburg, S. 105-106.
463 "Von den USA enttäuschte...", S. 1.
464 "Back in the U.S.S.R.", S. A22.
465 Ebd.
466 "Zwischen Schein...", S. 3 f; "Michael Gorbatschow, die Heimkehrer...". S. 8.
467 "The Long Hard...", S. 22.
468 Zur Frage der Remigration siehe auch Simon/Myerson/Spechler, S. 95 f.
469 Ellsworth-Jones/Branson, S. 13.
470 Pfeifer, Maximum, S. 5.
471 Toth, S. 13; Zur gegenteiligen Ansicht von Natan Shscharanskj, daß sich nicht geändert habe, siehe Ruby, Warning, S. 5.
472 "Von den USA enttäuschte...", S. 1; "55 sowjetische Auswanderer...", S. 8.
473 "Rückwanderung", S. 1.
474 Keinon, Less, S. 5.
475 Keinon, Soviet olim, S. 2.

5. DIE INTEGRATION

5.1 STRUKTURELLE UNTERSCHIEDE DER ISRAELISCHEN IMMIGRANTEN

Die osteuropäischen Einwanderer in den Staat Israel, neben den sowjetischen Juden noch eine kleinere Zahl aus Rumänien[1], sind im Vergleich zu den aus Afrika (Algerien, Marokko) und Asien (Iran) in das Gelobte Land immigrierenden Glaubensbrüdern durchschnittlich besser beruflich ausgebildet[2] und in geringerer Zahl in Handel und Gewerbe tätig; stattdessen dominieren höher qualifizierte Tätigkeiten in Wirtschaft und Industrie.

Graphik 22: Beschäftigungsstruktur der israelischen Einwanderer in den 60er und frühen 70er Jahren nach Herkunftsland (in %)

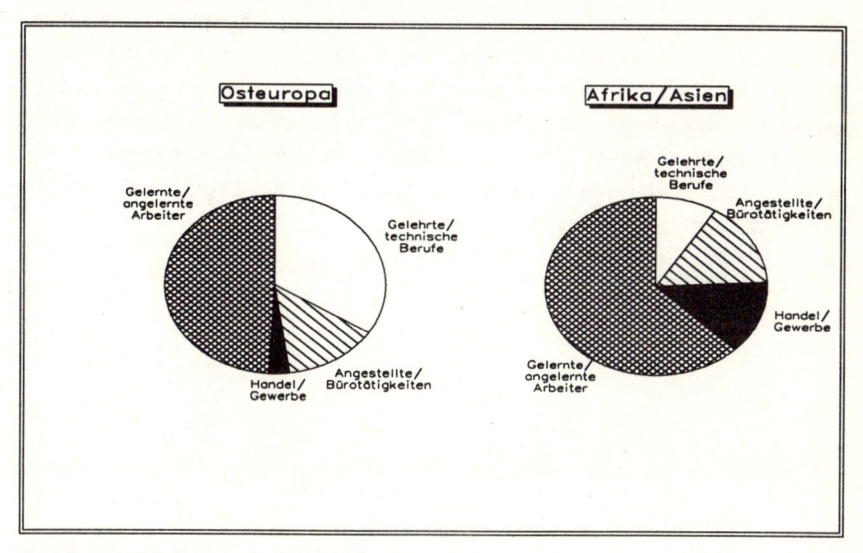

(erstellt nach Della Pergola, S. 196, Tab. 7)

Nach der Darstellung von Jacov Tsur, dem israelischen Einwanderungsminister, in einem Interview im Sommer 1988 hat die Hälfte der sowjetischen Einwanderer einen Universitätsabschluß und war infolgedessen in der Wirtschaft als Arbeitskräfte gefragt[3], da sie allgemein als "produktiv" gelten und ihre Integration in die israelische Gesellschaft keine gravierenden Probleme verursache (hier muß die geringe Anzahl gegenüber 1990/91 berücksichtigt werden!). So seien von den 110.000 Personen, die zwischen 1972 und 1988 eingereist seien, noch immer 96.000 (87,3 %) im Lande.[4]

Nach Ansicht orthodoxer Rabbiner muß allerdings der gesellschaftlichen auch eine "geistige Absorbtion" erfolgen. Da bei den ehemaligen Sowjetbürgern nur noch wenige jüdische Werte lebendig seien, bestehe hier ein großer Nachholbedarf. Die entsprechende Vermittlung solle zusammen mit den Sprachkursen erfolgen, da die Neubürger später durch Arbeit oder Arbeitssuche zu beschäftigt seien.[5] Der israelische Konsul in Moskau konzedierte im Februar 1991 zwar auch, daß die sowjetischen Juden die nach Israel immigrierten, *"nicht religiös sind, daß ihnen ein jüdisches Grundlagenwissen fehlt."*[6] Zugleich hoffte er, daß ihnen in den ersten Jahren der Integration und der beruflichen Anpassung religiöse Werte nahegebracht werden könnten. Optimistisch meinte der Konsul, daß die zweite, junge Generation alle diese Hoffnungen erfüllen würde.

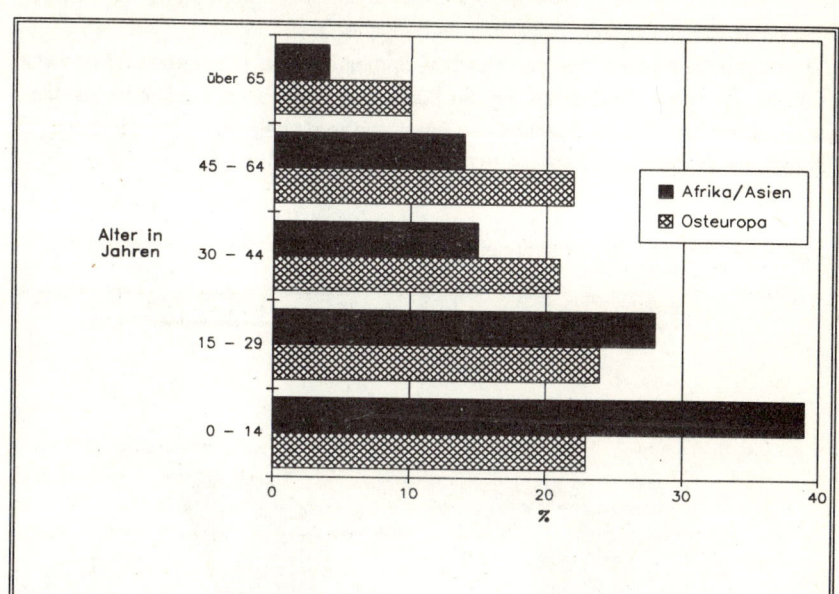

Graphik 23: Altersstruktur der israelischen Einwanderer in den 60er und frühen 70er Jahren nach Herkunftsland

Alter in Jahren	Afrika/Asien	Osteuropa
über 65		
45 – 64		
30 – 44		
15 – 29		
0 – 14		

(erstellt nach Della Pergola, S. 196, Tab. 7)

Ein Vergleich der Altersstruktur zwischen den beiden Haupteinwanderungsströmen nach Israel weist ebenfalls deutliche Abweichungen auf. Die Mehrzahl der Personen, die aus den afrikanischen oder asiatischen Ländern immigrierten, sind Kinder und Jugendliche, d.h. Personen, die noch keine Berufsausbildung besitzen und/oder noch nicht im Erwerbsleben stehen. Hinsichtlich des Durchschnittsalters der Emigranten aus der UdSSR waren gleichfalls Unterschiede konstatierbar. In den siebziger Jahren waren etwa zwölf Prozent aller Auswanderer über 65 Jahre alt, unter den in Israel eintreffenden Personen lag dieser Anteil um ein Viertel niedriger. Überdies lag das Durchschnittsalter der aus Georgien und Zentralasien stammenden Juden signifikant unter dem der aus dem europäischen Teil der Sowjetunion emigrierenden Personen. Waren in der ersten Gruppe über ein Drittel aller Auswanderer unter 18 Jahre, lag der Anteil bei den europäischen Juden unter zwanzig Prozent.[7]

Im Gegensatz zu den Immigranten aus Afrika/Asien waren unter den osteuropäischen Einwanderern bereits ein Zehntel im Rentenalter. In der ersten Jahreshälfte

1990 stieg dieser Anteil sogar auf fünfzehn Prozent an.[8] Dies war auch ein signifikantes Zeichen, daß es sich nicht mehr um eine Masseneinwanderung, sondern um eine Massenflucht jüdischer Sowjetbürger handelte.[9]
Die enorme Bedeutung der sowjetischen Immigration nach Israel seit Ende der sechziger Jahre für die Entwicklung des Jüdischen Staates verdeutlicht die nachfolgende Übersicht, die die quantitative Größe und territoriale Herkunft der Immigrationsströme für die Jahre 1968 bis 1973 aufzeigt.

Graphik 24: Territoriale Herkunft der israelischen Olims in den Jahren 1968-1973

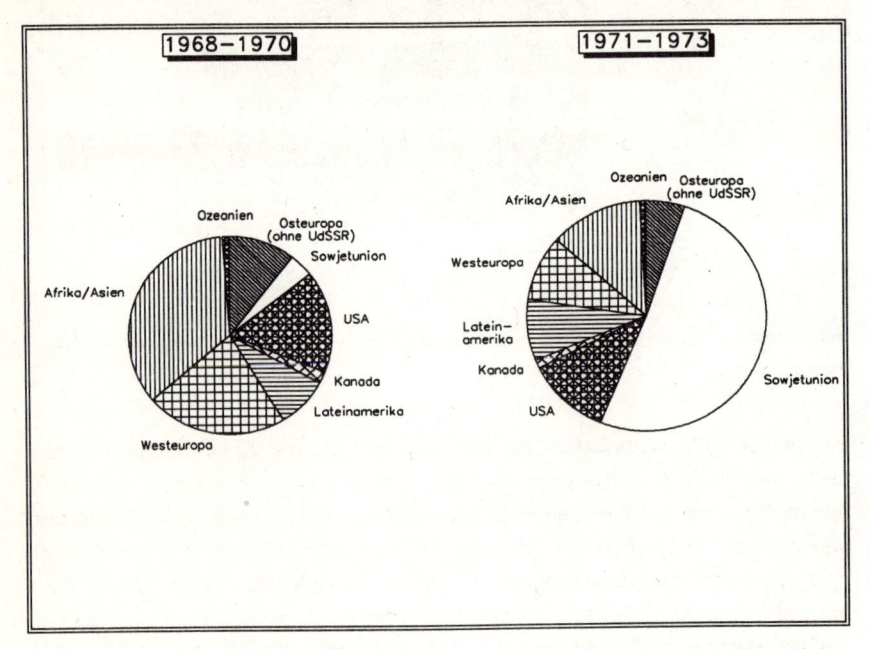

(erstellt nach Gitelman, Israelis, S. 33, Tab. 2.1)

Anfang der siebziger Jahre stieg der Anteil der sowjetischen Einwanderer massiv: er erhöhte sich von einem Fünfundzwanzigstel auf über die Hälfte aller Immigranten. Diese Tatsache verdeckt eine ansonsten negative Entwicklung in den israelischen Einwanderungsziffern, obgleich - durch den gewaltigen Strom der Immigranten aus der UdSSR - ein deutlicher Anstieg der Einwanderung in den Staat Israel zu verzeichnen ist. Werden jedoch aus der obigen Graphik 24 die Einwanderer aus der UdSSR herausgenommen, kommt es zu einem völlig veränderten Bild: den dann noch 102.057 Einwanderern der Jahre 1968-1970 stehen in den Jahren 1971-1973 lediglich noch 74.715 Personen gegenüber. Das bedeutet einen Rückgang von 27.342 Personen oder von über einem Viertel (26,8 %) aller Immigranten. Die Gründe für diesen Niedergang sind mannigfaltig, haben aber vor allem zwei Ursachen: Erstens ist das Rekrutierungspotential in den Staaten Afrikas und Asiens weitgehend ausgeschöpft, zweitens fehlt für die Juden in Westeuropa und in den Vereinigten Staaten von Amerika ein Immigrationsanreiz.[10] Zum einen machen die ökonomischen Schwierigkeiten Israels und die sozialen und politischen unruhigen Lebensbedingungen im Nahen Osten eine Emigration höchstens aus religiösen oder zionistischen Gründen plausibel; zum anderen gewährleisten die parlamentarischen Demokratien freie Religionsausübung und eine gesicherte materielle Existenz. Der Antisemitismus tritt nur noch temporär und gleichsam privat auf, nicht wie im Sozialismus staatlich propagiert. So sehen Juden aus westlichen Staaten kaum Gründe für eine "Heimkehr" ins Gelobte Land.

Charakteristisch für das Zögern ist wohl auch, daß ein großer Teil der amerikanischen Immigranten die Annahme der israelischen Staatsbürgerschaft ablehnt, um sich jederzeit eine Rückkehrmöglichkeit durch die Bewahrung der amerikanischen Staatsbürgerschaft offenzuhalten.[11] Überdies hatten 67 % der amerikanischen Einwanderer den Jüdischen Staat bevor bereits einmal besucht und fast ein Fünftel von ihnen war bereits dreimal oder mehr vor der Emigration in Israel gewesen;[12] diese Möglichkeiten zum "Schnuppern" und einer detaillierten Vorplanung der Übersiedlung fehlen den Einwanderern aus Osteuropa hingegen völlig.

Darüberhinaus belegen Untersuchungen über die amerikanischen Immigranten nach Israel, daß, nach nur durchschnittlich zwei Jahren Aufenthalt im "Gelobten Land", die Mehrheit von ihnen wieder enttäuscht in die Vereinigten Staaten von Amerika zurückkehrt.

5.2 ALLGEMEINE (WUNSCH-)VORSTELLUNGEN UND INTEGRATIONS- PROBLEME

Ein großes Problem für die Eingewöhnung der Einwanderer ist die Diskrepanz zwischen den Vorurteilen oder Wunschvorstellungen über das Leben außerhalb der Sowjetunion und der Realität der Lebensbedingungen in den Immigrationsländern. Berücksichtigt werden müssen dabei einmal die in der UdSSR fehlenden Informationsmöglichkeiten über andere Staaten und zum anderen die durch die unentwegt kritische und zum Teil bewußt falsche Informationspolitik der sowjetischen Massenmedien erzeugte Abwehrhaltung, die nur das "Gute" glauben will. Da die Emigrationswilligen keine objektiven Informationen erhalten und oftmals auf die Briefe bereits ausgewanderter Verwandter und Bekannter als einzige Nachrichtenquelle angewiesen sind, können sie sich auch kein ausgewogenes Urteil bilden.[13] Überdies spiegeln diese schriftlichen Berichte nur einen kleinen Teilaspekt des täglichen Lebens im Immigrationsland wider und sind darüberhinaus noch sehr stark von der persönlichen Einstellung des Schreibers und von seiner Situation gefärbt;[14] wobei dieser wohl ungern seine etwaigen individuellen Probleme, seine mangelnde Integration, seine beruflichen Schwierigkeiten[15] usw. eingestehen wird und daher Negatives eher verschweigen wird. So verwundert es nicht, wenn in den frühen siebziger Jahren noch die abenteuerlichsten Vorstellungen über die Lebensbedingungen im Kapitalismus in den Köpfen mancher Emigranten (im wahrsten Sinne des Wortes) herumspukten; in den achtziger Jahren hat sich das Wissen, vor allem durch die Vielzahl der Briefe bereits ausgewanderter Verwandter und Bekannter, puzzleartig verbessert und realistischer gestaltet. Nur 21 % der befragten Sowjetjuden, die in die amerikanischen Städte Minneapolis und St. Paul emigriert waren, hatte per Brief oder Telefon den zurückgebliebenen Verwandten und Freunden geraten, die Sowjetunion gleichfalls zu verlassen.[16] So gibt es wohl keinen sowjetischen Juden mehr, der noch glaubt, daß die Straßen in Amerika mit Gold gepflastert wären und man das Geld von den Bäumen pflücken könnte.[17] Ebenso naiv war die Annahme, daß man in Israel keine Eier zu kaufen brauche, da diese auf der Straße herumlägen![18]

Manche Emigranten - ob in den USA oder in Israel - können sich nicht mit den Unterschieden zum Sowjetsystem abfinden. In ihrem Weltbild, geprägt von politischem Dirigismus und staatlicher Fürsorge, sollen zu den Vorzügen des Sozialismus (etwa verbilligter Gewerkschaftsurlaub, gebührenfreies Hochschulstudium) nun die Errungenschaften des Kapitalismus mit all seinen Freiheiten hinzukommen.[19] Daß aber ein privater Autokauf oder die freie Urlaubsreise Geld kosten, das erst verdient werden muß, ist ihnen unverständlich. Die Umstellung auf das westliche Gesellschafts- und Wertesystem[20] führt für die sowjetischen Juden deshalb zu einem gravierenden Bewußtseins- und Verhaltenswandel. In der Sowjetunion waren die beiden einzigen Bereiche, die einer alltäglichen Beachtung bedurften, die Versorgung mit Lebensmitteln und Kleidung; alles andere wurde von staatlicher Seite bevormundend geregelt und dirigistisch zugeteilt oder bedurfte keiner Beachtung oder Regelung, weil es schlichtweg nicht vorhanden bzw. nicht für das Individuum verfügbar war. In den USA hingegen muß der Neubürger sich nicht nur um Lebensmittel und Kleidung kümmern, die im Gegensatz zu den Lebensumständen in der UdSSR leicht und überall erhältlich sind, sondern er muß außerdem dafür Sorge tragen, daß er eine Wohnung hat oder eine neue bekommt, medizinisch versorgt ist, seine Steuern bezahlt etc. Dabei ist ein viel höheres Maß an Initiative, an individueller Planung und eigener Verantwortung notwendig als je zuvor in der Sowjetunion vom Einzelnen verlangt wurde oder ihm überhaupt erlaubt gewesen wäre. Idealtypisch für die mentalen Umstellungsprobleme vom Kommunismus zum Kapitalismus und die gesellschaftlichen Eingewöhnungsschwierigkeiten der Neuankömmlinge ist die folgende Aussage: *"In Rußland gibt es keine Probleme. Dir wird gesagt, wo du hingehen sollst, wo du arbeitest und lebst. Hier bist Du frei, aber das Leben ist hart. Man muß alles allein machen, und alles ist teuer."*[21]

Viele Emigranten erwarten, daß - wie sie es aus der UdSSR gewöhnt sind - die Dinge auf sie zukommen: sie reagieren lediglich, anstatt selbst zu agieren.[22] Dies ist eine unmittelbare Folge der kollektiven Entmündigung im sozialistischen System, wo alle Entscheidungen von oben getroffen werden und wo statt Initiative Passivität oftmals besser ist.[23] Eine junge Russin brachte das Dilemma - monetarisch gesehen - auf den Punkt: Geld bedeute nicht viel, da man in der UdSSR mit sehr wenig zufrieden sei (sein müsse; L.M.), doch in den USA leide man, wenn man kein Geld habe, da um einen herum alle Leute Geld hätten und sich Güter kaufen könnten, sagte sie; obgleich ihrer Meinung nach die Amerikaner dem Geld zuviel Aufmerksamkeit widmeten.[24] Es verwundert daher nicht, wenn Personen, die bislang eher spartanisch leben mußten, nun plötzlich in einen wahren Kauf- und Konsumrausch verfallen, der ihnen überdies noch durch unbekannte Zahlungsarten (Kreditkarten, Ratenkäufe, Leasing) erleichtert wird.[25]

Verursacht werden die atmosphärischen Spannungen zwischen Israelis und ehemaligen Sowjetbürgern auch dadurch, daß beide Gruppen zumeist vollkommen falsche und irrationale Vorstellungen und Erwartungen voneinander haben. Während die meisten Israelis glauben, die Emigranten hätten ein Land verlassen, in dem ausschließlich Unterdrückung und Not vorherrschten (ohne den kulturellen Reichtum zu kennen), erwarten viele sowjetischen Immigranten einen idyllischen Garten Eden vorzufinden[26] und als lange verloren geglaubte Brüder und Schwestern begrüßt zu werden;[27] oder sie glauben, sie müßten für die Jahre in der UdSSR entschädigt werden.[28]

Israelis, die den Archipel Gulag Alexander Solschenizyns gelesen haben, wundern sich beispielsweise, daß die früheren Sowjetbürger sich nicht so verhalten, als ob sie gerade das Inferno hinter sich gelassen hätten[29] und stattdessen sogar noch diverse Ansprüche reklamieren.[30] Das Anspruchsdenken der Olims irritiert manche Israelis: *"Sie wissen nicht, wie man mit einem Gasherd umgeht, aber sie lesen Gedichte und vergöttern Opern. Und Arbeitslosigkeit ist für sie, die schon für jeden Fortbildungskurs mit einem besseren Job belohnt wurden, ein moralisches Schreckgespenst."*[31] Das in Israel eintreffende Frachtgut, Hunderte von Klavieren und wahre Berge von Bücherkisten, belegen den kulturellen Horizont.

Bei den Sowjetjuden ist die Identifikation mit Israel und dem Judentum sehr stark geprägt von einer "imaginären Wunschwelt", die es so nicht gibt. Die bruchstückhaften Kenntnisse über den Jüdischen Staat kreieren eine Mischung aus Realität und Wunschdenken, so daß viele nach der Ankunft erkennen müssen, daß ihre Vorstellungen und Wünsche von der Realität nicht erfüllt werden (können).[32] Die Reaktionen auf dieses "Erwachen" aus der Traumwelt sind unterschiedlich. Diese Erkenntnis verringert einerseits eine Identifikation mit der zionistischen Ideologie und dem Staat Israel und mündet schließlich in eine Apathie, die wiederum häufig zur Weiterreise in andere westliche Staaten führt (um auf diese Weise vielleicht doch noch Wunschtraum und Realität verbinden zu können). Andererseits führt das Erkennen der falschen Vorstellungen häufig zur Adoption extrem nationalistischer Positionen, die mit einer religiösen Wiederbelebung verbunden sind.[33] Wie die enttäuscht Weiterziehenden, meist in die USA - dem "Land ohne Probleme",[34] versuchen auch die "Nationalisten" ihren Traum doch noch zu verwirklichen. Durch den Anschluß an die Ziele extremer nationalistischer Politik (z.B. ein "Eretz Israel" in den biblischen Grenzen) wird ein aufgegebener Wunschtraum durch eine neue Vision ersetzt und verbindet sich mit den eigenen Wünschen und Sehnsüchten von einem Land, in dem "Milch und Honig fließen". Diese Immigranten aus der UdSSR werfen oftmals den im Lande Geborenen vor, sie hätten den Staat "umsonst" erhalten und würden nicht genügend dafür tun, während sie, die Immigranten, um das Land und das Recht, dorthin zu emigrieren, hätten kämpfen müssen. Deshalb würden sie sich jetzt auch mehr um den Staat kümmern.[35]

Aufgrund von Vorurteilen und der simplen Übertragung erlernter Verhaltensweisen und Einstellungen auf das Leben in Israel lehnen nahezu alle sowjetischen Immigranten ihre Eingliederung in eine für Israel so typische Kibbuz-Gemeinschaft ab.[36] Für sie ist ein Kibbuz gleichzusetzen mit einer (kommunistischen) Kolchose und daher nicht wünschenswert.[37] So wurden nur 5.444 (3 %) der über 170.000 sowjetischen Einwanderer der Jahre 1969-1971 Mitglied einer israelischen Genossenschaftssiedlung.[38] Überdies spiegelt sich hier auch der gesellschaftlich sehr niedrige Prestigewert ländlichen Lebens in der UdSSR durch die urban geprägten Sowjetbürger wider.[39] Wenn die Olims sich dennoch einmal überwunden haben und in einem Kibbuz leben, genießen sie die idyllischen Quartiere "wie ein Sanatorium".[40]

Auch in den Vereinigten Staaten bestehen Vorurteile und Fehleinschätzungen gegenüber den sowjetischen Juden, die eine Eingewöhnung für die Neubürger aus der UdSSR nicht erleichtern. So erwarteten die amerikanischen Sozialarbeiter, denen die Betreuung der Emigranten in den Gemeinden oblag, daß diese Jiddisch sprechen würden. Das Gros der unter Vierzigjährigen sprach jedoch nur Russisch. Daher mußten zur Übersetzung zusätzlich Russisch-Dolmetscher eingestellt werden, was zeitraubend war und die Kommunikation nicht förderte. Darüberhinaus kränkte es viele sowjetische Emigranten, wenn die Sozialarbeiter sie über ihren religiösen Hintergrund befragten und sie dann wegen mangelnden Religiosität und "Jiddischkeit" tadelten.[41] Da nur wenige religiöse Juden in die USA immigrieren, ist es verständlich, daß die Synagogengemeinden sich über das mangelnde Interesse und die unzureichende Partizipation der Neubürger an den Gottesdiensten und dem Gemeindeleben beklagen. Ungleich größeres Interesse bringen die sowjetischen Emigranten den von den Gemeinden angebotenen Schulkursen entgegen, da ihnen die Disziplin der öffentlichen Schulen als viel zu lax erscheint.[42]

Presseberichte, die Skandale und Mißstände aufdecken, werden von den Neubürgern, die nicht mit der Sensations- und Boulevardpresse westlicher Provenienz vertraut sind, überinterpretiert und dahin (miß-)gedeutet, daß die Freiheiten des Gesellschaftssystems von Journalisten und Reportern mißbraucht werden.[43] Aber auch verbale Angriffe und Kritik an der Regierung, zum Beispiel in tagespolitischen Fragen, werden zum Teil mißverstanden und als der Beginn der Anarchie empfunden,[44] da die politisch entmündigten und an eine monolithische Regierungs- und Parteipräsentation gewöhnten früheren Sowjetbürger nicht vertraut sind mit dem westlichen Demokratiegebaren, in dem jenseits des grundsätzlichen nationalen und demokratischen Konsenses durchaus unterschiedliche Auffassungen und Meinungen innerhalb der Regierung bzw. zwischen Regierung und Opposition natürlich sind und in der Öffentlichkeit ausgetragen werden.

Obgleich die überwiegende Mehrheit der sowjetischen Juden sich nicht als religiös bezeichnete,[45] sind ihre sittlichen Wertvorstellungen häufig strenger als die im "Gelobten Land". So beschwerten sich die Immigranten über nur mit knappen Bikinis bekleidete junge Mädchen am Strand und über Nacktszenen in Spielfilmen.[46] In den Schulen vermissen sie die (gewohnte) Disziplin[47] und sind der Ansicht, die Kinder würden ohne Zucht und Ordnung heranwachsen, da sie "zu frei" seien.[48] Die Eltern fürchten darüberhinaus eine Entfremdung der Beziehung zu ihren Kindern als Folge der lockeren westlichen Haltung. Im Gegensatz dazu sind die sowjetischen Immigrantenkinder ihren Klassenkameraden und den israelischen Lehrern(!) wiederum viel zu diszipliniert.[49] Ein gewisses Problem bei der Eingliederung ist auch die an Rassismus grenzende Bigotterie, die ein kleiner Teil der Emigranten aus der UdSSR gegenüber anderen ethnischen Gruppen in den neuen Heimatländern an den Tag legen. In den Vereinigten Staaten sind Neger und Puertoricaner das Ziel, in Israel werden Araber oftmals sehr rüde herabgesetzt und bespöttelt.[50]

Die Mentalitätsunterschiede zwischen alter und neuer Heimat illustriert deutlich ein Ausspruch eines in die USA Emigrierten: *"Sprache als solche ist nicht das wichtigste. Selbst wenn alle in Amerika begännen Russisch zu sprechen, würden wir uns weiterhin in einem fremden Land fühlen."*[51] Daß die überwiegende Mehrheit der amerikanischen Immigranten auch nach Jahren "russisch" fühlt, geht einher mit der Beobachtung, daß selbst amerikanische Juden die Neubürger zuerst als "Russen" identifizieren. Bezeichnend für die Eingliederungsschwierigkeiten sowjetischer Emigranten in die westliche Welt ist der Ausspruch eines emigrierten Filmregisseurs: *"Wir haben 57 Jahre Isolation und Gehirnwäsche hinter uns. Wir kommen nicht nur aus einem anderen Land. Wir kommen von einem anderen Planeten."*[52] Und ein Student aus Tiflis meinte gar: *"Niemand, der in der Sowjetunion geboren und aufgewachsen ist, kann jemals im Kapitalismus leben."*[53] Besonders die letzte Aussage wird durch zahlreiche erfolgreiche Eingliederungen in die jeweils neue Gesellschaft - sei es Israel oder die USA - teilweise widerlegt. Andererseits bestätigen die wenigen in die Sowjetunion Rückkehrwilligen diese These; die Frage der erfolgreichen Eingliederung scheint daher vor allem eine stark individuelle Note zu haben, bei der die Familienbindung und das Lebensalter die wichtigsten Komponenten sind, um die Deformierungen der Persönlichkeitsstruktur zu überwinden.[54] Ein Emigrant bezeichnete die Auswanderung als *"ein Erdbeben in deinem Leben"*.[55] Zu beachten ist dabei auch die unterschiedliche Bedeutung und Trennung von öffentlichem Leben sowie Berufsalltag einerseits und Privatleben andererseits.[56] Die Kontakte in den Arbeitskollektiven in der UdSSR gehen meist über die Arbeitszeit hinaus und münden häufig in private Freundschaften.[57] Darüberhinaus besteht ein anderes Verständnis von Arbeit. In Israel und den USA wird Arbeit <u>nicht</u>, wie der Sowjetunion, als ein Beitrag für die Gesellschaft verstanden, sondern als Selbstzweck zum Lebensunterhalt angesehen.[58]

Der individuelle Prestigeverlust macht vielen Betroffenen zu schaffen,[59] obschon die große Mehrheit der in den achtziger Jahren Eingewanderten sich in der neuen Heimat materiell und finanziell verbessert hat.[60] Ob diese Verbesserung auch in den neunziger Jahren noch erhalten bleibt, scheint allerdings fraglich. Nahezu alle aus der Sowjetunion stammenden Siedler erwarten, einen zumindest "äquivalenten" sozialen und beruflichen Status zu erhalten und unter gleichwertigen Wohnbedingungen zu leben. Sie sind nur sehr unwillig bereit, sich auf der sozialen Leiter niedriger einstufen zu lassen, als es ihrer eigenen Einschätzung entspricht.[61] Die Wohnungssuche und die Wohnungsangebote durch Hilfsorganisationen oder administrative Stellen (wie in Israel) führt zu zusätzlichen Mißverständnissen. So werden sehr häufig Wohnungen in "Prestige"-Vororten von Großstädten, die bei der einheimischen Bevölkerung beliebt und begehrt sind, abgelehnt.[62] Die Emigranten legen ihre Erfahrungen aus der UdSSR zu Grunde und fürchten, am Stadtrand mit nicht allem lebensnotwendigen versorgt zu werden. Das Angebot eines Arbeitsplatzes und einer Unterkunft in einer Kleinstadt wird von ihnen erst recht als "Bestrafung und Demütigung" empfunden.[63] In der Sowjetunion werden die besten Kräfte in den Republikshauptstädten oder den anderen Großstädten des Landes eingesetzt. Alle jene, deren Fähigkeiten nicht so anerkannt sind oder die Schwierigkeiten mit den Behörden haben, werden in die Orte an der Peripherie oder im Landesinneren delegiert. Einer Kleinstadt nur fünfzig Kilometer von Moskau entfernt können beispielsweise schon viele Konsumgüter und kulturellen Angebote fehlen, die in einer Großstadt vorhanden sind. Aus dieser Erfahrung heraus verhalten sich die Emigranten auch in den USA oder Israel sehr distanziert gegenüber diesen vermeintlichen Zurücksetzungen, die als "Verbannungen" angesehen werden. So verwundert es nicht, wenn die sowjetischen Neubürger[64] sich in wenigen geographischen Ballungsräumen konzentrieren wie etwa New York und Los Angeles in den USA oder Tel Aviv[65] und Haifa in Israel. Die empirischen Untersuchungen über die berufliche Eingliederung von sowjetischen Ärzten in Israel bestätigt diese Verhaltensweise nachdrücklich: die Hälfte der Mediziner praktizierte in Tel Aviv und ein Fünftel in Haifa, aber nur fünf Prozent arbeiteten in den nichtstädtischen Regionen des Landes.[66] Die Selbst-Ghettoisierung in den Großstädten vermindert zwar den

Assimilationsdruck, verringert aber andererseits auch die Eingliederungschancen in das "kapitalistische" Gesellschaftssystem.[67]

5.3 URSACHEN UND GRÜNDE DER BERUFLICHEN EINGLIEDERUNGS- PROBLEME IN ISRAEL UND DEN USA

Ein großes Hindernis auf dem Wege zu einer erfolgreichen Integration ist die große Aussichtslosigkeit, im angestammten Beruf zu arbeiten.[68] Die Aufnahme immigrierter sowjetischer Wissenschaftler ist für die israelischen Behörden besonders schwierig, da ihre früheren Tätigkeiten selten den gesellschaftlichen Notwendigkeiten des Jüdischen Staates entsprechen.[69] Darüberhinaus genügt ein großer Teil der Akademiker nicht den westlichen Bildungs- und Forschungsstandards und muß deshalb in nichtakademischen Berufen beschäftigt werden. So können in der UdSSR ausgebildete Ingenieure häufig nur als Techniker oder gut qualifizierte Facharbeiter eine Beschäftigung finden,[70] infolge der Niveauunterschiede von Ausbildung und Fachkenntnissen (z.B. Computernutzung, Automatisierung). Auch besteht im mediterranen Israel keinerlei Bedarf an Konstrukteuren für Anlagenbau unter Permafrostbedingungen oder - mangels Bodenschätzen - an Ingenieuren für Kohlebergbau.[71] Erst recht bestehen in westlichen Staaten keine Beschäftigungschancen für ehemalige Marxismus-Leninismus-Dozenten und -Lehrer,[72] die eine Umschulung benötigen, um in den Arbeitsprozeß eingegliedert werden zu können. Darüberhinaus waren unter den nach Israel emigrierten Sowjetjuden so viele Musiker, daß allein aus ihnen mehr als zwanzig(!) Orchester hätten gebildet werden können.[73] Der Vorsitzende der Arbeiterpartei, Schimon Peres, karikierte die überdurchschnittlich große Zahl einwandernder Musiker in einem Bonmot: *"Wenn einer aus dem Flugzeug steigt und trägt mal keinen Geigenkasten unterm Arm, ist er bestimmt ein Pianist."*[74] Daher verwundert es nicht, daß im Mai 1990 in Tel Aviv ein Symphonieorchester gegründet wurde, dessen 65 Mitglieder alle sowjetische Immigranten sind.[75] Das von der Jewish Agency unterstützte Orchester firmiert sinnigerweise unter dem Namen "Olim '90". Gleichfalls bildete sich eine russische Theatergruppe.[76]

Auch das Lehr- und Forschungspersonal der Mathematischen und Physikalischen Institute der israelischen Universitäten rekrutierte sich fast ausschließlich aus sowjetischen Immigranten.[77]

Zehntausende von Wissenschaftlern und Akademikern kamen 1989/90 ohne Sprachkenntnisse[78] und marktwirtschaftliche Erfahrungen in den Staat Israel, in dem bereits eine zehnprozentige Arbeitslosigkeit herrscht. Intime Kenner der Materie, wie etwa Prof. Hermann Branover von der Universität Beersheba, schätzen die Integrationsprobleme so ein: 50.000 bis 60.000 hochqualifizierte Wissenschaftler (Mediziner, Technologen, Ingenieure etc.) in Israel zu beschäftigen, sei äußerst schwierig, da erstens die Universitäten "voll" seien (vom Emigrantenstrom Mitte der 70er Jahre; L.M.)[79] und es auch sonst keine freien Plätze gebe, und zweitens die Neuankömmlinge eine gewisse Zeit benötigen, um sich an das westlichen Wirtschafts- und Wissenschaftssystem zu gewöhnen.[80] Über einhunderttausend Olims waren im Frühsommer 1991 arbeitslos und von den wenigen, die einen Arbeitsplatz gefunden hatten, war lediglich ein Bruchteil in seinem ursprünglichen Berufsfeld tätig.[81]

Bei der Arbeitsplatzsuche ist der Einwanderer in den USA auf sich selbst und die Hilfe lokaler Einrichtungen der Jüdischen Gemeinden angewiesen (in Israel werden noch während des Aufenthaltes im Absorbtionszentrum die Arbeitsstellen vermittelt). Es gibt keinen "Plan" wie in der UdSSR, der einen Arbeitgeber verpflichtet, eine bestimmte Person einzustellen. Wettbewerb und Konkurrenzdruck sind nicht nur Fremdworte, sondern auch neue negative Erfahrungen. Karitative Organisationen können behilflich sein, ein kleines Geschäft oder einen Handwerkbetrieb zu eröffnen - aber sie können dem Neuankömmling keine Kunden zuweisen. Mancher Emigrant, der als selbständig Tätiger scheiterte, führt das als Pleitegrund an.[82] So verlangten in Israel manche Ärzte[83] und Friseure zugewiesene Bezirke, deren Einwohner ausschließlich von ihnen betreut werden dürften![84] Die Erfolge Einzelner, die es zu etwas gebracht haben, beruhen durchweg auf harter Arbeit, Eigeninitiative und Selbstvertrauen, alles Qualitäten, die im Sowjetsystem nicht vermittelt werden.[85] Weitere Schwierigkeiten bei der Arbeitsplatzbeschaffung ergaben sich durch nicht vergleichbare Qualifikationen und häufig nur schwer verwertbare Spezialausbildungen.[86] Die meisten Arbeitsstellen in Israel oder den Vereinigten Staaten setzen eine viel breitere Ausbildungs- und Qualifikationspalette voraus als sie viele ehemalige Sowjetbürger besitzen. Ein Sportlehrer, der nur Volleyball und Bogenschießen unterrichtet, kann kaum vermittelt werden. Ebenso schwer haben es hochqualifizierte Ingenieure, für deren Spezialisierung außerhalb der klimatischen (Permafrost) oder geologischen (Bergbau) Bedingungen der UdSSR wenig Bedarf besteht.[87]

Eine Untersuchung von dreihundert Ärzten, die Mitte der siebziger Jahre aus der

UdSSR nach Israel emigriert waren, verdeutlicht die Relevanz der Sprachprobleme bei der Wiedereingliederung ins Berufsleben der neuen Heimat. Englischkenntnisse sind im akademischen und öffentlichen Leben Israels eine Bedingung sine qua non, da nur wenige wissenschaftliche Veröffentlichungen und kaum Fachliteratur ins Hebräische übersetzt werden.[88] Von den befragten Ärzten konnte jedoch nur gut die Hälfte Englisch lesen; Hebräisch gar nur ein Zehntel.

Graphik 25: Sprachkenntnisse sowjetischer Ärzte bei der Ankunft in Israel (in %)

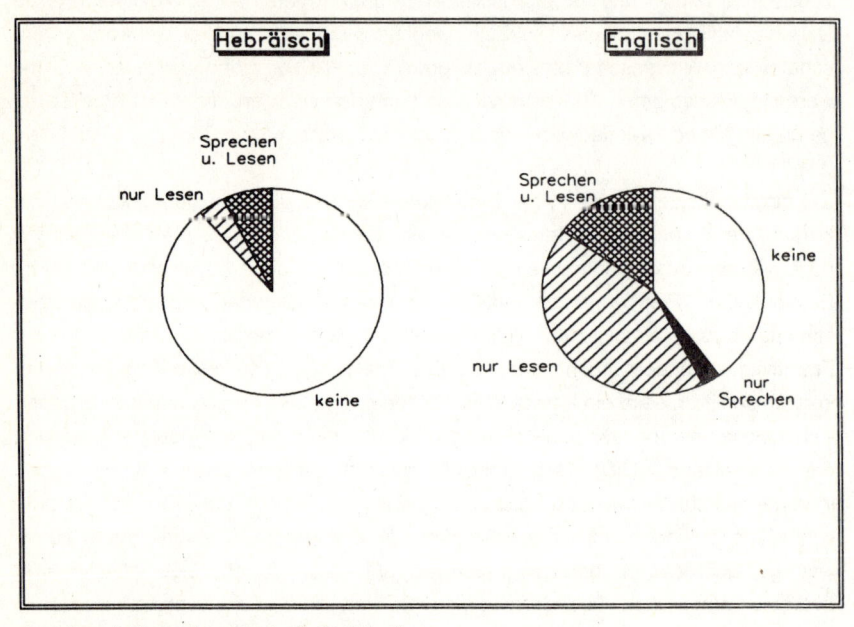

(erstellt nach Shuval, Immigrants, S. 25, Tab. 1)

Zwar hatten nach dreijähriger Aufenthaltsdauer fast alle immigrierten Ärzte eine generelle Approbationserlaubnis für allgemeine Medizin erhalten, jedoch nur ein Drittel von ihnen konnte, häufig nach Weiterbildungskursen[89] zum Erlernen westlicher Methoden,[90] als Facharzt in der ursprünglichen Profession praktizieren.[91] Hierbei muß allerdings berücksichtigt werden, daß in der UdSSR das medizinische Spezialistentum mit 51 Sparten extrem groß ist.[92] So hatten Fachärzte für Tuberkulose oder Infektionskrankheiten keine Chancen in Israel, während vier Fünftel der Anästhesisten und 71 % der Dermatologen wieder in ihrem angestammten Fachgebiet

Verwendung fanden.[93] Vor allem die in der UdSSR im Wissenschaftsbereich tätigen Mediziner haben gute Integrationschancen, da sie auch vertrauter mit der westlichen High-Tech-Ausstattung sind.[94] Der hohe Zustrom sowjetischer Mediziner spiegelte sich auch darin wider, daß der Staat Israel im Verhältnis zur Wohnbevölkerung die höchste Ärztedichte der Welt hat: auf einen Arzt kamen 351 Einwohner;[95] in der (alten) Bundesrepublik waren es zum Vergleich 442 Bürger.

Angehörige anderer Berufsgruppen sind leichter zu vermitteln, doch hinkt der sowjetische Ausbildungs- und Kenntnisstand zuweilen um über ein Jahrzehnt hinter dem Weltniveau her; dadurch wird die berufliche Eingliederung in die kapitalistische bzw. "zionistische" Arbeitswelt ebenfalls erschwert. So kann es durchaus geschehen, daß ein sowjetischer Chirurg, der ehemals Mitglied der Medizinischen Akademie der UdSSR gewesen war, nur unter größten Schwierigkeiten und nach langer Suche in den Vereinigten Staaten eine Stelle findet und dann in einem Forschungslabor Tierversuche durchführen muß.[96] Wenn zur Ausübung des alten Berufes noch eine spezielle Zulassungsprüfung abzulegen ist, wird (durch die allgegenwärtigen Sprachschwierigkeiten) die Eingliederung in die erlernte Profession äußerst schwierig; besonders, wenn einzelne Emigranten überdies noch der Meinung sind, das Erlernen von Englisch oder Hebräisch sei überflüssig. Auch wenn der zeitliche Aufwand für die Wegstrecke zwischen Wohnung und Arbeitsstätte eine Stunde übersteigt, lehnen die ans Pendeln nicht gewöhnten ehemaligen Sowjetbürger häufig Arbeitsplätze ab.[97] Nach einer Mitteilung von Eingliederungsminister Peretz vom März 1990 hatten nur ein Viertel(!) aller im Jahre **1989** eingewanderten Olims eine Anstellung finden können.[98] Hinzu kommt außerdem noch, daß immer mehr sowjetische Emigranten - im Gegensatz zu den "Zionisten" der späten sechziger Jahre oder einzelnen Refusenik-Familien heute - vollkommen in das Sowjetsystem integriert waren und die Auswanderung primär aus ökonomischen Gründen angestrebt haben.[99] Nun im Westen angelangt, möchten sie ihre ökonomischen Bedingungen und ihr gesellschaftliches Prestige unbedingt wahren, wenn nicht noch steigern. Sie sind daher nur sehr unwillig bereit, anfängliche, zumeist temporäre Abstriche hinzunehmen. Es fehlt zumeist an der Einsicht, daß eine Auswanderung fast immer mit einem Statusverlust (zumindest in der ersten Generation) verbunden ist.[100] Wenn dann die neuen Nachbarn und Arbeitskollegen bereits hochwertige Konsumgüter besitzen, von denen man in der Sowjetunion nur träumen kann, wird - verschärft durch die Kommerzwerbung in den Massenmedien - der Wunsch des Gleichtuns noch besonders gefördert.[101] Zusätzliche psychologische und emotionale Probleme in den Familien entstehen dann, wenn die Ehefrau eine adäquate (oder zumindest gut bezahlte) Arbeit gefunden hat, während der Ehemann hingegen entweder noch arbeitslos ist oder keine seinen Qualifikationen und Vorstellungen entsprechende Beschäftigung gefunden hat.[102] Die berufliche Integration von Frauen ist signifikant leichter als die Eingliederung der männlichen Immigranten. Denn Frauen sind viel häufiger bereit, Arbeitsangebote zu akzeptieren, die von der Erfordernissen unter ihrem Ausbildungsniveau und ihrer Berufserfahrung liegen.[103] Ein wichtiger Grund der Erwerbstätigkeit war für Frauen auch ihr Beitrag zum Familieneinkommen, der bei ihnen vor dem Motiv der Selbstverwirklichung durch die berufliche Tätigkeit stand.[104] Die größten Probleme haben die sowjetischen Einwanderer in Amerika, die aus einer Gesellschaftsform kommen, in der Mieten, öffentliche Verkehrsmittel und Grundnahrungsmittel staatlich subventioniert und infolgedessen extrem preisgünstig sind, mit der Umstellung auf das individualistische und manchmal indifferente Wettbewerbs- und Konkurrenzdenken im öffentlichen Leben;[105] besonders da zwar (fast) alles im Gegensatz zur alten Heimat im Überfluß vorhanden ist, die Verteilungs- und Konsumtionsmechanismen aber ausschließlich über das - dabei zum Teil auch überhöhte (Mieten) - Preissystem als Folge kapitalistischer Angebots- und Nachfragepolitik geregelt wird: signifikante Elemente demokratischer Gesellschaftsformen, die die kommunistischen Staaten nicht kannten. Häufig haben die sowjetischen Emigranten in den USA, unter dem Einfluß eines übergroßen Konsumnachholbedarfs und unter tatkräftiger Unterstützung windiger Verkaufsvertreter, rasch Schuldenberge und Ratenzahlungsverpflichtungen angehäuft, die das monatliche Einkommen, bzw. die finanzielle Unterstützung durch die verschiedenen karitativen Hilfsorganisationen um ein Mehrfaches übersteigen, und sind dann ernüchtert und enttäuscht über die auch vorhandenen negativen Schattenseiten des Kapitalismus wie etwa Pfändungen oder Zwangsräumungen.[106]

Die Probleme der Arbeitssuche und der fehlenden Garantie der Arbeitsplatzsicherheit sind für die Einwanderer weitere Härtetests. Sie kommen sozusagen von einem extrem in das andere; dort das sozialistische Recht auf Arbeit, (das allerdings auch die Pflicht zur Arbeit beinhaltet, da sonst in der sozialistischen Gesellschaft eine Strafverfolgung wegen "Herumvagabundierens" erfolgt), hier das ungezügelte frühkapitalistische "Hire and Fire"-System der amerikanischen Wirtschaft. Dies sind vollkommen konträre, genauer diametrale Positionen, die durch Sprachschwierigkeiten und fehlende Äquivalenz- und Transformationsmöglichkeiten des Studiums und der Berufsausbildung nicht gemindert, sondern verschlimmert werden. Überdies hatten die Neueinwanderer erhebliche Mentalitätsprobleme,[107] die allerdings auch immer wieder von Immigranten aus Westeuropa konstatiert werden. Für Irritationen bei ihren Gastgebern sorgten überdies die fehlende "Jüdischkeit" und die nur gering ausgeprägte Kenntnis der jüdischen Sitten und Gebräuche.[108]

5.4 SCHWIERIGKEITEN BEI DER INTEGRATION

Neben den aus der Einwanderungslawine folgenden Konsequenzen sind jedoch ein Teil der israelischen Probleme "hausgemacht".[109] Nicht nur sowjetische Einwanderer und ausländische Investoren beklagen den Hyper-Bürokratismus in Israel.[110] Die von Ministerpräsident Schamir im März 1990 geforderte rasche Entwicklung von geeigneten Instrumentarien, um den "Test" der Integration einer Vielzahl von Immigranten zu bestehen,[111] war auch ein Jahr später noch nicht erfolgt. Um die immer drängenderen Probleme des fehlenden Wohnraumes administrativ in den Griff zu bekommen,[112] erfüllte das Kabinett Anfang Juli 1990 die Forderung von Wohnungsbauminister Ariel Scharon nach Gewährung von speziellen Notstandsverordnungen.[113] Diese Machtausstattung des rechtskonservativen Ex-Generals, dessen Eigensinnigkeit und rüde Vorgehensweise[114] nicht erst bei dem Libanon-Abenteuer traurige Berühmtheit erlangten, löste bei vielen israelischen Staatsbürgern Unruhe und Angst aus. Das Mißtrauen und die Furcht weiter Bevölkerungskreise vor dem Wohnungsbauminister teilte auch ein linksgerichtetes Knesset-Mitglied, das gegen die unkontrollierte Macht- und Kompetenzerweiterung Scharons vor dem Obersten Gerichtshof eine Verfassungsklage beantragte. Die Richter folgten bei ihrer Entscheidung der Argumentation des Klägers, daß Scharon auch auf "normalem" parlamentarischen Wege die nötigen Schritte zur Beschleunigung des Wohnungsbauprogramms einleiten könne.[115] Während von Regierungsseite schon zwei Wochen zuvor die Durchsetzungsfähigkeit Scharons mit der eines Bulldozers verglichen worden war,[116] teilte Richter Shlomo Levine in der schriftlichen Urteilsbegründung die Bedenken gegen eine unkontrollierte Machtausstattung Ariel Scharons und kam zu dem Schluß, daß die Notstandsverfügungen eine außergewöhnliche Machtfülle umfassen würden und ein Fehler bei ihrer Anwendung dazu führen könne, daß auch zukünftige Generationen noch dafür bezahlen müßten;[117] dies war eine unmißverständliche Absage an jegliche diktatorische Direktiven unter Ausschluß des Parlaments. Auch Integrationsminister Peretz beschwerte sich einige Monate später nachdrücklich über den Wohnungsbauminister und drohte mit seinem Rücktritt,

wenn Scharon weiter wie ein "Diktator" auftrete.[118]
Begründet hatte Minister Scharon seine Forderungen[119] nach mehr Macht mit den bürokratischen Hürden bei der Erschließung, Planung und Errichtung neuer Siedlungen, die durchschnittlich mehrere Jahre beträgt.[120] Ein von der Knesset im Februar 1990 verabschiedetes Gesetz hatte bereits die Erteilung der Baugenehmigung innerhalb von vierzig Tagen verbindlich festgelegt; ein Procedere für das die lokalen Baubehörden zuvor oftmals ein bis zwei Jahre benötigt hatten.[121] Die Bauarbeiter verärgerte der Minister mit seiner Losung "do or die".[122]
Der von Scharon initiierte Kauf von 50.000 Großraumwohncontainern und 40.000 Fertighäusern blieb von Beginn an, angesichts der Vorbehalte des neuen Finanzminister Modai, fraglich. Dieser betonte wiederholt,[123] daß ein derart voluminöser Anschaffungsplan Kosten in Höhe von 13,5 Milliarden US-Dollar verursachen würde und kein Geld für die gleichzeitig dringend notwendige Schaffung von Arbeitsplätzen übrig ließe.[124] Im vom damaligen Finanzminister Peres noch eingebrachten Etat war von 40.000 Olims ausgegangen worden, für die 900 Millionen US-Dollar aufgewendet werden sollte. Dies waren 22.500 Dollar pro erwarteten Einwanderer, womit nicht nur die materiellen Zuwendungen für Lebenshaltung und Miete im ersten Jahr (allein 15.000 Dollar) bestritten werden sollten, sondern auch die Kosten für Wohnungsneubauten, Schaffung von Arbeitsplätzen und die Erweiterung der Infrastruktur finanziert werden sollten;[125] eine titanische Aufgabe, die die Finanzkraft des kleinen Landes überstieg, weshalb immer der Ruf nach Hilfe der Glaubensbrüder im Ausland laut wurde.[126]
Zwar hatte das Kabinett bereits Anfang 1990 umfangreiche Wohnungsbau- und Integrationsprogramme im Gesamtvolumen von zwei Milliarden US-Dollar verabschiedet, ohne jedoch überhaupt zu wissen, woher auch nur ein Cent dieser Summe kommen sollte.[127] So war - zumindest bis zum Frühjahr 1991 - aus den groß angekündigten Baumaßnahmen Ariel Scharons fast nichts geworden.[128] Die Errichtung einiger tausend neuer Häuser, war angesichts des Zustroms nur der sprichwörtliche Stein auf den heißen Stein. Statt der vom Bauministerium angekündigten Fertigstellung von 50.000 Wohnungen waren Ende des Jahres lediglich 17.000 **im Bau!**[129] Neben den Streitigkeiten über Bauvorhaben in den besetzten Gebieten, kam es auch innerhalb der Grenzen von 1967 zu Kompetenzwirrwarr und Streitereien zwischen dem Wohnungsbau-, dem Einwanderungs- und dem Landwirtschaftsministerium, in welchen Regionen "Wo", "Wie", und mit "welchem Geld" neue Siedlungen geschaffen werden sollten.[130]
Die vom Finanzminister befürwortete zeitweilige Unterbringung von Immigranten in

Hotels und Pensionen[131] ließ nicht nur das Wohnungsproblem ungelöst, sondern wurde auch vom Tourismusminister energisch abgelehnt, da die israelische Tourismusbranche, nach zwei von der Intifada hervorgerufenen mageren Jahren wieder besseren Zeiten entgegenblickte (ehe der Golfkrieg einen erneuten Einbruch bescherte) und die Raumkapazitäten deshalb lieber an zahlungskräftige Touristen aus den USA und Europa vermietete als an die eher mittellosen Immigranten aus Osteuropa.[132] Daher wurde sogar eine zeitweilige Unterbringung in Zelten im israelischen Kabinett ernsthaft erwogen.[133]

Zwar sind im Haushalt für das Jahr 1991 mit sechs Milliarden US-Dollar vierzehn Prozent der Ausgaben für die Integration der Einwanderer vorgesehen; ob dies genügt, läßt sich noch nicht prognostizieren. Zum ersten Mal in der Geschichte des Staates ist der Verteidigungshaushalt nicht mehr der größte Einzelposten.[134] Überdies entspricht diese Summe in etwa der Neuverschuldung, so daß dieses Geld angesichts der Tatsache, daß ein über Drittel des Staatsetats durch den Schuldendienst aufgebraucht wird, eigentlich gar nicht zur Verfügung steht, und Israel deshalb - ungeachtet aller starken politischen Mißtöne - dringend auf die für Herbst 1991 avisierte US-Bürgschaft[135] über zehn Milliarden US-Dollar angewiesen ist.[136] Das es massive Probleme bei der Integration des Einwandererstroms gibt, dokumentierte die israelische Regierung unfreiwillig im März 1990 als sie eine Zensur für alle Berichte über die Immigration erließ. Seit diesem Zeitpunkt müssen alle Reportagen und Kommentare dem Militärzensor vorgelegt werden; besonders kritische Berichte, wie etwa über die Ansiedlung in den besetzten Gebieten oder die unzureichenden Integrationsmaßnahmen, sollen so "gefiltert" werden.[137]

5.5 ANSIEDLUNG IN DEN BESETZTEN GEBIETEN

Mehr als 130 jüdische Siedlungen sind in den besetzten Gebieten Westbank und Gazastreifen seit dem Sechs-Tage-Krieg im Juni 1967 errichtet worden. Etwa 100.000 Juden leben derzeit in Wehrdörfern unter 1,7 Millionen Palästinensern.[138] Bis Ende 1992 sollen weitere 50.000 Siedler folgen.[139] Die immer wieder in Regierungsverlautbarungen angestrebte Ansiedlung der sowjetischen Einwanderer in den besetzten Gebieten soll den jüdischen Bevölkerungsanteil verstärken. Vor diesem Hintergrund ist die harsche Reaktion der Weltöffentlichkeit - nicht nur der arabischen

Staaten[140] - gegen die rigide Siedlungspolitik zu verstehen, die das okkupierte Territorium untrennbar mit dem Kernland verknüpfen will.[141] Besonders der Ostteil der Stadt Jerusalem wird bereits von einem dichten Ring von Siedlungen umgeben.[142] Wohnungsbauminister Scharon will durch den Ausbau bereits bestehender und die Gründung neuer Siedlungen, die Einwohnerzahl "Groß-Jerusalems" von zur Zeit 330.000 auf eine Million Einwohner vergrößern;[143] unausgesprochenes Ziel dieser Politik ist es, dadurch sowohl die Annexion des Ostteils von Jerusalem als auch der anderen Territorien festzuschreiben.[144] Der angestrebte zehnprozentige israelische Bevölkerungsanteil in den besetzten Gebieten wäre eine Marke, ab der es **nach Auffassung** der Siedler kein Zurück - keine Rückgabe mehr gäbe.[145] Dies gilt umso mehr, da fast die gesamte Infrastruktur der okkupierten Regionen mit den israelischen Versorgungseinrichtungen verknüpft ist, wie etwa bei der Elektrizitäts- und Wasserversorgung oder dem Telefonnetz.[146] Schimon Peres, der Vorsitzende der oppositionellen Arbeiterpartei, möchte hingegen die Wüstengebiete, wie einstmals den Negev, besiedeln.[147]

Aber auch die von Premierminister Jitzhak Schamir beharrlich geäußerte "Notwendigkeit"[148] eines "Groß-Israels" (inklusive der besetzten Gebiete) für die Aufnahme einer großen Emigrantenzahl hat die Emotionen noch verstärkt.[149] Trotz permanenter Kritik auch durch die USA und amerikanischer Juden[150] erklärte der israelische Ministerpräsident im November 1990 zum wiederholten Male, er wünsche sich ein *"Großes Israel vom Mittelmeer bis zum Jordan"*, denn dies sei *"für künftige Generationen und für die Masseneinwanderung"* unbedingt notwendig.[151] Dieses "Eretz Israel" soll den biblischen Grenzen nachempfunden werden und die regierungsoffiziell als Samaria und Galiläa bezeichneten Okkupationszonen und die gesamte Stadt Jerusalem inklusive des arabischen Teils umfassen.[152] Unter Ausnutzung des Immigrantenstromes will der israelische Premier seinen Traum von einem "Groß-Israel" verwirklichen, der nicht nur bei den arabischen Nachbarn,[153] sondern auch bei den westlichen Verbündeten[154] auf starke Vorbehalte stößt. Wie zielstrebig die Ansiedlungspolitik geplant wird, läßt eine Ankündigung der Jewish Agency vom Juli 1990 erkennen, wonach allein in der zweiten Jahreshälfte 1990 über 30.000 Bürger in den von den Palästinensern beanspruchten Landesteilen angesiedelt würden.[155] Überdies ließ der für seine kompromißlosen Ansichten bekannte Ex-General Ariel Scharon, in seiner Funktion als Wohnungsbauminister keinerlei Zweifel daran, daß die Regierung die Ansiedlung von Immigranten in den besetzten Territorien ausdrücklich gestatte, da es von strategischer Bedeutung für den jüdischen Staat sei, daß Juden in diesen Gebieten lebten und sie kontrollierten;[156] die negativen

Auswirkungen auf den potentiellen Friedensprozeß im Nahen Osten blieben dabei bewußt außer acht.

Zwar haben sich zwischen Mai 1989 und Januar 1990 nach offiziellen (durchaus glaubhaften) Angaben lediglich 163[157] von 12.673 Neubürgern aus der UdSSR in den okkupierten Gebieten angesiedelt;[158] dies ist aus der bereits aufgezeigten Bevorzugung urbaner Regionen plausibel erklärbar.[159] Auch bis zum Sommer 1991 haben sich lediglich ein Prozent der sowjetischen Neuankömmlinge in die unwirtschaftlichen Randregionen Israels locken lassen.[160] Überdies müßten sie auf rund 2.000 US-Dollar Unterstützung der Jewish Agency verzichten, wenn sie sich in den okkupierten Gebieten niederlassen würden.[161] Von den seit dem Januar 1990 bis zum Frühjahr 1991 gekommenen Olims hatten sich, der beschriebenen Präferenz urbaner Regionen folgend, 32 % in Haifa und Umgebung, 51 % im Großraum Tel Aviv und 10 % in Jerusalem angesiedelt. Lediglich 6 % war in den dünnbesiedelten Süden des Landes gezogen.[162] Ungeachtet dessen empfangen Aktivisten der rechtsgerichteten Siedlerorganisation "Block der Gläubigen" die Immigranten aus der Sowjetunion bereits in der Flughafenhalle. Sie bieten diesen in den besetzten Gebieten eine neue Heimat in schlüsselfertigen Bungalows an, die in Wehrsiedlungen zwischen den palästinensischen Dörfern liegen.[163] Ein großer Teil der Siedler in "Judäa und Samaria" stammt im Gegenteil aus den Vereinigten Staaten von Amerika.[164] Eine im Jahre 1984 durchgeführte Untersuchung ergab,[165] daß rund 5.000 der damals 35.000 Siedler in den besetzten Gebieten amerikanische Zionisten waren, die sich von Ideen der radikalen Siedlerbewegung "Gush Emunim" ("Block der Gläubigen")[166] oder der rechtsextremen Kach-Organisation des Rabbi Meir Kahane besonders angezogen fühlten.[167] Besonders hoch unter ihnen war der Prozentsatz orthodoxer Juden.[168] Als Motivation für die Ansiedlung in den besetzten Gebieten nannten sie historische und ideologische Gründe.[169]

Nach Meldungen des israelischen Rundfunks hatte Premierminister Jitzhak Schamir im Frühsommer 1990 in einem Brief an den sowjetischen Staatspräsidenten Michail Gorbatschow versichert, daß der Staat Israel keine Juden aus der UdSSR in den besetzten Gebieten ansiedeln wolle.[170] Da aber andererseits von offizieller Seite wiederholt erklärt wurde, die israelische Regierung nehme keinen Einfluß auf die Wohnortwahl der Neubürger, die sich "frei" entscheiden könnten, scheint diese briefliche Versicherung Schamirs ohne große Bedeutung gewesen zu sein. Der Premierminister erklärte selbst in einem Interview im israelischen Rundfunk: *"Natürlich schicken wir niemanden in bestimmte Gebiete und Orte"*, jedoch habe jeder Bürger *"in einem demokratischen Land das Recht, sich niederzulassen, wo es*

ihm beliebt."[171]
Aber nicht nur die UdSSR, aufgrund des Drucks ihrer arabischen Verbündeten, sondern auch die Vereinigten Staaten von Amerika stehen der Ansiedlung der Sowjetjuden in der Westbank, auf den Golanhöhen und im Gazastreifen kritisch gegenüber.[172] Der amerikanische Außenminister James Baker warnte bereits im März 1990 die israelische Regierung vor der Ansiedlung und verband seine Kritik mit der Drohung, den von Israel erbetenen und so dringend benötigten 400 Mio. US-Dollar-Kredit für den Wohnungsbau zu verweigern, falls die Gelder für die Ansiedlung in den besetzten Territorien[173] benutzt würden.[174] Für die israelische Regierung, die überdies jährlich drei Milliarden US-Dollar an wirtschaftlicher und militärischer Hilfe erhält (das sind fast zwanzig Prozent der amerikanischen Unterstützung für befreundete Staaten), war diese Drohung von nicht zu unterschätzender Bedeutung. Dieser so dringend benötigte 400 Millionen Dollar Kredit wurde erst im Februar 1991, mit fast einjähriger Verzögerung, gogeben.[175]
Jedoch könnte ein weiter anhaltender springflutartiger Zustrom von Emigranten zu einer dirigistischen Lenkung der Ansiedlung führen, die dann auch vor den besetzten Gebieten nicht halt machen würde, wenn dies außenpolitisch opportun wäre. Zu beachten sind in diesem Zusammenhang auch die höheren Zuschüsse und niedrigeren Kreditzinsen für Wohnungen in den Wehrdörfern, die bei der Verschärfung des Wohnraumproblems in den städtischen Ballungszentren zunehmend an Bedeutung bei der Ortswahl der Neubürger gewinnen.[176] Mitte Mai 1991 schreckte Finanzminister Jitzhak Modai die Weltöffentlichkeit mit Aussage auf, daß die israelische Regierung eine Änderung des Aufnahmeverfahrens plane.[177] Anstatt die Emigranten selbständig ihren Wohnort wählen zu lassen, sollen zukünftig die Einwanderer in einer der Regierung bestimmten Region angesiedelt werden. Dort sollten sie dann selbständig ihre Häuser bauen. Nach Modais Worten gebe es keine Alternative zu dieser "geplanten Aufnahme" der Emigranten aus der UdSSR,[178] die einer Lenkung gleichkommt. Unterstrichen wurde diese angekündigte Änderung der Siedlungspolitik durch die Aufstellung neuer Wohncontainer im besetzten Westjordanland, deren Gesamtzahl dort auf 13.000 Einheiten steigen soll.[179] Um sich dem Vorwurf der Errichtung "neuer" Siedlungen zu entziehen, werden zur Zeit keine weiteren Dörfer gegründet, sondern die vorhandenen werden erweitert[180] und die Gebiete zwischen bereits vorhandenen Ansiedlungen "ausgefüllt",[181] so daß aus zwei ehemals einige Kilometer von einander entfernt liegenden kleineren Dörfern eine große Gemeinde entsteht.[182]

5.6 ÖKONOMISCHE PROBLEME DER IMMIGRATION

5.6.1 DIE OBDACHLOSEN

Besonders drängend zeigen sich die Probleme der sprunghaft gewachsenen Immigrantenzahlen an der kleinen Gruppe der israelischen Staatsbürger, die obdachlos sind, weil sie keine oder zumindest keine für sich und ihre Familie bezahlbare Unterkunft finden.[183] Etwa 3.000 Familien waren im Herbst 1990 in Israel obdachlos, vor allem wegen der sprunghaft angestiegenen Wohnungsmieten. Die Vermieter gehören daher zu den wenigen Gewinnern der Alija,[184] und die Wohnungsmakler sind häufig sowjetische Juden, die schon einige Jahre im Land sind und nun mit horrenden Provisionen an den früheren Landsleuten verdienen.[185] Nach Angaben des israelischen Zentralbüros für Statistik stiegen von 1989 bis Juni 1990 die Verkaufspreise für Eigentumswohnungen um 32,9 % und die Mieten um 16,4 %.[186] Berücksichtigt werden muß dabei, daß eine große Zahl von Wohnungen längerfristig vermietet war, so daß die Mieten erst bei den Neuabschlüssen angehoben werden konnten. Dann kam es aber zur Verdoppelung oder gar der Verdreifachung der Nutzungsgebühren.[187] Vor allem die Mieten ehemals preisgünstiger Altbauwohnungen stiegen überproportional an.[188] Begründet wurden und werden diese explosionsartigen Steigerungen mitunter ganz offen damit, daß es "genügend Russen" gäbe,[189] die diese Mieten bezahlen würden. Den Sowjetbürgern zahlt die Jewish Agency ein Jahr lang monatlich (je nach Familiengröße) zwischen 330 und 500 US-Dollar für die Miete.[190] Es verwundert daher nicht, wenn die Mieten in diesen Preisrahmen angehoben und darüberhinaus - auch von den im Lande Geborenen - für ein ganzes Jahr im voraus kassiert werden.[191]

Von dem vollkommen aus dem Gleichgewicht geratenen israelischen Wohnungsmarkt, auf dem Mieterschutz und gesetzliche Mietpreiskontrolle infolge der Wohnungsnot schon lange nicht mehr existieren,[192] sind vor allem die sozial Schwachen und die beruflich geringer Qualifizierten, d.h. vor allem orientalische (sephardische) Juden am stärksten betroffen.[193] Während offiziell die Einwanderungswelle (aschkenasischer) Sowjetjuden begrüßt wird, regt sich unter den Benachteiligten der Widerspruch: *"Was haben die für den Staat getan, während wir Militärdienst ableisteten, unser Leben in Kriegen aufs Spiel setzten und jedes Jahr mindestens einen Monat für den Reservedienst opfern?"*[194] Ein junger Mann, der als Kind aus Marokko eingewandert war, meinte bezeichnend: *"Ich lasse mich zum Russen umschulen."*[195] Ganz offen wurde auf den Titelseiten der Tageszeitungen die Frage erörtert, ob man die "Einwanderungswelle überleben" könne.[196] Das zu erwartende Chaos würde schrecklich, wenn mehr als 50.000 (ein Viertel der tatsächlichen Zahl) kommen würden.[197] Zu beachten ist dabei, daß allein im Jahre 1990 mehr Olims aus der UdSSR nach Israel kamen als in der Dekade von 1971 bis 1980.[198] Für viele sozial schwache Familien blieb statt der eigenen vier Wände nur der Weg in eine der über dreißig Zeltstädte, die seit dem Frühsommer 1990 in rascher Folge in den Städten Tel Aviv, Ramat Gan oder Jerusalem entstanden und zum Straßenbild gehören.[199] Allein in Jerusalem entstanden im Juli 1990 fünf solcher Obdachlosenlager, die auch ein Jahr später noch existierten.[200] Etwa die Hälfte der Bewohner dieser Städte sind junge (zumeist orientalische) Ehepaare mit zu geringem Arbeitseinkommen,[201] die die durch die Immigrationswelle sprunghaft angestiegenen Mieten nicht mehr aufbringen können.[202] Unter den übrigen Bewohnern befindet sich ein Großteil von chronischen Sozialfällen, deren existenzielle Nöte und deren Wohnungsprobleme zwar nicht von der Immigration der Sowjetjuden ausgelöst, jedoch verschärft wurden.[203] Im Sommer 1991 konzedierte der stellvertretende Arbeitsminister Menachem Porusch in der Knesset, daß in Israel 80.000 Familien an der Schwelle zum Hunger leben würden. Die vielen Obdachlosen unter ihnen würden in Bunkern und Höhlen hausen.[204] Die Stadtverwaltungen der betroffenen Städte haben Stromgeneratoren, mobile Toiletten und Duschen zur Verfügung gestellt, nachdem es im Juli 1990 innerhalb von einer Woche 35 Demonstrationen gegeben hatte[205] und die Obdachlosen mehrfach Autoreifen sowie Müllcontainer in Brand gesteckt und Straßenblockaden errichtet hatten, um auf ihre Situation aufmerksam zu machen.[206] Eine junge Sabra meinte beim Interview auf der Straße - bezeichnend für die Ansicht vieler im Land geborener junger Israelis - bezüglich der Massenimmigration aus der Sowjetunion: *"Wir jungen Ehepaare haben es sehr schwer, sie* [die Olims, L.M.] *bekommen alle Wohnungen - für uns bleibt nichts!"*[207]

5.6.2 UNTERBRINGUNGSPROBLEME

Um die drängendsten Wohnungsprobleme zu lösen, hatte das israelische Kabinett den Kauf von 50.000 Wohncontainern und 40.000 Fertighäusern im Ausland veranlaßt.[208] Denn die Fertigstellung von 45.000 neuen Wohnungen im Jahre 1990, sowie der geplante Bau von gar 60.000 im Jahre 1991[209] kann die mit der Einwanderungswelle einhergehenden Unterbringungsprobleme nur kurzfristig lösen. Von den ungefähr 10.000 Immigranten, die im Sommer 1990 in den 41 Absorbtionszentren des Landes lebten, hatten nur einige Dutzend eine Wohnung gefunden, so daß Neuankömmlinge seit August 1990 verstärkt in Zwei- und Drei-Sterne Hotels einquartiert werden mußten;[210] dies steigerte die Verbitterung der Zeltstadtbewohner, die ohne derartige staatliche Hilfen auskommen mußten.[211] Es verwundert daher nicht, wenn im Lande geborene Obdachlose nach einem Protestmarsch vor dem US-Konsulat in Jerusalem um die Aufnahme als Flüchtlinge bitten,[212] wie es im August 1990 geschah. Verbitterung rief unter den Benachteiligten außerdem hervor, daß die Sowjetjuden bevorzugt in den Großstädten lebten,[213] während viele von ihnen - meist orientalische Olims - in den Entwicklungsregionen der Negev-Wüste angesiedelt wurden.[214] Äußerungen, wie *"Auch ich liebe Jerusalem und möchte dort leben, aber ich kann mir das nicht leisten"*,[215] drückten die Verbitterung über diese Benachteiligung aus. Umso verständlicher wurde diese, wenn, wie in Dimona in der südlichen Negev-Wüste, hunderte von Wohnungen leerstanden.[216] Wohnungen in den besetzten Gebieten wurden hingegen zu deutlich niedrigeren Preisen als den marktüblichen verkauft. Außerdem erhielten die bezugswilligen Bürger großzügige und zinsgünstige staatliche Hypotheken.[217]

Nach dem Regierungswechsel im Juni 1992 wurde von der neuen Regierung unter Jitzhak Rabin das volkswirtschaftlich ineffektive und politisch äußerst zweifelhafte Wohncontainerprogramm des vorherigen Wohnungsbauministers Ariel Scharon gestoppt. Zu groß waren die Mißstände und die infrastrukturellen Versäumnisse. So fehlten häufig Anschlüsse der Containersiedlungen an die allgemeine Kanalisation, und die Stromversorgung war nur unzureichend gesichert. In den Siedlungen gab es für über 1.000 Menschen nur ein öffentliches Telefon und selbst dieses war häufig defekt. Außerdem fehlten zumeist die Busverbindungen zu den umliegenden Gemeinden und den Fabriken mit potentiellen Arbeitsplätzen. So kam es, daß einzelne Containersiedlungen sich rasch zur Zufluchtsstätte gesellschaftlicher Außenseiter wie Drogensüchtiger, Obdachloser und Unterschlupf suchender ehemaliger Gefängnisinsassen wandelten und die Bleibebereitschaft der Neueinwanderer weiter sinken liessen. Es verwundert daher nicht, wenn seit Monaten 4.000-5.000, d.h. fast ein Viertel dieser Wohncontainer trotz aller Wohnungsnot leerstehen.[218]

5.6.3 VOLKSWIRTSCHAFTLICHE INTEGRATIONSPROBLEME

Die Frage, ob ein Staat von vier Millionen Einwohnern, die aus der Immigration von Hunderttausenden entstehenden Belastungen verkraften kann, ohne daß die bereits von sechs auf zwölf Prozent[219] angestiegene Arbeitslosigkeit weiter wächst,[220] beschäftigt neben Politikern auch Ökonomen und Wissenschaftler. Nach Meinung des

Präsidenten der israelischen Staatsbank verursacht die Alija die schwerste Belastungsprobe seit dreißig Jahren.[221] Volkswirtschaftliche Prognosen gehen davon aus, daß die Eingliederung von 100.000 Einwanderern im Jahr ohne größere wirtschaftliche Probleme erfolgen kann, wenn das Wirtschaftswachstum jährlich zwischen fünf bis sieben Prozent betrage. Im Gegensatz dazu wuchs die israelische Volkswirtschaft in den zurückliegenden fünfzehn Jahren jedoch nur um ein Prozent jährlich,[222] und es kamen annähernd 200.000 Menschen allein im vergangenen Jahr. Eine Wachstumssteigerung auf sechs Prozent innerhalb von vier Jahren halten Experten zwar für möglich;[223] aber das Land bräuchte diese Progression sofort und nicht erst mittelfristig. An Analysen und Konzepten, wie die Diskrepanz zwischen Gegebenheit und Erfordernis überbrückt werden kann, mangelt es. Allein mit Umschichtungen des Staatshaushaltes, vor allem Einsparungen im Verteidigungsetat,[224] oder der Privatisierung von Banken oder Telefongesellschaft[225] kann das Problem nicht gelöst werden. Israels gewaltiger Kreditbedarf erfordert daher die Unterstützung der amerikanischen Regierung, die ihre Darlehen und Schenkungen allerdings von politischen Zugeständnissen abhängig macht;[226] so auch die für Herbst 1991 avisierte Kreditgarantie über 10 Milliarden US-Dollar.[227] Aber auch die Bundesrepublik, die sich nach der Vereinigung Deutschlands bereit erklärte, eine Milliarde US-Dollar[228] als Entschädigung für die von der DDR nie geleistete Wiedergutmachung[229] zu zahlen, verknüpfte diese Finanzhilfe mit einem israelischen Siedlungsstopp in den besetzten Gebieten.[230] Der United Jewish Appeal, die Hilfsorganisation der amerikanischen Juden, hat ab 1990 seine Anstrengungen verdoppelt und will versuchen in den nächsten drei Jahren 420 Million US-Dollar an Spenden für den Staat Israel zu sammeln, gegenüber 350 Millionen Dollar in den zurückliegenden fünf Jahren.[231]

Die im Herbst 1989 aufgestellten Planungen gingen überdies noch von 100.000 Immigranten im Laufe der kommenden drei Jahre aus,[232] während es dann allein im Jahre 1990 die doppelte Anzahl war. Die projektierten Kosten für die Ansiedlung und Integration von 2 Milliarden US-Dollar waren daher rasch Makulatur,[233] so daß bereits im Sommer 1990 als Minimum die doppelte Summe veranschlagt wurde.[234] Finanzminister Jitzhak Modai schätzte die Eingliederungskosten je Einwanderer auf 50.000 US-Dollar, um ihn *"zu einem produktiven Mitglied der israelischen Gesellschaft zu machen"*.[235]

Die unvorhersehbare und in dieser Größenordnung wohl auch unvorstellbare Zahl von Emigranten, würde auch größere und ökonomisch potentere Industriestaaten finanziell und organisatorisch überfordern.[236] Als Beispiel sei nur auf die im Verhältnis deutlich geringere Zahl von DDR-Flüchtlingen im Jahre 1989 (ca. 250.000) verwiesen, die in einen Staat mit sechzig Millionen Menschen übersiedelten. Während Israels Bevölkerung in einem Jahr um rund fünf Prozent stieg, betrug der Zuwachs für die Bundesrepublik Deutschland noch nicht einmal ein halbes Prozent. Israelische Arbeitsmarktexperten verlangen deshalb, nicht alles dem freien Spiel der Kräfte zu überlassen, sondern mit staatlichen Lenkungsmaßnahmen die Integration zu forcieren.[237] Die Wachstumsraten, die durch die Alija hervorgerufen werden, müßten beschleunigt und erhöht werden um die Eingliederung erfolgreich bewältigen zu können. Schwierig ist dabei weniger die Schaffung neuer Arbeitsplätze, die fast automatisch durch die erhöhte Binnennachfrage entstehen werden, als vielmehr die Schaffung neuer Stellen in den entsprechenden industriellen Wachstumsbranchen. Problematisch ist dies, weil die akademisch geprägte Berufsstruktur der Neubürger nur in geringem Maße[238] die entstehenden Beschäftigungsfelder abdeckt.[239] Unter 100.000 erwerbstätigen Immigranten sind beispielsweise 15.000 Ingenieure sowie 2.400 Ärzte zu finden; rund vierzig Prozent der Einwanderer haben einen Universitätsabschluß.[240] Schätzungsweise rund 2.000 Wissenschaftler immigrierten allein im Jahre 1990. Obgleich die These Bestand hat, je höher der Bildungsgrad, desto größer die Chancen, im alten Beruf zu arbeiten,[241] gilt dies für geisteswissenschaftliche und künstlerische Tätigkeiten nur sehr bedingt. Israelische Befürchtungen gehen, bei einer prognostizierten Gesamtimmigrantenzahl von einer halben Million[242] Menschen, von einem Zustrom von weiteren 10.000 Forschern in den nächsten Jahren aus. Die Schwierigkeit, ja schiere Unmöglichkeit alle diese Personen adäquat zu beschäftigen, verdeutlicht ein Blick auf den Personalstand der sieben israelischen Universitäten, an denen insgesamt 4.700 Wissenschaftler arbeiteten; selbst die Frühpensionierung älterer Forscher schafft auch nur wenige hundert Arbeitsplätze.[243] Außerdem kommen bereits jetzt in einzelnen Disziplinen auf eine freie Stelle sechs graduierte Studenten.[244] Darüberhinaus müssen diejenigen, die doch eine Chance erhalten, erst Weiterbildungskurse absolvieren, um westliche Standards kennenzulernen und zu beherrschen.[245] Innerhalb der heterogenen Regierungskoalition mit mehreren kleinen religiösen Parteien und ihren Partikularinteressen, fand sich keine Mehrheit für die Initiierung eines zwanzig Millionen Schekel teuren Weiterbildungsprogramms zur beruflichen Integration von zweitausend Wissenschaftlern aus der UdSSR. Zugleich überwies jedoch der Einwanderungsminister, der ultraorthodoxe Rabbiner Peretz, 23 Millionen Schekel an religiöse Einrichtungen, um die "geistliche Aufnahme" der eher unreligiösen Olims zu gewährleisten.[246]

Für den Präsidenten der israelischen Staatsbank ist daher die jetzige Situation vergleichbar, mit der in den dreißiger Jahren, als die Flüchtlinge aus Deutschland nach Palästina flohen. Ähnlich wie diese, müßten auch die heutigen Immigranten bereit sein, Tätigkeiten als ungelernte oder angelernte Arbeiter zu akzeptieren;[247] zumindest auf einer temporären Basis bis zur Konsolidierung der volkswirtschaftlichen Lage. Ingenieure werden nun als Maschinisten oder Schlosser beschäftigt,[248] renommierte Künstler müssen infolge von Sprachschwierigkeiten und fehlenden Stellenangeboten als Hilfskräfte oder Nachhilfelehrer arbeiten;[249] so wurden bereits über 500 Wissenschaftler zu Lehrern umgeschult.[250]

Andere Immigranten verdingen sich als Reinigungs- und Küchenkräfte oder Straßenkehrer[251] in traditionellen Arbeitsbereichen der Palästinenser und Araber in der israelischen Ökonomie, die so nach dem Motto "Russen ja, Palästinenser nein"[252] - mit ausdrücklicher Unterstützung rechtsgerichteter Politiker - sukzessive aus dem Wirtschaftsleben gedrängt werden sollen.[253] So sank die Zahl der in der Industrie beschäftigten Palästinenser innerhalb eines Jahres von 17.000 auf 10.700 Personen.[254] Allerdings werden zahlreiche Neubürger von israelischen Arbeitgebern unterbezahlt und tariflich festgesetzte Sondervergütungen nicht geleistet.[255] Die hohe Arbeitslosigkeit unter den Olims aus der früheren Sowjetunion hat in den Einkaufsstraßen von Tel Aviv und Jerusalem zu einem Boom ambulanter Stände mit Kunsthandwerk und anderen selbstgefertigten Artikeln geführt. Groß ist auch die Zahl der Maler, die als Portraitzeichner arbeiten, und der Straßenmusiker deren Repertoire Opern einschließt, da viele von ihnen eine klassische Musikausbildung haben und zum Teil in der früheren UdSSR als Opernsänger an großen Bühnen beschäftigt waren.[256] Allerdings gehören leider auch Bettler[257] und Suppenküchen für Olims[258] nun zum israelischen Alltag.

Ökonomen sprechen angesichts der infrastrukturellen Schwierigkeiten bereits nicht mehr von einer "Revolution", sie gehen viel mehr davon aus, daß die israelische Volkswirtschaft neu aufgebaut werden müsse.[259] Der Zustrom der prognostizierten 100.000 Ingenieure[260] soll zu einem ökonomischen "Sprung nach vorne" genutzt werden, weshalb Wirtschaftswissenschaftler eine "produktive Eingliederung" der Olims in exportintensive Wirtschaftsbranchen verlangen.[261] Doch das akademische und intellektuelle Übergewicht in der Berufsstruktur der Olims ist gewaltig: Unter den zwischen Januar und September 1990 eingewanderten 80.000 Personen waren 11.500 Ingenieure, über 3.000 Ärzte, 3.000 Lehrer und 1.000 Musiker. Den 187 Bildhauern standen nur zwölf Eisenbahner gegenüber.[262]

Die Arbeitslosigkeit stieg in Israel im Jahre 1992 im Landesdurchschnitt von zehn auf zwölf Prozent an. Da die Erwerbslosigkeit in einzelnen Landesteilen wie den sogenannten Entwicklungsstädten im Negev sogar über dreißig Prozent liegt und die Neueinwanderern besonders betroffen sind (manche Beobachter sprechen von 80 % Arbeitslosigkeit) verwundert es nicht, wenn Ärzte bereit sind, als Straßenfeger zu arbeiten, oder diplomierte Ingenieure eine Beschäftigung als Bauhelfer annehmen.[263]

Aber auch für die meisten Israelis wird der Absorbtionsprozeß nicht nur mit einem Stillstand, sondern mit einem Absinken des Lebensstandards in den nächsten Jahren verbunden sein.[264] Im kommenden Jahr werden die Subventionen für Lebensmittel und den öffentlichen Personennahverkehr entfallen. Zugleich werden die staatlichen Zuwendungen an Arbeitslose und die Sozialhilfe gekürzt. Darüberhinaus werden die Mehrwertsteuer um zwei Prozentpunkte auf dann 18 %, die Tabaksteuer um 16 % und die im internationalen Vergleich bereits relativ hohe Einkommenssteuer um weitere fünf Prozentpunkte erhöht werden.[265] Ein Faktum, das außerdem die Faszination des Niedrigsteuerlandes USA für junge erwerbstätige Israelis weiter verstärken dürfte.[266] Manche unter den im Lande Geborenen betrachten sich bereits jetzt als "Minderheit"[267] im Strom der Neueinwanderer, die den Staat überfluten und den Jüdischen Staat ihrer Ansicht nach in eine weitere *"Sowjetrepublik"*[268] verwandeln könnten.

Ungeachtet des Golfkrieges kam es in den ersten Monaten des Jahres 1991 zu einer Steigerung der Immigrationsziffern. Allein im März 1991 kamen 13.350 Sowjetbürger nach Israel.[269] Insgesamt wanderten in dem Monat 14.609 Personen ein, so daß die Sowjetjuden 91,4 % aller Einwanderer repräsentierten. Im ersten Halbjahr 1991 immigrierten 85.000 sowjetische Juden nach Israel;[270] allein am letzten Juni-Wochenende 1991 trafen mittels einer Luftbrücke mit über dreißig Flugzeugen mehr als 10.000 Sowjetbürger in Israel ein.[271] Diese Zahl wurde ermöglicht durch eine beschleunigte Abfertigung der sowjetischen Behörden. Denn seit dem 1. Juli 1991 gelten neue Paßbestimmungen in der UdSSR,[272] die **vor** der Ausreise den Besitz eines gültigen sowjetischen Reisepasses vorschreiben;[273] bislang genügten die israelischen Einreisedokumente. Für die Ausfertigung des Reisepasses müssen die Sowjetbürger allerdings 1.000 Rubel bezahlen. Dies ist nicht nur fünfmal soviel wie bisher, sondern entspricht drei bis vier durchschnittlichen Monatslöhnen.[274]
Die Beantragung und Ausstellung des Dokumentes wird sicherlich mehrere Wochen dauern und somit die Emigration erst einmal verzögern; die geringen Einreiseziffern des Juli 1991 dokumentieren dies. Während viele Juden aus Mißtrauen vor der sowjetischen Bürokratie und auf Anraten der israelischen Behörden noch schnell **vor**

Inkrafttreten des neuen Paßgesetzes auswanderten,[275] warteten andere bewußt ab. Da die Inhaber der neuen Reisepässe auch ihre sowjetische Staatsbürgerschaft behalten und zur Ausreise lediglich ein Visum benötigen, ermöglicht der Besitz des Passes eine potentielle Rückkehr in die UdSSR.[276] Eine Möglichkeit, die es ihnen erlaubt, in die Sowjetunion zurückzukehren, sofern sie sich in Israel nicht zurechtfinden (z.B. keine Wohnung oder Arbeit finden).[277] Da in den Briefen der bereits dort lebenden Verwandten und Bekannten immer häufiger von Integrationsschwierigkeiten und der besonders unter eingewanderten Akademikern grassierenden Arbeitslosigkeit berichtet wird,[278] wollen viele erst einmal die weitere Entwicklung in der UdSSR (und auch in Israel) beobachten, um dann ihre Entscheidung zu treffen. Der gescheiterte Putsch gegen Gorbatschow und die sich anschließenden eruptiven Veränderungen lassen bei manchen Ausreisewilligen die Hoffnung auf eine jüdische Existenz in der Sowjetunion bestehen. Unter den drei Todesopfern des mißlungenen Putschversuches gegen Gorbatschow war auch ein junger Jude war, zu dessen Ehre das Kaddisch (jüdische Totenklage) zum ersten Mal in der russisch-sowjetischen Geschichte in aller Öffentlichkeit über die Lautsprecher vor den Kreml-Mauern vorgetragen wurde.[279] Der 28jährige Architekt hatte zu den Verteidigern des Amtssitzes von Boris Jeltsin gehört.[280]

Periodische Meinungsumfragen unter den Neubürgern dokumentieren seit Herbst 1990 eine kontinuierlich wachsende Unzufriedenheit mit den Lebensumständen in Israel (besonders für den Wohnungs- und Arbeitsmarkt),[281] die sicherlich sehr stark davon beeinflußt wird, daß 40 % der Olims des Jahres 1990 im Sommer 1991 noch arbeitslos waren.[282] Lediglich ein Achtel derer, die Arbeit fanden, konnte im angestammten Beruf arbeiten.[283] So teilten mit 28 % fast ein Drittel der Immigranten des vergangenen Jahres ihren in der Sowjetunion zurückgebliebenen Familienangehörigen mit, sie sollten **nicht** nach Israel kommen![284] Andere Olims betonten deutlich die Schwierigkeiten und schrieben ihren in der UdSSR wartenden Verwandten mit gewissen Vorbehalten: *"Wenn ihr bereit seid, hier schwer zu arbeiten - kommt"* (Hervorhebung; L.M.).[285]

Als Folge des Abwartens rechnet die israelische Regierung höchstens mit 150.000 bis 200.000 statt der prognostizierten 400.000 Neubürger in diesem Jahr.[286] So kamen in der ersten Juliwoche 1991 "nur noch" 430 Personen an;[287] obgleich allein diese Wochenziffer jedem einzelnen Quartal des Jahres 1988 entsprach, waren es nach der Einwanderungsflut des Vorjahres mit 3.300 Olims im Juli 1991 relativ wenige, die nach Israel migrierten;[288] ob es nach dem gescheiterten Putsch gegen Gorbatschow zu einem Anstieg der Ausreisen kommt, wie israelische Beobachter glauben,[289] bleibt abzuwarten.

Die Opportunität der neuen Paßbestimmungen ist eine deutliche Abkehr der sowjetischen Behörden von der im Jahre 1972 eingeführten "Einbahnstraßen"-Regelung, die eine Heimkehr strikt verwehrte.[290] Als diskriminierende Nachteile der Reisepaß-Regelung sehen israelische Beobachter die Bestimmungen, wonach jene Olims, die in Israel in der Armee oder der Reserve Dienst tun oder Arbeitsplätze im Staatsdienst annehmen, ihre sowjetische Staatsbürgerschaft verlieren.[291]

Die wachsende Unzufriedenheit der sowjetischen Neubürger läßt die Gefahr einer organisierten Protestbewegung wachsen. So will Iosef Horol, ein früheres Likud-Mitglied, der im Jahre 1969 aus Odessa immigrierte, nachdem er 25 Jahre Haft im Gulag überlebt hatte, eine Olim-Partei gründen. Einer solchen Neugründung werden gute Chancen für einen Einzug in die Knesset eingeräumt, da Umfragen zufolge ca. die Hälfte der avisierten Zielgruppe diese Partei wählen würde.[292]

5.7 DIE AUSWANDERUNG AUS DEM STAAT ISRAEL

Seit der Staatsgründung 1948 haben bis zum Frühjahr 1990 zwischen 350.000 und 500.000 Israelis ihrer Heimat den Rücken gekehrt.[293] Die Differenz zwischen den beiden Angaben liegt darin begründet, daß bei der höheren Ziffer auch diejenigen berücksichtigt wurden, die nicht formal ausgewandert sind, sondern "nur" mehrjährige Auslandsaufenthalte (z.B. Studium, Berufsfortbildung) absolvieren.[294] Da aber die Mehrheit dieser "zeitweilig" im Ausland, vor allem in den USA, lebenden Staatsbürger überhaupt nicht an eine Rückkehr denkt,[295] liegt die Vermutung von fast einer halben Million Ausgewanderter wohl näher an der Realität.[296]

Für Israel stellen die sowjetischen Emigranten daher einen gewichtigen Faktor in der Migrationsstatistik dar, da sie seit Jahren unter den Einwanderern eine der größten nationalen Gruppen darstellen. Ab Mitte der achtziger Jahre war überdies die Migrationsstatistik erstmals negativ, d.h. erstmals verliessen mehr Juden die zionistische Heimstatt als in der gleichen Zeit in den Staat Israel einwanderten:[297] im Jahre 1985 standen den 12.298 Ein- insgesamt 15.300 Auswanderer gegenüber und ein Jahr später gab es 10.142 Immigrationen und 13.900 Ausreisen (zumeist in die USA). In den ersten acht Monaten des Jahres 1987 kamen 7.193 Personen nach

Israel. Die größten nationalen Gruppen darunter waren 1.166 aus den USA, 936 aus der UdSSR, 634 aus Argentinien, 580 aus Frankreich und 531 aus Südafrika.[298] In den ersten drei Monaten des Jahres 1988 wanderten beispielsweise ein Viertel weniger Juden aus den USA ein[299], als im ersten Quartal 1987. Andererseits verließen im Jahre 1987 doppelt so viele Personen den Staat Israel in Richtung Vereinigte Staaten wie noch 1986.[300] Für die in den vergangenen Jahren negative israelische Wanderungsbilanz mit den Vereinigten Staaten[301], sind vor allem sozio-ökonomische Gründe zu nennen. Neben dem geringeren israelischen Lebensstandard sind zu hohe Steuern,[302] niedrigere Durchschnittseinkommen und die latente Kriegsgefahr, die ein Leben in den USA mit den dortigen niedrigeren Verbrauchssteuern und höheren Gehältern in den akademischen Berufen[303] verlockend erscheinen lassen.[304] Vor allem die Abwanderung wissenschaftlicher Spitzenkräfte an amerikanische und europäische Universitäten betrachtete die israelische Regierung mit Sorge.[305] Einer Umfrage zufolge spielte ein Fünftel der 18-29jährigen Israelis mit dem Gedanken an eine Auswanderung.[306] Diese große Bereitschaft, die Heimat zu verlassen, führt dazu, daß manche Beobachter bereits meinen, zu den wichtigsten Exportartikeln des Landes gehörten neben Zitrusfrüchten Israelis.[307] Die Hauptgründe dafür, daß immer mehr Israelis in die Vereinigten Staaten oder nach Kanada[308] migrieren, sind vor allem ökonomisch bedingt, aber auch die Sehnsucht, etwas zu erleben[309] und die Welt kennenzulernen, spielt eine große Rolle bei den Beweggründen. Während für ein Fünftel der von Shokeid befragten Personen das "Abenteuer" ein Grund war, war der noch ausstehende Militärdienst nur für ein Zwanzigstel ein wichtiger Entscheidungsfaktor.[310]

Erst im Jahre 1990, durch die gewaltige Einwanderungsflut aus der Sowjetunion, kam es erstmals seit mehreren Jahren wieder zu einem Plus in der Migrationsstatistik.[311] Doch die Wirklichkeit jenseits der nackten amtlichen Erfolgszahlen ist differenzierter. Während unter den israelischen Auswanderern der Anteil junger Männer im Alter von 24-35 Jahre überproportional hoch ist,[312] sind unter den sowjetischen Einwanderern auch mehrere tausend Rentner. Obgleich die jungen im Lande geborenen (Sabras) Auswanderer, ungeachtet abgeschlossener Berufs- oder Hochschulausbildung, nach dem Ableisten des Militärdienstes wegen der rezessiven Wirtschaftslage immer größere Probleme bei der Arbeitsplatzsuche haben,[313] drängen gleichzeitig zehntausende zwar hochqualifizierter, aber infolge fehlender Sprachkenntnisse oder zu spezialisierter Berufe nur schwer vermittelbarer Immigranten auf den israelischen Arbeitsmarkt;[314] allein bis 1974 waren unter den israelischen Emigranten aus der UdSSR fast 6.000 Ingenieure und Architekten, fast 2.000

Ärzte sowie über 500 Wissenschaftler.[315]
Wenn die Einheimischen schon derart viele Schwierigkeiten auf dem Arbeitsmarkt haben, läßt sich leicht erahnen, wie problematisch dieser erst für die Vermittlung der Neuankömmlinge ist. Basierend auf den Erwartungen von ca. 200.000 Einwanderungen in diesem Jahr (nach 100.000 im Jahre 1990) wird in vielen Prognosen befürchtet, daß für jeden zweiten Immigranten kein Arbeitsplatz vorhanden sein wird. Dabei bleibt außerdem zu berücksichtigen, daß der Prozentsatz berufstätiger Frauen in der Sowjetunion Mitte der achtziger Jahre mit 82 % fast doppelt so hoch ist[316] wie in den westlichen Industriegesellschaften und der Anteil erwerbstätiger Frauen überdies in den vergangenen Jahrzehnten kontinuierlich angestiegen ist.[317]
Neben der viel zu spezialisierten Berufsstruktur der Einwanderer aus der UdSSR ist die innenpolitische Lage mit einer im Augenblick zehnprozentigen Arbeitslosenquote der Hauptgrund für die pessimistischen Erwartungen. Denn die Zahl der erwerbslosen Personen dürfte sich in den kommenden Monaten noch dramatisch erhöhen, wenn alle jene Immigranten, die zur Zeit Sprachkurse und Umschulungsmaßnahmen durchlaufen, auf den israelischen Arbeitsmarkt drängen.[318]
Um keine materielle Unzufriedenheit bei den Neubürgern entstehen zu lassen, erhöhte das israelische Kabinett im Mai 1991 die Unterstützung, um den Inflationsanstieg[319] zu kompensieren. Allein die zusätzlichen Kosten für diese Angleichung betragen siebzig Millionen US-Dollar jährlich.[320] Außerdem mußte die israelische Landeswährung Schekel im September 1990 um zehn und im März 1991 erneut um sechs Prozent gegenüber allen ausländischen Währungen abgewertet werden.[321]
Der ursprünglich als "Segen" empfundene Zustrom aus der Sowjetunion wird daher von Israelis jetzt bereits als "Plage" oder gar "Strafe" empfunden.[322]
Für viele ältere Bürger, die nach Verfolgung und Antisemitismus in ihren Geburtsländer in Israel in den vergangenen Jahrzehnten eine neue Heimat fanden, ist der Weggang der jungen, im Lande geborenen Sabras schlichtweg unverständlich. Sie verweisen wortreich darauf, daß diese absolut nicht wüßten, was es heiße, als Minderheit oder mit alltäglichem Antisemitismus zu leben. Viele der Sabras hingegen wollen sich nicht mit ökonomischen Problemen abfinden und sind der Ansicht, auch wenn sie im Lande geboren seien, müßten sie nicht bis zu ihrem Tode dort bleiben.[323] Diese Meinung, wie auch die veränderte Beurteilung der Immigration, wird von manchen Beobachtern als deutlicher Wertewandel, ja sogar als eine Krise der staatstragenden Ideologie, des Zionismus, empfunden.[324]

Die israelischen Behörden sind an den Emigranten aus der Sowjetunion nicht nur aus demographischen Gründen interessiert.[325] Die Immigranten aus der UdSSR sind im Durchschnitt schulisch und beruflich besser ausgebildet als beispielsweise die aus Afrika und Asien einwandernden Neubürger Israels und gelten als überaus produktiv.[326] Darüberhinaus ist die jüdische Einwanderung aus der Sowjetunion noch aus einem weiteren Grund willkommen. Sie hilft den Anteil des europäischen Bevölkerungsteils (Aschkenasim) zu stabilisieren,[327] da in der letzten Dekade die Proportionen, als Folge der mangelnden Einwanderung aus Westeuropa und Amerika, sich zunehmend verschoben haben. Waren bei der Staatsgründung[328] ca. 75 % der Bevölkerung der aschkenasischen Gruppe zuzurechnen, so waren es Anfang der siebziger Jahre nur noch 55 %[329], und nun Ende der achtziger Jahre lediglich etwa 38 % der nicht in Israel geborenen Staatsbürger.[330] Der Anteil der orientalischen Juden (Sephardim), der Mitte der achtziger Jahre zeitweilig über sechzig Prozent betrug, ist durch die massive Einwanderungswelle aus der Sowjetunion in den vergangenen zwei Jahren wieder auf die Hälfte aller Israelis abgesunken.[331] Die durchschnittlich geringer qualifizierten Sephardim fühlen sich bereits benachteiligt und betrachten die Immigration aus der UdSSR mit zwiespältigen Gefühlen.[332]

Die demographischen Verschiebungen und das Anwachsen des sephardischen Anteils an Neubürgern bedingte in den siebziger Jahren nachhaltige sozio-ökonomische und politische Veränderungen der israelischen Gesellschaft,[333] da die wichtigsten Positionen in Wirtschaft und Politik zumeist von Aschkenasim (infolge des durchschnittlich höheren Bildungsgrades) eingenommen wurden.[334] Während die Arbeiterpartei traditionell die bevorzugte politische Partei der europäischen Juden ist,[335] galt der Likud-Block des früheren israelischen Premierminister Menachem Begin als Sammelbecken der sephardischen Juden; der Regierungsantritt Begins im Mai 1977 war ein erstes Zeichen des Wandels[336] in Bevölkerung und Politik,[337] der von seinem Nachfolger Jitzhak Schamir (zuerst im Partei- und später auch im Regierungsamt) konsequent verfestigt wurde.[338] Zu simpel wäre es jedoch, **alle** sowjetischen Einwanderer automatisch als zukünftige Wähler der "europäischeren" Arbeiterpartei zu betrachten, da ein großer Teil von ihnen den rechtsextremen und zum Teil sogar auch den ultraorthodoxen Parteien zuneigt und ihnen besonders die Vokabel "Sozialismus" ein Greuel ist.[339] Besonders in der Frage der Rückgabe der besetzten Gebiete scheinen viele Sowjetjuden zu einer äußerst unnachgiebigen Haltung zu tendieren.[340]

Die Emigrationswelle aus den GUS-Staaten beeinflußte auch die israelischen Parlamentswahlen im Juni 1992. Die Gesamtstimmenzahl der Erstwähler aus der früheren Sowjetunion dürfte dabei die Vergabe von zehn der 120 Knessetsitze entschieden haben.[341] Unter Berücksichtigung der immer knappen Wahlausgänge in den vergangenen Dekaden und der schwierigen Bildung von Mehrparteienkoalitionen bedeutet dies ein beachtliches Wählerpotential. Der deutliche Sieg der Arbeiterpartei unter Rabin belegt dabei, daß die Mehrheit der ehemaligen Sowjetbürger sich wohl nicht den konservativen und rechtsextremen Parteien zugewendet hat, wie dies noch vor den Wahlen befürchtet wurde.

Große Teile der israelischen Öffentlichkeit beschäftigte in den letzten Monaten die weitgehend unbekannten Auslandsreise-Vorschriften für Neubürger. Getreu dem Leninschen Diktum *"Vertrauen ist gut, Kontrolle aber besser"* wird durch eine öffentliche Gesellschaft mit dem Namen »Idud« (hebräisch für Förderung, Ermunterung) über alle beabsichtigten Reisewünsche der Neuankömmlinge gewacht. Der israelische Staat möchte verhindern, daß die Einwanderer das Land sofort wieder verlassen, nur weil es etwa an adäquaten Arbeitsplätzen oder zufriedenstellenden Wohnungen mangelt, oder die Immigranten schlicht keinen "zionistischen Pioniergeist" besitzen. Daher muß jeder Neubürger, der von der Jewish Agency in irgendeiner Form unterstützt worden ist und in den ersten fünf Jahren nach seiner Ankunft in Israel ins Ausland reisen möchte - und sei es nur für einen Kurzurlaub -, die früher erhaltene Hilfe zuzüglich Zinsen zurückzahlen oder aber zwei Bürgen benennen, die notfalls für seine Starthilfe im Gelobten Land aufzukommen bereit sind, wenn er selbst nicht mehr zurückkehren sollte. Sobald ein Neubürger einen Reisepaß beantragt, wird er von »Idud« auf diese Sanktion in einem Warnbrief hingewiesen. Diese staatlich sanktionierte Schikane soll "Fehlinvestitionen" der Jewish Agency minimieren helfen, da »Idud« nach eigener Einschätzung keinen anderen Weg sieht, um festzustellen, ob eine geplante Reise wirklich nur Urlaub sei, oder dazu diene *"Möglichkeiten der Auswanderung aus Israel prüfen [zu] wollen"*.[342] Im israelischen Alltag hingegen führt diese Regelung in Umkehrung der ehemaligen Zustände dazu, daß Bürger aus den GUS-Staaten nun ihre Verwandten und Bekannten in Israel besuchen können, diese aber bis zu fünf Jahre auf einen Gegenbesuch in der alten Heimat warten müssen. Selbst in Krankheitsfällen oder dringenden familiären Angelegenheiten wurden keine Ausnahmen gemacht. Dieses Gebaren der israelischen Behörden ist nicht nur ein schwerer Verstoß gegen elementare Menschenrechte und speziell das Recht auf Freizügigkeit,[343] sondern erinnert in seinen individuellen Schikanen fatal an die sowjetische "Diplomsteuer" (siehe Kap. 4.2.1), die auch von israelischen Politikern wortreich beklagt worden war.

1	In den achtziger Jahren waren es jährlich zwischen 1.000 bis 1.500 Personen; Mertens, Lage, S. 2; Mertens, Exodus, S. 184 f.
2	Siehe auch Horowitz, Choice, S. 113.
3	Wallfish/Hoffman, S. 1.
4	Ebd., S. 1.
5	Assor, S. 6.
6	Shelliem, S. 50.
7	Gitelman, Israelis, S. 75 f.
8	Levavi, Soviet, 2.
9	Siehe auch Curtius, influx, S. 2.
10	Die jährliche Immigrationsrate aus den USA sank seit 1974 (nach dem Jom-Kippur-Krieg) deutlich unter 3.000 Personen; siehe Gitelman, Israelis, S. 63, Tab. 3.1.
11	Gitelman, Israelis, S. 62.
12	Ebd., S. 69.
13	Gidwitz, S. 33.
14	Harris, Note, S. 110.
15	Zu den Schwierigkeiten im angestammten Beruf zu arbeiten, siehe auch Ofer/Vinokur/Bar-Haim, S. 73 ff.
16	Feinstein, Immigrants, S. 72.
17	Brinkley, For Israelis, S. A5,
18	"Reverse Diaspora", S. 37.
19	Noel, S. 5.
20	Für Israel siehe besonders Horowitz, Choice, S. 114.
21	Zit. in Litvinoff, Emigrants, S. 4.
22	Epp, S. 31. Zu den beruflichen Schwierigkeiten von Emigranten als Selbständige in den USA siehe Gold, S. 413 ff.
23	Zum mangelnden Gedanken des Leistungsprinzips in sowjetisch verfaßten Gesellschaften siehe Voigt/Meck, S. 36 ff.
24	Zit. in Frank, S. 33.
25	Cowell, Emigrés, S. A4; Horowitz, Choice, S. 117 f.
26	Krivine, S. 12.
27	Litvinoff, Israel, S. 2; "Gorbatschow verurteilt...", S. 11.
28	Har-Gil, Enge, S. 5.
29	Krivine, S. 12.
30	Siehe Litvinoff, Israel, S. 3 f.
31	Zit. in Steinmayr, Russen, S. 14.
32	Horowitz, Choice, S. 121. Siehe auch Kessel, Russian, S. 3.
33	Horowitz, Choice, S. 121 f.
34	Nossik, S. 16.
35	Frankel, Tasting, S. A21.
36	Jendges, S. 53 ff.
37	Litvinoff, Settling, S. 4. Siehe dazu auch die Ablehnung der Errichtung des Sozialismus in Israel im politischen Witz Osteuropas; Seyfferth, S. 15.
38	Gitelman, Israelis, S. 40.
39	Gidwitz, S. 33.
40	Steinmayr, Russen, S. 16.
41	Jacoby, Brooklyn, S. B4.
42	Simon/Simon, S. 37; Jacoby, Brooklyn, S. B4; Levin, Immigrants, S. 19.
43	Krivine, S. 12.
44	Horowitz, Choice, S. 118; Steinmayr, Russen, S. 14.

45	Siehe auch Epp, S. 31.
46	Im politischen Witz der Ostblockstaaten galten beispielsweise Darstellungen des russischen Revolutionsführers W.I. Lenin mit gelüfteter Mütze bereits als "Pornographie"; Seyfferth, S. 116.
47	"Reverse Diaspora", S. 37.
48	Rueschemeyer, S. 122.
49	Horowitz, Choice, S. 118.
50	Gidwitz, S. 35; Siehe auch Litvinoff, Emigrants, S. 4.
51	Zit. in Gitelman, Resettlement, S. 14.
52	Zit. in Gidwitz, S. 33.
53	Zit. in "Reverse Diaspora", S. 38.
54	Damloff, S. 23.
55	Zit. in Branegan, S. 18.
56	Horowitz, Man, S. 13 f.
57	Siehe auch Gitelman, Israelis, S. 215.
58	Horowitz, Man, S. 11.
59	Greener, S. 8; Horowitz, Choice, S. 116.
60	Krivine, S. 12.
61	Gidwitz, S. 34. Siehe auch Litvinoff, Emigrants, S. 6.
62	Gidwitz, S. 35.
63	Jacoby, Brooklyn, S. B1.
64	Gitelman, S. 39.
65	Innerhalb eines wuchs die Stadt um 25.000 Neubürger; "Tel Aviv auf...", S. 4.
66	Shuval, Immigrants, S. 29, Tab. 3.
67	Feinstein, Immigrants, S. 74.
68	Siehe auch Rueschemeyer, S. 168 f.
69	Dies Schicksal teilen sie mit den deutschen Emigranten der dreißiger Jahre, die vor der Verfolgung und dem Antisemitismus des Nationalsozialismus ins damalige Palästina flohen, dort aber keine Möglichkeit hatten, ihre akademischen Berufe weiter ausüben zu können.
70	Horowitz, Choice, S. 116.
71	Bar-Yosef/King, S. 192; Silberbach, Minderheit, S. 3.
72	Litvinoff, Settling, S. 1 f.
73	Wagner, S. 12.
74	Zit. in der Rubrik "Das Zitat", Kölner Stadt-Anzeiger, Nr. 106, Mi. 8. Mai 1991, S. 3.
75	Kreimerman, S. 2.
76	"Unterstützung der Jewish...", S. 12.
77	Krivine, S. 12. Zu entsprechenden Verlusten "geistigen Potentials" für die Sowjetunion siehe ausführlich Nowikow, S. 51 ff.
78	Siehe auch Bar-Yosef/King, S. 193 f.
79	Siehe ausführlich dazu Voronel, Aliya, S. 122 ff.
80	Interview mit Branover in Schreiber, Probleme, o.S.; Siehe auch Williams, Wealth, S. H4.
81	Keinon, Olim. S. 2.
82	Rueschemeyer, S. 131.
83	Zur problematischen Eingliederung von Medizinern siehe ausführlich Shuval, Immigrants, S. 21 ff.; Steinmayr, Russen, S. 15.
84	Noel, S. 5.
85	Voigt/Meck, S. 36 f.
86	Gidwitz, S. 37.
87	Ebd.

88	Shuval, Immigrants, S. 24.
89	Im Herbst 1990 wurden 200 Zahnärzte in westlichen Behandlungsmethoden weitergebildet, Meldung des Israelischen Rundfunks vom 24. Sep. 1990; Deutsche Welle, DW-Monitordienst, Nr. 184, 25. Sep. 1990, Köln, S. 14.
90	"Weiterbildung für...", S. 4; Har-Gil, Leben, S. 4.
91	Shuval, Immigrants, S. 36.
92	Shuval, Functions, S. 145. Siehe auch Har-Gil, Leben, S. 4.
93	Ebd., S. 151, Tab. 1.
94	Steinmayr, Russen, S. 15.
95	Shuval, Functions, S. 139; Mass, Heimat, S. 4.
96	Litvinoff, Emigrants, S. 7.
97	Jacoby, Brooklyn, S. B4; Harris, Note, S. 108. Siehe auch Litvinoff, Emigrants, S. 4 u. 6.
98	Makovsky, Malev, S. 8.
99	Harris, Note, S. 109.
100	Jacoby, Brooklyn, S. B4; Gidwitz, S. 34.
101	Gidwitz, S. 36; Rueschemeyer, S. 115.
102	Litvinoff, Emigrants, S. 5; Gidwitz, S. 40.
103	Ben-Barak, S. 115.
104	Siehe Ben-Barak, S. 117 ff.
105	Erlanger, S. A1.
106	Ebd., S. B2.
107	Ebd.
108	Williams, Soviet, S. A6.
109	Har-Gil, Strom, S. 3.
110	Eppel, tape, S. 4. Der israelische Satiriker Ephraim Kishon karikiert in seinen Kurzgeschichten dieses Ärgernis immer wieder neu.
111	Brinkley, Sharon given, S. A3.
112	Ausführlich in Guthartz, S. 2.
113	Philipp, Kein Platz, S. 3.
114	Siehe auch Keinon, Sharon moving, S. 10; Milgram, S. 2.
115	Brinkley, Sharon's Plan, S. A6; "Gericht stoppt...", S. 5.
116	Gsteiger, S. 2; Brinkley, Sharon given, S. A3.
117	Brinkley, Sharon's Plan, S. A6.
118	Hutman, Peretz, S. 3.
119	Siehe auch Keinon, Aliya cabinet, S. 1.
120	Brinkley, Sharon given, S. A3; Rabinovich, Immigrants, S. 1.
121	Rabinovich, Immigrants, S. 1.
122	Yaakov, S. 3.
123	Siehe auch Keinon, Aliya cabinet, S. 1.
124	Tuohy, Housing, S. A11.
125	Steinmayr, Schamir, S. 2; Wyner, Segen, S. 21; Gordon, Transport, S. 21.
126	Hutman, World, S. 4.
127	Rosenberg, Influx, S. 4.
128	Wagner, S. 12.
129	Wyner, Segen, S. 21. Siehe auch Apfelbaum/Apfelbaum, S. 4.
130	Ebd.
131	Keinon, hotels, S. 7; Rudge, Immigrants, S. 2.

132	Brinkley, Sharon's Plan, S. A6.
133	Keinon/Hutman/Kaplan, S. 3.
134	Steinmayr, Russen, S. 14. Siehe Bartlett, S. 60, Tab. 3.
135	Zur jährlichen US-Hilfe an Israel seit 1952 siehe detailliert Bartlett, S. 66, Tab. 6.
136	Bremer, Israel, S. 14. Vgl. Sohar, S. 8 zu möglichen Finanzierungsalternativen, um sich nicht zu Zugeständnissen im Friedensprozeß "erpressen" lassen zu müssen.
137	Brinkley, Censor, S. A5; Franklin, censor, S. 4; Keinon, Censorship, S. 2; Keinon, Reports, S. 1; Makovsky/Keinon, Soviet, S. 1; Rosenberg, censoring, S. 2.
138	"George Bush warnt...", S. 9.
139	"Israel: Bis 1992 Platz...", S. 6; "Israel baut jüdische...", S. 7.
140	"Arabergipfel verurteilt...", S. 8; "Mubarak: Ansiedlung...", S. 2; "Gorbatschow verurteilt...", S. 11; "Verärgerung über...", S. 5; Kamen, Israeli, S. A20; "Briefe an Gorbatschow...", S. 9.
141	Diehl, Recruiting, S. A17; Diehl, Shamir, S. A16; Frankel, Likud, S. A37; Keinon, Peretz, S. 12; Makovsky, Soviet, S. 12; "More housing...", S. 3; Rosenberg, Soviet, S. 12. Siehe auch Brinkley, Immigrants, S. A1, A4.
142	Philipp, Streit, S. 3; Cowell, Israel, S. E3; Goldstein, Shamir, S. 6.
143	"Scharon plant...", S. 1; Hutman, Scharon, S. 4.
144	Siehe Gsteiger, S. 2, wonach Scharon immer "ganz zufällig" an den Tagen Grundsteine für neue Siedlungen legte, an denen der amerikanische Außenminister James Baker auf seinen Verhandlungsreisen in Israel eintraf.
145	"Israel treibt Siedlungspolitik...", S. 6. Siehe auch Cowell, Mideast, S. A17; Brinkley, Stream, S. D3; Williams, Arabs, S. A8.
146	Ebd.
147	"Peres will...", S. 6.
148	Siehe auch Philipp, Ankündigung, S. 5.
149	Siehe Fisher, S. A6.
150	"US-Juden warnen...", S. 1.
151	"Schamirs Äußerung...", S. 11; "Schamir bleibt beim...", S. 2.
152	Philipp, Platz, S. 5, "Wenn Worte ...", S. 10.
153	Siehe Gerner, S. 5.
154	Siehe "Aufregung um...", S. 4.
155	"Israel will Einwanderer...", S. 2.
156	"Jerusalem gibt Protest...", S. 5; "Israel baut jüdische...", S. 7.
157	Philipp, Spannungen, S. 8; Berger, S. 21 spricht von 200 Personen.
158	Vgl. auch Rudge, Golan, S. 4.
159	Auch die wiederholt geäußerte Zahl von "einigen Hundert" Ansiedlungen wäre im Vergleich zur Gesamtzahl der Immigranten immer noch sehr gering; siehe Fisher, S. A6; Keinon, region, S. 2.
160	Krauthammer, Story, S. A25; Keinon, Peretz, S. 12
161	Bremer, Israel, S. 14; Gsteiger, S. 2; Wagner, S. 12.
162	Odenheimer/Hutman, direct, S. 4.
163	Schreiber, Probleme.
164	Siehe auch "Israel treibt Siedlungspolitik...", S. 6.
165	Detailliert in Waxman, S. 150 ff.
166	Siehe Izenberg, Emunim, S. 3.
167	Yishai, S. 21; Frankel, Tasting, S. A21. Siehe auch Elazar, S. 105 ff.
168	Waxman, S. 152, Tab. 13. Siehe auch Gsteiger, S. 2.
169	Ebd., S. 155, Tab. 18.
170	Chartrand, Jerusalem, S. A2; "Jerusalem gibt Protest...", S. 5; Pear, Emigrés, S. A11; Brinkley, Confusion, S. A6.
171	"Juden aus der...", S. 2.
172	Philipp, Spannungen, S. 8; Williams, Settlers, S. A1, A6.

173	Zur Fortsetzung der Ansiedlung siehe Meldung des Israelischen Rundfunks vom 2. Juli 1991; Deutsche Welle, DW-Monitordienst, Nr. 124, 3. Juli 1991, Köln, S. 4. Siehe auch Williams, Israel, S. A16.
174	Kempster/Williams, S. A1; Ross, Juden, S. 8.
175	Schiller, S. 2; "USA geben Israel...", S. 6.
176	Siehe dazu auch Loff, Endstation, S. 6.
177	Odenheimer/Hutman, direct, S. 1.
178	"Israel will Juden...", S. 5.
179	"Israel treibt Siedlungspolitik...", S. 6.
180	"George Bush warnt...", S. 9.
181	Siehe Philipp, Siedlungen, S. 2.
182	Steinmayr, Russen, S. 16.
183	Ponger, Haus, S. 11; "Housing crunch...", S. 1.
184	Rudge/Rees, S. 1; Eppel, tape, S. 4.
185	Har-Gil, Enge, S. 5.
186	Odenheimer, Housing, S. 1.
187	Bruer, S. 3; Rudge/Rees, S. 1; Schrag, Russians, S. 8.
188	Jütte, Wohnungspreise, S. 4.
189	Ponger, Haus, S. 11.
190	Rosenberg, Israelis, S. 17; Keinon, Cash, S. 2.
191	Brinkley, Immigration, S. A3.
192	Bruer, S. 3. Gordon, Housing, S. 20, die enormen Mietsprünge sind auch der Hauptfaktor für den Anstieg der israelischen Inflation in den vergangenen Monaten.
193	Schrag, Russians, S. 8, zur Kritik an der bevorzugten Behandlung der sowjetischen gegenüber beispielsweise den marokkanischen Immigranten. Siehe auch Eppel, life, S. 2; Moffett, Wave, S. 6.
194	Zit. in Ponger, Haus, S. 11; Siehe auch Meisels, S. A13; Bruer, S. 3.
195	Zit. in Silberbach, Russen, S. 4.
196	Odenheimer, Soviet, S. 1, 9. Siehe auch Moffett, Wave, S. 6; "Sorge in Israel...", S. 5.
197	Hoffman, Chaos, S. 2; Frazer, S. 29.
198	Silberbach, Minderheit, S. 3.
199	Kessel, Suicide, S. 2; "Notprogramm...", S. 5.
200	Odenheimer/Hutman, control, S. 1.
201	Moffett, Resent, S. 4.
202	Silberbach, Russen, S. 4.
203	"Homeless stage...", S. 1; Meisels, S. A16; Ponger, Haus, S. 11.
204	"An der Hungerschwelle", S. 2.
205	Kessel, Suicide, S. 2; "Notprogramm...", S. 5.
206	"Israels Obdachlose...", S. 2; "Homeless Protest...", S. A16; "Homeless stage...", S. 1; "Israeli Coalition...", S. A15.
207	Zit. in Schreiber, Probleme.
208	"Fertighäuser...", S. 2. Zu den Streitigkeiten und Protesten der Gewerkschaft bei der Frage, wieviele Fertighäuser gekauft werden sollten, siehe Milgram, Union, S. 1; Rudge, Israeli, S 1.
209	Ponger, Haus, S. 11; Keinon, housing, S. 2.
210	Rabinovich, Immigrants, S. 1; Kessel, Suicide, S. 2; Diehl, Wave, S. A34..
211	Meisels, S. A13.
212	"Israelis Ask Asylum", S. A6.
213	Steinmayr, Russen, S. 14.
214	Zur vereinzelten Ansiedlung von sowjetischen Olims in den Entwicklungsstädten siehe Schrag, Immigrants, S. 9.
215	Zit. in Silberbach, Russen, S. 4.

216 Philipp, Masseneinwanderung, S. 6.
217 Har-Gil, Wohnungen, S. 4; Odenheimer, Special, S. 24.
218 Har-Gil, Siedlungen, S. 4.
219 Befürchtungen erwarten lassen für 1994 sogar 14 % erwarten; Odenheimer, Jobless, S. 4.
220 Melloan, S. A15; Diehl, Soviet, S. A25; Franklin, expect, S. 7. In einzelnen Randregionen lag die lokale Arbeitslosigkeit sogar über dreißig Prozent; Izenberg, calm, S. 4; Eppel, life, S. 2; Sahm, Bettler, S. 4.
221 Odenheimer, Aliya, S. 1; Kessel, influx, S. 2.
222 Odenheimer, Soviet, S. 1.
223 Moffett, Resent, S. 4.
224 Allein die Intifada kostet die israelische Armee täglich eine halbe Million US-Dollar; Franklin, expect, S. 7. Siehe auch Odenheimer, Aliya, S. 10.
225 Bremer, Israel, S. 14.
226 Siehe Landau, S. 44; Ottaway, Loan, S. A16; Pear, Asking, S. A7; "George Bush warnt...", S. 9.
227 Bremer, Israel, S. 14; Philipp, Hilfe, S. 8.
228 Ein Sprecher der Jewish Agency hatte bereits im September 1990 von der Bundesrepublik eine Hilfe von drei bis vier Milliarden US-Dollar gefordert; "Deutsche Hilfe...", S. 2.
229 Die von Erich Honecker dem Präsidenten des World Jewish Congress, Edgar Bronfman, im Jahre 1988 zugesagten 100 Millionen US-Dollar wurden von der DDR nie geleistet. Stattdessen wurde im Einigungsvertrag vereinbart, daß die Bundesrepublik alle entsprechenden Verpflichtungen der DDR gegenüber den jüdischen NS-Opfern übernimmt; Siehe detailliert dazu Mertens, Gemeinden, S. 403; Mertens, Jahr, S. 51.
230 Philipp, Druck, S. 7; Mass, Israel, S. 6; Siehe auch "Israel lehnt Bonner...", S. 2.
231 Diehl, Wave, S. A34.
232 "Israel vor einer...", S. 2; Keinon, housing, S. 2. Siehe auch Frazer, S. 29. Vgl. auch Silberbach, Einwandererflut, S. 2, der mit 200.000 Personen die doppelte Anzahl in den kommenden drei Jahren nannte.
233 Diehl, Israel, S. A31; Ottaway, Loan, S. A16
234 "Contractor chief...", S. 1.
235 Zit. in "Ein Beitritt...", S. 3.
236 Siehe auch Silberbach, Einwandererflut, S. 2.
237 Cowell, Emigrés, S. A4. Siehe auch Franklin, welcome, S. 3 zur mangelnden langfristigen Konzeption.
238 Siehe auch Ofer/Vinokur/Bar-Haim, S. 75 ff.
239 Nordell, S. 23. Siehe auch Melloan, S. A15.
240 Williams, Wealth, S. H4; Odenheimer, Soviet, S. 9.
241 Ofer/Vinokur/Bar-Haim, S. 75 ff.
242 Der Direktor der Jewish Agency erwartete sogar bis zu zwei Millionen Immigranten; Levavi, Dinitz, S. 2.
243 Nordell, S. 23; Siegel, Academy, S. 2.; Levavi/Izenberg, S. 2.
244 Odenheimer, Israel, S. 8.
245 "Weiterbildung für...", S. 4; Silberbach, Segen, S. 4. Vgl. auch Siegel/Keinon, S. 2, zu den Versuchen amerikanischer Universitäten absolute Spitzenleute bereits in der UdSSR zu rekrutieren und zur Immigration in die USA zu animieren.
246 Wyner, Segen, S. 21. Siehe auch Landau, S. 44.
247 Levavi, Dinitz, S. 2; Keinon, normal, S. 9; Odenheimer, Soviet, S. 9. Siehe auch Chartrand, Way, S. C9.
248 Cowell, Israel, S. E3; Har-Gil, Leben, S. 4.
249 Lorenz, o.S.; "Absorbing scientists", S. 24.
250 Hutman, Soviet, S. 7; Cowell, Emigrés, S. A4.
251 Har-Gil, Leben, S. 4; Silberbach, Minderheit, S. 3.
252 Steinmayr, Russen, S. 15; Bainerman, S. 19; Philipp, Russen, S. 4.
253 Barth, Alija, S. 1; Schreiber, Ansiedlung, o.S.
254 Bainerman, S. 19.
255 Hutman, Olim, S. 2; Har-Gil, Leben, S. 4; Philipp, Russen, S. 4.

256 Fishkoff, song, S. 14.
257 Sahm, Bettler, S. 4.
258 Keinon, soup, S. 5.
259 Silberbach, Segen, S. 4; Söhler, S. 32.
260 Auch unter den Refuseniks waren die technischen Professionen überproportional vertreten gewesen; Altshuler, Refuseniks, S. 12.
261 Silberbach, Segen, S. 4; Svirsky, S. 4.
262 Steinmayr, Russen, S. 14.
263 Sahm, Bettler, S. 4; Söhler, S. 32.
264 Odenheimer, Soviet, S. 9; Silberbach, Segen, S. 4.
265 "Israel erhöht...", S. 2; Wyner, Segen, S. 21.
266 Besonders die USA dürften weiterhin Faszination ausüben. So stehen den 70.000 amerikanischen Juden, die seit 1948 nach Israel eingewandert sind, mindestens doppelt so viele Israelis gegenüber, die legal oder illegal in die USA emigrierten; Uthmann, Riese, S. 12.
267 Silberbach, Minderheit, S. 3.
268 Har-Gil, Enge, S. 5.
269 "Strom sowjetischer Juden...", S. 1.
270 "Ansturm sowjetischer...", S. 2.
271 Wollin, Luftbrücke, S. 8; "EG-Kritik an ...", S. 9.
272 "Sowjetjuden nach...", S. 2; Keinon, Passport, S. 2.
273 "Ansturm sowjetischer...", S. 2.
274 "Reisepaß kostet...", S. 7.
275 Keinon, Soviet, S. 1.
276 Wollin, Luftbrücke, S. 8.
277 "Ansturm sowjetischer...", S. 2.
278 Siehe Brinkley, Finding, S. A18. Vgl. auch "Israel rechnet...", S. 5.
279 Fürst, S. 4.
280 Ruby, Kaddish, S. 1.
281 Keinon, families, S. 3.
282 Odenheimer, olim, S. 2.
283 Har-Gil, Leben, S. 4.
284 Tsur, S. 6.
285 Zit. in Har-Gil, Leben, S. 4.
286 "EG-Kritik an...", S. 9; Wollin, Luftbrücke, S. 8.
287 Keinon, families, S. 3.
288 "Nach Israel nur...", S. 2.
289 "Israel rechnet...", S. 5.
290 Siehe Gitelman, Century, S. 280.
291 Ruby, penalties, S. 1.
292 Goell, olim, S. 14; Tsur, S. 6.
293 Kass/Lipset, S. 44 ff.
294 Weiss, S. 7.
295 Siehe "More top Israelis...", S. 5.
296 Siehe auch Krivine/Hertzberg, S. 8; Tugend, S. 37.
297 Brinkley, For Israelis, S. A5.
298 "More arrive", S. 4.

299	Amtliche israelische Statistiken zeigen überdies, daß etwa die Hälfte aller Einwanderer aus den USA noch spätestens 2-3 Jahren auch wieder dorthin zurückkehrt.
300	Brinkley, For Israelis, S. A5.
301	Larsen, S. 10.
302	Bartlett, S. 65, Tab. 5.
303	"More top Israelis...", S. 5.
304	Larsen, S. 1.
305	Trankovits, S. 4.
306	Ebd., S. 7.
307	Jütte, Politik, S. 4.
308	Siehe Barth, Asyl, S. 5.
309	Siehe Eisenstadt, S. 574 f. u. S. 716 f.
310	Shokeid, S. 30 ff. Vgl. Barth, Asyl, S. 5, wo der anstehende Reservedienst in den besetzten Gebieten als beliebter Trick genannt wird, um im Ausland "politisches Asyl" zu erhalten.
311	Wagner, S. 12.
312	Weiss, S. 7; Brinkley, Labors, S. A3.
313	Brinkley, Labors, S. A3.
314	Wagner, S. 12.
315	Gitelman, Israelis, S. 78.
316	Lane, S. 129.
317	Siehe Lapidus, S. 164 ff.
318	Wagner, S. 12.
319	Zu den Gründen des Inflationsanstiegs siehe Gordon, Housing, S. 20.
320	"Integrations-Korb...", S. 12.
321	"Der Schekel wurde...", S. 2.
322	Williams, Milk, S. 8.
323	Brinkley, Labors, S. A3.
324	Siehe Williams, Milk, S. 8.
325	Siehe auch Della Pergola, S. 173 ff.
326	Klein, S. 4.
327	Benvenisti, S. B5; Dejevsky, Hopes, S. 7.
328	Brinkley, For Jews, S. A1.
329	Nyrop, S. 305, Tab. 4.
330	Dejevsky, Hopes, S. 7.
331	Siehe auch Brinkley, Orphans, S. A4.
332	Moffett, resent, S. 4.
333	Siehe Della Pergola, S. 190 ff.
334	Nyrop, S. 7 f.
335	Siehe Brinkley, Orphans, S. A4.
336	Siehe Franklin, Likud, S. 29.
337	Zum Einfluß und den Forderungen der religiösen Parteien in der Regierungskoalition von Menachem Begin siehe Elazar, S. 105 ff.; Sharkansky/Radian, S. 72 ff.
338	Siehe ausführlich Eisenstadt, S. 297 f. u. S. 819 f.
339	Steinmayr, Schamir, S. 2.
340	Siehe auch Benvenisti, S. B5.
341	Silberbach, Einwanderer, S. 4.

342 Zit. in Struminski, Starthilfe, S. 4.
343 Ebd.

6. PAMJAT: ANTISEMITISMUS AUF RUSSISCH

Der massenhafte Exodus seit dem Jahre 1988 ist neben der extremen volkswirtschaftlichen Krisensituation[1] vor allem durch den nun offen zutage tretenden russischen Nationalismus,[2] der häufig mit einem traditionellen Antisemitismus gepaart ist, zu erklären.[3] Denn Glasnost hat nicht nur eine pluralistische Meinungsfreiheit für die demokratischen Kräfte,[4] sondern auch für nationalistische und offen antisemitische Gruppierungen wie Pamjat gebracht.[5] Wie der sowjetische Botschafter in Großbritannien in einem Interview erklärte, könne man unter Glasnost nicht jemanden den Mund verbieten, nur weil er etwas sage, was einem anderen vielleicht nicht gefalle.[6] Die Vereinigung Pamjat (russ. "Erinnerung"),[7] die sich selbst als "Patriotisch-nationale Front" sieht, ist eine der wichtigsten nationalistischen und zugleich antisemitischen Organisationen in der Sowjetunion.[8] Zahlreiche orthodoxe Priester sind Mitglied von Pamjat, d.h. dies ist wieder die *"alte Allianz von Reaktion und Kirche"*.[9] Darüberhinaus ist das Pamjat-Emblem eine Glocke.[10] Außerdem sind auffällig viele junge Leute unter den Zuhörern der Pamjat-Veranstaltungen. Aber auch zahlreiche Milizionäre sind im Publikum zu sehen, die - ohne bei der antisemitischen Hetze einzugreifen - aufmerksam den Haßtiraden des Pamjatführers Dimitri Wassiljew zuhören.[11] Die offen in schwarzen Uniformen auftretenden Rechtsradikalen genießen bekanntermaßen unter den Angehörigen der Miliz Sympathien, die selbst bei Gesetzesübertretungen, Belästigungen und Ruhestörungen wegschaut.[12] Beim ersten Prozeß gegen ein Pamjat-Mitglied in Moskau im Juli 1990 kam es selbst im Gerichtssaal zu tumultartigen Szenen durch Hunderte von Sympathisanten.[13] Der Angeklagte wurde wegen antisemitischer Hetze zu zwei Jahren Zwangsarbeit verurteilt.[14]

Die Verbreitung von Hetzparolen[15] und Äußerungen wie *"die Pamjat macht uns Juden Zores"* oder *"Schlagt die Juden tot, rettet Rußland"*,[16] da sie angeblich an allem Schuld sind,[17] oder Eingeständnisse wie: infolge des Antisemitismus *"ist für Juden in der Sowjetunion kein Platz"* mehr, sind daher keine Seltenheit.[18] Ausländische jüdische Teilnehmer einer internationalen Tagung im Moskauer Kreml wurden nicht nur verbal, sondern auch physisch bedroht. Außerdem wurden sie von den Pamjat-Schlägern gewarnt: *"Das nächste Mal kommen wir mit Maschinenpistolen - nicht mehr mit Megaphonen"*.[19] Auch beim Überfall auf die Versammlung der progressiven Schriftstellergruppe "April" im Januar 1990 wurde diese Drohung erneut ausgestoßen[20] und die Anwesenden aufgefordert *"Genossen Juden, verlaßt diesen Saal. Ihr seid keine russischen Schriftsteller! ... Juden-Freimaurer, haut ab nach Israel!"*[21]

Pamjat erhält massive Unterstützung aus dem Westen, da die vorhandene umfangreiche elektronische Ausstattung (Videokameras und -rekorder, Tonbandgeräte) in Moskau nur gegen Devisen beschaffbar ist.[22] Die seit Anfang 1987 auch offiziell[23] zur Kenntnis genommene nationalistische Gruppierung ist vorgeblich nur gegen den Zionismus,[24] steht zugleich aber für einen extremen russischen Nationalismus.[25] Dimitri Wassiljew nennt als Ziel seiner Gruppierung u.a. die "Reinigung Rußlands", die selbstverständlich den Kampf gegen den Zionismus umfasse, da dieser das "russische Volk versklave".[26] Außerdem würden die Juden alles regieren, da sie überall wären: im Rechtswesen, in der Wissenschaft und in der Kultur.[27] In einem Zeitschriftenartikel wurde das Judentum gar mit einem metastasierenden "Virus" gleichgesetzt![28]

Obgleich Leningrad als Hochburg der Bewegung gilt, schafften es lediglich zwei von 150 Pamjat-Kandidaten, bei den Wahlen zum Parlament der RSFSR in den zweiten Wahlgang zu gelangen.[29] Bei den kommunalen Wahlen in der RSFSR, Weißrußland und der Ukraine kamen die Pamjat-Kandidaten nicht über drei Prozent hinaus.[30] Bei den Wahlen zum Moskauer Stadtsowjet, dem lokalen Leitungsgremium der Hauptstadt, erhielten sie hingegen zehn Prozent der abgegebenen Stimmen.[31]

Die virulente antisemitische Propaganda früherer Jahre wurde in der Sowjetunion allgemein unter dem dünnen Schleier des staatlich sanktionierten Antizionismus verborgen,[32] dessen antisemitische Wurzeln bereits in Teilen der Staatsideologie, wie dem Marxismus,[33] manifestiert sind. Der Vizepräsident des in der Breschnew-Ära gegründeten Antizionistischen Komitees[34] diffamiert die Juden - nun als Emigranten - immer noch in gewohnter Weise:[35] Die Zionisten *"ziehen uns die besten Kräfte ab, Spezialisten aus Wissenschaft, Wirtschaft und Politik. Das ist für unser Land eine wahre Tragödie. Die meisten Juden, die gehen, haben eine von uns bezahlte Ausbildung genossen, haben dieses Land viel Geld gekostet. Damit bereichern sie jetzt Israel, zehren unser Land aus. Das alles schürt den Nationalitätenkonflikt."*[36] Allein der "Hinweis" auf den Nationalitätenkonflikt demaskiert diese antisemitische Äußerung, die zum einen scheinheilig Bedauern heuchelt und zum anderen die schon bei der Einführung der Diplomsteuer (siehe Kap. 4.2.1) in den siebziger Jahren gebräuchliche Argumentationsweise an der Flucht von "Human-Kapital" beharrlich fortsetzt.

Alexander Askoldow, Regisseur des hochgelobten Spielfilms "Die Kommissarin",[37] der im Jahre 1968 gedreht wurde und erst nach zwanzigjährigem Verbot im Jahre 1988 öffentlich aufgeführt werden durfte, erklärte in einem Fernsehinterview: *"Daß der Film* [Die Kommissarin; L.M.] *20 Jahre lang verboten war, hat natürlich mit dem*

Antisemitismus zu tun, von dem die ganze Gesellschaft durchdrungen war. Der Antisemitismus von unten hat sich mit dem von oben verbunden, sozusagen eine harmonische Einheit."[38] Offizielle empirische Umfragen erwecken zwar den Eindruck, daß die antisemitischen Einstellungen in der Bevölkerung ein "europäisches Normalmaß" (Koenen) erreicht haben.[39] Derartige Zahlenspiele sind jedoch mit einer gewissen Vorsicht zu genießen,[40] da immer die Intentionen der staatlichen Statistiker mitberücksichtigt werden müssen, die wohl kaum von einem zum anderen Tag die ehemals als Paradies der Werktätigen beschriebene Sowjetunion zum Hort des Antisemitismus[41] erklären können (und wohl auch nicht dürfen),[42] obgleich selbst die Parteizeitung Prawda das dramatische Ansteigen des Antisemitismus konzediert.[43]

Eine vom Institut für Soziologie der Akademie der Wissenschaften der UdSSR durchgeführte Befragung in der sowjetischen Hauptstadt im Dezember 1988 weist deutliche sozio-demographische Unterschiede auf.[44] Der Frage, ob Juden in der Sowjetunion diskriminiert würden, stimmten 34 % der befragten unter Dreißigjährigen zu, während dies nur 13 % der über Sechzigjährigen taten. Daß Juden keinesfalls benachteiligt würden, meinte die Hälfte der jungen Befragten, aber 70 % der Älteren. Differenziert nach dem Bildungsstand, glaubten nur sieben Prozent der Personen ohne abgeschlossene Schulausbildung - gegenüber einem Drittel derer mit Hochschulabschluß - an eine Benachteiligung.[45] Eine Telefonbefragung der Wissenschaftler zu Pamjat im April 1989 bestätigt die sozio-demographischen Einflüße auf die Beurteilung. Mehr oder weniger positiv wurde Pamjat von einem Drittel der unter 30jährigen und 27 % der über 60jährigen beurteilt; bei der geringeren Zustimmung der Älteren spielen sicherlich auch Kriegs- und Besatzungszeiterinnerungen eine Rolle. Während 41 % der Personen ohne zehnklassigen Schulabschluß Pamjat insgesamt positiv beurteilten, waren es bei den Oberschulabsolventen lediglich ein Viertel der Befragten. Darüberhinaus läßt sich konstatieren, daß Personen mit geringerem Monatseinkommen mehr anfällig für die antisemitischen Parolen waren, als die Personen mit einem überdurchschnittlichen Verdienst.[46]

Eine weitere, vom American Jewish Committee finanzierte, Umfrage in der Moskauer Region vom Februar 1990 zeigt jedoch deutliche antisemitische Verhaltensweisen.[47] Nur vier Prozent der in der Hauptstadt und dem Umland befragten Sowjetbürger waren der Ansicht, in der Bevölkerung gäbe es so gut wie keine anti-jüdischen Gefühle; 19 % meinten, es gebe nur wenige. Aber 60 % der Interviewten bestätigten anti-jüdische Gefühle und immerhin 17 % waren der Meinung, die meisten Bürger seien anti-jüdisch.[48] Daß diese anti-jüdische Stimmung anwachse, meinten 48 % der Befragten, während lediglich fünf Prozent einen Rückgang festzustellen glaubten (für 44 % der Befragten gab es keine Veränderung). Immerhin acht Prozent stimmten der Aussage zu, "die Juden seien mehr als jede andere Bevölkerungsgruppe verantwortlich für die gegenwärtigen Probleme der UdSSR" (79 % verneinten dies). Fast ein Viertel (23 %) der interviewten Moskauer Bürger bejahte die Ansicht, "die Juden hätten zuviel Einfluß über die russische Kultur";[49] ein fadenscheiniger Vorwurf, der auch von Pamjat immer wieder erhoben wird. Wenn "nur" ein Viertel der Befragten keine Juden als Familienmitglieder haben will und "lediglich" fünfzehn Prozent der Ansicht ist, man sollte Juden bei der Arbeitsplatzvergabe benachteiligen, scheint eine Mehrheit (noch) resistent gegen derartige antisemitische Ressentiments.[50] Aber wie lange gilt diese Aussage? Koenen ist sicher zuzustimmen, daß diese Resultate nur scheinbar beruhigend wirken, denn eine Umfrage im Berlin des Jahres 1929 hätte *"womöglich ganz ähnliche Resultate erbringen können"*.[51] Prognosen über die zukünftige Entwicklung in der UdSSR sind daher mehr Spekulation als fundierte Expertise,[52] Außerdem sind regionale Unterschiede zu beobachten. In Leningrad oder Moskau[53] tritt der Antisemitismus ganz offen auf; in Odessa hingegen eher verdeckt.[54] Leningrader Bürger berichten, daß Pamjat dort durch das Anschmieren von Davidssternen an den Haustüren die Wohnungen von Juden "kennzeichne" und in den Hausfluren Listen mit den Namen der jüdischen Bewohner aufgehängt würden.[55] Es verwundert daher nicht, wenn sich unter den Juden in der UdSSR die Furcht vor Pogromen ausbreitet.[56] Darüberhinaus steigern die Streitfragen zwischen den Nationalitäten[57] in den verschiedenen, nach Souveränität strebenden Unionsrepubliken noch das Konfliktpotential[58] und dadurch die Ausreisebereitschaft der Juden in der Sowjetunion. Neben dem stärker werdenden Nationalismus und dem damit verbundenen Autonomiebestreben der asiatischen Sowjetrepubliken bedroht dort zusätzlich ein militanter Islam[59] die Existenz des Judentums. Ausschreitungen usbekischer Nationalisten, wie etwa im April 1990, führten dazu, daß Tausende von Juden aus Buchara, Samarkand und Taschkent die Ausreise beantragten.[60] Für Usbekistan wurde daher im Sommer 1990 erwartet, daß innerhalb von 1-2 Jahren **mindestens** die Hälfte der noch verbliebenen Juden emigrieren wird.[61] Auch im ukrainischen Lwow (früher Lemberg) hat etwa die Hälfte der jüdischen Bevölkerung bereits die Ausreise beantragt.[62]

Überdies werden die Juden in den verschiedenen Regionen der UdSSR auf Grund ihres hohen Assimilationsgrades weniger als religiöse Minderheit, sondern vielmehr als Angehörige der verhaßten russischen Bevölkerungsgruppe angesehen.[63] Die pessimistische Grundhaltung kommt aus der historischen Erfahrung, die die Juden lehrt, daß gesellschaftlicher Umbruch und "leere Mägen" sich bisher immer ver-

hängnisvoll für sie ausgewirkt haben;[64] besonders wenn sie in Verbindung mit volkstümlichen Ressentiments[65] entstehen. Daher stehen die sowjetischen Juden auch hinter Michail Gorbatschow und hoffen auf das Gelingen seiner Perestroika.[66]
Aber auch in Israel sind die Meinungen über die Situation der sowjetischen Juden gespalten. So kam es im Februar 1990 zu der abstrusen Situation, daß in der angesehenen "Jerusalem Post" auf derselben Seite in **einem** Bericht gefordert wurde, die sowjetischen Juden möglichst rasch zu evakuieren, während in einem **zweiten** Artikel die Panik als falsch und künstlich bezeichnet wurde. Der für die Integration zuständige Minister Jitzhak Peretz trat in einer Knesset-Rede dafür ein, ohne Rücksichtnahme auf egoistische Motive - gemeint war die ausschließliche Lenkung der Emigration nach Israel -, möglichst rasch alle Juden aus der UdSSR herauszubringen; wenn es sein müsse, sie auch in die USA und *"selbst nach Uganda"* (Peretz) zu transferieren. Nach Überzeugung des Ministers sässen die sowjetischen Juden auf einem Vulkan.[67]
Für einen Sprecher des israelischen Außenministeriums hingegen war die "Panik" unecht, ja sogar gefälscht. Die von ihm mit "Hysterie" bezeichnete Atmosphäre werde von den Organisationen bewirkt, die an einem möglichst schwarzen Bild interessiert seien, um möglichst vielen sowjetischen Juden die Einreise in die USA zu ermöglichen.[68] Diese Einschätzung teilte der Vorsitzende des Knesset-Ausschusses für die Absorbtion, Michael Kleiner, der meinte, Minister Peretz würde die Gefahren übertreiben, denen die Juden in der Sowjetunion ausgesetzt seien, weil er sich in der Propaganda dieser westlichen Organisationen verfangen habe.[69] Gegen eine Panik unter den sowjetischen Juden spreche außerdem die Tatsache, daß die Plätze der Bahn- und Busverbindungen nach Ungarn nur halb besetzt seien: *"wirklich panische Menschen"* würden hingegen jede Möglichkeit nutzen, das Land zu verlassen; so die Stellungnahme des Außenministeriums. Der gegenwärtige Exodus der sowjetischen Juden würde daher weniger aus Angst vor dem augenblicklichen Antisemitismus als vielmehr aus Sorge vor der ungewissen Zukunft erfolgen.[70] Diese Einschätzung ist zur Zeit zwar zutreffend, denn alle bisher befürchteten Pogrome sind ausgeblieben, und "nur" die antisemitische Stimmung und verbalen Drohungen in der Bevölkerung sind beängstigend. Zugleich aber muß nachdrücklich betont werden, daß der Jüdische Staat es, auf Grund der historischen Erfahrung der Shoah, immer als seine existenzielle Aufgabe angesehen hat, Juden aus aller Welt präventiv vor lebensbedrohenden Gefahren zu bewahren und ihnen eine geborgenes und geschütztes Dasein zu ermöglichen.

7. VERGESSENE IMMIGRANTEN - DIE JUDEN AUS ÄTHIOPIEN

Weitaus kleiner und von den Medien weit weniger beachtet als die Gruppe der sowjetischen Juden ist die Zahl der aus Äthiopien nach Israel eingewanderten Juden, den sogenannten Falaschas,[71] die sich selbst als "Beta-Israel"[72] bezeichnen. Zwischen November 1984 und Januar 1985 gab es zwar die spektakuläre "Operation Moses", die per Luftbrücke durchgeführte Rettung von 12.000 äthiopischen Juden, die über den Nachbarstaat Sudan aus dem vom Bürgerkrieg geschüttelten afrikanischen Land hinausgebracht wurden. Infolge einer Indiskretion eines israelischen Offiziellen mußte damals die Aktion, nach Protesten der arabischen Nachbarstaaten bei der sudanesischen Regierung, abgebrochen werden.[73] Seit dem November 1989, nach der Wiederaufnahme diplomatischer Beziehungen zwischen Israel und Äthiopien, kam es aber zu einer Fortsetzung der Emigration der noch verbliebenen etwa 20.000 äthiopischen Juden, die vornehmlich in der nördlichen Provinz Gondar lebten.[74] Im ersten Halbjahr 1990 erhielten monatlich durchschnittlich 500 Personen von den äthiopischen Behörden in Addis Abeba eine Ausreiseerlaubnis. Im Juli 1990 wurde dann die Emigration für einige Wochen gestoppt.

Die Gründe dafür wurden zwar von beiden Regierungen geheimgehalten, waren jedoch für Beobachter offensichtlich. Für die äthiopische Seite war die Auswanderung ein willkommenes Druckmittel, um von der israelischen Regierung weitere Waffenlieferungen und Militärberater zu verlangen,[75] die dringend vom Mengistu-Regime im Bürgerkrieg mit den eritreischen Rebellen benötigt werden.[76] Die äthiopische Seite war überdies an einer zeitweiligen Unterbrechung der bilateralen Kontakte interessiert. Während des OAS-Gipfels in Addis Abeba im gleichen Monat konnte so die Kritik der anderen in dem Bündnis zusammengeschlossenen Länder minimiert werden,[77] da die meisten der in der Organisation afrikanischer Staaten (OAS) vertretenen Nationen des schwarzen Kontinents keine diplomatischen Beziehungen zum Staat Israel unterhalten.

Der äthiopische Außenminister Dinka begründete die zeitweilige Aussetzung der Auswanderung mit "Problemen", die von Personen hervorgerufen worden seien, die sich fälschlich als Juden bezeichnet hätten, um so die Auswanderungsroute benutzen zu können.[78] Dinka bemerkte im Einklang mit israelischen Stellen: *"Dies ist nichts, was die Regierung Israels wünscht, und auch nichts, was die Regierung Äthiopiens zu unterstützen beabsichtigt."*[79]

Der israelischen Regierung bot der vorübergehende Emigrationsstop die willkommene Chance, die "Jüdischkeit" der auswanderungswilligen Äthiopier eingehender zu überprüfen.[80] Der Hintergrund dieser verschärften Kontrolle war nicht nur die bereits im Jahre 1984/85 im Rahmen der "Operation Moses" ausgebrochene Debatte um die wahre Zugehörigkeit der äthiopischen Juden zum "auserwählten Volk",[81] sondern vor allem die Tatsache, daß über ein Zehntel der rund 15.000 in Äthiopien auf die Ausreise wartenden Personen infolge früherer Konvertierungen zum Christentum nach israelischer Oberrabbinatsauffassung keine Juden mehr waren. Daher sei ihnen - ungeachtet aller familiären Kontakte - die Einreise zu verweigern. Eine Reihe von Konvertiten, deren frühere Übertritte zum Christentum vor allem aus politisch-gesellschaftlichen Gründen erfolgt waren, hatten seit Mitte der achtziger Jahre wieder zum Judentum zurückgefunden, obgleich eine religiöse Bindung (z.B. Synagogenbesuch) nicht vorhanden war.[82] Vereinzelt galten auch mit Nichtjuden geschlossene Ehen als Grund für eine fehlende "Jüdischkeit".[83] Bereits vor drei Jahren hatte es scharfe innenpolitische Kontroversen um den Status der äthiopischen Juden gegeben, als orthodoxe Rabbiner alle Falaschas zu einer (erneuten) symbolischen Zwangsbeschneidung und jüdischen Taufe zwingen wollten. Die Orthodoxen wollten durch diese Maßnahmen sicherstellen, *"daß diese 'Schwarzen' auch wirklich echte Juden seien. 'Sonst droht dem jüdischem Volk Gefahr durch Mischehen seine Reinheit zu verlieren'"*[84] wetterten die religiösen Eiferer. Da die überwiegende Mehrheit dieses Ansinnen als "offenen Rassismus" ablehnte, mußten die orthodoxen Rabbiner schließlich von ihrem Vorhaben abrücken. Beeinflußt wurde dieser Rückzieher auch von der Erkenntnis, daß die Falaschas sehr fromm sind, eigentlich das politische Lager der Orthodoxen stärken würden und dem orthodoxen Oberrabbinat aus diesen Erwägungen nicht an einer Brüskierung gelegen sein konnte.

Der Legende nach handelt es sich um die Nachkommen der Verbindung der Königin von Saba mit König Salomo aus dem Jahre 980 v.Chr. Der aus dieser Beziehung hervorgegangene Sohn Menelik soll mit seinem Gefolge nach Abessinien gewandert sein.[85] Erst im späten 19. Jahrhundert wurde das Bestehen dieses abgetrennten Teils der Stämme Israels entdeckt. Der letzte äthiopische Herrscher, Kaiser Haile Selassie I., sah sich als der 255. Nachfolger Meneliks. Durch die frühe Abtrennung von den übrigen Stämmen des biblischen Israels kennt der "versprengte jüdische Stamm"[86] lediglich die Thora und den Pentateuch (die fünf Bücher Moses), aber nicht Talmud und Mischna.[87] Von orthodoxen Juden ist daher immer wieder angezweifelt worden, ob es sich bei den äthiopischen Juden um wirklich legitime rabbinische Juden handele.[88] Mit Ausnahme der nach der Babylonischen Gefangenschaft eingeführten Feste Chanukka und Purim feiern sie jedoch die jüdischen Feste wie alle Juden, beachten die Speisevorschriften und <u>alle</u> Babys, nicht nur die männlichen, werden dem Ritus gemäß beschnitten.[89] Überdies bringen sie noch am Pessachfest ein Lammopfer dar - ein Ritus, der bei den Juden der übrigen Stämme mit dem Untergang des Jerusalemer Tempels in der römischen Antike aufhörte.[90] Daher erkannte der liberale sephardische Oberrabbiner die Falaschas bereits im Jahre 1973 als Juden an, die vor Assimilation geschützt und daher gerettet werden müßten.[91]

Nach dieser bilateral nicht unerwünschten Unterbrechung kam es ab Ende Juli 1990 wieder zur Fortsetzung der äthiopischen Einwanderung nach Israel.[92] In den ersten Monaten des Jahres 1991 konnten durchschnittlich 1.000 Personen ausreisen;[93] ein deutliches Zeichen für die wachsende Zugeständnisbereitschaft Mengistus und des Bemühens israelische Waffenlieferungen zu erhalten.[94] Besorgniserregend war die humanitäre Lage der seit mehr als einem Jahr in Addis Abeba in Transitlagern wartenden etwa 15.000 Emigrationswilligen. Täglich starben mehrere Flüchtlinge an Krankheiten und Unterernährung.[95] Die wachsenden Betreuungs- und Planungsaufgaben führten dazu, daß die israelische Botschaft in Addis Abeba sich schließlich von einem auf 29 Gebäude ausgedehnt hatte.[96]

Durch die Flucht von Staatschef Mengistu verschärfte sich im äthiopischen Bürgerkrieg im Mai 1991 die Lage, die Hauptstadt Addis Abeba wurde von den Aufständischen weiträumig eingeschlossen. Die rasche Überführung der äthiopischen Juden ins Gelobte Land geschah auch, weil israelische und amerikanische Stellen nach dem Einmarsch der Rebellen durch Neidgefühle hervorgerufene gewalttätige Aktionen gegen die Falaschas fürchteten, die auf Grund der von jüdischen Organisationen geleisteten Versorgung mit Nahrung, Kleidung und Medikamenten einen "privilegierten Status" genossen.[97]

Verdeckte Hinweise auf eine geplante Rettungsaktion lieferte die umfangreiche Berichterstattung über die prekäre Situation der äthiopischen Juden in der israelischen Tagespresse, die noch Ende April von den umfangreichen Vorbereitungen zur raschen Aufnahme berichtet hatte. Die seit Anfang Mai einsetzende Zensur wurde offiziell damit begründet, daß die äthiopische Regierung sich durch die negativen Meldungen beleidigt fühle.[98] Ein 16jähriges Mädchen, die zusammen mit Freunden immigriert war, wurde, nach dem sich herausstellte, daß sie nicht jüdisch war, umgehend nach Äthiopien deportiert;[99] wohl um die äthiopischen Regierung keinen Grund für eine Verärgerung zu bieten. Da aber Tausende von Helfern, wie Piloten, Ärzte und Pflegepersonal, in die Planungen der Rettungsaktion einbezogen waren und israelische Zeitungen berichtet hatten, daß die Ausreisewilligen darauf hofften,

"daß Israel viele Flugzeuge schickt, um alle Juden herauszuholen, bevor es zu spät

ist",[100] erwartete die Bevölkerung die Evakuierung mit fieberhafter Spannung. Mit Billigung der äthiopischen Regierung und der Unterstützung amerikanischer Politiker[101] entschloß sich das israelische Kabinett mittels einer seit mehreren Wochen generalsstabsmäßig geplanten Luftbrücke ("Operation Salomon") die im Lande verbliebenen Falaschas zu retten;[102] diese sollten nicht zu Geiseln in den Wirren des äthiopischen Bürgerkriegs werden.[103] Dieses Ziel konnte nicht erreicht werden, da rund 2.000 Juden, die in der von den Rebellen bereits kontrollierten Provinz Gondar leben, zurückbleiben mußten.[104] Zwiespältig ist auch, daß nicht die rund 3.000-4.000 getauften äthiopischen Konvertiten evakuiert wurden. Diese Maßnahme - unter enger Auslegung des sogenannten "Rückkehrer-Gesetzes" - riß erneut zahlreiche Familien auseinander.[105]

Vor der israelischen Botschaft und auf dem Flughafen drängten sich außerdem mehrere Tausend nichtjüdische und vor allem die zum Christentum konvertierten Äthiopier, die mit der israelischen Luftbrücke aus dem vom Bürgerkrieg zerstörten Land fliehen wollten.[106] Ein Sprecher der Jewish Agency begründete die Zurückweisung: *"Das hätte die rasche Heimführung derer, die unter großen Schwierigkeiten Juden geblieben waren, wesentlich erschwert"*.[107] Deshalb wurden nur jene, die in den zurückliegenden Wochen und Monaten von der Botschaft als Juden registriert worden waren, ausgeflogen. Die zurückgebliebenen ca. 600 Personen sollen auf einem "sicheren Areal" (Wollin) in Addis Abeba versammelt sein und sobald es möglich ist, auch nach Israel gebracht werden.[108] Mit 41 Flügen zwischen Addis Abeba und Tel Aviv in rund dreißig Stunden von Freitagfrüh bis Samstagnachmittag kehrten am 24./25. Mai 1991 ungefähr 14.500 Falaschas in das Land ihrer Vorfahren zurück.[109] *"Das ist der Zweck, für den Israel existiert"*,[110] sagte ein an der Aktion Beteiligter.

Das seit September 1990 generalstabsmäßig geplante Unternehmen, bei dem zeitweilig 28 Maschinen gleichzeitig in der Luft waren, wurde vom stellvertretenden Stabschef der israelischen Armee persönlich in Addis Abeba geleitet, während israelische Eliteverbände den Flughafen sicherten.[111] Die eine zur Verfügung stehende Landebahn beleuchteten die Soldaten in der Nacht mit Fackeln.[112] In den Flugzeugen, neben Passagiermaschinen, aus denen die Sitzreihen sowie die Küchen- und Serviceeinrichtungen entfernt worden waren, auch Frachtmaschinen, wie die Hercules C-130 und Jumbo-Jets der EL AL, lagerten die Menschen auf Bastmatten.[113] Sie durften außer den Kleidern am Leib nur ihre "Wertsachen" in einem kleinen Bündel von nicht einmal einem halben Kilo mitnehmen. Aber viele von ihnen besassen auch nicht mehr, da sie oftmals auf den wochenlangen Fußmärschen aus dem Norden Äthiopiens ausgeraubt worden waren und mittellos die israelische Botschaft in Addis Abeba erreicht hatten. Daher war es möglich, in einem EL-AL Jumbo-Jet statt der üblichen 450 Passagiere 1.077 Falaschas zu transportieren; die höchste jemals in einem Flugzeug beförderte Anzahl von Menschen.[114] Ein an der Rettungsaktion beteiligter israelischer Offizier kam zu dem Urteil: *"Ich glaube nicht, daß diese Operation mit einer anderen Gruppe von Juden auf der Welt durchführbar gewesen wäre: Ihre Disziplin, ihre Würde, ihr Glaube sind jenseits allem, was wir je gekannt haben."*[115] Ein anderer Beobachter meinte pointiert: *"Das hätten wir mit den rundlichen Russen mit ihren fünf Koffern in jeder Hand nicht geschafft, aber die Äthiopier, die sind so dünn"*.[116]

Während der Flüge wurden zehn Kinder geboren,[117] die so zu "Israelis von Geburt" wurden. Mit 250 Bussen wurden die Neuankömmlinge nach ihrer Ankunft auf dem Ben-Gurion-Flughafen auf fünfzig Übergangslager in ganz Israel verteilt.[118] Die Integration der Äthiopier in die israelische Gesellschaft, deren Kosten auf 150 Millionen US-Dollar geschätzt werden und durch westliche Spenden aufgebracht werden sollen,[119] dürfte insgesamt erfolgreicher verlaufen als die nach der "Operation Moses", obgleich dieser zusätzliche, wenn gleich auch quantitativ deutlich geringere Immigrationsstrom die israelischen Behörden vor nicht zu unterschätzende Absorbtions- und Integrationsprobleme stellt.[120] Im Gegensatz zu den sowjetischen Einwanderern war und ist die Eingliederung der äthiopischen Neubürger sehr schwierig. So lebte mehr als fünf Jahre nach der dramatischen Rettung durch die "Operation Moses" die überwiegende Zahl von ihnen noch in den beengten Wohnverhältnissen der nur für kurze Aufenthalte gedachten Absorbtionszentren. Dies führte mehr und mehr zum Leben in einer isolierten Gemeinschaft, d.h. zu einer Ghettoisierung der äthiopischen Juden innerhalb des Jüdischen Staates.[121] Auch hier, bei der ungenügenden, um nicht zu sagen gescheiterten Integration der äthiopischen Immigranten, wurde von den Betroffenen die komplexe Bürokratie, in deren Hände man gefallen sei, energisch gerügt.[122] Außerdem gibt es in Teilen der Bevölkerung Ressentiments gegen die "schwarzen Juden"; die daraus resultierende Diskriminierung verhindert selbst in Kindergärten die gesellschaftliche Integration der äthiopischen Olims.[123]

Während der vier- bis fünfstündigen Evakuierungsflüge haben die Falaschas zugleich einen Zeitsprung absolviert, der sie aus ihren eher archaisch-ruralen Dorfstrukturen, wo sie als Landarbeiter oder Handwerker lebten, in eine Industriegesellschaft des 20. Jahrhundert befördert. Deshalb müssen sie auch mit scheinbar so simplen Dingen der modernen Zivilisation wie Aufzügen, Drehtüren, Duschen oder Wasserklosetts vertraut gemacht werden.[124]

Für eine erfolgreichere Eingliederung der durch die "Operation Salomon" Heimgeholten spricht aber, daß die Behörden zum einen aus früheren Fehlern und Erfahrungen gelernt hat.[125] Zum anderen sind durch die vorausgegangene Rettungsaktion im Jahre 1985 und die "tröpfchenweise" erfolgte Emigration der vergangenen Jahre rund 23.000 Falaschas bereits im Lande, die nicht nur die Sprache der Neubürger, Amharisch, sprechen, sondern diesen auf Grund ihrer eigenen Erfahrungen und Kenntnissen die Integration erleichtern können;[126] vor allem wenn man bedenkt, daß zahlreiche im Jahre 1985 durch den plötzlichen, zwangsweisen Abbruch der Luftbrücke auseinandergerissene Großfamilien und Freundeskreise wieder zusammenfinden.[127] Extra für den Zweck der Familienzusammenführung wurde ein Radiosender mit Programmen in Amharisch eingerichtet.[128] Besonderes Augenmerk will die Jewish Agency bei der Eingliederung auf die Kinder und Jugendlichen richten, die schneller Hebräisch erlernen, während die Integration der alten Menschen sehr schwierig sei, weil diese *"wie Bäume in der Wüste"* nur schwer zu verpflanzen seien.[129] Da zwei Drittel der Neuankömmlinge unter achtzehn Jahre alt ist, erleichtert dies die Aufgabe. Eine Erkenntnis aus den Problemen nach der "Operation Moses" ist auch, daß relativ kalte Orte sich nicht für eine Ansiedlung eignen, da die Äthiopier wärmere klimatische Bedingungen gewohnt sind. Eine Besiedlung der besetzten Gebiete wird zwar offiziell ausdrücklich verneint,[130] aber zumindest im Falle des in der Westbank gelegenen Ortes Kiriat Arba, wo seit mehreren Jahren eine äthiopische Gemeinde besteht, ist mit einem Zuzug von Verwandten und Freunden zu rechnen.[131]

Die israelische Zensur unterband alle Berichte über die Evakuierungsflüge bis zur Ankunft der letzten Maschine in Tel Aviv am Samstagnachmittag. Das Oberrabbinat hatte für den Sabbat das sonst gültige Arbeitsverbot aufgehoben,[132] da für die Rettung von Menschenleben, der jüdische Ruhetag "entheiligt" werden durfte. In der Bevölkerung kam es nach Bekanntwerden der Aktion durch Fernsehen und Radio zu spontanen Sammlungen von Kleidern und Spielzeug. In Postämtern und Supermärkten wurden Sammelstellen eingerichtet.[133] Die gelungene Rettungsaktion hat das israelische Selbstwertgefühl wieder emporschnellen lassen, das nach den zurückliegenden Wochen der (aus politischer Räson) ohnmächtig ertragenen irakischen Raketenangriffen und der andauernden amerikanischen Kritik an der mangelnden Verhandlungsbereitschaft in der Frage einer Nahostkonferenz gelitten hatte.[134] In spontanen Äußerungen wurde die Luftbrücke mit dem Auszug aus Ägypten verglichen.[135] Für viele Israelis hatte "sich der Sinn dieses Landes"[136] erfüllt; vor allem für viele Ältere, die in Erinnerung an die jüdische Ohnmacht während der Shoah, bedrückt äußerten: *"Hätten wir bloß zu Hitlers Tagen einen Staat gehabt"*.[137] Wohnungsbauminister Scharon hingegen sprach vom *"Eintreten der biblischen Prophezeiung"*.[138]

Nach amerikanischen Berichten hat die israelische Regierung der äthiopischen Seite 35 Millionen US-Dollar für die Ausreiseerlaubnis bezahlt, die von amerikanisch-jüdischen Verbänden aufgebracht wurden.[139] Außerdem setzten sich mittels der Luftbrücke mehrere hochrangige Mitglieder des Mengistu-Regimes nach Israel ab, die nach Nordamerika weiter emigrieren wollen.[140]

Symptomatisch für die fortdauernde gesellschaftliche Benachteiligung in Israel ist, daß sich bislang nur ein Rabbiner um die religiösen Belange der rund 40.000 "schwarzen Juden" aus Äthiopien kümmern wollte. Da andere Rabbiner, ohne vorherigen formellen Übertritt zum Judentum, die Eheschließungen von äthiopischen Olims weiter verweigern, ist Rabbiner David Schlosch allein mit den etwa zwanzig Trauungen pro Monat überfordert. Für ihn hingegen ist diese Forderung eine *"Demütigung und Schande"*, denn seiner Auffassung nach, sind die *"Äthiopier, die nach Israel kommen, in jeder Hinsicht Juden und zwar bessere als die russischen."*[141] Da sich nun vier weitere Rabbiner zur Unterstützung seiner Arbeit bereitgefunden haben, wird die rabbinische Betreuung nicht nur bei Eheschließungen verbessert.

8. SOWJETISCHE EMIGRANTEN IN AUSTRALIEN

Ähnliche Ergebnisse wie bei den übrigen Einwanderungsländern zeigen die Befragungen von australischen Immigranten über die Gründe zum Verlassen der Sowjetunion.[142] An erster Stelle stehen politische Gründe, erst dann folgen Antisemitismus und die Hoffnung auf eine bessere Zukunft für die Kinder.[143]

Die australische jüdische Wohlfahrtsorganisation betreut die Ankömmlinge bei allen Formalitäten und ist behilflich bei der Suche nach einer Wohnung und einer Arbeitsstelle. Die private Hilfsorganisation übernimmt außerdem alle in der ersten Aufenthaltswoche anfallenden Kosten; inklusive der Unterbringung in einem Motel. Alle danach anfallenden Kosten (wie etwa Wohnungsmiete und -kaution) werden lediglich als rückzahlbarer Kredit vorgestreckt. Falls nicht sogleich eine adäquate Arbeit gefunden werden kann, haben die Neuankömmlinge Anspruch auf Arbeitslosenunterstützung durch das staatliche Sozialamt. Die australischen Einwanderungsbehörden unterstützen die Eingliederungsbemühungen überdies durch zweimonatige Englisch-Intensivkurse.[144] Insgesamt lebten Mitte der achtziger Jahre ca. 2.600 ehemalige jüdische Sowjetbürger in Australien, vornehmlich im Großraum Melbourne.[145]

Eine Veränderung der Beschäftigungsverhältnisse und ein Absinken der arbeitsrechtlichen Stellung ist bei den australischen Immigranten aus der UdSSR deutlich zu erkennen. Nicht nur, daß über ein Achtel von ihnen arbeitslos ist (dies ändert sich nach der Eingewöhnungsphase rasch); über ein Viertel arbeitet als ungelernte Kräfte und auch die Beschäftigtenzahl im gehobenen administrativen Bereich ("weiße Kragen"-Berufe) ist nur noch halb so hoch, wie sie in der Sowjetunion war.

Ungeachtet des verschlechterten Beschäftigungsstatus waren über 85 % der Immigranten mit den Lebensbedingungen in Australien zufriedener als mit denen in der Sowjetunion.[146]

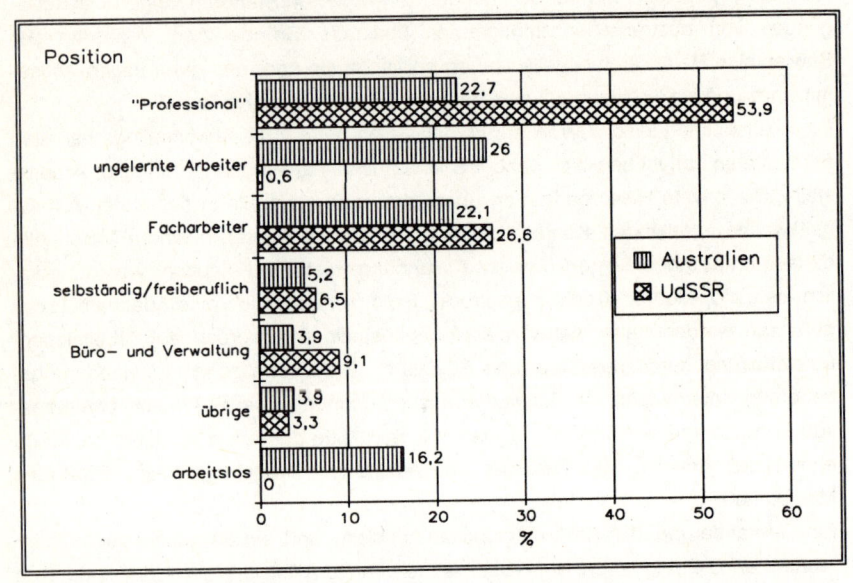

Graphik 26: Veränderung der arbeitsrechtlichen Position in der UdSSR und in Australien (in %)

Position	Australien	UdSSR
"Professional"	22,7	53,9
ungelernte Arbeiter	26	0,6
Facharbeiter	22,1	26,6
selbständig/freiberuflich	5,2	6,5
Büro- und Verwaltung	3,9	9,1
übrige	3,9	3,3
arbeitslos	16,2	0

Als Resultat des Australienbesuchs von Außenminister Schewardnadse im März 1987 war das Einverständnis der sowjetischen Regierung im Spätsommer 1987 zu sehen, wo nach 31 Familien, insgesamt 89 Personen, zwecks Familienzusammenführung nach Australien ausreisen durften.[147] Berücksichtigt man außerdem die Auswanderungserlaubnis für fünf langjährige Refuseniks im Dezember 1987, anläßlich des Moskauaufenthaltes des australischen Premierministers Bob Hawke[148], so gewinnt Australien wachsende Bedeutung als neue Heimstatt für die aus der Sowjetunion strebenden Juden.

9. IMMIGRATION SOWJETISCHER JUDEN NACH DEUTSCHLAND

Seit dem Frühjahr 1990 bricht der Zustrom von sowjetischen Juden nach Deutschland nicht ab: das führt in mehrfacher Hinsicht zu einer problematischen und zwiespältigen Situation.[149] Zum einen ist die historische Dimension der Zuwanderung zu beachten, die 45 Jahre nach dem Ende des Dritten Reiches und der Shoah den Juden noch immer die spezielle Rolle eines Opfers zuschreibt, dessen individuelle Handlungen und Einstellungen tabuisiert sind; das erfordert eine diffizile Behandlung der Aufnahmeproblematik.[150] Zum anderen wird durch eine Sonderbehandlung, die "normalen" Asylbewerbern aus Osteuropa nicht zuteil wird, eine Ausnahmestellung erzeugt und verfestigt, die größerenteils nicht gerechtfertigt ist. Darüber hinaus sind auch außenpolitische Belange zu berücksichtigen, die durch den energischen Protest Israels gegen eine Aufnahme entstehen[151] und kumulieren; wie etwa in der Frage einer etwaigen Abschiebung von via Israel nach Deutschland gekommenen Sowjetjuden (siehe unten Kap. 9.4).

Seit Anfang der siebziger Jahre kommen Sowjetjuden als Emigranten nach (West-) Berlin;[152] rund 3.800 ehemalige Sowjetbürger wohnen heute im Westteil der ehemaligen Reichshauptstadt.[153] Noch im Jahre 1989 waren es monatlich 40-50 Personen, die sich an den Transitstationen statt für Israel für eine Zukunft in West-Berlin entschieden.[154]

9.1 SOWJETISCHE JUDEN IN DER DDR

Ausgelöst wurde der Wunsch der Sowjetjuden, eine neue Heimat auch in der DDR zu suchen, durch die gemeinsame Erklärung aller Volkskammerfraktionen,[155] in der deutlich von der früheren antizionistischen und damit letztlich antisemitischen Staatsdoktrin der SED abgerückt wurde und in der die Abgeordneten dafür eintraten, daß *"verfolgten Juden in der DDR Asyl zu gewähren"* sei.[156] In den jüdischen Gemeinden der Sowjetunion sprach sich sehr schnell herum, daß der DDR-Ministerrat außerdem im Juli 1990 einen Beschluß gefaßt hatte, allen Juden, die antisemitischen Repressalien in ihrer Heimat ausgesetzt waren, eine rasche und unbürokratische Aufnahme zu gewähren.[157] Diese Manifestationen und die sich von Woche zu Woche deutlicher abzeichnende Vereinigung Deutschlands lösten bis Mitte April 1991 im wesentlichen den Wunsch von über 4.900 Sowjetjuden[158] nach einer Ansiedlung in der DDR aus. Dabei spielte die Einladung durch von bereits in Berlin lebenden Verwandten und Freunden sicherlich auch eine Rolle.[159] Aber auch den erst im Jahre 1990 Gekommenen folgten rasch Angehörige und Freunde nach, da über Telefon und Briefe ein reger Kontakt mit der alten Heimat besteht.[160] Noch im Dezember 1990 und Januar 1991 kamen an manchen Tagen bis zu 100 Personen nach Berlin.[161] Nach Ansicht von Mario Offenberg, dem Geschäftsführer der orthodoxen Berliner Jüdischen Gemeinde Adass Jisroel, besitze Deutschland - ungeachtet der Shoah[162] - für viele Sowjetbürger *"zu Recht noch den Charme des Geistes der Aufklärung, Emanzipation und Toleranz der Jahrhundertwende"*.[163]

Erste Anzeichen für ein Umdenken in der noch sozialistischen DDR und für ein beginnendes Eingehen auf Fragen nach Art und Ausmaß des Antisemitismus in der Sowjetunion waren in einem Interview mit dem Moskauer Oberrabbiner Adolf Shajevitsch zu erkennen, das in der FDJ-Tageszeitung "Junge Welt" Ende Februar 1990 erschien.[164] In dem Zentralorgan der Freien Deutschen Jugend (FDJ), der staatlichen (und einzigen offiziell zugelassenen) Jugendorganisation in der DDR, wurden die antisemitische Bedrohung und die ansteigende Pogromstimmung[165] unter den sowjetischen Juden für die DDR-Bürger zum ersten Mal skizziert. Bereits Ende Februar 1991 hatte der gerade neu gegründete Jüdische Kulturverein[166] die Teilnehmer des Zentralen Runden Tisches in Ost-Berlin auf die Probleme hingewiesen und um Hilfe gebeten. Alle dort versammelten Gruppierungen unterstützten einen Beschluß, in dem die DDR-Regierung aufgefordert wurde, allen Juden, die es wünschten, die Einwanderung und Einbürgerung zu ermöglichen.[167]

Die Ursache für die panikartige Flucht vieler sowjetischer Juden aus der UdSSR waren die wachsenden und vor allem offener zutage tretenden antisemitischen Tendenzen in der sowjetischen Gesellschaft, die vor allem von der national-chauvinistischen Pamjat-Bewegung ausgehen.[168] Die Gerüchte um eine angeblich bald bevorstehende "Nacht der langen Messer" (Zakan), die immer zahlreicher werdenden antisemitischen Schmierereien und Hetzparolen sowie die immer häufigeren Veranstaltungsstörungen und -sprengungen durch rechtsextreme Rowdies, deren Treiben Polizei und Miliz tatenlos zusehen, verstärkten im Frühsommer 1990 den Ausreisewunsch vieler sowjetischer Juden.[169] Für einige tausend von ihnen galt: *"Weil wir nicht in die USA können und nicht nach Israel wollen, gehen wir nach Deutschland"*.[170]

Nach den Volkskammer-Wahlen im März 1990 erfolgte die Anerkennung der (ungeteilten) Verantwortung beider deutscher Staaten für die NS-Verbrechen an den europäischen Juden auch durch die DDR,[171] die einherging mit der verbalen Bereitschaft[172] zur Wiedergutmachung und einer Verbesserung des Verhältnisses zum Staat Israel. Durch diese politischen Veränderungen erschien einem kleinen Teil, d.h. etwa 4.000 der rund 200.000 sowjetischen Emigranten des Jahres 1990 auch die DDR als ein akzeptables Migrationsziel. Im Gegensatz zur Bundesrepublik wurden in der DDR die jüdischen Einwanderer relativ unbürokratisch aufgenommen und materiell versorgt.[173] Die erlassenen Aufnahmebestimmungen räumten ihnen eine Sonderstellung ein und gewährleisteten ein kurzes Aufnahmeverfahren[174] ohne die üblichen Asylbestimmungen. Denn um diplomatischen Streitigkeiten mit der UdSSR aus dem Wege zu gehen, entschloß sich die Regierung de Mazière nach langwierigen bilateralen Verhandlungen mit der Sowjetunion, den Flüchtlingen zwar kein Asyl zu gewähren, ihnen jedoch zugleich aus humanitären Gründen ein ständiges Wohnrecht in der DDR einzuräumen.[175]

Die ersten Neuankömmlinge wurden noch behelfsmäßig in einer ehemaligen Kaserne des Ministeriums für Staatssicherheit[176] in Ahrensfelde untergebracht;[177] die Zahl der Übergangsheime stieg rasch auf 27 an.[178] Das erste Aufnahmeheim in Thüringen wurde bereits im Sommer 1990 eröffnet; auch in den übrigen neuen Bundesländern wurden rasch Übergangsheime eingerichtet.[179] Die Kosten der Aufnahmeheime für Unterkunft, Verpflegung und ein tägliches Taschengeld von zwei DM pro Person übernahm das Innenministerium der DDR.[180]

Um jedoch in einem dieser "Zentralen Aufnahmelager des Ministerium für Inneres" der DDR aufgenommen zu werden, mußten die Flüchtlinge neben ihrem sowjetischen Paß noch eine von der Ost-Berliner Jüdischen Gemeinde ausgestellte jüdische "Identitätsbescheinigung" vorweisen können.[181] Dieses Bescheinigungswesen führte zur Kritik durch die West-Berliner Jüdische Gemeinde, deren Vorsitzender, Heinz Galinski, nachhaltig gegen dieses Verfahren protestierte. Die West-Berliner Gemeinde ihrerseits überprüfte die jüdische Herkunft nur, wenn die betreffende Person Mitglied der Gemeinde werden wollte, nicht aber als Teil eines staatlichen Aufnahmeverfahrens. Diese scharfe Kritik der nicht zuständigen West-Berliner Gemeinde richtete sich daher sowohl gegen die Glaubensbrüder im Ostteil als auch gegen die DDR-Behörden. Hier müssen allerdings die unterschiedlichen staatlichen Einordnungskategorien berücksichtigt werden, die diese überzogene Mäkelei letztlich über das Ziel hinausschießen ließ. Während den Immigranten aus der UdSSR in Ost-Berlin von den DDR-Behörden mit dem eingeräumten Status "ausländischer Bürger mit ständigem Wohnrecht in der DDR" das Bleiberecht zugebilligt wurde und die Flüchtlinge formaljuristisch den DDR-Bürgern gleichgestellt waren,[182] erteilten die West-Berliner Meldebehörden lediglich eine Duldungsgenehmigung, die aber nicht einer unbefristeten Aufenthaltserlaubnis entsprach und keinen Anspruch auf eine Arbeits- und Gewerbeerlaubnis oder einen Sprachkurs mit einschließt.[183] Um aber in den Genuß von Sozialhilfe und Vertriebenenausweis zu gelangen, mußten die als "geduldete Ausländer" (so die offizielle Formulierung) in West-Berlin lebenden Sowjetjuden überdies nachweisen, daß sie gemäß dem Bundesvertriebenengesetz zum "deutschen Kulturkreis" gehören.

Personen, die beispielsweise vor dem zweiten Weltkrieg im deutschen Kulturkreis aufgewachsen (z.B. in Ostpreußen), deutsche Schulen besucht hatten und nach den Kriegswirren durch die politische Teilung Europas in den sowjetischen Machtbereich gerieten,[184] werden von der Rechtssprechung nicht als deutsche Vertriebene anerkannt,[185] da die in der Sowjetunion erfolgte Nationalitätseintragung im Paß als "Jude" als ein *"Beweis gegen ein Bekenntnis zum Deutschtum interpretiert"*[186] wird. Als "Beweis" gilt nach dem Bundesvertriebenengesetz[187] hingegen die Zugehörigkeit zu einer christlichen Konfession oder die Eintragung in die rassistische "deutsche Volksliste".[188] Euphemistisch und fast zynisch ist die im Artikel 116 des Grundgesetzes festgelegte Bestimmung, daß auch derjenige Deutscher im Sinne der Wiedereinbürgerung ist, der als Flüchtling oder Vertriebener deutscher Volkszugehörigkeit auf *"dem Gebiete des Deutschen Reiches nach dem Stande vom 31. Dezember 1937 Aufnahme gefunden hat"*,[189] d.h. zu einem Zeitpunkt, als die meisten Juden Deutschland verliessen, um der Verfolgung zu entgehen, so daß manche Beobachter sich fragten, ob nun Juden plötzlich unerwünscht seien.[190] Eine für einstmals von Deutschen verfolgte Juden fürwahr als bizarr und demütigend angesehene Forderung, deutschen Behörden nachweisen zu müssen, daß sie noch immer kulturell Deutsche sind.[191]

9.1.1 BERATUNGSSTELLE IN OST-BERLIN

Um den zahlreicher werdenden Flüchtlingen eine Anlaufstelle zu bieten, wurde im August 1990 eine "Kontakt- und Beratungsstelle für ausländische jüdische Bürger" in der Ost-Berliner Otto-Grotewohl-Straße 19 im Gebäude des ehemaligen Nationalrates eingerichtet, die anfangs mit zwei und später mit fünf Mitarbeitern besetzt war[192] und von bis zu 100 Personen täglich aufgesucht wurde.[193] Das Haus an der früher als Wilhelmstraße bezeichneten Magistrale im Herzen Berlins war ein überaus symbolträchtiger Ort, da nach dem preußischen Finanzministerium hier zwischen 1933-45 das Propagandaministerium von Joseph Goebbels untergebracht war. Die

Staatssekretärin Almuth Berger, Ausländerbeauftragte des DDR-Ministerrates,[194] hatte die ihr unterstehende Beratungsstelle[195] bewußt hier untergebracht, wohlwissend, daß dies als Zumutung, ja sogar als Taktlosigkeit gewertet werden könne.[196] Aber für die frühere evangelische Pastorin Berger war es der Versuch, *"gemeinsam mit dieser Geschichte zu leben"*,[197] und der Versuch, von diesem Ort aus den Menschen zu helfen sich einzuleben.[198] Der Geschäftsführer der orthodoxen Gemeinde Adass Jisroel, Mario Offenberg, konzedierte zwar, daß dieses Haus für Juden nicht leicht zu betreten sei, andererseits gebe es in ganz Berlin *"keine Straße und keinen Platz, wo nicht Verbrechen an Juden begangen wurden. Man müßte also die gesamte Stadt ächten."*[199] Die unrühmliche Geschichte des Gebäudes berücksichtigend, betonte ein Sprecher der Emigranten bei der Eröffnung der Beratungsstelle, man könne auf den Ruinen der Vergangenheit Neues aufbauen.[200]

Bereits Anfang September 1990 erhielten dann die ersten Immigrantenfamilien eine Wohnung im Ost-Berliner Bezirk Marzahn zugewiesen.[201] Bis Ende Februar 1991 hatten bereits über 200 Familien eine Wohnung erhalten und konnten die Übergangsheime verlassen.[202] Die nun Gesamtberliner Jüdische Gemeinde konnte bis Mai 1991 in 71 Fällen den "Zuwanderern" Wohnungen vermitteln.[203] Insgesamt 58 Kinder wurden im Herbst 1990 in den Marzahner Schulen aufgenommen. Das Hauptproblem bei der schulischen Integration ist die Sprachbarriere, da die neuen Schüler auf der fachlichen Stoffebene keine Anpassungsschwierigkeiten haben. Um eine Integration erfolgreich fördern zu können, nahmen die Ost-Berliner Lehrer auch Kontakt zu ihren Kollegen an einer Ganztagsschule im West-Berliner Bezirk Kreuzberg auf, da diese über langjährige Erfahrungen bei der vergleichbaren Eingliederung türkischer Kinder in den Schulalltag verfügen.[204]

9.1.2 HILFE UND FÜRSORGE DURCH DIE JÜDISCHEN GEMEINDEN

Auch die Jüdische Gemeinde in der Oranienburger Straße kümmerte sich intensiv um die Zuwanderer aus der Sowjetunion. In ihrer Geschäftsstelle war neben zwei Fürsorgern und einer großen Zahl freiwilliger Helfer ein Mitarbeiter der "Zentralen Wohlfahrtsstelle der Juden"[205] aus Frankfurt/M. tätig. Darüberhinaus bot die Gemeinde täglich Deutschunterricht an.[206]
Rührig kümmerte sich gleichfalls die orthodoxe Synagogengemeinde Adass Jisroel

um die Einwanderer. Diese waren als Gemeindemitglieder besonders willkommen, da die Existenzberechtigung der kleinen, nur etwa 200 Personen umfassenden, gesetzestreuen Gemeindeneugründung von der West-Berliner Einheitsgemeinde hartnäckig attackiert wird.[207] Adass Jisroel stellte nicht nur zwei Mitarbeiter für die psychosoziale Betreuung und die Durchführung von Deutsch- und Hebräischkursen ein,[208] sondern richtete außerdem eine Teestube ein, die mit Büchern, deutsch- und russischsprachigen Zeitschriften und Tageszeitungen ausgestattet, sich rasch zu einem kleinen "Kulturzentrum" für die Immigranten entwickelte.[209] Die seit der Vereinigung Deutschlands wieder Gesamtberliner Gemeinde blieb gleichfalls nicht untätig und eröffnete im Juni 1991 in der Oranienburger Straße einen Kulturklub. Die fünf Räume umfassen auch ein Cafè mit koscherer Küche. Außerdem bestehen Theater, Tanz-, Musik- und Videogruppen, die vor allem den Heimbewohnern die Tristesse des Alltags in den Übergangsheimen erträglicher machen sollen.[210]

9.2 BEHANDLUNG DER EMIGRATIONSFRAGE NACH DER VEREINIGUNG

Nach der Vereinigung der beiden deutschen Staaten hatte sich die Unterbringung der sowjetischen Immigranten durch die Beratungsstelle erheblich verschlechtert. Da die fünf neuen Bundesländer gemäß den Vereinbarungen des Einigungsvertrages ein Fünftel aller Aussiedler und Asylbewerber zugewiesen bekommen,[211] verweigerten sie nun eine weitere Aufnahme von sowjetischen Juden, sofern diese nicht auf die entsprechenden Quoten angerechnet würden.[212] Da dies nicht geschah und beispielsweise auf die Kommunen im Bundesland Sachsen jährlich ca. 40.000 deutschstämmige Aussiedler und 8.000 Asylbewerber verteilt werden, wurde die Unterbringung von Juden aus der UdSSR nunmehr verweigert, so daß diese lediglich in Ost-Berlin ein Obdach fanden, wo bis zur (zeitgleich mit der gesamtdeutschen) am 2. Dezember 1990 durchgeführten Gesamtberliner Parlamentswahl eine Ausnahmeregelung galt.[213]

Die großzügige Aufnahmeregelung endete schließlich, gemeinsam mit dem Staat "Deutsche Demokratische Republik", am 3. Oktober 1990. Seither gilt auch in dieser Frage bundesdeutsches Recht, da - ungeachtet des Drängens der DDR-Delegation - keine Übergangsregelung im Einigungsvertrag[214] aufgenommen wurde. Selbst die vom DDR-Ministerrat verfügte Aufnahme "in begrenzter Zahl" fand als Formulierung nicht die Zustimmung der westdeutschen Verhandlungspartner.[215] Dies war, bezogen auf die Asylpolitik, sicherlich ein "schlechter Start" in die Vereinigung der beiden deutschen Staaten.[216] Aber dies war nur der traurige Anfang, denn wie erst Mitte September 1990 bekannt wurde,[217] hatte das Bundesinnenministerium bereits Ende August 1990 für die zuständigen Abteilungen der bundesdeutschen Konsulate in Kiew und Leningrad sowie für die Botschaft in Moskau de facto einen Einreisestopp verfügt.[218] Offiziell waren die diplomatischen Auslandsvertretungen der Bundesrepublik zwar "nur" angewiesen worden, bis auf weiteres keine Einwanderungsanträge mehr zu bearbeiten und auch keine neuen Gesuche mehr anzunehmen;[219] dies kam jedoch einer faktischen Einreisesperre gleich. Darüberhinaus hatte das Bundesinnenministerium die "Bitte" alle vorliegenden Einreisegesuche *"zunächst nicht weiter zu bearbeiten"* außerdem *"auch gegenüber der DDR ausgesprochen"*,[220] so daß die gleichfalls die Moskauer Botschaft der zu diesem Zeitpunkt noch souveränen DDR keine Anträge mehr bearbeiten durfte.[221] Das Bonner Innenministerium begründete diese Maßnahme mit der sprunghaft angestiegenen Zahl der Ausreisewünsche, so lägen allein dem Generalkonsulat in Kiew "bis zu" zehntausend Anträge vor. Das Auswärtige Amt als oberste Dienstbehörde wußte hingegen nur von "einigen tausend" Gesuchen zu berichten[222] und betonte stattdessen, daß in Moskau und Leningrad fast keine Aufnahmegesuche vorlägen![223]

9.2.1 DIE QUOTIERUNGSDEBATTE

Die parlamentarische Behandlung der Aufnahmefrage Anfang November 1990 im Deutschen Bundestag wurde vom Wahlkampf zum ersten gesamtdeutschen Parlament überschattet. Nach kurzer "beunruhigend harmonisch"[224] verlaufender parlamentarischer Beratung[225] wurde der von der Fraktion Die Grünen/Bündnis 90 eingebrachte Antrag "Einwanderung sowjetischer Juden in die Bundesrepublik Deutschland"[226] zur weiteren "Beratung" an den Innenausschuß überwiesen, obgleich den Abgeordneten bekannt war, daß dieser Ausschuß nicht mehr in der in wenigen Wochen endenden Legislaturperiode tagte![227]
In seinem Redebeitrag während der Bundestagsdebatte brachte der innenpolitische Sprecher der CDU/CSU-Fraktion, Johannes Gerster, auch einen Stein ins Rollen, der in den folgenden Wochen noch viel Wirbel und heftige Diskussionen auslösen sollte. Denn Gerster sprach von einer *"Aufnahmequote von über 1.000 Emigranten*

jährlich",[228] von der ausgegangen werde. Damit sprach er indirekt von einer Kontingentierung der Emigration, die einen heftigen Protest des Zentralrates der Juden in Deutschland zur Folge hatte.[229] Die dabei vom Vorsitzenden des Zentralrates, Heinz Galinski, vertretene Position: *"Die Deutschen haben an den Juden viel wiedergutzumachen, und diese historische Pflicht verbietet Beschränkungen und Quotierungen"*,[230] stößt allerdings immer öfter, vor allem bei jungen Menschen - ungeachtet aller Anerkennung der NS-Verbrechen und ihrer aktiven Bereitschaft zur Hilfe -, auf Vorbehalte: *"Ich bin 20 Jahre alt und denke nicht, daß ich eine Schuld abzutragen habe"*.[231]

Die von Gerster nicht als "Endzahl", sondern als "Stand der Diskussion"[232] genannte Ziffer schien vordergründig relativ hoch - gemessen an der bundesrepublikanischen Aufnahme von 400 jüdischen Emigranten aus der UdSSR im Zeitraum 1989/90.[233] Doch diese Zahl der aus "humanitären Gesichtspunkten" Aufgenommenen ist nur eine unzureichende Vergleichsgröße. Im Vergleich mit den vom Bundesinnenministerium im wahrsten Sinne des Wortes "hochgerechneten" 10.000 bereits vorliegenden Einreisegesuchen, wäre eine jährliche Aufnahmequote von 1.000 Personen offenkundig zu niedrig, da sonst allein die Immigration der Antragsteller, die ihre Gesuche bereits eingereicht haben, über eine Dekade dauern würde. Wie der Münchner Politikwissenschaftler Michael Wolffsohn konstatiert, führt der Wunsch der sowjetischen Immigranten, Deutschland als Ersatzziel für das ihnen versperrte Amerika zu wählen, zu einem Dilemma für die Bundesrepublik Deutschland und *"bringt die Bonner Politiker in eine moral- und realpolitische Zwickmühle. Sollen sie eher die Vertreter des deutschen Judentums oder den jüdischen Staat vor den Kopf stoßen? Geben sie Galinski nach, verärgern sie Israel. Handeln sie im Interesse Israels, provozieren sie Deutschlands Juden."*[234]

Die Bundesregierung stand mit ihrer durch die Kontingentierungsdiskussion selbst verursachten Zwangslage, bei der Suche nach einer alle Seiten zufriedenstellenden Lösungsmöglichkeit, die einer Quadratur des Kreises gleichkam, nicht allein da, denn auch der Zentralrat der Juden war seinerseits in eine Kalamität geraten.[235] Einerseits begrüßte und unterstützte er die Einwanderung nach Israel, während er andererseits für eine personelle Erweiterung der jüdischen Glaubensgemeinschaft in Deutschland eintrat.[236] Folgerichtig warnte der Vorsitzende Heinz Galinski davor, in irgendeiner Richtung *"unbedacht zu handeln"*.[237] So wurde beispielsweise in der "Allgemeinen jüdischen Wochenzeitung", dem publizistischen Sprachrohr des Zentralrates, plötzlich von "Zuwanderern" und nicht mehr von Emigranten gesprochen.[238] Der Wunsch des Zentralrates nach einer Einbürgerung von möglichst vielen

Juden aus der Sowjetunion ist verständlich. Die Zahl der Gemeindemitglieder ist mit 35.000 in der alten Bundesrepublik und weniger als 400 in der früheren DDR[239] verschwindend gering; noch fataler ist die hohe Überalterung.[240] Die überdurchschnittliche Bildungshöhe der Sowjetjuden, von denen drei Viertel Akademiker sind,[241] würde zusätzlich eine intellektuelle Bereicherung zumindest für die größeren Gemeinden darstellen.

Die auf Innenminister- und Ministerpräsidenten-Konferenzen[242] der Bundesländer im Dezember 1990 und Januar 1991 fortgeführten Diskussionen um eine Aufnahmequote[243] für die Sowjetjuden wurden schließlich so gelöst, daß alle bis zum Stichtag (zuerst 15. Februar dann auf 30. April 1991 verlängert)[244] eingereisten Emigranten aus der UdSSR ohne ein förmliches Asylverfahren eine unbefristete Aufenthalts- und Arbeitserlaubnis erhielten.[245] Seit dem Stichtag dürfen die Aufnahmegesuche von zuwanderungswilligen Juden nicht mehr in der Bundesrepublik gestellt werden,[246] sondern müssen bei den fünf konsularischen Vertretungen Deutschlands in der UdSSR eingereicht werden. Die von dort weitergeleiteten Anträge werden vom Bundesverwaltungsamt in Köln bearbeitet[247] und die Emigranten nach einem Verteilungsschlüssel auf alle Bundesländer verteilt. Diese weisen dann den einzelnen Kommunen gemäß der Einwohnerzahl ein Kontingent zu.[248] Zum Schluß werden diese Adressen über die diplomatischen Vertretungen den Antragstellern übermittelt. Erst danach dürfen diese mit einer unbeschränkten Aufenthaltserlaubnis an die ihnen zugewiesenen Orte einreisen. Für alle, die nach dem Stichtag (zuerst 15. Februar, dann auf 30. April 1991 verlängert) mit einem Touristenvisum nach Deutschland kommen, gelten die allgemeinen Vorschriften des Ausländergesetzes,[249] d.h. sie können nach einem erfolglosen Asylverfahren in die Sowjetunion abgeschoben werden.[250] Nach der geltenden Auslegung des Asylrechts haben die sowjetischen Juden, nach Ansicht des Darmstädter Jura-Professors Axel Azzola, kaum eine Chance auf eine Anerkennung. Denn Asylbewerbern verhelfe nur eine staatliche Verfolgung, nicht aber die alltägliche Diskriminierung durch die Gesellschaft zum gewünschten Status.[251] Dies galt aber nicht nur für die Bundesrepublik Deutschland, sondern auch für das allgemein als liberal eingestufte Schweden. Die rund 150 Sowjetjuden, die dort auf ihre Anerkennung als politische Asylbewerber warteten, wurden von schwedischen Behörden nicht als politische Flüchtlinge eingestuft, da sie nicht von Behörden in der Sowjetunion, sondern von ihrer dortigen Umgebung bedroht würden und deshalb nicht unter die UNO-Flüchtlingskonvention fallen würden. Im übrigen *"wanderten 'richtige Juden' weiter nach Israel."*[252]
Die ökonomische und politische Bedeutung der zentralen Verteilung verdeutlicht das

Beispiel von Berlin, wo zur Zeit rund 3.000 Sowjetjuden (aus DDR-Zeiten) versorgt werden müssen; unter Berücksichtigung der Kontingentregelung wären es für das Bundesland Berlin hingegen nur 112 Personen gewesen.[253]

9.3 INTERNATIONALE REAKTIONEN

Die Immigration mehrerer Tausend sowjetischer Juden nach Deutschland löste aus verschiedenen Gründen ein vielfältiges und als auch zwiespältiges internationales Echo aus.[254] Die Kritik an einer Einwanderung unterteilte sich im wesentlichen in zwei Kategorien. Internationale jüdische Organisationen, vor allem aus den USA erklärten, man könne *"nicht guten Gewissens"* zur Immigration in ein Land ermutigen, in dem durch die Shoah beispiellose Verbrechen an Juden begangen worden seien.[255] Auch für den Jüdischen Weltkongreß war es nur schwer zu verstehen und zu akzeptieren, daß jüdische Organisationen in Deutschland eine Immigration befürworteten, ohne die Millionen von Toten zu berücksichtigen. Diese Kritik zielte vor allem auf den Zentralrat der Juden in Deutschland, der die Aufnahme nachhaltig unterstützte und sogar forderte.

Außerdem kamen grundsätzliche Bedenken gegen eine Aufnahme aus Israel.[256] Das Jerusalemer Außenministerium betonte nachdrücklich, das *"natürliche Einwanderungsland für Juden ist Israel, hier haben sie ein automatisches Aufenthaltsrecht."*[257] Noch deutlicher formulierte es der israelische Botschafter in Bonn, Benjamin Navon, der die zionistische Ansicht vertrat, der Begriff "Flüchtling" habe für Juden, die ihre Herkunftsländer wegen Verfolgung verlassen müßten, keinerlei Berechtigung.[258] Denn ein Flüchtling sei eine Person ohne Heim und ohne Heimat. In Israel würde jedoch jeder, der kommen wolle, mit offenen Armen empfangen.[259] Den Vorsitzenden des Zentralrates der Juden in Deutschland, Heinz Galinski, forderte Navon nachdrücklich auf, jegliche weitere Intervention für sowjetische Juden bei der Bundesregierung zu unterlassen.[260] Auch für die israelische Sektion des Jüdischen Weltkongresses war der Staat Israel die *"natürliche Heimat der Juden"*, daher sei es unvorstellbar, daß Juden den "Status heimatloser Flüchtlinge" annehmen würden.[261] Für Navon war die Alija der sowjetischen Juden überdies *"daß Größte, Schönste und Erstrebenswerteste, was uns passieren konnte"*.[262] Diese Euphorie gewann er vor allem aus den enormen Entwicklungschancen, die der Zustrom hochqualifizierter Wissenschaftler, Ärzte und Ingenieure für die zukünftige Gestaltung der israelischen Gesellschaft bedeuten würde;[263] von den gewaltigen Integrations-, Finanz- und Wohnungsproblemen der Gegenwart sprach er hingegen nicht.

Auf eine Interviewfrage, wie es mit denjenigen stehe, die meinten, in Deutschland seien die Lebensbedingungen leichter als im kriegsbedrohten und krisengeschüttelten Israel, antwortete Botschafter Navon lakonisch, wer in die Bundesrepublik komme, weil es hier ökonomisch attraktiv ist, sei bestimmt kein Flüchtling.[264]

Partielle Vorbehalte gegen die Immigrationen von einigen tausend Sowjetjuden, wie sie vom Zentralrat ausdrücklich gewünscht wird,[265] hegen auch manche deutsche Gemeindevertreter. So empfiehlt der Vorsitzende der jüdischen Kultusgemeinde in Karlsruhe den Glaubensgenossen aus der UdSSR, zuerst nach Israel zu migrieren. Er begründet einleuchtend, zum einen habe man kein Oberrabbinat, um die tatsächliche jüdische Herkunft zu überprüfen, und zum anderen würden die kleineren westdeutschen Gemeinden - im Gegensatz zu den großen in Berlin[266] und München[267] mit bereits großen Sowjetbürgeranteilen - nur dann von den sowjetischen Zuwanderern profitieren können, wenn diese eine lebendige jüdische Kultur vermitteln könnten; doch die Emigranten würden diese Traditionen und Feste überhaupt nicht kennen.[268] Für den Vorsitzenden der Jüdischen Gemeinde Bochum/Recklinghausen hingegen bedeutet der Zustrom eine Chance, die kleine Gemeinde am Leben zu erhalten und ihren Fortbestand zu sichern, deren Existenz er zuvor in den kommenden drei bis vier Jahren bedroht sah.[269] Auch die Düsseldorfer Gemeindeführung sieht eher die prosperierenden Chancen für ein aktives und junges Gemeindeleben durch die neuen Mitglieder, auch wenn *"dann die Gemeindesprache vielleicht russisch sein wird."*[270]

Der nachdenkliche Landesvorsitzende der jüdischen Gemeinden in Niedersachsen, Michael Fürst,[271] äußert sogar Verständnis für die Haltung der Bundesregierung. Unter Berücksichtigung der Sprachbarriere, der hiesigen Wohnungsnot sowie den Schwierigkeiten einer angemessenen Eingliederung in den Arbeitsmarkt kommt Fürst zu der Überzeugung, man könne nicht alle auf einmal hereinlassen, die "vor dem Zaun" stehen würden.[272]

Eine derartige Nachdenklichkeit, wurde noch stärker von nichtjüdischer Seite geäußert. So meinte ein junger Mann, der als Zivildienstleistender in einem Übergangswohnheim vorbildlich arbeitet: *"Manchmal fragt man sich ganz im Innersten, bei uns gibt es jetzt so viele Obdachlose, wer hilft denn denen?"*[273]

Aber "vor dem Zaun" warten bereits viele, sehr viele. Allein in den zehn Wochen von

Mitte Februar bis Ende April 1991 wurden in den deutschen Konsulaten über 17.000 Einreiseanträge abgegeben.[274] Da zu fast jedem Antrag mehrere Familienmitglieder hinzu zurechnen sind, geht der Innenminister von Nordrhein-Westfalen, Herbert Schnoor, von etwa 100.000 Immigrationswilligen aus.[275]

9.4 UNERWÜNSCHTE "TOURISTEN" IN BERLIN

Eine Zuspitzung des deutsch-israelischen Disputes um die Frage der Zuwanderung drohte Mitte März 1991 durch 269 sowjetische Juden (darunter 73 Kinder),[276] die zunächst mit israelischen Visa ins "Gelobte Land" ausgereist waren, dann aber - bei Ausbruch des Golfkrieges - mit einem Touristenvisa nach Berlin geflogen waren, wo sie um Aufnahme baten.[277] Diese Weiterreise war maßgeblich von materiellen Erwägungen bestimmt,[278] so u.a. von der angeblich zu geringen finanziellen Unterstützung und von der Schwierigkeit, in Israel einen adäquaten Arbeitsplatz zu finden.[279] Einige Familien nannten als weiteren Grund: *"Die hebräische Sprache, die jüdische Religion seien ihnen fremd gewesen."*[280] Für ein Leben in der Bundesrepublik war die Synthese ungleich größer: *"Was verbindet sie mit der deutschen Kultur? Jefim Margolin muß lange überlegen. Ich höre gern **klassische Musik, vor allem Beethoven**"'* (Hervorhebung; L.M.).[281]

Bei Umfragen in Israel war die Mehrheit der Olims wesentlich mehr darüber besorgt, ob sie Wohnungen und Arbeit finden würden als über den Golfkrieg;[282] besonders jene aus den Krisenregionen der UdSSR fühlten sich sicherer als in der Sowjetunion.[283] Doch die berufliche Eingliederung ist für alle schwer, die die neue Sprache kaum verstehen, geschweige denn sprechen;[284] aber diese Problematik dürfte auch für Deutschland gelten.[285] Vom Berliner Senat wurden sie in Wohnheime eingewiesen und erhielten Sozialhilfe. Die Sozialverwaltung beschloß zunächst, diese Unterstützung nach dem Ende des Golfkrieges zu beenden. Da seit Mitte Februar 1991 nur **direkt** aus der Sowjetunion eingereiste Juden den besonderen Status von Kontingentflüchtlingen mit einer Arbeits- und unbefristeten Aufenthaltserlaubnis erhielten, hätte der Berliner Senat die 269 Personen wieder nach Israel abschieben müssen.[286] Doch dies erschien dem Innensenat undenkbar, obgleich sich selbst der Vorsitzende der Jüdische Gemeinde Berlin, Heinz Galinski, dafür ausgesprochen hatte, diesen Personenkreis abzuschieben. Den Flüchtlingen warf

Galinski überdies vor, *"diskriminierende Äußerungen gegenüber dem Staat Israel"* gemacht zu haben, anstatt *"ein Gefühl des Anstands und der Dankbarkeit"*[287] für die in Israel erhaltenen Unterstützungen, wie Geld, hebräischen Sprachkurse und Sozialleistungen zu zeigen.[288] Ende März 1991 entschied der Berliner Senat diese 269 Wirtschaftsflüchtlinge bis auf weiteres nicht abzuschieben. Der Berliner Innensenator Heckelmann bat am 3. April in einem Schreiben an Bundesminister Schäuble den Erlaß einer Ausnahmeregelung für den betreffenden Personenkreis anzuordnen. Vorbehaltlich der Entscheidung des Bundesinnenministers hatte der Senat die weitere Verantwortung auf die Berliner Bezirksämter abgewälzt. Das von zahllosen Sozialhilfefällen und hoher Arbeitslosigkeit bereits enorm belastete Weddinger Bezirksamt stellte im März 1991 vorübergehend die Sozialhilfezahlungen an die ihm zugewiesenen 52 sowjetischen "Touristen" aus Israel ein, die daraufhin bereitwillig von der Spandauer Sozialbehörde übernommen wurden.[289] Da noch keine grundsätzliche Entscheidung über die Rechtmäßigkeit des Zuzugs gefallen ist, bleiben diese 269 Sowjetjuden weiterhin auf Sozialhilfe angewiesen,[290] da sie keine Arbeitserlaubnis besitzen.[291] Beobachter vermuten überdies, daß diese via Israel eingereisten Personen keine unbegrenzte, sondern nur eine auf zunächst acht Jahre beschränkte Aufenthaltserlaubnis erhalten werden. Im Gegensatz zu den direkt aus der UdSSR eingereisten Juden hätten sie dann keinen Anspruch auf Sprachkurse und soziale Betreuung.[292]

Der Bundesinnenminister lehnte Mitte Mai den Antrag des Berliner Innensenators auf Erteilung einer Aufenthaltsbefugnis für die 269 "Touristen" ab. In seinem Ablehnungsbescheid betonte Schäuble, daß keine humanitären Gründe für eine Aufnahme vorlägen: *"Weder der Wunsch, in Deutschland statt in Israel zu leben, noch gar die illegale Einreise in der irrtümlichen Annahme, auf Dauer bleiben zu können, begründet eine humanitäre Notlage."*[293] Der Bundesinnenminister verweist im weiteren auf die von den Ministerpräsidenten der Länder am 9. Januar 1991 beschlossene Kontingentaufnahme[294] und betont, diese Regelung betreffe *"ausschließlich Juden aus der Sowjetunion. Wer aus Israel und ausgestattet mit israelischen Papieren in Deutschland einreist, ist Zuwanderer aus Israel und nicht aus der Sowjetunion, auch wenn er von dort stammt. Zu recht kann sich Israel dagegen verwahren, daß früheren sowjetischen Juden, die eine Aufnahmezusage für Israel erhalten und dort bereits Aufnahme gefunden haben, eine Weiterwanderungsmöglichkeit nach Deutschland eröffnet wird. Ein solches Unterlaufen der israelischen Einwanderungspolitik führt zu erheblichen Belastungen des deutsch-israelischen Verhältnisses und steht daher im Widerspruch zu den politischen Interessen der Bundesrepublik*

Deutschland."[295] Die aus der Entscheidung Schäubles folgende "Ausreisepflicht" müßte "zwangsweise durchgesetzt" werden, da die Betroffenen mehrfach ein freiwilliges Verlassen Berlins strikt ablehnten. Für den Vorsitzenden des Zentralrates, Galinski, der sich anfänglich entschieden gegen eine Aufnahme ausgesprochen hatte,[296] ist nun gegen eine polizeiliche Zwangsmaßnahme, wie die Ausweisung, die für ihn "unerträglich" sei.[297] Der Vorstand der Berliner Jüdischen Gemeinde hat seine Position in einer Erklärung formuliert und will keinerlei Einfluß nehmen.[298]

Die rechtlich bindende Abschiebung nach Israel unterlief der Berliner Innensenator Heckelmann einstweilen durch eine Verlängerung der Touristenvisa um weitere drei Monate.[299] Diese Frist soll zu weiteren Gesprächen und der Suche nach Lösungsmöglichkeiten genutzt werden,[300] obgleich die Situation rechtlich und politisch eindeutig und eigentlich unstrittig ist. Denn im Gegensatz zur Ausweisung abgelehnter Asylbewerber aus totalitären Staaten Afrikas und Asiens[301] kann die parlamentarische Demokratie des Staates Israel wohl kaum als politisches "Spannungsgebiet" bewertet werden.[302] Neben der Präjudizierung einer nicht berechtigten und unbegründbaren Sonderregelung[303] - die 269 Personen waren in Israel nicht mehr vom in der Sowjetunion grassierenden Antisemitismus bedroht und kamen vor allem aus ökonomischen Gründen[304] zielstrebig nach Deutschland[305] - droht durch diese Maßnahme eine vermeidbare Verschlechterung des deutsch-israelischen Verhältnisses.[306] Eine Delegation der israelischen Botschaft hat gegenüber dem Berliner Regierenden Bürgermeister Diepgen bereits nachdrücklich die eigene Haltung zum Ausdruck gebracht.[307]

Über 8.000 sowjetische Juden sind in den vergangenen drei Jahren insgesamt nach Deutschland gekommen; weitere 11.000 haben die Einreiseerlaubnis bereits erhalten.[308] Rund 1.600 dieser Zuwanderer kamen nach Baden-Württemberg. Die Zahl der Mitglieder der Jüdischen Gemeinde Freiburg im Breisgau hat sich mehr als verdoppelt: von 201 (1990) auf über 500 Personen. Anstatt Maßnahmen gegen den in den achtziger Jahren, infolge des hohen Durchschnittsalters, befürchteten Gemeindeniedergang bis zum Jahre 2005 zu entwickeln, steht der Gemeindevorstand nun vor dem Problem, rasch einen Kindergarten eröffnen zu müssen, da die Jüdische Gemeinde nun wieder 78 Kinder umfaßt. Und während es früher eine bange Frage war, ob zum Gottesdienst ein Minjan gebildet werden könne, ist nun an Festtagen die Synagoge zu klein für alle Besucher.[309]

RESÜMEE

Festzuhalten bleibt, daß zwei Kriege entscheidende Markierungspunkte in der Geschichte der jüdischen Emigration aus der Sowjetunion waren. Der Sechs-Tage-Krieg im Juni 1967 beeinflußte nachhaltig das Entstehen einer jüdischen Identität (oder sogar eines "Nationalbewußtseins"), die als Katalysator auf die Emigration in den späten sechziger Jahren wirkte. Der Jom-Kippur-Krieg im Oktober 1973 war der zweite wichtige Einschnitt in der Emigrationsgeschichte; wenn auch aus israelischer Sicht ein kontraproduktiver.[310] Nun wurde vielen schlagartig klar, daß die latente Kriegsgefahr im Nahen Osten weiterhin Bestand hatte. Bemerkenswerterweise schlug sich die israelisch-ägyptische Friedensinitiative unter Führung von US-Präsident Jimmy Carter, die ihren Ausdruck in dem Abkommen von Camp David im September 1978 fand,[311] **nicht** in einem Umschwung des einmal eingetretenen Trends nieder: statt zu einem Rückgang kam es in den folgenden Jahren zu einem weiteren Anstieg der Aussteiger-Quote in Richtung USA. Zu konstatieren bleibt, daß je höher der Bildungsgrad oder die beruflichen Dispositionsmöglichkeiten des Individuums waren, desto größer war die Wahrscheinlichkeit, daß die Person emigrierte.[312] Wobei auch hier eine weitere Differenzierung - zumindest bis Ende der achtziger Jahre - möglich war: Personen mit eher niedrigen Qualifikationen emigrierten häufiger nach Israel, Personen mit überdurchschnittlich hohem Bildungsabschluß eher in die Vereinigten Staaten. Ungeachtet der unterschiedlichen Emigrationsziele bleibt festzuhalten, daß die Sowjetunion in den zwei Dekaden seit dem Jahre 1967 Tausende von hochqualifizierten und -spezialisierten Arbeitskräften durch die jüdische Emigration verloren hat und wohl in den nächsten Jahren weitere zehntausende einbüßen wird. Allerdings bedient sich das "Komitee für Staatssicherheit", wie der sowjetische Geheimdienst KGB formell heißt, vereinzelt der Emigration um seine Spione und notorische Kriminelle unbeobachtet ins Ausland zu transferieren.[313]

Ob eine lebendige und vielfältige jüdische Bewegung[314] - ungeachtet der Bedrohung durch Pamjat - in der Sowjetunion weiterbestehen kann,[315] hängt weniger von nationalistischen oder antisemitischen Gegnern ab,[316] als vielmehr von der absoluten Ziffer der in der UdSSR bzw. in souveränen Republiken verbleibenden, nicht auswanderungswilligen jüdischen Bevölkerung.[317] Zu befürchten ist allerdings, daß nicht nur die überwiegende Mehrheit emigriert[318] und wohl ein Vakuum hinterläßt[319] - ungeachtet aller begonnenen kulturellen regionalen Revitalisierungsversuche[320] -, sondern auch, daß die zurückbleibende geringe Zahl einiger zehntausend Juden überaltert und kulturell/religiös zu inaktiv sein wird, so daß die jüdische Kultur in der Sowjetunion **keine** Zukunft[321] mehr haben wird.

1	Siehe auch Kanowitsch, S. 118; Furman, S. 13; Koenen, Pamjat, S. 205.
2	Zum Problem des Nationalismus und der Rehabilitierungsversuche der verdrängten Opfer des Stalinismus durch die Gesellschaft "Memorial" siehe ausführlich Etinger, S. 11
3	Dohrn, Massenexodus, S. 107; Koenen, Front, S. 40 ff.; Radyschewski, S. 16; Remnick, Russian, S. A40; Blum, S. 12.
4	Zum offenen Antisemitismus in den GUS-Staaten siehe auch Baburin, S. 16, der diesen am Beispiel der Diffamierung des sich liberalisierenden russischen Fernsehens als "Telesynagoge" eingehend behandelt.
5	Echikson, S. 3; Furman, S. 13; Kloper, Antisemitismus, S. 5; Remnick, Glasnost, S. A1; "Die Kehrseite...", S. 3.
6	Ben-Shlomo, racism, S. 36.
7	Zur Entwicklung seit den siebziger Jahren siehe Temko, Soviet, S. 5.
8	Koenen, Pamjat, S. 203 ff.; Knobel-Ulrich, o.S.; "Die 'Pamjat'-Bewegung...", S. A137 ff.
9	Knobel-Ulrich, o.S.; Maihorn, S. 12.
10	Kloper, Widersprüche, S. 4. Zu ersten Distanzierungen der russisch-orthodoxen Kirche siehe Ben-Shlomo, Russian church, S. 5.
11	Siehe auch Koenen, Interview, S. A149 ff.
12	Stonova, Moscow, S. 1.
13	"Anti-Semitism Trial...", S. A12.
14	"Antisemit verurteilt", S. 2.
15	"Juden beklagen...", S. 9.
16	Zit. in Kremer, o.S.
17	Temko, Pamyat, S. 1.
18	Schreiber, Ausreisegründe; Kanowitsch, S. 121.
19	Zit. in Stonova, Moscow, S. 1.
20	Maihorn, S. 12; Radyschewski, S. 16.
21	Zit. in Koenen, Suche, S. 4.
22	Knobel-Ulrich, o.S. Vgl. Radyschewski, S. 16, zur (abstrusen) These, wonach angeblich der israelische Geheimdienst Mossad die Organisation Pamjat gegründet habe und auch finanziere, um den Emigrationsstrom aus der UdSSR nicht versiegen zu lassen.
23	Siehe "Pamjat' geht...", S. 15; Traynor, S. 5. Zu strafrechtlichen Verfahren kam es jedoch erst im Frühjahr 1990; "Pamjat' ist nun...", S. 1. Zur Beobachtung durch den Geheimdienst siehe Ben-Shlomo, KGB, S. 1.
24	Siehe "Pamjat'-Führer sind...", S. 12.
25	Siehe Furman, S. 13; Koenen, Pamjat, S. 203 ff.
26	Zit. in Temko, Pamyat, S. 1. Siehe auch Remnick, Glasnost, S. A1.
27	Temko, Pamyat, S. 1.
28	Citron, S. A7.
29	Ben-Shlomo, Pamyat, S. 48.
30	Temko, Soviet, S. 5; Remnick, Glasnost, S. A36.
31	Richter, Juden, S. 7.
32	Frankel, Epilogue, S. 157. Siehe auch Parks, Growing, S. A16.
33	Siehe Marx, Judenfrage, S. 372.
34	Ausführlich dazu Korey, Committee, S. 26 ff.
35	Siehe auch "Anti-Zionistisches Komitee...", S. 8.
36	Zit. in Kremer, o.S.
37	Es geht in dem Spielfilm um eine bolschewistische Polit-Kommissarin, die während des Bürgerkrieges zwischen Roten und Weißen bei einer (positiv dargestellten) jüdischen Familie einquartiert wird. Askoldow wurde von den Zensoren erklärt, wenn er aus der jüdischen eine tatarische Familie mache, dann könne der Film vielleicht aufgeführt werden.
38	Interview mit Alexander Askoldow in Knobel-Ulrich, o.S.
39	Koenen, Front, S. 42.
40	Vgl. Citron, S. A7.

41	Zur latenten Existenz von Antisemitismus und Antijudaismus in der Sowjetunion siehe ausführlich Boim, Anti-Semitism, S. 240 ff; Boim, Roots, S. 160 ff.
42	Zur "Legitimierung" des als "Antizionismus" verbrämten Antisemitismus durch "wissenschaftliche" Institutionen siehe ausführlich Korey, Legitimizing, S. 140 ff.
43	Parks, Growing, S. A1.
44	Brym, Public, S. 24.
45	Berechnet nach Brym, Public, S. 25, Tab. 2.
46	Berechnet nach ebd., S. 29, Tab. 6.
47	Citron, S. A7.
48	Prial, Survey, S. A8.
49	Ebd., S. A8.
50	Silberbach, Land, S. 1; Koenen, Front, S. 42.
51	Koenen, Front, S. 42.
52	Siehe auch Konowitsch, S. 124 f.
53	Siehe ausführlich Fisher, Scares, S. 5.
54	Vgl. Clines, Odessa, S. A16.
55	Schreiber, Ausreisegründe, o.S.; Langer, S. 5. Siehe auch "Juden beklagen...", S. 9.
56	Siehe Knobel-Ulrich, o.S.; Berger, S. 19; Feiler, S. 7; Fein, Moscow, S. A2; Reischock, S. 4; Zakan, Nacht, S. 1.
57	In den zentralasiatischen Republiken kommen außerdem noch religiöse Spannungen hinzu; siehe Silver, S. 2.
58	Siehe ausführlich für die verschiedenen Unionsrepubliken Clines, Anxiety, S. A12; Kremer, o.S.; Temko, Georgians, S. 3; Viviano, S. A1 u. A6.
59	Siehe auch Halbach, S. 12.
60	Siehe Jews in the U.S.S.R., 19. Jg., Nr. 12, 4. Juli 1990, London, S. 2.
61	Ruby, Tashkent, S. 1. Siehe auch Jews in the U.S.S.R., 19. Jg., Nr. 12, 4. Juli 1990, London, S. 2.
62	Jews in the U.S.S.R., 19. Jg., Nr. 10, 16. Mai 1990, London, S. 1.
63	Siehe Ruby, Dagestan, S. 6; Ruby, Tashkent, S. 1; Temko, Georgians, S. 3; Viviano, S. A1.
64	Knobel-Ulrich, o.S.; Arora, S. 8.
65	Siehe auch Koenen, Suche, S. 4.
66	Siehe auch Parks, Growing, S. A16.
67	Wallfish, Soviet, S. 10.
68	Keinon, Panic, S. 10; Corney, S. 4.
69	Wallfish, Soviet, S. 10.
70	Ginzburg, Russian, S. A25; Corney, S. 4; Keinon, Panic, S. 10; Arora, S. 8; Silberbach, Land, S. 1.
71	In der äthiopischen Amtssprache, Amharisch, die abfällige Bezeichnung für "Fremde" oder "Ausgestossene"; Bremer, Äthiopier, S. 3; Wollin, Falaschen, S. 7; Wyner, Pate, S. 13.
72	"Das Haus Israel" lautet die Eigenbezeichnung der Nachkömmlinge des biblischen Stammes Dan; Har-Gil, Rettung, S. 3; Bremer, Äthiopier, S. 3; Wollin, Falaschen, S. 7.
73	Ponger, Salomon, S. 3; Wyner, Pate, S. 13.
74	Diehl, Ethiopian, S. A22; Perlez, S. A3.
75	Siehe ausführlich Wyner, Pate, S. 13.
76	Kaplan/Keinon, Ethiopia, S. 8; Shenon, S. A3.
77	Shenon, S. A3.
78	Siehe auch Keinon/Hutman, S. 2, wonach auch unter den späteren Olims fast vierzig Prozent Nichtjuden sind.
79	Zakan, Alija, S. 4.
80	Kaplan/Keinon, exodus, S. 3.
81	Perlez, S. A3.
82	Kaplan/Keinon, exodus, S. 3.

83	Perlez, S. A3.
84	Zit. in Sahm, Getrennt, S. 4.
85	Jüdisches Lexikon, Stichwort: Saba, Königin von, Sp. 5.
86	Zur Theorie, daß es sich um Nachkommen des biblischen Stammes Dan handelt, siehe Rapoport, Ethiopian, S. 16.
87	Zu den daraus resultierenden religionsgesetzlichen Problemen im Bereich des Familienrechts siehe "Heimkehr und...", S. 6.
88	"Israel fühlt sich...", S. 6.
89	Goldstein, Falaschas, S. 12; Bremer, Äthiopier, S. 3; Wollin, Falaschen, S. 7.
90	"Heimkehr und...", S. 6.
91	Wyner, Pate, S. 13.
92	Shenon, S. A3; Keinon, leader, S. 3; Sahm, Luftrettungsaktion, S. 3.
93	Keinon, Ethiopia, S. 1; Wollin, Juden, S. 7.
94	Siehe Wyner, Pate, S. 13; Odenheimer, Mengistu, S. 2; Sahm, Luftrettungsaktion, S. 3.
95	Odenheimer, Aid, S. 3; Londe, Salomo, S. 4; "Äthiopiens Juden...", S. 1.
96	Schrag, journey, S. 10.
97	"Schnelle Überführung...", S. 2.
98	Wyner, Pate, S. 13.
99	Hutman, Ethiopian, S. 7.
100	Zit. in Wollin, Juden, S. 7.
101	Siehe Sahm, Luftrettungsaktion, S. 3.
102	Ausführlich in Rapoport, Jewry, S. 1 f.; Buston, history, S. 9.
103	Sahm, Kapital, S. 4; "Schnelle Überführung...", S. 2.
104	"Tausende flüchten...", S.; Wollin, Äthiopien, S. 7; "Freude in...", S. 2; Londe, Salomo, S. 4. Siehe auch "Ausreise der letzten...", S. 2.
105	Siehe Sahm, Getrennt, S. 4; Wollin, Juden, S. 7.
106	Wollin, Äthiopien, S. 7; Bremer, Äthiopier, S. 3.
107	Zit. in Ponger, Salomon, S. 3.
108	Wollin, Vertraute, S. 7. Zu den entsprechenden Ausreisevereinbarungen der israelischen Regierung mit den neuen Machthabern siehe "Ausreise der letzten...", S. 2.
109	Siehe auch Wollin, Falaschen, S. 7.
110	Zit. in Ponger, Salomon, S. 3.
111	Londe, Salomo, S. 4; Wollin, Äthiopien, S. 7.
112	Bremer, Äthiopier, S. 3.
113	Philipp, Juden, S. 6.
114	Sahm, Luftrettungsaktion, S. 3.
115	Zit. in Burston, Birth, S. 28.
116	Zit. in Ponger, Salomon, S. 3.
117	Philipp, Flucht, S. 3; Londe, Salomo, S. 4. Vgl. Bremer, Äthiopier, S. 3, der nur von acht Babys spricht.
118	Wollin, Äthiopien, S. 7.
119	Bremer, Äthiopier, S. 3.
120	Siehe Abramowitz, S. 9; Keinon, jobs, S. 6.
121	Wilms, S. 5; Williams, Emigres, S. A3.
122	Diehl, Promised, S. A25.
123	"Schwarze Juden...", S. 5.
124	Har-Gil, Rettung, S. 3; Ponger, Salomon, S. 3; Bremer, Äthiopier, S. 3.
125	Zu äthiopischen Protesten gegen ihre Unterbringung im Juli 1991 vgl. Rudge, Ethiopian, S. 2.
126	"Tausende flüchten...", S. 1; Ponger, Salomon, S. 3.

127	Siehe Philipp, Flucht, S. 3; Har-Gil, Rettung, S. 3.
128	Sahm, Getrennt, S. 4.
129	Ponger, Salomon, S. 3; Williams, Emigres, S. A3.
130	"Tausende flüchten...", S. 1.
131	Philipp, Flucht, S. 3.
132	Dies war bereits zuvor auch für die Transitflüge sowjetischer Juden seit dem Februar 1990 geschehen; Shapiro, Rabbi, S. 1.
133	Har-Gil, Rettung, S. 3; Philipp, Flucht, S. 3.
134	Ponger, Salomon, S. 3.
135	"Erinnerung an Auszug...", S. 3.
136	Zit. in Bremer, Äthiopier, S. 3.
137	Zit. in "Erinnerung an Auszug...", S. 3.
138	Zit. in Wilms, S. 5.
139	Wollin, Äthiopien, S. 7; Philipp, Juden, S. 6; Sahm, Kapital, S. 4.
140	Sahm, Luftrettungsaktion, S. 3; Wollin, Vertraute, S. 7.
141	Zit. in Meisel, S. 4.
142	"Resettlement of...", S. 48.
143	Ebd., S. 48, Tab. 1.
144	Ebd., S. 49.
145	Ebd., S. 51.
146	Ebd., S. 50 f.
147	Ben-Shlomo, Exit, S. 2.
148	Scott, S. 12.
149	Wolffsohn, Bonn, S. 2.
150	Siehe auch Ginzburg, Deutschen, S. 35.
151	Siehe auch Ambros, Existenz, S. 10.
152	Lentz, S. A26; Levkov, S. 19 ff.; Whitney, S. A12.
153	Kugler, Galinski, S. 28; "Schon manche Hochzeit...", S. 10.
154	Siehe auch "Jüdische UdSSR-Emigranten...", S. 5.
155	Fischer/Schütz, S. 3.
156	"Gemeinsame Erklärung...", S. 3; "Wir bitten alle Juden...", S. 2.
157	Kugler, Antragsfreiheit, S. 4; Frings, Angst, S. 24.
158	Bausmann, S. 9. Bis Ende Februar 1991 waren bereits 3.000 nach Berlin und 1.500 in die neuen Bundesländer gekommen; Ambros, Golfkrieg, S. 10.
159	Siehe Frings, Angst, S. 24.
160	Stephan, S. 10.
161	Boese, S. 11; Müller, Land, S. 4.
162	Kritisch dazu Ginzburg, Deutschen, S. 35.
163	Zit. in Biskup, Enkeln, S. 3.
164	Reischock, S. 4.
165	Zakan, Sowjetjuden, S. 1.
166	"Kulturverein", S. 3; Böhm, S. 6; Ziebarth, S. 4.
167	Runge, Einwanderung, S. 2.
168	Oschlies, Keine Kartoffeln, S. 5; "Heinz Galinski besuchte...", S. 2.
169	Zakan, Sowjetjuden, S. 1; Stephan, S. 1.
170	Zit. in Wolffsohn, Bonn, S. 2. Siehe auch Frings, Juden, S. 3.
171	"Gemeinsame Erklärung...", S. 3.

172 Die im Jahre 1988 noch von Erich Honecker an Edgar Bronfman zugesagte und ausdrücklich als "symbolische" Wiedergutmachungsgeste deklarierte Zahlung von 100 Mio. US-Dollar an jüdische Opfer im Ausland wurde nie geleistet. Auch die Verhandlungen der de Mazière-Regierung mit dem Staat Israel im Sommer 1990 kamen zu keinem Abschluß, so daß diese Verpflichtung mittels Einigungsvertrag auf die Bundesrepublik Deutschland überging; Mertens, Beitritt, S. 400 u. S. 403.

173 "Hilfe für...", S. 3.

174 Lenz, S. 16; Stephan, S. 10.

175 "800 sowjetische Juden...", S. 9.

176 Biskup, Hilfe, S. 3; Fischer/Schütz, S. 3; Brück, S. 3. In dem Gebäude waren zuvor die Mannschaftsunterkünfte des Wachregiments "Feliks Dzierzynski", einer Elitetruppe des MfS gewesen; Fricke, S. 35.

177 Die ursprünglich für Mitte Dezember 1990 beschlossene Schließung der Aufnahmestelle in Ahrensfelde wurde infolge des fortdauernden Andrangs nicht vollzogen. Überdies hatte die Bestimmung, das Lager an einem Samstag zu schließen, von mangelnder Sensibilität der politisch Verantwortlichen gezeugt, da es einem Juden nach den Religionsgesetzen nicht erlaubt ist, am Sabbat umzuziehen; Boese, S. 11.

178 Ambros, Existenz, S. 10; Hart, Grundsätzen, S. 3.

179 Stephan, S. 10; Kugler, Antragsfreiheit, S. 4.

180 Fischer/Schütz, S. 3.

181 Kugler, Galinski, S. 28; Biskup, Hilfe, S. 3.

182 Frings, Angst, S. 25.

183 Kugler, Antragsfreiheit, S. 4.

184 Für einen wohl idealtypischen Fall siehe "Wir aber müssen...", S. 3.

185 Es kam zwar auch zu singulären Erleichterungen der Anerkennungspraxis, wie z.B. in Frankfurt, wo die rot-grüne Ratskoalition eine entsprechende Direktive erließ; "Frankfurt will Anerkennung...", S. 2. In Niedersachsen erhielt ein seit 1980(!) in der Bundesrepublik lebender Jude aus der UdSSR nun aus "politisch-moralischen" Gründen vom den Grünen angehörenden Innenminister im November 1990 den Vertriebenenstatus zugebilligt; "Erstmals erhält...", S. 3.

186 Kugler, Situation S. 20; "Erstmals erhält...", S. 3; Roggenkamp, Wand, S. 72.

187 Dies gilt auch weiterhin, obgleich viele Familiennamen wie z.B. Feldmann, Steinberg, Grünberg einen deutschen Klang haben; Biskup, Hilfe, S. 3.

188 Der westliche Teil des okkupierten Polen sollte vollständig eingedeutscht werden. Die ortsansässige Bevölkerung (etwa 7,8 Mio. Polen, 0,7 Mio. Juden und 1 Mio. Deutsche) wurde deshalb durch die "Deutsche Volksliste" im März 1941 erfaßt und nach ihrer Abstammung, politischen Zuverlässigkeit sowie "Eindeutschungsfähigkeit" in drei Gruppen klassifiziert; siehe Broszat/Frei, S. 124.

189 Grundgesetz, Art. 116, Abs. 1.

190 Jakubowski, S. 2.

191 Kugler, Galinski, S. 28.

192 Lenz, S. 16; Müller, Land, S. 4; Kugler, Antragsfreiheit, S. 4.

193 Biskup, Enkeln, S. 3.

194 Frau Berger ist heute Ausländerbeauftragte im Bundesland Brandenburg.

195 Seit dem 1. Januar 1991 untersteht sie der Berliner Senatsverwaltung für Gesundheit und Soziales. Außerdem wurde sie in das Westberliner Aus- und Übersiedlerheim Marienfelde verlegt, da das Umweltbundesamt die alten Räumlichkeiten beanspruchte; Biskup, Hilfe, S. 3; Kugler, Räderwerk, S. 3.

196 Martinek, S. 9.

197 Zit. in Scheub, S. 22.

198 "Büro für...", S. 2.

199 Zit. in Scheub, S. 22.

200 Martinek, S. 9.

201 "Jüdische Emigranten erhielten", S. 8.

202 Ambros, Golfkrieg, S. 10.

203 Ambros, Aufgaben, S. 10.

204 "Problem ist die Sprachbarriere...", S. 9.

205 Siehe Hart, Organisationen, S. 3.

206 Brück, S. 3.
207 Siehe "Adass Jisroel: Sorge...", S. 3.
208 "800 sowjetische Juden...", S. 9.
209 "Neues ungewohntes Erlebnis...", S. 6; "Teestube...", o.S.
210 "Kulturklub und...", S. 10.
211 Siehe Einigungsvertrag, S. 893.
212 Kugler, Asylbewerber, S. 5.
213 "Sorgen jüdischer...", S. 4.
214 Der offizielle Titel lautet: Vertrag zwischen der Bundesrepublik Deutschland und der Deutschen Demokratischen Republik über die Herstellung der Einheit Deutschlands - Einigungsvertrag -. Abgedruckt in: Bulletin des Presse- und Informationsamts der Bundesregierung, Nr. 104, Bonn, den 6. September 1990, S. 877-1120.
215 Prantl, Versteckspiel, S. 8.
216 Jurtschitsch, S. 3.
217 Prantl, Versteckspiel, S. 8.
218 Jurtschitsch, S. 3; Siehe auch "Juden aus UdSSR...", S. 3.
219 Föhrding, Juden, S. 1.
220 Prantl, Versteckspiel, S. 8.
221 Jurtschitsch, S. 3.
222 Auch der parlamentarische Staatssekretär im Bundesinnenministerium, Horst Waffenschmidt, konnte in einer Bundestagsdebatte Anfang November 1990 die Größenordnung von 10.000 Anträgen "nicht bestätigen"; siehe "Ein geordnetes Verfahren...", S. 11.
223 Prantl, Versteckspiel, S. 8.
224 Roggenkamp, Wand, S. 72.
225 Für Auszüge aus der Debatte siehe "Ein geordnetes Verfahren...", S. 11.
226 Deutscher Bundestag, Drucksache 11/8212.
227 Roggenkamp, Wand, S. 72.
228 Zit. in "Eingeordnetes Verfahren...", S. 11.
229 "Gegen restriktive Maßnahmen...", S. 1; Müller-Tupath, Türen, S. 2; "Einwanderung soll 'großzügig'...", S. 1; Müller-Tupath, Vorgehen, S. 2.
230 Zit. in Müller, Land, S. 4.
231 So die Aussage eines sich durch "vorbildliche" Arbeit in einem Übergangsheim auszeichnenden Zivildienstleistenden; zit. in ebd.
232 Zit. in "Eingeordnetes Verfahren...", S. 11.
233 Davon kamen 302 Personen allein im Jahre 1990 in die Bundesrepublik, wovon 226 von West-Berlin aufgenommen wurden; Siehe Föhrding, Juden, S. 1; Jurtschitsch, S. 3.
234 Wolffsohn, Bonn, S. 2.
235 Zur heftigen Diskussion auf der Delegiertenversammlung des Zentralrates Anfang Dezember 1990 in Köln siehe Hart, Grundsätzen, S. 3.
236 Zur Kritik aus Israel siehe Ambros, Aufgaben, S. 10.
237 Föhrding, Juden, S. 1.
238 Siehe z.B. Ambros, Golfkrieg, S. 10; "Gegen restriktive Maßnahmen...", S. 1; "Frankfurt will Anerkennung...", S. 2.
239 Siehe Mertens, Jahr, S. 47 f.
240 Siehe Wolffsohn, Bonn, S. 2.
241 Kugler, Antragsfreiheit, S. 4; Biskup, Hilfe, S. 3.
242 Siehe Föhrding, Quote, S. 1; Müller-Tupath, Türen, S. 2; Müller-Tupath, Grundsatz, S. 2.
243 Zum Widerstand des Zentralrates gegen eine Quotierung siehe Hart, Grundsätzen, S. 3; "Galinski für freie Einreise", S. 2. Für den Protest des Kulturvereins siehe "Kein Stopp...", S. 2.
244 "Juden aus UdSSR...", S. 3.
245 Vornbäumen, S. 4; "Einwanderung soll 'großzügig'...", S. 1.

246	Im August 1991 nannte das Bundesinnenministerium die Zahl von 11.000 Antragstellern, von denen bereits 3.000 eine Aufnahmezusage erhalten hätten; "11000 sowjetische Juden...", S. 8.
247	Mitte Mai 1991 lagen dort bereits 1.800 Anträge vor; Kugler, Gründe, S. 2.
248	Siehe auch Presser, Besuch, S. 2.
249	"Gesetz über die Einreise und den Aufenthalt von Ausländern im Bundesgebiet (Ausländergesetz)" vom 9. Juni 1990. In: Bundesgesetzblatt, I., 1990, S. 1354. Im §30 "Aufenthaltsbefugnis" und §33 "Übernahme von Ausländern" sind die hier relevanten Regelungen festgelegt.
250	Kugler, Räderwerk, S. 3; Szabo, Antrag, S. 2.
251	"Geht doch nach Israel...", S. 72.
252	Zit. in "Nordeuropa und...", S. 5. Siehe auch Prokesch, S. A9.
253	Bausmann, S. 9.
254	Siehe auch Ginzburg, Deutschen, S. 35.
255	Siehe "Über die Einwanderung...", S. 1.
256	Siehe Keinon, German, S. 2.
257	Zit. in "Über die Einwanderung...", S. 1.
258	"Jüdische Flüchtlinge...", S. 11.
259	Presser, Chance, S. 8.
260	Ambros, Aufgaben, S. 10.
261	"Über die Einwanderung...", S. 1.
262	Presser, Chance, S. 8.
263	Siehe auch Levavi, Immigrants, S. 7.
264	"Jüdische Flüchtlinge...", S. 11.
265	Siehe diesbezügliche Aussagen des Generalsekretärs Micha Guttmann; "Geht doch nach Israel...", S. 72.
266	Allein in den vergangenen zehn Jahren kamen 3.800 nach West-Berlin; siehe "Schon manche Hochzeit...", S. 10.
267	Siehe Presser, Besuch, S. 2.
268	"Geht doch nach Israel...", S. 72.
269	"Verhandlungen um...", S. 20.
270	Zit. in Bulau, S. 3.
271	Von seiner Funktion als stellvertretender Vorsitzender des Zentralrates trat Fürst Ende 1988 zurück, nach dem sein Verständnis und Beistand für Bundestagspräsident Jenninger nach dessen verunglückter Rede zum 50. Gedenktag der Pogromnacht, innerhalb des Verbandes in eine rüde Kritik gegen ihn ausgeartet war.
272	"Geht doch nach Israel...", S. 72.
273	Zit. in Müller, Land, S. 4.
274	Föhrding/Adelmann, S. 11. Heinz Galinski nannte hingegen die Zahl von lediglich 3.000 gestellten Anträgen und 6.000 ausgehändigten Aufnahmeformularen; Siehe Kugler, Gründe, S. 2; Szabo, Antrag, S. 2.
275	Föhrding/Adelmann, S. 11.
276	Janert, S. 7; Bausmann, S. 9.
277	Loff, Abschiebehaft, S. 3.
278	Bausmann, S. 9; Frings, Juden, S. 3.
279	Loff, Innensenator, S. 4.
280	Zit. in Langer, S. 5.
281	Zit. in ebd.
282	Siehe auch Segenreich, S. 3.
283	Keinon, homes, S. 4.
284	Mass, Abfall, S. 3.
285	Siehe Presser, Besuch, S. 2.
286	Vornbäumen, S. 4.

287 Loff, Endstation, S. 6.
288 Loff, Innensenator, S. 4; Siehe hierzu auch Mass, Abfall, S. 3. Vgl. Frings, Juden, S. 3.
289 "Aktion für...", S. 2; Bausmann, S. 9.
290 Das Weddinger Sozialamt zahlte an die ihm zugewiesenen Sowjetjuden auch nicht die volle Höhe des Sozialhilfe, da über den dauerhaften Status noch nicht entschieden sei; "Den Krankenschein...", S. 21.
291 Binder, Aufenthaltsbefugnis, S. 11; Janert, S. 7.
292 Bausmann, S. 9. Siehe auch "Den Krankenschein...", S. 21.
293 Zit. in Kugler, Gründe, S. 2.
294 Siehe Müller-Tupath, Grundsatz, S. 2; Föhrding/Adelmann, S. 11.
295 Zit. in Kugler, Gründe, S. 2.
296 Loff, Endstation, S. 6.
297 Binder, Ausweisung, S. 12; Kugler, Gründe, S. 2.
298 Ambros, Aufgaben, S. 10.
299 Loff, Innensenator, S. 4.
300 Binder, Aufenthaltsbefugnis, S. 11; "Berlin will Juden...", S. 2.
301 Siehe ausführlich Forudastan, S. 3.
302 Die Niederlande haben in einem vergleichbaren Fall im Dezember 1991 43 russische Juden wieder nach Israel abgeschoben; Ben-Haim, S. 2; "Holland schiebt...", S. 8; Keinon, Agency, S. 4; Wirtschafter/Keinon, S. 5.
303 Vor allem im Vergleich mit der geltenden Asylpraxis für Bewerber aus den Krisenregionen der Dritten und Vierten Welt. Vgl. Frings, Juden, S. 3.
304 Siehe Loff, Abschiebehaft, S. 3.
305 Vor der Kriegsgefahr und den Raketenangriffen während des Golfkrieges wären schließlich auch viele der übrigen drei Mio. Einwohner gerne geflüchtet.
306 Loff, Endstation, S. 6.
307 Vornbäumen, S. 4.
308 Blum, S. 12.
309 Breitinger, S. 10.
310 Pinkus, Identity, S. 23; Litvinoff, Moral, S. 2 f.
311 Siehe Czempiel/Schweitzer, S. 317 f. Zu den Vereinbarungen von Camp David und dem israelisch-ägyptischen Friedensvertrag siehe Freedman, Israel, Anhang B, S. 223 ff. und ebd., Anhang C, S. 230 ff.
312 Gilison, Emigration, S. 15.
313 Barth, Spionage, S. 3; Toth/Ostrow, S. 16 f.
314 Siehe auch "Erste WIZO-Gruppe...", S. 4.
315 Siehe Dohrn, Massenexodus, S. 118.
316 Zur antisemitischen Presse in der Sowjetunion siehe "Erhebt Euch doch...". S. 3.
317 Siehe auch Chlenov et al., S. D7.
318 Zur Situation in Kiew, wo der Mehrheit der Juden emigriert, ungeachtet des sich entfaltenden jüdischen Lebens siehe Filanowski, Paßvermerk, S. 3.
319 Remnick, Passover, S. A15.
320 Siehe detailliert dazu Finkelstein, S. 3 ff.; Friedgut, Revival. S. 47 ff.; Hirszowicz, Mould, S. 25 ff.; Levenberg, S. 15 ff.
321 Zu den Zukunftsperspektiven siehe auch Gitelman, Reforms, S. 5 ff.

LITERATURVERZEICHNIS

(Bei der Schreibweise von Vor- und Familiennamen wurde jeweils den Angaben der verwendeten Literatur gefolgt; auch wenn dadurch variierende Schreibweisen vorliegen)

"**800 sowjetische Juden** erhielten ständigen Wohnsitz in der DDR. Weitere Flüchtlinge erwartet. Adass Jisroel sozial stark engagiert". In: Der Tagesspiegel, 46. Jg., Nr. 13640, Mi. 8. Aug. 1990, Berlin (West), S. 9.

"**Absorbing scientists**". In: Jerusalem Post, International Edition, Nr. 1588, 13. Apr. 1991, S. 24.

Abramowitz, Leah: And now the hard part. In: Jerusalem Post, International Edition, Nr. 1600, 6. Juli 1991, S. 9.

Adam, Werner: Grüße der israelischen Regierung lösen Ovationen aus. Die Eröffnung des ersten Jüdischen Kulturzentrums in Moskau mit viel Prominenz. In: Frankfurter Allgemeine Zeitung, Nr. 38, Di. 14. Feb. 1989, S. 6.

"**Adass Jisroel: Sorge** für Wohl jüdischer Zuwanderer". In: Neues Deutschland, 45. Jg., Nr. 246, Sa./So. 20./21. Okt. 1990, Berlin, S. 3.

Aeppel, Timothy: Soviet Jews flood into US - by not emigrating to Israel. In: Christian Science Monitor, 80. Jg., Nr. 214, Do. 29. Sep. 1988, Boston, S. 9.

"**Aeroflot Closes** Route For Emigrating Jews". In: Washington Post, 113. Jg., Nr. 109, Sa. 24. März 1990, S. A27.

"**Äthiopiens Juden** wollen auswandern. 16.000 vor Israel-Botschaft". In: Allgemeine jüdische Wochenzeitung, 45. Jg., Nr. 36, 6. Sep. 1990, Bonn, S. 1.

Ahrends, Martin: Hebräisch mit Akzent. In: Die Zeit, 47. Jg., Nr. 18, 24. Apr. 1992, Hamburg, S. 68.

"**Aktion für** sowjetische Juden: Schäuble will die Lage prüfen". In: Allgemeine jüdische Wochenzeitung, 46. Jg., Nr. 16, 18. Apr. 1991, Bonn, S. 2.

Alexander, Z[vi]: Jewish **Emigration** from the USSR in 1980. In: Soviet Jewish Affairs, 11. Jg. (1981), H. 2, London, S. 3-21.

Alexander, Z[vi]: **Immigration** to Israel from the USSR. In: Israel Yearbook on Human Rights, 7. Jg. (1977), Tel Aviv, S. 268-335.

"**Altjüdische Küche**". In: Die Zeit, 43. Jg., Nr. 28, 8. Juli 1988, Hamburg, S. 2.

Altman, Anatoly: Ex-Prisoner of Zion calls for Help [Leserbrief]. In: Jerusalem Post, International Edition, Nr. 1521, 30. Dez. 1989, S. 23.

Altman, Yochanan/**Mars**, Gerald: The Emigration of Soviet Georgian Jews to Israel. In: The Soviet Man in an Open Society. Edited by Tamar Horowitz. Lanham/Md.-New York-London 1989, S. 295-307.

Altshuler, Mordechai: Soviet **Jewry** since the second World War. Population and Social Structure. (Studies in Population and Urban Demography, Nr. 5). New York-Newport/Con.-London 1987.

Altshuler, Mordechai: Who Are the "**Refuseniks**"? A Statistical and Demographic Analysis. In: Soviet Jewish Affairs, 18. Jg. (1988), H. 1, London, S. 3-15.

Altshuler, Mordechai/**Hoffman**, Charles: Why they go West. Soviet Jews are more like their American cousins than their grandfathers. In: Jerusalem Post, Nr. 1449, 13. August 1988, S. 12.

Ambros, Peter: Alle **Aufgaben** und Probleme mit Elan angepackt. Auf der Sitzung der Repräsentantenversammlung standen Fragen der Zuwanderung aus der Sowjetunion im Vordergrund. In: Allgemeine jüdische Wochenzeitung, 46. Jg., Nr. 20, 16. Mai 1991, Bonn, S. 10.

Ambros, Peter: Für eine menschenwürdige **Existenz**. TV-Interview mit Heinz Galinski. Keine Verweigerung der Aufnahme sowjetischer Juden. In: Allgemeine jüdische Wochenzeitung, 46. Jg., Nr. 5, 31. Jan. 1991, Bonn, S. 10.

Ambros, Peter: **Golfkrieg** und Probleme der Zuwanderer. Repräsentanten tagten im Schatten der Bedrohung. Erweiterte Aufgaben für die Gemeinde. In: Allgemeine jüdische Wochenzeitung, 46. Jg., Nr. 9, 28. Feb 1991, Bonn, S. 10.

"**An der Hungerschwelle**". In: Kölner Stadt-Anzeiger, Nr. 140, Do. 20. Juni 1991, S. 2.

"**An der Jahrtausendwende** die Sechs Millionen-Grenze erreicht. In den letzten drei Jahren wanderten 410.000 Juden in Israel ein. Jeder Zehnte im Heiligen Land stammt aus der früheren UdSSR". In: Allgemeine jüdische Wochenzeitung, 48. Jg., Nr. 4, 28. Jan. 1993, Bonn, S. 5.

Anderson, Harry et al.: **Gorbachev** and the Jews. Is his new offer a bold move - or a cynical poly? In: Newsweek, Vol. 109, Nr. 15, 13. Apr. 1987, New York, S. 34-35.

Anderson, John: Drafting a **Soviet** Law on Freedom of Conscience. In: Soviet Jewish Affairs, 19. Jg. (1989), H. 1, London, S. 19-33.

Anderson, Susan Heller: "**Rabbi** Schneier". In: New York Times, 139. Jg., Nr. 48125, Mi. 25. Jan. 1990, S. B4.

"**Another million** expected". In: Jerusalem Post, International Edition, Nr. 1681, 23. Jan. 1993, S. 3.

"**Anpassungsprobleme** in den USA. Ergebnisse zweier Meinungsumfragen unter sowjetjüdischen Einwanderern". In: Allgemeine jüdische Wochenzeitung, 39. Jg., Nr. 9, 2. März 1984, Bonn, S. 5.

"**Ansturm sowjetischer** Juden. Neues Paßgesetz bewegt viele zur schnellen Ausreise nach Israel". In: Frankfurter Rundschau, 47. Jg., Nr. 149, Mo. 1. Juli 1991, S. 2.

"**Antisemit verurteilt**". In: Kölner Stadt-Anzeiger, Nr. 240, Sa./So. 13./14. Oktober 1990, S. 2.

"**Anti-Semitism Trial** in Moscow. Rowdiness in court forces judge to adjourn the proceedings for a day". In: San Francisco Chronicle, 126. Jg., Nr. 163, Mi. 25. Juli 1990, S. A12.

"'**Anti-Zionistisches Komitee**' greift Juden in der UdSSR an". In: Der Tagesspiegel, 46. Jg., Nr. 13735, Mi. 28. Nov. 1990, Berlin, S. 8.

Anweiler, Oskar/**Kuebart**, Friedrich/**Meyer**, Klaus: Die sowjetische Bildungspolitik von 1958 bis 1973. Dokumente und Texte. Berlin 1976.

Apfelbaum, Adek/**Apfelbaum**, Scott: Immigrants should rent, not buy. In: Jerusalem Post, 58. Jg., Nr. 17404, Mi. 4. Apr. 1990, S. 4.

"**Appell gegen** Antisemitismus. Sowjetisches Informationsblatt der jüdischen Kultur". In: Allgemeine jüdische Wochenzeitung, 44. Jg., Nr. 49, 8. Dez. 1989, Bonn, S. 3.

"**Arabergipfel verurteilt** Einwanderung der Sowjet-Juden. UN sollen helfen. Israel Terror und Aggression vorgeworfen". In: Frankfurter Rundschau, 46. Jg., Nr. 125, Do. 31. Mai 1990, S. 8.

Aronow, Ina: Soviet Jews Arrive to Find New Friends Waiting. In: New York Times, 139. Jg., Nr. 48164, So. 4. März 1990, Sec. 12, S. 1, 6.

Arora, Deepa: Glasnost threatens Jews, refusenik says. In: Chicago Tribune, 143. Jg., Nr. 110, Fr. 20. Apr. 1990, Sec. 2, S. 8.

Arzt, Donna E.: The New Soviet Emigration Law Revisited: Implementation and Compliance with Other Law. In: Soviet Jewish Affairs, 18. Jg. (1988), H. 1, London, S. 17-28.

Assor, Reuven: Wunder muß man auch wahrnehmen. Tagung führender Rabbiner in Israel: Einwandererprobleme. In: Allgemeine jüdische Wochenzeitung, 46. Jg., Nr. 19, 9. Mai 1991, Bonn, S. 6.

"**Aufregung um 'Groß-Israel'** für Einwanderer. Widerstand auch von Freunden Israels. Warnungen aus Washington und Moskau". In: Allgemeine jüdische Wochenzeitung, 45. Jg., Nr. 4, 25. Jan. 1990, Bonn, S. 4.

"**Ausreise der letzten** 2600 Juden aus Äthiopien vereinbart". In: Kölner Stadt-Anzeiger, Nr. 190, Sa./So. 17./18. Aug. 1991, S. 2.

"**Ausreisegesetz** im Obersten Sowjet vorerst gescheitert. Hohe Kosten errechnet". In: Kölner Stadt-Anzeiger, Nr. 110, Di. 14. Mai 1991, S. 5.

"**Ausreise sowjetischer Juden** perfekt. Erster Flug nächste Woche. Regelung bis Herbst befristet". In: Süddeutsche Zeitung, 46. Jg., Nr. 152, Do. 5. Juli 1990, München, S. 10.

Baburin, Wladimir: Ist die erst junge Demokratie gefährdet? Russische Demonstranten stempeln Juden zu Sündenböcken. In: Allgemeine jüdische Wochenzeitung, 47. Jg., Nr. 33, 13. Aug. 1992, Bonn, S. 16.

"**Back in U.S.S.R.**". In: Washington Post, 110. Jg., Nr. 29, Sa. 3. Jan. 1987, S. A22.

"Baden-Württemberg will sowjetische Juden aufnehmen". In: Kölner Stadt-Anzeiger, Nr. 284, Mi. 5. Dez. 1990, S. 2.

Bainerman, Joel: Russians da, Arabs la. In: Jerusalem Post, International Edition, Nr. 1599, 29. Juni 1991, S. 19.

Bannov, Boris: Profits and Losses in the Brain Drain. In: Soviet Weekly, 31. Jg., Nr. 1596, 2. Sep. 1972, London, S. 7.

Barringer, Felicity: Soviet Opening a New Jewish Route to Israel. In: New York Times, 136. Jg., Nr. 47202, Do. 16. Juli 1987, S. A9.

Barth, Zeev: Sowjetische **Alija** schafft in Israel neue Fakten. Die Zeit arbeitet mehr und mehr gegen die Palästinenser. Arabische Botschafter sprechen in Moskau vor. In: Allgemeine jüdische Wochenzeitung, 45. Jg., Nr. 6, 8. Feb. 1990, S. 1.

Barth, Zeev: "Politisches **Asyl**" für Israelis in Kanada. 94 Prozent jüdischer Sowjetemigranten "abgesprungen". In: Allgemeine jüdische Wochenzeitung, 43. Jg., Nr. 22, 3. Juni 1988, Bonn, S. 5.

Barth, Zeev: Sowjetunion lehnt **Direktflüge** ab. Trotz Interventionen der Vereinigten Staaten weicht Moskau wachsendem arabischen Druck. In: Allgemeine jüdische Wochenzeitung, 45. Jg., Nr. 9, 1. März 1990, Bonn, S. 4.

Barth, Zeev: **Ebbe** in der Gerüchtewelle. Weiter Ungewißheit über sowjetisch israelische Kontakte. In: Allgemeine jüdische Wochenzeitung, 41. Jg., Nr. 7, 14. Feb. 1986, Bonn, S. 3.

Barth, Zeev: **Kinder** lehren ihre Eltern das Judentum. Unter den sowjetischen Einwanderern in den USA findet eine "religiöse Revolution" statt. In: Allgemeine jüdische Wochenzeitung, 46. Jg., Nr. 4, 24. Jan. 1991, Bonn, S. 12.

Barth, Zeev: **Nützlich**, aber ergebnislos. Schamirs Auftritt in der UNO und Gespräch mit Schewardnadse. In: Allgemeine jüdische Wochenzeitung, 43. Jg., Nr. 24, 17. Juni 1988, Bonn, S. 1.

Barth, Zeev: Keine **Perestroika** bei der Israel-Politik. Sowjetunion gegen Annullierung der Zionismus-Resolution der UNO. In: Allgemeine jüdische Wochenzeitung, 44. Jg., Nr. 51/52, 22./29. Dez. 1989, Bonn, S. 2.

Barth, Zeev: Alija der Sowjetjuden schlägt alle **Rekorde**. Israels Probleme mit einem rapidem Bevölkerungszuwachs. In: Allgemeine jüdische Wochenzeitung, 44. Jg., Nr. 51/52, 22./29. Dez. 1989, Bonn, S. 1.

Barth, Zeev: Auswanderung dient der **Spionage**. Der KGB macht auch russische Gangster zu "Juden". In: Allgemeine jüdische Wochenzeitung, 44. Jg., Nr. 2, 13. Jan. 1989, Bonn, S. 3.

Barth, Zeev: Shultz hält **Tore** für Sowjetjuden offen. Jerusalem über Politik der amerikanischen Regierung verärgert. In: Allgemeine jüdische Wochenzeitung, 43. Jg., Nr. 27, 8. Juli 1988, Bonn, S. 3.

Barth, Zeev: Zum ersten Mal wieder ein bißchen **Träume**. Gesamtsowjetischer Jüdischer Kongreß tagte in Moskau. Die Infrastruktur ist ausbaufähig. In: Allgemeine jüdische Wochenzeitung, 45. Jg., Nr. 1, 4. Jan. 1990, Bonn, S. 1.

Barth, Zeev: Das **Trauma** der amerikanischen Juden. Gesetzesnovelle bedroht die Einheit des jüdischen Volkes. In: Allgemeine jüdische Wochenzeitung, 43. Jg., Nr. 48, 2. Dez. 1988, Bonn, S. 3.

Barth, Zeev: **Turbulenzen** durch angedrohten Terror. Polnische Fluggesellschaft bietet den Sowjetjuden Hilfe an. In: Allgemeine jüdische Wochenzeitung, 45. Jg., Nr. 14, 5. Apr. 1990, Bonn, S. 1.

Barth, Zeev: **Warum** sie in die USA kamen. Eine Studie über die Motive sowjetischer Einwanderer. In: Allgemeine jüdische Wochenzeitung, 39. Jg., Nr. 31, 3. Aug. 1984, Bonn, S. 3.

Bartlett, Bruce: The Crisis of Socialism in Israel. In: Orbis, 35. Jg. (1991), H. 1, Philadelphia, S. 53-68.

Bar-Yosef, Rivka W./King, Judith Varsher: Unemployed Professionals: The Case of Immigrant Engineers from Soviet Russia to Israel. In: The Soviet Man in an Open Society. Edited by Tamar Horowitz. Lanham/Md.-New York-London 1989, S. 185-219.

Baum, Peter: Verfassungswidrige **Kulturpolitik** Moskaus. IJA-Studie zur Situation der sowjetischen Juden. In: Allgemeine jüdische Wochenzeitung, 40. Jg., Nr. 8, 21. Feb. 1986, Bonn, S. 12.

Baum, Peter: **Tatsachen** klagen an. IJA-Dokumentation über die Juden in der Sowjetunion. In: Allgemeine jüdische Wochenzeitung, 41. Jg., Nr. 2, 9. Jan. 1987, Bonn, S. 3.

Bausmann, Tina: Angst vor der Abschiebung ins Gelobte Land. Sowjetische Juden bangen in Berlin um ihre Zukunft. Wegen einer Zwischenstation in Israel werden 269 Flüchtlinge als Touristen eingestuft. Wedding verweigert Sozialhilfe. In: Süddeutsche Zeitung, 47. Jg., Nr. 86, Sa./So. 13./14. Apr. 1991, München, S. 9.

Beermann, Rene: The 1970-71 Soviet Trials of Zionists. Some Legal Aspects. In: Soviet Jewish Affairs, 1. Jg. (1971), H. 2, London, S. 3-24.

Beeston, Nicholas: Open door to 120 refuseniks. In: The Times, Nr. 63254, Fr. 2. Dez. 1988, London, S. 11.

"**Begun calls** citizenship loss unfair". In: Chicago Tribune, 141. Jg., Nr. 330, Do. 26. Nov. 1987, S. 42.

Beker, Avi: The new realities of Jewish life in the USSR. In: Jerusalem Post, International Edition, Nr. 1521, 30. Dez. 1989, S. 16.

Belousovitch, Igor: Jews in the USSR - A current Appraisal. In: US Dept. of State, Bureau of Intelligence and Research. Intelligence Research Report, Nr. 202, 24. Apr. 1989, S. 1-5.

Ben-Barak, Shalvia: Attitudes towards Work and Home of Soviet Immigrant Women. In: The Soviet Man in an Open Society. Edited by Tamar Horowitz. Lanham/Md.-New York-London 1989, S. 115-122.

Ben-Haim, Shaul: Erst ausgereist und dann zurückgeschickt. Die Niederlande schoben russische Juden nach Israel ab. In: Allgemeine jüdische Wochenzeitung, 47. Jg., Nr. 1, 2. Jan. 1992, Bonn, S. 2.

Bendkower, Sigmund: Nationaltheokratie als Schicksal? Eine Analyse nach der Knessetwahl. In: Allgemeine jüdische Wochenzeitung, 43. Jg., Nr. 48, 2. Dez. 1988, Bonn, S. 1-2.

Ben-Shlomo, Zeev: **American** restrictions seen as bitter pill. Why are Soviet Jews clamouring in their thousands to emigrate? In: Jewish Chronicle, 150. Jg., Nr. 6309, 16. März 1990, London, S. 5.

Ben-Shlomo, Zeev: "**Beware** euphoria". In: Jewish Chronicle, 148. Jg., Nr. 6242, 9. Dez. 1988, London, S. 3.

Ben-Shlomo, Zeev: **Bronfman** angers Russian Jews. In: Jewish Chronicle, 148. Jg., Nr. 6238, 11. Nov. 1988, London, S. 52.

Ben-Shlomo, Zeev: **Exit** numbers rise. In: Jewish Chronicle, 147. Jg., Nr. 6172, 7. Aug. 1987, London, S. 2.

Ben-Shlomo, Zeev: **Gorbachev's** failure. In: Jewish Chronicle, 148. Jg., Nr. 6219, 1. Juli 1988, London, S. 1.

Ben-Shlomo, Zeev: **KGB** probes Pamyat. In: Jewish Chronicle, 150. Jg., Nr. 6299, 5. Jan. 1990, London, S. 1.

Ben-Shlomo, Zeev: **Kosher** hotel to open in Moscow. In: Jewish Chronicle, 149. Jg., Nr. 6288, 20. Okt. 1989, London, S. 44.

Ben-Shlomo, Zeev: "40.000 are set to **leave** Soviet Union". In: Jewish Chronicle, 149. Jg., Nr. 6247, 13. Jan. 1989, London, S. 2.

Ben-Shlomo, Zeev: **Maccabi** back in Lithuania. In: Jewish Chronicle, 149. Jg., Nr. 6249, 27. Jan. 1989, London, S. 1.

Ben-Shlomo, Zeev: Demand for **matzot** grows in Russia. In: Jewish Chronicle, 149. Jg., Nr. 6260, 14. Apr. 1989, London, S. 6.

Ben-Shlomo, Zeev: **Moscow** Jews open library. In: Jewish Chronicle, 147. Jg., Nr. 6178, 18. Sep. 1987, London, S. 2.

Ben-Shlomo, Zeev: **Pamyat** stumbles in stronghold. In: Jewish Chronicle, 150. Jg., Nr. 6309, 16. März 1990, London, S. 48.

Ben-Shlomo, Zeev: Moscow **rabbi** is "Soviet tool". In: Jewish Chronicle, 149. Jg., Nr. 6298, 29. Dez. 1989, London, S. 32.

Ben-Shlomo, Zeev: Russia cannot stop **racism**, says envoy. In: Jewish Chronicle, 148. Jg., Nr. 6244, 23. Dez. 1988, London, S. 36.

Ben-Shlomo, Zeev: **Refuseniks** split over Israeli visa moves. In: Jewish Chronicle, 148. Jg., Nr. 6218, 24. Juni 1988, London, S. 52.

Ben-Shlomo, Zeev: **Russia admits** steep decline in Jewish life. In: Jewish Chronicle, 147. Jg., Nr. 6192, 25. Dez. 1987, London, S. 4.

Ben-Shlomo, Zeev: **Russia let** only 92 go in December. In: Jewish Chronicle, 146. Jg., Nr. 6092, 24. Jan. 1986, London, S. 3.

Ben-Shlomo, Zeev: **Russian church** attacks Pamyat. In: Jewish Chronicle, 148. Jg., Nr. 6223, 29. Juli 1988, London, S. 5.

Ben-Shlomo, Zeev: **Soviet** visas delayed for Western visitors to centre's opening. In: Jewish Chronicle, 149. Jg., Nr. 6251, 10. Feb. 1989, London, S. 2.

Ben-Shlomo, Zeev: **Visa** queries for Gorbachev. In: Jewish Chronicle, 148. Jg., Nr. 6242, 9. Dez. 1988, London, S. 56.

Ben-Shlomo, Zeev: **WJC** bows out. In: Jewish Chronicle, 149. Jg., Nr. 6283, 15. Sep. 1989, London, S. 56.

Benvenisti, Meron: Last Tribe Out of Bondage. Russian Jewish Immigrants Relegitimize an Exhausted Zionism. In: Washington Post, 113. Jg., Nr. 96, So. 11. März 1990, S. B5.

"**Beratungen über** Sowjet-Juden. Länderchefs treffen sich mit Bundeskanzler". In: Kölner Stadt-Anzeiger, Nr. 303, Sa./So. 29./30. Dez. 1990, S. 6.

Berger, Alan: The plight of Soviet Jews. Beset by hate in the USSR, their emigration is having global repercussions. In: Boston Sunday Globe, 237. Jg., Nr. 105, So. 15. Apr. 1990, S. 19, 21.

"**Berlin nimmt nur** in Härtefällen Juden aus Sowjetunion auf". In: Kölner Stadt-Anzeiger, Nr. 45, Fr. 22. Feb. 1991, S. 2.

"**Berlin will Juden** vorerst nicht abschieben". In: Die Tageszeitung, 14. Jg., Nr. 3406, Do. 16. Mai 1991, Berlin, S. 2.

Bernstein, David: Israelis to stop abuse of exit visa. In: The Times, Nr. 63229, Do. 3. Nov. 1988, London, S. 9.

Bertsch, Gary K.: American **Politics** and Trade with the USSR. In: Trade, Technology, and Soviet-American Relations. Edited by Bruce Parrott. Bloomington/Ind. 1985, S. 243-282.

Bertsch, Gary: US-Soviet Trade: The **Question** of Leverage. In: Survey, 25. Jg. (1980), H. 111, London, S. 66-80.

Binder, Elisabeth: **Aufenthaltsbefugnis** für Juden aus Israel abgelehnt. Innenverwaltung will Gespräche über neue Möglichkeiten führen. Große Ungewißheit für Mutter und Kind. In: Der Tagesspiegel, 47. Jg., Nr. 13872, Mi. 15. Mai 1991, Berlin, S. 11.

Binder, Elisabeth: "**Ausweisung** von Juden wäre unerträglich". Tagesspiegel-Interview mit dem Vorsitzenden der Jüdischen Gemeinde. Heinz Galinski erwartet keine zwangsweise Abschiebung, Hoffnung auf Zwischenlösung. In: Der Tagesspiegel, 47. Jg., Nr. 13874, Fr. 17. Mai 1991, Berlin, S. 12.

Biskup, Harald: Rasch noch mit **Enkeln** durch das Schlupfloch. Täglich suchen über 100 sowjetische Juden in der Nähe von Berlin Zuflucht. Ehemalige Kaserne wurde Flüchtlingslager. In: Kölner Stadt-Anzeiger, Nr. 1, Mi. 2. Jan. 1991, S. 3.

Biskup, Harald: **Hilfe** mit "Blick ins Herz". Die Beratungsstelle für sowjetische Juden im Ostteil Berlins kann ihre Tätigkeit fortsetzen. In: Allgemeine jüdische Wochenzeitung, 46. Jg., Nr. 2, 10. Jan. 1991, Bonn, S. 3.

Black, Ian: **Israeli** split on talks agenda. In: The Guardian, Mo. 18. Aug. 1986, London-Manchester, S. 7.

Black, Ian: Moscow' to step up **Mideast** peace role'. Israeli official says Moscow expects PLO switch. In: The Guardian, Mi. 31. Aug. 1988, London-Manchester, S. 9.

Black, Ian: **Moscow** and Tel Aviv on brink of ties restoration. Soviet official in talks in Israel on eve of Peres-Shevardnadze meeting. In: The Guardian, Mo. 21. Sep. 1987, London-Manchester, S. 6.

Black, Ian: **Return** Israeli trip 'not vital'. In: The Guardian, Do. 18. Juni 1987, London-Manchester, S. 10.

Black, Ian: **Russian** team plans early visit to Jerusalem. Diplomatic relations thaw with first exchange in 20 years. In: The Guardian, Do. 2. Apr. 1987, London-Manchester, S. 9.

Black, Ian: Israelis to raise **visas** question. In: The Guardian, Mo. 11. Aug. 1986, London-Manchester, S. 7.

Black, Larry: **Reviving** an old borough. Dateline: Brooklyn. In: MacLean's, Vol. 99, Nr. 50, 15. Dez. 1986, S. 6-7.

Blackman, Ann: The Lonely World of a Refusenik. Vera Zieman lives in limbo - and looks to the U.S. for help. In: Time, 131. Jg., Nr. 23, 6. Juni 1988, New York, S. 14.

Bland-Spitz, Daniela: Die Juden und die jüdische Opposition in der Sowjetunion 1967-1977. Diessenhofen/CH 1980.

Blitzer, Wolf: **Gorbachev** turns a deaf ear to Reagan's pleas. In: Jewish Chronicle, 147. Jg., Nr. 6191, 18. Dez. 1987, London, S. 2.

Blitzer, Wolf: **Israel** needs Soviet Jews. In: Jewish Chronicle, 149. Jg., Nr. 6278, 11. Aug. 1989, London, S. 4.

Blitzer, Wolf/**Wallfish**, Asher/**Finklestone**, Joseph: Israel, Russia in vital talks. In: Jewish Chronicle, 148. Jg., Nr. 6216, 10. Juni 1988, London, S. 1.

Blum, Mechthild: "Wir sind geflohen, um morgen noch zu leben". Juden aus der GUS in Baden-Württemberg. Wohnraum fehlt. In: Allgemeine jüdische Wochenzeitung, 47. Jg., Nr. 17, 23. Apr. 1992, Bonn, S. 4.

Boese, Heike: Sind sich die Deutschen dieser neuen Chance bewußt? 2600 Juden aus der Sowjetunion kamen seit dem Sommer in unsere Stadt. Jetzt soll ein Aufnahmelager in Ahrensfelde geschlossen werden. In: Der Morgen, 46. Jg., Nr. 286, Sa./So. 8./9. Dez. 1990, Berlin, S. 11.

Bohlen, Celestine: Hungarians Will **Again** Fly Soviet Jews to Israel. In: New York Times, 139. Jg., Nr. 48189, Do. 29. März 1990, S. A13.

Bohlen, Celestine: **Hungary** Halts Emigré Flights After Muslim Threat. In: New York Times, 139. Jg., Nr. 48182, Do. 22. März 1990, S. A18.

Bohlen, Celestine: **Moscow** Says Israeli Visit Is Approved. In: Washington Post, 111. Jg., Nr. 46, Mi. 20. Jan. 1988, S. A17, A20.

Bohlen, Celestine: **Moynihan Urges** Soviets to Permit Emigration. Senator Says Trade Curbs Will Remain Until Jews Are Allowed to Leave. In: Washington Post, 110. Jg., Nr. 259, Fr. 21. Aug. 1987, S. A16.

Bohlen, Celestine: **Progress** Seen in Soviet Exit Policy. American Jewish Leaders in Moscow Note Positive Attitude. In: Washington Post, 110. Jg., Nr. 113, Sa. 28. März 1987, S. A24.

Bohlen, Celestine: Refuseniks Say **'Security'** Is Sham as Grounds for Denial of Exit Visas. In: Washington Post, 110. Jg., Nr. 354, Di. 24. Nov. 1987, S. A16.

Bohlen, Celestine: **Soviet**: No Agreement Set With Israel. Reciprocal Visit by Consular Delegation Is Ruled Out. In: Washington Post, 110. Jg., Nr. 119, Fr. 3. Apr. 1987, S. 32.

Boim, Leon: **Anti-Semitism**, Anti-Judaism and Anti-Zionism in the USSR. In: Israel Yearbook on Human Rights, 8. Jg. (1978), Tel Aviv, S. 240-266.

Boim, Leon: The Soviet Law of **Nationality** and its Application to Jews. In: Israel Yearbook on Human Rights, 3. Jg. (1973), Tel Aviv, S. 173-201.

Boim, Leon: The **Passport** System in the USSR and its Effect upon the Status of Jews. In: Israel Yearbook on Human Rights, 5. Jg. (1975), Tel Aviv, S. 141-168.

Boim, Leon: The Russian-Pravoslav **Roots** of Soviet Anti-Semitism. In: Israel Yearbook on Human Rights, 9. Jg. (1979), Tel Aviv, S. 160-180.

Boim, Leon: The National-Territorial Rights of the Jewish National Minority in the Soviet Federation. In: Israel Yearbook on Human Rights, 6. Jg. (1976), Tel Aviv, S. 239-251.

"**Bonn rechnet** in diesem Jahr mit 160000 deutschen Aussiedlern aus Osteuropa". In: Frankfurter Allgemeine Zeitung, Nr. 163, Sa. 16. Juli 1988, S. 1-2.

Borodowskij, Mark: Jüdisches Leben in Moskau heute. In: Judaica, 46. Jg. (1990), H. 2, Basel, S. 113-117.

Branegan, Jay: "To leave Russia is an earthquake in your life". In: Chicago Tribune Magazine, So. 17. Aug. 1975, S. 18-28.

Breitinger, Eric: Die Synagoge platzt schon jetzt aus allen Nähten. Durch Zuwanderung wächst die Freiburger Gemeinde. In: Allgemeine jüdische Wochenzeitung, 48. Jg., Nr. 4, 28. Jan. 1993, Bonn, S. 10.

Bremer, Jörg: Jetzt wollen auch nichtjüdische **Äthiopier** "Falaschen" sein. Die "Operation Salomo". 14400 Menschen ohne Gepäck. Acht Kinder geboren. In: Frankfurter Allgemeine Zeitung, Nr. 120, Mo. 27. Mai 1991, S. 3.

Bremer, Jörg: **Israel** bis zu den Wahlen gelähmt. Scharon diktiert, wie weit Schamir gehen kann. In: Frankfurter Allgemeine Zeitung, Nr. 147, Fr. 28. Juni 1991, S. 14.

"**Briefe an Gorbatschow** und EG. Schamir: Keine Einwanderer in besetzte Gebiete". In: Süddeutsche Zeitung, 46. Jg., Nr. 144, Di. 26. Juni 1990, München, S. 9.

Brilliant, Joshua: Flight of joy. In: Jewish Chronicle, 130. Jg., Nr. 6299, 5. Jan. 1990, London, S. 1.

Brinkley, Joel: New **Confusion** in Israel On Settling Soviet Jews. In: New York Times, 139. Jg., Nr. 48279, Mi. 27. Juni 1990, S. A6.

Brinkley, Joel: Israel to **Censor** News on Emigres. Reports on Soviet Jews Must Now Be Cleared by Army. In: New York Times, 139. Jg., Nr. 48163, Sa. 3. März 1990, S. 1, 5.

Brinkley, Joel: And When Is a **Dancer** Not Kosher? In: New York Times, 138. Jg., Nr. 47939, Sa. 22. Juli 1989, S. A5.

Brinkley, Joel: Soviet Jews **Finding** Israel Short of Jobs and Housing. In: New York Times, 138. Jg., Nr. 47996, So. 17. Sep. 1989, S. A1, A18.

Brinkley, Joel: Israel Feels **Growing** Anguish As Immigration Flow Falters. In: New York Times, 137. Jg., Nr. 47540, Sa. 18. Juni 1988, S. A1, A5.

Brinkley, Joel: Israel won't send Soviet **Immigrants** to the West Bank. Policy's Effect Unclear. Shift, Announced by Sharon, Is in Response to Concern of Kremlin and U.S. In: New York Times, 139. Jg., Nr. 48277, Mo. 25. Juni 1990, S. A1, A4.

Brinkley, Joel: As **Immigration** to Israel Soars, Housing Plans Are Grounded by Politics. In: New York Times, 139. Jg., Nr. 48318, So. 5. Aug. 1990, S. A3.

Brinkley, Joel: For **Israelis**, a Keen Sorrow: Flow of Immigrants Weakens. In: New York Times, 137. Jg., Nr. 47540, Sam. 18. Juni 1988, S. A1, A5.

Brinkley, Joel: For **Jews** From Arab Lands, New Views of Israel's Future. In: New York Times, 137. Jg., Nr. 47575, Sa. 23. Juli 1988, S. A1, A4.

Brinkley, Joel: As Jerusalem **Labors** to Settle Soviet Jews, Native Israelis Slip Quietly Away. In: New York Times, 139. Jg., Nr. 48143, So. 11. Feb. 1990, S. A3.

Brinkley, Joel: Some Adopted **Orphans** In Party of Ashkenazim. In: New York Times, 139. Jg., Nr. 48091, Do. 21. Dez. 1989, S. A4.

Brinkley, Joel: **Shamir** Again Opposes U.S. On Plans for Mideast Talks. In: New York Times, 139. Jg., Nr. 48281, Fr. 29. Jun. 1990, S. A3.

Brinkley, Joel: **Sharon's Plan** to House The Soviet Jews Is Upset. In: New York Times, 139. Jg., Nr. 48300, Mi. 18. Juli 1990, S. A6.

Brinkley, Joel: **Sharon** given Broad Power on Housing. In: New York Times, 139. Jg., Nr. 48284, Mo. 2. Juli 1990, S. A3.

Brinkley, Joel: **Soviets** to Curb Jews' Flights to Israel. Moscow reponds to pressure from Islamic groups. In: New York Times, 139. Jg., Nr. 48184, Sa. 24. März 1990, S. A6.

Brinkley, Joel: A **Stream** of Soviet Emigrés Disturbs the Occupied Territories. In: New York Times, 139. Jg., Nr. 48129, So. 28. Jan. 1990, S. D3.

Brod, Peter: Die Antizionismus- und Israelpolitik der UdSSR. Voraussetzungen und Entwicklungen bis 1956. (Osteuropa und der internationale Kommunismus, Bd. 5). Baden-Baden 1980.

Broder, Henryk M.: Alles ist anders - wie immer. Ein halbes Jahr nach dem Golfkrieg. Israel findet zurück zum Alltag mit all seinen Verrücktheiten. In: Die Zeit, 46. Jg., Nr. 40, 26. Sep. 1991, Hamburg, S. 8.

Brodsky, Joseph: Erinnerungen an Leningrad. München-Wien 1987.

Broszat, Martin/**Frei**, Norbert (Hg.): PLOETZ. Das Dritte Reich. Ursprünge, Ereignisse, Wirkungen. Freiburg-Würzburg 1983.

Brück, Eva: Ein neuer Start in trister Umgebung. Immer mehr Juden aus der Sowjetunion stranden in der Noch-DDR: Chance der schnellen Ausreise als Touristen genutzt. In: Allgemeine jüdische Wochenzeitung, 45. Jg., Nr. 34, 23. Aug. 1990, Bonn, S. 3.

Bruer, Wolf S.: Letzte Zuflucht im Zelt. Israels Wohnungsbaupolitik sorgt weiterhin für Sprengstoff. In: Allgemeine jüdische Wochenzeitung, 45. Jg., Nr. 42, 18. Okt. 1990, Bonn, S. 3.

Brumberg, Abraham: "Sovyetish Heymland" and the Dilemmas of Jewish Life in the USSR. In: Soviet Jewish Affairs, 2. Jg. (1972), H. 1, London, S. 27-41.

Brummer, Alex: Jews remind Gorbachev they are on the summit agenda too. In: The Guardian, Sa. 5. Dez. 1987, London-Manchester, S. 34.

Brunner, Georg: Einleitung. In: Brunner, Georg/Kagedan, Allan (Hg.): Die Minderheiten in der Sowjetunion und das Völkerrecht. Köln 1988, S. 9-11.

Brym, Robert J.: The **Changing** Rate of Jewish Emigration from the USSR: Some Lessons from the 1970s. In: Soviet Jewish Affairs, 15. Jg. (1985), H. 2, London, S. 23-35.

Brym, Robert J.: Perestroyka, **Public** Opinion, and Pamyat. In: Soviet Jewish Affairs, 19. Jg. (1989), H. 3, London, S. 23-32.

Brym, Robert J.: Soviet Jewish Emigration: A **Statistical** Test of Two Theories. In: Soviet Jewish Affairs, 18. Jg. (1988), H. 3, London, S. 15-23.

"**Budapest route** saved". In: Jewish Chronicle, 150. Jg., Nr. 6311, 30. März 1990, London, S. 1.

"**Büro für** sowjetische Juden. Beratungsstelle in Ost-Berlin eröffnet". In: Neue Zeit, 46. Jg., Nr. 194, Di. 21. Aug. 1990, Berlin (Ost), S. 2.

Bulau, Doris: "Wir werden immer mehr". Jüdische Gemeinde Düsseldorf. In: Das Parlament, Themenausgabe: Deutsche Juden - Juden in Deutschland, 41. Jg., Nr. 33, 9. Aug. 1991, Bonn, S. 3.

Burger, Hannes: Wien zwingt niemanden zur Weiterreise nach Israel. Die Jewish Agency und die Regierung Kreisky streiten über jüdische Emigranten aus der Sowjetunion. In: Süddeutsche Zeitung, Nr. 11, Fr. 15. Jan. 1982, München, S. 4.

Burlatsky, Fedor: Window on Quest for Openness. Fears of mass exodus when the Soviet emigration law comes into force are exaggerated. In: The Guardian, Fr. 24. Mai 1991, London-Manchester, S. 25.

Burston, Bradley: **Birth** during flight adds another new immigrant. In: Jerusalem Post, International Edition, Nr. 1595, 1. Juni 1991, S. 28.

Burston, Bradley: Flying into **history**. In: Jerusalem Post, International Edition, Nr. 1596, 8. Juni 1991, S. 9.

"**Bush hebt Sperren** für Handel mit Moskau auf. Sowjets können nun in USA Lebensmittel kaufen". In: Kölner Stadt-Anzeiger, Nr. 292, Fr. 14. Dez. 1990, S. 8.

"**Bush honoriert** UdSSR Ausreise von Juden. Milliardenkredit erlaubt". In: Kölner Stadt-Anzeiger, Nr. 304, Mo. 31. Dez. 1990, S. 4.

Campbell, Robert W.: Technology Transfer in the Soviet Energy Sector. In: Trade, Technology, and Soviet-American Relations. Edited by Bruce Parrott. Bloomington/Ind. 1985, S. 141-168.

Carl, Willi: Wiedererwachtes Leben in Vilnius. SPD-Mitarbeiter waren Gäste des Jüdischen Kulturbundes. In: Allgemeine jüdische Wochenzeitung, 44. Jg., Nr. 30, 28. Juli 1989, Bonn, S. 4.

Carrere d'Encausse, Helene: Decline of an Empire. The Soviet Socialist Republics in Revolt. New York 1980, 3. Aufl.

Carroll, Andrew S.: "Joint" will stop its aid to Soviet emigrants. In: Jewish Chronicle, 149. Jg., Nr. 6251, 10. Feb. 1989, London, S. 52.

Chartrand, Sabra: Israel Turns Itself Into One Big Welcome Wagon. In: New York Times, 139. Jg., Nr. 48181, Mi. 21. März 1990, S. A4.

Chartrand, Sabra: Jerusalem Says It Has No Policy To Settle Soviet Jews in West Bank. In: New York Times, 139. Jg., Nr. 48132, Mi. 31. Jan. 1990, S. A2.

Chartrand, Sabra: Israelis Know How to Stretch Shekel. In: New York Times, 139. Jg., Nr. 48319, Mo. 6. Aug. 1990, S. A4.

Chartrand, Sabra: In Israel, a Way to Woo More Soviet Jews. The idea is to use jobs and housing to lure educated émigrés, who favor the U.S. In: New York Times, 138. Jg., Nr. 47982, So. 3. Sep. 1989, S. C9.

Chazanov, Mathis: U.S. Jewish Leaders Elated Over Visa for Refusenik. Vow to Press Efforts for Thousands Still Waiting to Leave. In: Los Angeles Times, Sa. 3. Okt. 1987, Sec. I, S. 0.

Chazanov, Mathis: Soviet Jewish Emigres Learn Anew About Holiday. In: Los Angeles Times, Di. 15. Dez. 1987, Sec. II, S. 3-4.

Checinski, Michael: Soviet Jews and Higher Education. In: Soviet Jewish Affairs, 3. Jg. (1973), H. 2, London, S. 3-16.

"Chef-Rabbiner will schärfere Regelung für Sowjetjuden". In: Kölner Stadt-Anzeiger, Nr. 147, Fr. 28. Juni 1991, S. 5.

Chlenov, Mikhail et al.: Strangers in Our Own Land. An appeal to their government and their fellow citizens from Jews who want to stay in the Soviet Union. In: Washington Post, 111. Jg., Nr. 1, So. 6. Dez. 1987, S. D7.

Citron, Alan: Soviet Anti-Semitism Rising, Poll Shows. In: Los Angeles Times, Fr. 6. Apr. 1990, S. A7.

Clines, Francis X.: Anxiety Over Anti-Semitism Spurs Soviet Warning on Hate. In: New York Times, 139. Jg., Nr. 48134, Fr. 2. Feb. 1990, S. A1, A12.

Clines, Francis X.: Jews Meet in Moscow First Time Since 1918. In: New York Times, 139. Jg., Nr. 48090, Mi. 20. Dez. 1989, S. A18.

Clines, Francis X.: For Odessa's Jews, a Time of Anxiety. In: New York Times, 139. Jg., Nr. 48224, Do. 3. Mai 1990, S. A16.

Clyne, Jeremy: Fine taste for freedom. Israel's Russian Press. In: Jewish Chronicle, 135. Jg., Nr. 5521, 14. Feb. 1975, London, S. 12.

Cody, Edward: More Visas for Jews Reported. Soviet Approvals in Early 1987 Up Sharply From Recent Years. In: Washington Post, 110. Jg., Nr. 131, Mi. 15. Apr. 1987, S. A30.

Cohen, Pamela B./Naftalin, Micah H.: Give Soviet Jews a Choice. Direct flights to Israel from Rumania make it harder for them to enter the U.S. In: New York Times, 136. Jg., Nr. 47174, Do. 18. Juni 1987, S. A31.

"Contractor chief: Budget falls far short. "$4 b. a year needed for 84,000 new flats". In: Jerusalem Post, 58. Jg., Nr. 17491, Fr. 13. Juli 1990, S. 1.

Cooper, Ann: U.S. Foresees Rush in Soviet Emigres. Moscow Drafting Law to Lift Restrictions on Departure. In: New York Times, 138. Jg. Nr. 47930, Do. 13. Juli 1989, S. A1, A8.

Cooper, Ann: U.S. Abruptly Closes a Route for Soviet Jews. In: New York Times, 139. Jg., Nr. 48046, Mo. 6. Nov. 1989, S. A9.

Corney, Hyam: No panic - yet - on Soviet immigrants. In: Jewish Chronicle, 150. Jg., Nr. 6303, 2. Feb. 1990, London, S. 4.

Cornwell, Rupert: Moscow opens up to Jewish culture. In: The Independent, 2. Jg., Nr. 731, Mo. 13. Feb. 1989, London, S. 8.

Cowell, Alan: Many Emigrés, Much Hope (Will the Jobs Come?). In: New York Times, 139. Jg., Nr. 48237, Mi. 16. Mai 1990, S. A4.

Cowell, Alan: Israel Wakes Up to the Big New Wave of Soviet Jews. In: New York Times, 139. Jg., Nr. 48241, So. 20. Mai 1990, S. E3.

Cowell, Alan: Concern in Mideast that Soviet Jews Will Displace Arabs. In: San Francisco Chronicle, 126. Jg., Nr. 12, Di. 30. Jan. 1990, S. A17.

Cullen, Robert B.: Soviet Jewry. In: Foreign Affairs, 65. Jg. (1986), H. 2, New York, S. 252-266.

Curtius, Mary: Soviet consular team's visit to Israel will test diplomatic waters. But Israeli stand on Mideast parley may hinder full-scale ties. In: Christian Science Monitor, 79. Jg., Nr. 149, Mo. 29. Juni 1987, Boston, S. 11.

Curtius, Mary: Israeli hopes raised by Soviet officials' first visit in 20 years. Prospects improve for restoration of diplomatic ties. In: Christian Science Monitor, 79. Jg., Nr. 160, Di. 14. Juli 1987, Boston, S. 9.

Curtius, Mary: Busy Soviet diplomats cause a stir in Israel. In: Christian Science Monitor, 79. Jg., Nr. 162, Do. 16. Juli 1987, Boston, S. 9.

Curtius, Mary: Soviet influx: dilemma for Israel. In: Boston Globe, 237. Jg., Nr. 10, Mi. 10. Jan. 1990, S. 2.

Curtius, Mary/Slambrouck, Paul van: Soviet move on Jews fits big picture, Israeli says. In: Christian Science Monitor, 79. Jg., Nr. 89, Fr. 3. Apr. 1987, Boston, S. 1, 13.

Czempiel, Ernst-Otto/Schweitzer, Carl-Christoph: Weltpolitik der USA nach 1945. Einführung und Dokumente. Opladen 1984.

Damloff, Nicholas: "Living in the Soviet Union deforms you as a person". In: U.S. New & World Report, Vol. 101, Nr. 16, 20. Okt. 1986, Washington/D.C., S. 23.

D'Anastasio, Mark/France, Boyd: For Gorbachev, Emigration is a Pawn in a far larger Game. In: Business Week, Nr. 2934, 24. Feb. 1986, New York, S. 53.

"**Das Gespräch war** überraschend freundlich und gut. Israel und die Sowjetunion wollen bilaterale Kontakte verbessern". In: Allgemeine jüdische Wochenzeitung, 44. Jg., Nr. 2, 13. Jan. 1989, Bonn, S. 3.

Derfner, Larry/Siegel, Judy: Israeli and Soviet scientists sign pact on energy seminars. In: Jerusalem Post, 58. Jg., Nr. 17382, Fr. 9. März 1990, S. 18.

Derwinski, Edward J.: Religious Persecution in the Soviet Union. In: Department of State Bulletin, 86. Jg. (1986), Nr. 2116, Washington/D.C., S. 77-81.

Dejevsky, Mary: Hopes of brighter future for Jewish refuseniks. In: The Times, Nr. 62983, Do. 21. Jan. 1988, London, S. 7.

Dejevsky, Mary: Russians say Israelis can visit Moscow. In: The Times, Nr. 62982, Mi. 20. Jan. 1988, London, S. 6.

Della Pergola, Sergio: Aliya and other Jewish Migrations: Toward an Integrated Perspective. In: Studies in the Population of Israel. Edited by Usiel O. Schmelz/Gad Nathan. (Scripta Hierosolymitana, Nr. 30). Jerusalem 1986, S. 172-209.

Deming, Angus/Strasser, Steven/Kubic, Milan J.: The First Time in 21 Years. Israeli diplomats open a mission in Moscow. In: Newsweek, Vol. 112, Nr. 6, 8. Aug. 1988, New York, S. 37.

"**Den Krankenschein** nur im Notfall benutzen. Schwangere sowjetische Jüdin in den Mühlen der Bürokratie. Sozialamt um exklusive Behandlung bemüht". In: Die Tageszeitung [Ausgabe Ost], 2. Jg., Nr. 406, Fr. 5. Juli 1991, Berlin, S. 21.

"**Der Schekel wurde** erneut um sechs Prozent abgewertet". In: Allgemeine jüdische Wochenzeitung, 46. Jg., Nr. 11, 14. März 1991, Bonn, S. 2.

Dershowitz, Alan: Due Process of Law in the Trial of Soviet Jews. In: Israel Yearbook on Human Rights, 4. Jg. (1974), Tel Aviv, S. 253-265.

"**Deutsche Hilfe** erwartet. Israel: Eine Million Sowjetjuden bis Ende 1992". In: Der Morgen, 46. Jg., Nr. 223, Mo. 24. Sep. 1990, Berlin (Ost), S. 2.

"**Die 'Pamjat'-Bewegung** in der Sowjetunion". In: Osteuropa-Archiv, 40. Jg. (1990), H. 3, Stuttgart, S. A137-A149.

"**Die sowjetisch-israelischen Handelsbeziehungen** im Aufwind". In: Allgemeine jüdische Wochenzeitung, 46. Jg., Nr. 22, 30. Mai 1991, Bonn, S. 12.

Diehl, Jackson: Broken **Ethiopian** Jewish Families Being Reunited in Israel. In: Washington Post, 113. Jg., Nr. 115, Fr. 30. März 1990, S. A22.

Diehl, Jackson: **Flights** Resume for Soviet Jews. Hungarian Service To Israel Restored. In: Washington Post, 113. Jg., Nr. 118, Mo. 2. Apr. 1990, S. A13-A14.

Diehl, Jackson: **Israel** Plans to Draw 100,000 Soviet Jews. Resettlement Cost Put at $2 Billion. In: Washington Post, 112. Jg., Nr. 333, Fr. 3. Nov. 1989, S. A31, A34.

Diehl, Jackson: Ethiopians Await the **Promised** Land. Integration Comes Slowly for Jewish Refugees Airlifted to Israel. In: Washington Post, 112. Jg., Nr. 262, Do. 24. Aug. 1989, S. A25, A30.

Diehl, Jackson: Israelis **Recruiting** Immigrants for West Bank. Newcomers From U.S.S.R. Are Helping to Settle Occupied Territory. In: Washington Post, 113. Jg., Nr. 53, Sa. 27. Jan. 1990, S. A17.

Diehl, Jackson: **Shamir** Defies Bush on Jerusalem. Israeli Leader Says Soviet Jews to Be Settled in Annexed Zone. In: Washington Post, 113. Jg., Nr. 91, Di. 6. März 1990, S. A16, A20.

Diehl, Jackson: **Soviet** Jews View Future in Israel With Foreboding. Sheer Number of Immigrants May Overwhelm State's Ability to Cope With Them. In: Washington Post, 113. Jg., Nr. 122, Fr. 6. Apr. 1990, S. A25, A30.

Diehl, Jackson: For Israel, **Wave** of Soviet Immigration Brings Promise and Problems. In: Washington Post, 113. Jg., Nr. 47, So. 21. Jan. 1990, S. A29, A34.

"**Die Kehrseite** von Glasnost: Nationalistisch eingefärbter Antisemitismus". In: Aufbau, 55. Jg., Nr. 7, 31. März 1989, New York, S. 3.

"**Die Rechnung des** Kremls ging nicht auf. Washingtons Jackson-Vanik-Amendment und die sowjetjüdische Emigration". In: Allgemeine jüdische Wochenzeitung, 41. Jg., Nr. 11, 14. März 1986, Bonn, S. 5.

Dillin, John: Soviet Emigrès Expected to Flock To United States. In: Christian Science Monitor, 81. Jg., Nr. 176, Mo. 7. Aug. 1989, Boston, S. 7.

Diner, Dan: Israel in Palästina. Über Tausch und Gewalt im Vorderen Orient. Königstein/Ts. 1980.

Dinstein, Yoram: Freedom of **Emigration** for Soviet Jewry. In: Soviet Jewish Affairs, 18. Jg. (1988), H. 3, London, S. 3-14.

Dinstein, Yoram: **Freedom** of Emigration and Soviet Jewry. In: Soviet Jewish Affairs, 4. Jg. (1974), H. 2, London, S. 17-23.

Dinstein, Yoram: The International **Human** Rights of Soviet Jewry. In: Israel Yearbook on Human Rights, 2. Jg. (1972), Tel Aviv, S. 194-210.

Dohrn, Verena: **Massenexodus** oder Erneuerung der jüdischen Kultur? Die jüdische Bewegung in der Sowjetunion. In: Osteuropa, 41. Jg. (1991), Stuttgart, H. 2, S. 204-214.

Dohrn, Verena: Das russische Israel. Goldenes **Zeitalter** oder sozialer Notstand? In: Die Neue Gesellschaft/Frankfurter Hefte, 39. Jg. (1992), H. 9, Bonn, S. 829-836.

"**Dokumente** vom Gipfeltreffen in **Moskau**". In: Sowjetunion heute, 33. Jg. (Juni 1988), Sonderheft, Köln, S. 1-44.

"**Dokumente** vom Gipfeltreffen in **Washington**". In: Sowjetunion heute, 32. Jg. (Dezember 1987), Sonderheft, Köln, S. 1-50.

Donath, Klaus-H.: "Wer zurückkommt, ist bescheuert". Millionen Sowjetbürger haben die Hoffnung auf Besserung der Lage verloren und betreiben ihre Emigration. Die innersowjetische Fluchtbewegung wird den Exodus Richtung Westen verstärken. Vor allem die Intelligenz wandert ab. In: Die Tageszeitung, 14. Jg., Nr. 3407, Fr. 17. Mai 1991, Berlin, S. 9.

"'30000 Juden aus der UdSSR in besetzte Gebiete'. Widerspruch zu Regierung". In: Kölner Stadt-Anzeiger, Nr. 175, Mo. 30. Juli 1990, S. 6.

Dujmovic, Nicholas: Finally - Soviets Admit Socialist Life is Harder. In: Christian Science Monitor, 81. Jg., Nr. 14, Mo. 19. Juni 1989, Boston, S. 19.

"Duldungsrecht für jüdische Sowjetbürger". In: Berliner Zeitung, 47. Jg., Nr. 122, Mi. 29. Mai 1991, Berlin, S. 1.

Dymerskaia-Tsigelman, Ludmilla: The ideological Motivation of Soviet Aliya. In: The Soviet Man in an Open Society. Edited by Tamar Horowitz. Lanham/Md.-New York-London 1989, S. 49-55.

Eaton, William J.: Freed Soviet Dissident to Fight for Release of Others. In: Los Angeles Times, Mo. 9. Feb. 1987, Sec. I, S. 5.

Eaton, William J.: Moscow Letting Several Jews Go. Jam May Have Been Broken. In: San Francisco Chronicle, 123. Jg., Nr. 201, Di. 8. Sep. 1987, S. 15.

Eaton, William J.: Policy Shift Prompts Soviet Armenians to Besiege U.S. Embassy for Visas. In: Los Angeles Times, So. 22. Nov. 1987, Sec. I, S. 16.

Eaton, William J.: Refuseniks Protest, Soviet Police Just Watch. In: Los Angeles Times, Fr. 29. Jan. 1988, Sec. I, S. 6.

Eaton, William J.: Visa Rule Torments 'Secrecy' Refuseniks. Soviets Refuse to Let Them Leave. In: Los Angeles Times, Mo. 13. Apr. 1987, Sec. I., S. 10.

Eaton, William J.: Soviets OK Emigration of Begun, Others. Ease Ban Against Refuseniks Linked to State Secrets. In: Los Angeles Times, Di. 8. Sep. 1987, Sec. I, S. 1, 13.

Eaton, William J.: Only One in 10 Denied Visas, Soviets Say. Kremlin Tries to Polish Its Human Rights Image. In: Los Angeles Times, Mi. 19. Aug. 1987, Sec. I, S. 5.

Eaton, William J./Toth, Robert C.: 'Never Give Up,' Shultz Tells Soviet Refuseniks. Attends Seder Dinner With Them. In: Los Angeles Times, Di. 14. Apr. 1987, Sec. I, S. 1, 14.

Eban, Abba: Mein Land. Das moderne Israel. München-Zürich 1975, erg. Ausgabe.

Echikson, William: The Paradoxes of Glasnost. Jews are rediscovering their culture, but face new anti-Semitism from some quarters. In: Christian Science Monitor, 81. Jg., Nr. 85, Mi. 29. März 1989, Boston, S. 3.

"EG-Kritik an Israel. Mehr als 10000 sowjetische Einwanderer in drei Tagen. 'Siedlungspolitik behindert Friedensprozeß'". In: Süddeutsche Zeitung, 47. Jg., Nr. 149, Mo. 1. Juli 1991, München, S. 9.

"Ein Beitritt bewegender Art. Tagung des Jüdischen Weltkongresses in Jerusalem. Erstmals auch sowjetische Delegierte dabei". In: Allgemeine jüdische Wochenzeitung, 46. Jg., Nr. 20, 16. Mai 1991, Bonn, S. 3.

"Ein geordnetes Verfahren - damit keiner irgendwo in Turnhallen campiert. Bundestagsdebatte über die Aufnahme sowjetischer Juden in Deutschland: Einmütiges Votum für großzügige Regelung, doch Kontingentierungs-Erwägungen". In: Allgemeine jüdische Wochenzeitung, 45. Jg., Nr. 46, 15. Nov. 1990, Bonn, S. 11.

Einigungsvertrag. [Der offizielle Titel lautet:] Vertrag zwischen der Bundesrepublik Deutschland und der Deutschen Demokratischen Republik über die Herstellung der Einheit Deutschlands - Einigungsvertrag -. Abgedruckt in: Bulletin des Presse- und Informationsamts der Bundesregierung, Nr. 104, Bonn, den 6. September 1990, S. 877-1120.

"Ein neuer Begriff macht die Runde". In: Allgemeine jüdische Wochenzeitung, 46. Jg., Nr. 29, 18. Juli 1991, Bonn, S. 4.

"Einwanderung soll 'großzügig' sein. Keine Quoten für Sowjetjuden". In: Allgemeine jüdische Wochenzeitung, 46. Jg., Nr. 3, 17. Jan. 1991, Bonn, S. 1.

Eisenstadt, Shmuel N.: Die Transformation der israelischen Gesellschaft. Frankfurt/M. 1987.

"El Al, Aeroflot to fly olim directly". In: Jerusalem Post, International Edition, Nr. 1616, 26. Okt. 1991, S. 6.

Elam, Yizchak: Use of Force among Moroccan and Georgian Immigrants to Israel. In: The Soviet Man in an Open Society. Edited by Tamar Horowitz. Lanham/Md.-New York-London 1989, S. 323-346.

Elazar, Daniel J.: Religious Parties and Politics in the Begin Era. In: Israel in the Begin Era. Edited by Robert O. Freedman. New York 1982, S. 102-120.

"**11000 sowjetische Juden** wollen nach Deutschland". In: Kölner Stadt-Anzeiger, Nr. 194, Do. 22. Aug. 1991, S. 8.

Eliav, Binyamin: The Jewish Problem and the Soviet Union. In: Israel Yearbook on Human Rights, 1. Jg. (1971), Tel Aviv, S. 116-126.

Ellsworth-Jones, Will/**Branson,** Louise: Back to the USSR. In: The Sunday Times, Nr. 8474, So. 4. Jan. 1987, London, S. 13.

Emmerich, Marlies: Aufatmen und Zittern bei sowjetischen Juden. Innenverwaltung: Duldung für ein halbes Jahr. Anwalt drängt auf Grundsatzentscheidung. In: Berliner Zeitung, 47. Jg., Nr. 122, Mi. 29. Mai 1991, Berlin, S. 9.

"**Ende des Wiener** Umwegs. Israel einig mit USA über Sowjetjuden". In: Die Presse, Nr. 12469, Mi. 27. Sep. 1989, S. 2.

Epp, Frank: The Israelis. Portrait of a People in Conflict. Scottdale/Pa. 1980.

Eppel, David: 94,500 face life on the dole. In: Jewish Chronicle, 150. Jg., Nr. 6306, 23. Feb. 1990, London, S. 2.

Eppel, David: Red tape blamed for Israel housing crisis. In: Jewish Chronicle, 150. Jg., Nr. 6321, 8. Juni 1990, London, S. 4.

"'**Erhebt Euch doch,** russische Menschen'. Neue Generation antisemitischer Zeitungen in der UdSSR". In: Allgemeine jüdische Wochenzeitung, 46. Jg., Nr. 22, 30. Mai 1991, Bonn, S. 3.

"**Erinnerung an Auszug** aus Ägypten. Israelis zeigen Gefühle". In: Allgemeine jüdische Wochenzeitung, 46. Jg., Nr. 23, 6. Juni 1991, Bonn, S. 3.

Erlanger, Steven: Rise of Refugees Leaving Soviet Taxes Agencies. In: New York Times, 137. Jg., Nr. 47416, Mo. 15. Feb. 1988, S. A1, B2.

"**Erste US-Stipendien** für Sowjet-Juden". In: Aufbau, 55. Jg., Nr. 5, 3. März 1989, New York, S. 21.

"**Erste WIZO-Gruppe** in der Sowjetunion". In: Allgemeine jüdische Wochenzeitung, 44. Jg., Nr. 33, 18. Aug. 1989, Bonn, S. 4.

"**Erster zentraler Kongreß** jüdischer Gemeinden und Organisationen. In: Sowjetunion heute, 35. Jg. (1990), H. 3, Köln, S. 44-45.

"**Erstmals Arbeitsämter** in Moskau geöffnet". In: Die Tageszeitung, 14. Jg., Nr. 3445, Di. 2. Juli 1991, Berlin, S. 7.

"**Erstmals erhält** sowjetischer Jude Vertriebenenstatus. Besondere Einzelfallregelung". In: Allgemeine jüdische Wochenzeitung, 45. Jg., Nr. 44, 1. Nov. 1990, Bonn, S. 3.

"**Erstmals seit** 20 Jahren werden in Moskau israelische Diplomaten tätig. Inspektion des Botschaftsgebäudes. Schrittweise Annäherung". In: Frankfurter Allgemeine Zeitung, Nr. 175, Sa. 30. Juli 1988, S. 2.

Eschwege, Helmut: Perestroika und jüdische Kultur. Neue Aufgeschlossenheit in den Ostblockstaaten. In: Allgemeine jüdische Wochenzeitung, 43. Jg., Nr. 41, 14. Okt. 1988, Bonn, S. 6.

Etinger, Jakow: Lasten von Geschichte und Gegenwart. Stalinismus, Nationalismus und Antisemitismus. Interview mit dem Moskauer Historiker Jakow Etinger, einem Vertreter der Gesellschaft "Memorial", über chauvinistische Strömungen in der UdSSR. In: Allgemeine jüdische Wochenzeitung, 45. Jg., Nr. 14, 5. Apr. 1990, Bonn, S. 11.

Evans, Rowland/**Novak,** Robert: Swap Soviet Jews for U.S. Trade? In: Washington Post, 112. Jg., Nr. 49, Mo. 23. Jan. 1989, S. A19.

Farnsworth, Clyde H.: Rights Measure Conflicts With Soviet Trade Hopes. In: New York Times, 137. Jg., Nr. 47527, So. 5. Juni 1988, S. A8, A16.

Feiler, Leon: Als Kissin spielte, weinte selbst der große Karajan vor Rührung. Aus Angst vor "Pamjat" traut sich der hochbegabte Pianist in der Sowjetunion kaum auf die Straße - weil er Jude ist. In: Allgemeine jüdische Wochenzeitung, 46. Jg., Nr. 2, 10. Jan. 1991, Bonn, S. 7.

Fein, Esther B.: **Hebrew** Teaching in Russia Seen as Means to Win West. In: New York Times, 138. Jg., Nr. 47679, Fr. 4. Nov. 1988, S. A8.

Fein, Esther B.: For **Moscow** Jews, Fear of Prejudice is Stirring. In: New York Times, 137. Jg., Nr. 47588, Fr. 5. Aug. 1988, S. A2.

Feinstein, Stephen C.: Soviet Jewish **Artists** in the USSR and Israel: The Dynamics of Artistic Resettlement. In: Soviet Jewry in the 1980s. The Politics of Anti-Semitism and Emigration and the Dynamics of Resettlement. Edited by Robert O. Freedman. Durham/N.C.-London 1989, S. 186-214.

Feinstein, Stephen C.: Soviet-Jewish **Immigrants** in Minneapolis and St. Paul: Attitudes and Reactions to Life in America. In: Studies of the Third Wave. Recent Migration of Soviet Jews to the United States. Edited by Dan N. Jacobs/ Ellen Frankel Paul. Boulder/Col. 1981, S. 57-75.

Feldbrugge, F. J .M.: The New Soviet Law on Emigration. In: Soviet Jewish Affairs, 17. Jg. (1987), H. 1, London, S. 9-24.

Ferenczi, Imre: International Migrations, Vol. I: Statistics. Edited by Walter F. Willcox. New York 1929.

"Fertighäuser importiert". In: Kölner Stadt-Anzeiger, Nr. 180, Sa./So. 4./5. Aug. 1990, S. 2.

Filanowski[!], Grigori: Mit dem **Paßvermerk** überall abgestempelt. Bericht eines Betroffenen, der trotz allem ausharren will. In: Allgemeine jüdische Wochenzeitung, 45. Jg., Nr. 51/52, 20./27. Dez. 1990, Bonn, S. 3.

Filanowskij, Grigori: **Diskrimierung** oder Kaderpolitik? Leserbrief eines Juden aus Kiew an die führende sowjetische Tageszeitung "Prawda" ("Wahrheit") [Leserbrief]. In: Allgemeine jüdische Wochenzeitung, 44. Jg., Nr. 1, 6. Jan. 1989, Bonn, S. 7.

Finkelstein, Eitan: Jewish Revival in the Baltics: Problems and Perspectives. In: Soviet Jewish Affairs, 20. Jg. (1990), H. 1, London, S. 3-13.

"Finland opens gate to Soviet Jews despite PLO". In: Jerusalem Post, 58. Jg., Nr. 17400, Fr. 30. März 1990, S. 1, 18.

"Finland says transit flights for Soviet Jews can start". In: Jerusalem Post, 58. Jg., Nr. 17483, Mi. 4. Juli 1990, S 1.

"Finland to be a Route For Emigrés to Israel". In: New York Times, 139. Jg., Nr. 48288, Fr. 6. Juli 1990, S. A3.

"Finland Will Allow Flights for Soviet Jews". In: San Francisco Chronicle, 126. Jg., Nr. 145, Mi. 4. Juli 1990, S. A14.

Fischer, Christina/Schütz, Jutta: "Vielleicht bin ich wirklich ein Idealist..." Sowjetische Juden in Ahrensfelde suchen neue Heimat. Balanceakt zwischen Hoffen, Warten und Monotonie zieht sich seit Monaten hin. Verstecktes Mißtrauen belastet. In: Tribüne, 46. Jg., Nr. 143, Fr. 27. Juli 1990, Berlin (Ost), S. 3.

Fisher, Dan: **'Dancers'** Diplomacy' May Be a Step Toward Renewed Israeli-Soviet Ties. In: Los Angeles Times, Fr. 27. März 1987, Sec. I, S. 7.

Fisher, Dan: Soviets to Send **Delegation** to Israel for Talks. In: Los Angeles Times, Do. 2. Apr. 1987, Sec. I, S. 1, 23.

Fisher, Dan: **Israeli** Silence on Soviet Emigration Law Decried. In: Los Angeles Times, Do. 4. Dez. 1986, Sec. I, S. 7.

Fisher, Dan: Soviet **Mission** Visits Israel; Role Limited. In: Los Angeles Times, Di. 14. Juli 1987, Sec. I, S. 1, 19.

Fisher, Dan: **Moscow** Asks U.N. Slap at Israeli Policy on Soviet Jews. In: Los Angeles Times, Di. 13. Feb. 1990, S. A6.

Fisher, Dan: 17-Year **Refusenik** Slepak Is Welcomed to Israel. In: Los Angeles Times, Di. 27. Okt. 1987, Sec. I, S. 9.

Fisher, Dan: Anti-Semitic **Scares** im Moscow Focus on Old Apartment House. In: In: Los Angeles Times, So. 11. Feb. 1990, S. A5.

Fisher, Dan: Soviet **Stick** to Hard Line in Israel Visit. In: Los Angeles Times, Mi. 15. Juli 1987, Sec. I, S. 9.

Fisher, Dan: After 16 **Years**, Refusenik Nudel Gets OK to Emigrate. In: Los Angeles Times, Sa. 3. Okt. 1987, Sec. I, S. 1, 8.

Fishkoff, Sue: Alms for the **anchorwoman**. The country's only Russian-language TV news, serving up to half a million people, works on a shoestring budget - without reporters or newsroom staff. In: Jerusalem Post, International Edition, Nr. 1621, 30. Nov. 1991, S. 10.

Fishkoff, Sue: With a **song** on their lips. Who are those Soviet olim singing operas and selling puppets on Jerusalem's mall? In: Jerusalem Post, International Edition, Nr. 1623, 14. Dez. 1991, S. 14.

Fishkoff, Sue: All-**Russian** rabbinic body. In: Jerusalem Post, International Edition, Nr. 1682, 30. Jan. 1993, S. 5.

Fleischhauer, Ingeborg/**Jedig**, Hugo H. (Hg.): Die Deutschen in der UdSSR in Geschichte und Gegenwart. Ein internationaler Beitrag zur deutsch-sowjetischen Verständigung. Baden-Baden 1990.

Flores, Alexander: Ein politischer Sprengsatz. Besatzer und Besatzungsgebiete: Westbank und Gaza. In: Das Parlament, 41. Jg., Nr. 37-38, 6./13. Sep. 1991, Bonn, S. 6.

Florsheim, Yoel: Emigration of Jews from the Soviet Union in 1988. In: Ludmilla Dymerskaya-Tsigelman/Yisrael Cohen (eds.): Jews and Jewish Topics in the Soviet Union and Eastern Europe. (Hebrew University of Jerusalem, Centre for Research and Documentation of East European Jewry). Jerusalem 1989, S. 30-35.

Föhrding, Hans-Peter: Alles läuft auf die **Quote** hinaus. Innenminister beraten über Einwanderung von Sowjetjuden. In: Allgemeine jüdische Wochenzeitung, 45. Jg., Nr. 50, 13. Dez. 1990, Bonn, S. 1.

Föhrding, Hans-Peter: Die **Juden** bleiben "zunächst" draußen. Bonn bearbeitet keine Ausreiseanträge aus der UdSSR mehr. In: Allgemeine jüdische Wochenzeitung, 45. Jg., Nr. 38, 19. Sep. 1990, Bonn, S. 1.

Föhrding, Hans-Peter/**Adelmann**, Karin: "Wir dürfen nie in die Lage kommen, einen Juden abschieben zu müssen". Interview mit NRW-Innenminister Herbert Schnoor über die Aufnahme jüdischer Einwanderer aus der UdSSR nach neuen Absprachen zwischen Bund und Ländern. Auch nach dem neuen Stichtag 30. April soll grundsätzlich jeder Emigrant kommen können. In: Allgemeine jüdische Wochenzeitung, 46. Jg., Nr. 22, 30. Mai 1991, Bonn, S. 11.

"**For a New Emigré** in Israel, A Menorah, and Minor Pains". In: New York Times, 139. Jg., Nr. 48099, Fr. 29. Dez. 1989, S. A2.

Forudastan, Ferdos: Zehntausende von Abschiebung bedroht. Am 30. Juni laufen die Duldungen für Flüchtlinge aus Krisenregionen aus. Ab dem 1. Juli droht Zehntausenden hier lebenden Flüchtlingen die Abschiebung, wenn die von den Bundesländern erlassenen Abschiebestopregelungen auslaufen und der Bundesinnenminister entscheidet, wer bleiben darf und wer nicht. In: Die Tageszeitung, 13. Jg., Nr. 3441, Do. 27. Juni 1991, Berlin, S. 3.

Frank, Ben G.: The New Jewish Immigrant To America: The Russian Jew. In: Jewish Frontier, 42. Jg. (1975), H. 454, New York, S. 32-35.

Frankel, Edith Rogovin: **Epilogue**. In: Fleischhauer, Ingeborg/Pinkus, Benjamin: The Soviet Germans. Past and Present. Edited with an Introduction by Edith Rogovin Frankel. London 1986, S. 154-158.

Frankel, Edith Rogovin: The Russian **Press** in Israel. In: Soviet Jewish Affairs, 7. Jg. (1977), H. 1, London, S. 47-68.

Frankel, Glenn: Israel Turns **Hijackers** Over to Soviets. In: Washington Post, 111. Jg., Nr. 365, So. 4. Dez. 1988, S. A36.

Frankel, Glenn: **Israel** Sees Shift in Soviet Attitude. But Visits Seen Only as Small Step Toward Better Relations. In: Washington Post, 110. Jg., Nr. 118, Do. 2. Apr. 1987, S. A28.

Frankel, Glenn: **Likud** Pushes Settlements In Occupied Territories. Caretaker Status Exploited, Say Critics. In: Washington Post, 113. Jg., Nr. 135, Do. 19. Apr. 1990, S. A37, A42.

Frankel, Glenn: **New Pact** Sought on Soviet Jews. Moscow Talks Focus on Exit to Israel. In: Washington Post, 110. Jg., Nr. 112, Fr. 27. März 1987, S. A29-A30.

Frankel, Glenn: Soviets Pay **Official** Visit To Jerusalem. Leader of Mission Backs Mideast Talks. In: Washington Post, 110. Jg., Nr. 221, Di. 14. Juli 1987, S. A10.

Frankel, Glenn: Israeli Shuns **Pollard** Probe. Appointee Says Panel Would Not Have Authority It Needs. In: Washington Post, 110. Jg., Nr. 98, Fr. 13. März 1987, S. A32.

Frankel, Glenn: Many Soviet Jews **Tasting** A Bittersweet Life in Israel. In: Washington Post, 109. Jg., Nr. 310, Sa. 11. Okt. 1986, S. A1, A21.

Frankel, Glenn: Israelis To **Visit** Moscow. Soviets Allow Trip By Consular Aides. In: Washington Post, 111. Jg., Nr. 172, Mi. 25. Mai 1988, S. A21, A27.

"**Frankfurt will Anerkennung** jüdischer Zuwanderer regeln". In: Allgemeine jüdische Wochenzeitung, 45. Jg., Nr. 36, 6. Sep. 1990, Bonn, S. 2.

Franklin, Stephen: Israel to **censor** news on Soviet Jews' immigration. In: Chicago Tribune, 143. Jg., Nr. 62, Sa. 3. März 1990, Sec. I., S. 4.

Franklin, Stephen: Israelis **expect** no quick relief in bleak unemployment picture. In: Chicago Tribune, 143. Jg., Nr. 212, Mo. 31. Juli 1989, Sec. II., S. 7.

Franklin, Stephen: **Likud** party's success driven by Sephardim. Voting bloc now a majority in Israel. In: Chicago Tribune, 142. Jg., Nr. 283, So. 9. Okt. 1988, S. 29, 34.

Franklin, Stephen: **Soviet** Jews may reshape Israel. Many are well-educated, but unfamiliar with Judaism. In: Chicago Tribune, 144. Jg., Nr. 168, So. 17. Juni 1990, Sec. I., S. 21-22.

Franklin, Stephen: Israeli **welcome** won't be enough. Lack of planning hurts Soviet Jews. In: Chicago Tribune, 143. Jg., Nr. 253, So. 10. Sep. 1989, Sec. I., S. 3.

Frazer, Jenni: "If 50,000 come, it will be terrible". In: Jewish Chronicle, 149. Jg., Nr. 6289, 27. Okt. 1989, London, S. 29.

Freedman, Robert O. (ed.): Soviet Jewry in the Decisive **Decade**, 1971-80. Durham/N.C. 1984.

Freedman, Robert O. (ed.): **Israel** in the Begin Era. New York 1982.

Freedman, Robert O.: Soviet **Jewry** and Soviet-American Relations. A Historical Analysis. In: Soviet Jewry in the Decisive Decade, 1971-80. Edited by Robert O. Freedman. Durham/N.C. 1984, S. 38-167.

Freedman, Robert O. (ed.): Soviet Jewry in the 1980s. The **Politics** of Anti-Semitism and Emigration and the Dynamics of Resettlement. Durham/N.C.-London 1989.

Freedman, Robert O.: **Relations** Between the USSR and Israel Since the Accession of Gorbachev. In: Soviet Jewish Affairs, 18. Jg. (1988), H. 2, London, S. 43-63.

Freedman, Robert O.: **Soviet** Jewry as a Factor in Soviet-Israeli Relations. In: Soviet Jewry in the 1980s. The Politics of Anti-Semitism and Emigration and the Dynamics of Resettlement. Edited by Robert O. Freedman. Durham/N.C.-London 1989, S. 61-96.

"**Freude in** Israel". In: Frankfurter Allgemeine Zeitung, Nr. 120, Mo. 27. Mai 1991, S. 2.

Fricke, Karl Wilhelm: Die DDR-Staatssicherheit. Entwicklung, Strukturen, Aktionsfelder. Köln 1984, 2. aktual. Aufl.

Friedgut, Theodore H.: Soviet **Anti-Zionism** and Antisemitism - Another Cycle. In: Soviet Jewish Affairs, 14. Jg. (1984), H. 1, London, S. 3-22.

Friedgut, Theodore H.: Passing **Eclipse**: The Exodus Movement in the 1980s. In: Soviet Jewry in the 1980s. The Politics of Anti-Semitism and Emigration and the Dynamics of Resettlement. Edited by Robert O. Freedman. Durham/N.C.-London 1989, S. 3-25.

Friedgut, Theodore H.: Soviet **Jewry**: The Silent Majority. In: Soviet Jewish Affairs, 10. Jg. (1980), H. 2, London, S. 3-19.

Friedgut, Theodore H.: A **Revival** of Jewish Culture in the Soviet Union: The Donetsk Jewish Centre "Aleph". In: Soviet Jewish Affairs, 19. Jg. (1989), H. 3, London, S. 47-59.

Friedman, Thomas L.: Israel Says a Soviet **Consular** Team Will Visit. In: New York Times, 136. Jg., Nr. 47175, Fr. 19. Juni 1987, S. A11.

Friedman, Thomas L.: Soviet-Israeli **Contacts** Reported Continuing. In: New York Times, 136. Jg., Nr. 47090, Do. 26. März 1987, S. A11.

Friedman, Thomas L.: Soviet **Diplomats** begin Israel Visit, first in 20 Years. Envoys, Said to Be Checking Church Property, Slip In Without a Ceremony. In: New York Times, 136. Jg., Nr. 47200, Di. 14. Juli 1987, S. A1, A13.

Friedman, Thomas L.: Soviet **Emigrè** Starts Life as an Israeli. In: New York Times, 137. Jg., Nr. 47294, Fr. 16. Okt. 1987, S A3.

Friedman, Thomas L.: 20 Years After Rift, **Greetings** to Israelis In a Russian Accent. In: New York Times, 136. Jg., Nr. 47201, Mi. 15. Juli 1987, S. A1, A7.

Friedman, Thomas L.: Divisive **Issue** in Israel: Renewing Ties With Moscow. In: New York Times, 136. Jg., Nr. 47099, Sa. 4. Apr. 1987, S. A3.

Friedman, Thomas L.: U.S. **Jews** and Israelis: A Question of Identity. Soviet Emigration, Pollard Case Prompt Rare Open Debate. In: New York Times, 136. Jg., Nr. 47093, So. 29. März 1987, S. D1.

Friedman, Thomas L.: Israelis Say **Russians** Have Agreed On Exchange of Consular Teams. In: New York Times, 136. Jg., Nr. 47097, Do. 2. Apr. 1987, S. A1, A6.

Frings, Ute: "Wir haben einfach **Angst**". Der Exodus der russischen Juden. In: Zitty, 14. Jg., Nr. 20, 20. Sep. 1990, Berlin (West), S. 24-25.

Frings, Ute: Wieviele **Juden** aus Israel erträgt Berlin? UdSSR-Auswanderer lassen sich kein "Zuhause" aufdrängen. Die Verzweiflung wächst - Einer von 269 nahm sich das Leben. In: Kölner Stadt-Anzeiger, Nr. 184, Sa./So. 10./11. Aug. 1991, S. 3.

"**55 sowjetische Auswanderer** kehren zurück. Vom Leben in den USA enttäuscht". In: Westdeutsche Allgemeine Zeitung, Nr. 302, Di. 30. Dez. 1986, Essen, S. 8.

Fuerbringer, Jonathan: Chances of Better Soviet Trade Ties Rise. In: New York Times, 138. Jg., Nr. 47711, Di. 6. Dez. 1988, S. A20.

Fürst, Christian: Kaddisch an der Kreml-Mauer. Jüdische Totenklage sogar am Sabbat. Der Putschversuch gegen Gorbatschow und die Folgen: Abschied von Opfern - Abschied auch von der Partei? In: Kölner Stadt-Anzeiger, Nr. 197, Mo. 26. Aug. 1991, S. 4.

"**Furcht vor Flüchtlingen** wächst. Schnoor: 10000 Sowjet-Juden nur jährlich aufnehmen". In: Kölner Stadt-Anzeiger, Nr. 304, Mo. 31. Dez. 1990, S. 4.

Furman, Alexander: Diktatur mit Thron und Kreuz. Russischer Nationalismus. Die Pamjat-Bewegung gewinnt immer mehr Anhänger. In: Die Zeit, 45. Jg., Nr. 19, 4. Mai 1990, Hamburg, S. 13.

"**Galinski bekam Zusage** in Moskau: Sie dürfen religiöse Bücher in die Sowjetunion schicken". In: BZ, 113. Jg., Nr. 18, Sa. 21. Jan. 1989, Berlin (West), S. 6.

"**Galinski für freie Einreise**". In: Neues Deutschland, 45. Jg., Nr. 222, Sa./So. 22./23. Sep. 1990, Berlin (Ost), S. 2.

"**Galinski: Sowjetische Juden** einwandern lassen". In: Süddeutsche Zeitung, 46. Jg., Nr. 257, Do. 8. Nov. 1990, München, S. 8.

"**Gar nicht auszuhalten**'. Bonn reagiert hilflos auf die Vorboten des gefürchteten Massenexodus aus Osteuropa". In: Der Spiegel, 45. Jg., Nr. 2, 7. Jan. 1991, Hamburg, S. 57-58.

"**Gebetbücher für** Juden in der UdSSR". In: Aufbau, 54. Jg., Nr. 19, 9. Sep. 1988, New York, S. 2.

"**Gegen restriktive Maßnahmen**. Zentralrat erörterte Problem der sowjetischen Zuwanderer". In: Allgemeine jüdische Wochenzeitung, 45. Jg., Nr. 40, 4. Okt. 1990, Bonn, S. 1.

"'**Geht doch nach Israel**'. 45 Jahre nach dem Ende des Holocaust drängen Tausende sowjetischer Juden ins Exil nach Deutschland - doch Bund und Länder wollen sie nicht aufnehmen. Der Zentralrat der Juden hält den Einreisestopp für 'engherzig', einzelne Sprecher jüdischer Gemeinden dagegen äußern auch 'Verständnis' für die Bonner Haltung". In: Der Spiegel, 44. Jg., Nr. 40, 1. Okt. 1990, Hamburg, S. 66-72.

"**Gemeinsame Erklärung** aller Fraktionen der Volkskammer". In: Neues Deutschland, 45. Jg., Nr. 88, Sa./So. 14./15. Apr. 1990, Berlin (Ost), S. 3.

"**George Bush warnt** Israel. Ende der Nahost-Geheimdiplomatie? Israelis siedeln weiter in den besetzten Gebieten an". In: Die Tageszeitung [Ausgabe Ost], 2. Jg., Nr. 404, Mi. 3. Juli 1991, Berlin, S. 9.

"**Gericht stoppt** Scharons Pläne". In: Frankfurter Rundschau, 46. Jg., Nr. 164, Mi. 18. Juli 1990, S. 5.

Gerner, Peter: Auswanderung von Juden aus der UdSSR alarmiert Araber. In: Kölner Stadt-Anzeiger, Nr. 46, Fr. 23. Feb. 1990, S. 5.

"**Gibt es bei uns** die Judenfrage? Auszug aus einem bemerkenswerten Artikel der 'Prawda'". In: Allgemeine jüdische Wochenzeitung, 45. Jg., Nr. 36, 6. Sep. 1990, Bonn, S. 12.

Gidwitz, Betsy: Problems of Adjustment of Soviet Jewish Emigres. In: Soviet Jewish Affairs, 6. Jg. (1976), H. 1, London, S. 27-42.

Gilbert, Martin: The Jews of Hope. New York 1985.

Gilbert, Martin: **Shcharansky**. Hero of our Time. New York 1986.

Gilboa, Yehoshua A.: A Language Silenced. The Suppression of Hebrew Literature and Culture in the Soviet Union. Rutherford/N.J.-London 1982.

Gilison, Jerome M.: Soviet-Jewish **Emigration**, 1971-80. An Overview. In: Soviet Jewry in the Decisive Decade, 1971-80. Edited by Robert O. Freedman. Durham/N.C. 1984, S. 3-16.

Gilison, Jerome M.: The **Resettlement** of Soviet Jewish Emigrès: Results of a Survey in Baltimore. In: Studies of the Third Wave. Recent Migration of Soviet Jews to the United States. Edited by Dan N. Jacobs/Ellen Frankel Paul. Boulder/Col. 1981, S. 29-56.

Ginsburgs, George: The **Citizenship** Law of the USSR. (Law in Eastern Europe, Nr. 25). The Hague-Boston-Lancaster 1983.

Ginsburgs, George: Current Legal **Problems** of Jewish Emigration from the USSR. In: Soviet Jewish Affairs, 6. Jg. (1976), H. 2, London, S. 3-13.

Ginsburgs, George: **Soviet** Law and the Emigration of Soviet Jews. In: Soviet Jewish Affairs, 3. Jg. (1973), H. 1, London, S. 3-19.

Ginzburg, Irina: Haben sich die **Deutschen** endlich besonnen? Gedanken über den Umgang mit den Juden aus der Sowjetunion. In: Die Zeit, 46. Jg., Nr. 23, 31. Mai 1991, Hamburg, S. 35.

Ginzburg, Irina: Sind wir hysterisch? Unter den **Juden** Rußlands wächst die Angst. In: Die Zeit, 45. Jg., Nr. 24, 8. Juni 1990, Hamburg, S. 44.

Ginzburg, Irina: We **Russian** Jews Fear for Our Lives. In: New York Times, 139. Jg., Nr. 48226, Sa. 5. Mai 1990, S. A25.

Gitelman, Zvi: A **Century** of Ambivalence. The Jews of Russia and the Soviet Union, 1881 to the Present. New York 1988.

Gitelman, Zvi: Soviet **Immigrants** and American Absorption Efforts. A Case Study in Detroit. In: Studies of the Third Wave. Recent Migration of Soviet Jews to the United States. Edited by Dan N. Jacobs/Ellen Frankel Paul. Boulder/Col. 1981, S. 11-28.

Gitelman, Zvi: Becoming **Israelis**. Political Resocialization of Soviet and American Immigrants. New York 1982.

Gitelman, Zvi: Soviet **Jewish** Emigrants: Why Are They Choosing America? In: Soviet Jewish Affairs, 7. Jg. (1977), H. 1, London, S. 31-46.

Gitelman, Zvi: The **Quality** of Life in Israel and the United States. In: New Lives. The Adjustment of Soviet Jewish Immigrants in the United States and Israel. Edited by Rita J. Simon. Lexington/Mass.-Toronto 1985, S. 47-68.

Gitelman, Zvi: Gorbachev's **Reforms** and the Future of Soviet Jewry. In: Soviet Jewish Affairs, 18. Jg. (1988), H. 2, London, S. 3-15.

Gitelman, Zvi: Soviet Immigrant **Resettlement** in the United States. In: Soviet Jewish Affairs, 12. Jg. (1982), H. 2, London, S. 3-18.

Gitelman, Zvi: Soviet Immigrant **Resettlement** in the United States. In: Soviet Jewish Affairs, 12. Jg. (1982), H. 2, London, S. 3-18.

Gitelman, Zvi: **Soviet** Immigrant Resettlement in Israel and the United States. In: Soviet Jewry in the 1980s. The Politics of Anti-Semitism and Emigration and the Dynamics of Resettlement. Edited by Robert O. Freedman. Durham/N.C.-London 1989, S. 163-185.

Goell, Yosef: What does **Israel** really owe Russian Jewry? In: Jerusalem Post, 56. Jg., Nr. 16860, Do. 23. Juni 1988, S. 8.

Goell, Yosef: **Soviet** Jewish dropouts are not refugees. In: Jerusalem Post, 57. Jg., Nr. 17151, Do. 8. Juni 1989, S. 6.

Goell, Yossi[!]: Soviet **olim** want a party. In: Jerusalem Post, International Edition, Nr. 1596, 8. Juni 1991, S. 14.

Golczewski, Frank: Die Jüdische Autonome Provinz in Sowjet-Fernost. In: Osteuropa, 22. Jg. (1972), Stuttgart, H. 3, S. 204-214.

Gold, Steven J.: Refugees and small business: the case of Soviet Jews and Vietnamese. In: Ethnic and Racial Studies, 11. Jg. (1988), H. 4, London, S. 411-438.

Goldberg, J.J.: US rabbi expands ties with Kremlin. In: Jewish Chronicle, 148. Jg., Nr. 6230, 16. Sep. 1988, London, S. 3.

Goldman, Ari L.: Israel **Asking** U.S. to Bar Soviet Jews. U.S. insists on a policy of freedom of choice. In: New York Times, 136. Jg., Nr. 47066, Do. 1. März 1987, S. A3.

Goldman, Ari L.: **Protesters** for Soviet Jewry Urge Direct Flights to Israel.In: New York Times, 139. Jg., Nr. 48193, Mo. 2. Apr. 1990, S. B3.

Goldman, Ari L.: Warmth and **Suspicion** for Cantor and Rabbi From Soviet. In: New York Times, 137. Jg., Nr. 47404, Mi. 4. Feb. 1988, S. B1, B24.

Goldman, John J.: U.S. Jewish **Leaders** Report Soviet Accord. Agreement Would Allow 11000 Refuseniks to Emigrate and Broaden Religious Freedom. In: Los Angeles Times, Di. 31. März 1987, Sec. I, S. 1, 10.

Goldman, Marshall I.: Soviet-American **Trade** and Soviet Jewish Emigration: Should a Policy Change Be Made by the American Jewish Community? In: Soviet Jewry in the 1980s. The Politics of Anti-Semitism and Emigration and the Dynamics of Resettlement. Edited by Robert O. Freedman. Durham/N.C.-London 1989, S. 141-159.

Goldstein, Heinz Werner: **Falaschas** waren immer gefährdet. Not der äthiopischen Juden. In: Allgemeine jüdische Wochenzeitung, 46. Jg., Nr. 21, 23. Mai 1991, Bonn, S. 12.

Goldstein, Werner: **Shamir** treibt schamloses Spiel mit der "Alijah". In: Neues Deutschland, 46. Jg., Nr. 61, Di. 13. März 1990, Berlin (Ost), S. 6.

"**Golfkrieg bremst** sowjetische Einwanderung. UN kritisiert Israels Politik". In: Kölner Stadt-Anzeiger, Nr. 41, Mo. 18. Feb. 1991, S. 4.

Goodman, Jerry: The Jews in the Soviet Union: Emigration and Its Difficulties. In: Soviet Jewry in the Decisive Decade, 1971-80. Edited by Robert O. Freedman. Durham/N.C. 1984, S. 17-28.

Gorbatschow, Michail: Über den Verlauf der Realisierung der Beschlüsse des XXVII. Parteitages der KPdSU und die Aufgaben bei der Vertiefung der Umgestaltung. In: Sowjetunion heute, 33. Jg. (Juli 1988), Sonderheft: 19. Unionsparteikonferenz der KPdSU, Köln, S. 15-50.

"**Gorbatschow verurteilt** Ansiedlungen. Botschaft an den Araber-Gipfel. 'Israel verstößt gegen das Völkerrecht'". In: Süddeutsche Zeitung, 46. Jg., Nr. 123, Mi. 30. Mai 1990, München, S. 11.

Gordin, Joel: New Soviet immigrants in rush for automobiles. In: Jerusalem Post, 58. Jg., Nr. 17449, Do. 24. Mai 1990, S. 2.

Gordon, Evelyn: **Housing** cost lead 2 % June index surge. In: Jerusalem Post, International Edition, Nr. 1603, 27. Juli 1991, S. 20.

Gordon, Evelyn: **Transport** plan: Paving the way to jobs. In: Jerusalem Post, International Edition, Nr. 1603, 27. Juli 1991, S. 21.

Gordon, Michael R.: Shultz **Holds** Off on Soviet Emigres. In: New York Times, 137. Jg., Nr. 47574, Fr. 22. Juli 1988, S. A5.

Gordon, Michael R.: **Kremlin** Drops Barrier to Emigration of Dissidents. In: New York Times, 138. Jg., Nr. 47707, Fr. 2. Dez. 1988, S. A9.

Gordon, Evelyn/**Keinon**, Herb: 8 Soviet Jews on first direct flight. In: Jerusalem Post, International Edition, Nr. 1614, 12. Okt. 1991, S. 3.

Goshko, John M.: Special **Category** to Be Sought To Admit 30.000 Emigres. Kennedy, Kasten Cite "Refugee Emergency". In: Washington Post, 112. Jg., Nr. 86, Mi. 1. März 1989, S. A2.

Goshko, John M.: Shultz Is Firm on Letting Jewish **Emigres** Go to U.S. Forced Resettlement of Soviets in Israel Opposed. In: Washington Post, 111. Jg., Nr. 284, Mi. 14. Sep. 1988, S. A2.

Goshko, John M.: U.S. Tells Jewish **Groups** "Door Open" for Soviets. Shultz Acts After Unease Over Changes. In: Washington Post, 112. Jg., Nr. 2, Mi. 7. Dez. 1988, S. A28.

Goshko, John M.: **Jewish** Leaders to Warn Israel on Pollard Affair. In: Washington Post, 110. Jg., Nr. 98, Fr. 13. März 1987, S. A1, A32.

Goshko, John M.: Jewish **Leader Predicts** Soviets Will Let Thousands Emigrate. In: Washington Post, 110. Jg., Nr. 116, Di. 31. März 1987, S. A1, A26.

Goshko, John M.: U.S. Eyes 50.000 **Limit** On Soviet Emigres in '90. Up to 150.000 Are Expected to Seek Entry. In: Washington Post, 112. Jg., Nr. 281, Di. 12. Sep. 1989, S. A1, A24.

Goshko, John M.: Israel Fails in **Plan** To Divert Soviet Jews. Restrictions Sought on Emigration to U.S. In: Washington Post, 111. Jg., Nr. 323, So. 23. Okt. 1988, S. A33, A35.

Goshko, John M.: **Shultz** Stresses Jews' Plight. Emigration High on Agenda for Moscow. In: Washington Post, 110. Jg., Nr. 127, Sa. 11. Apr. 1987, S. A25.

Goshko, John M.: U.S. Plans to Bar Thousands of **Soviet** Jews. Number of Expected Emigres Too Great to Absorb, Officials Say. In: Washington Post, 112. Jg., Nr. 276, Do. 7. Sep. 1989, S. A1, A19.

Gradstein, Linda: Soviets Agree in Principle to Allow Opening of Jewish Rabbinical School. In: Washington Post, 111. Jg., Nr. 174, Fr. 27. Mai 1988, S. A22.

Greenberg, Joel: **Israelis** view Soviet overtures with guarded optimism. Soviet visit, and offer to let more Jews out, may bring official ties. In: Christian Science Monitor, 79. Jg., Nr. 88, Do. 2. Apr. 1987, Boston, S. 9.

Greenberg, Joel: **Obstacles** clog exit for Soviet Jews. Though red tape continues in Israel, emigres find help, sense of unity. In: Christian Science Monitor, 80. Jg., Nr. 129, Di. 31. Mai 1988, Boston, S. 9-10.

Greener, Douglas L.: Absorbing Scientists. In: Jerusalem Post, Weekly Overseas Edition, Nr. 752, 1. Apr. 1975, S. 8.

Gries, Sabine/**Voigt**, Dieter: Ethnozentrismus. In: Wörterbuch der Soziologie, Bd. 1: Abhängigkeit-Hypnose. Hrsg. von Günter Endruweit/Gisela Trommsdorff. Stuttgart 1989, S. 170-171.

Griver, Simon: Emigration oder weitere Unterdrückung? Gorbatschow und die Zukunft der sowjetischen Juden. In: Allgemeine jüdische Wochenzeitung, 40. Jg., Nr. 32, 9. Aug. 1985, Bonn, S. 5.

"**Größtes Wachstum** der Bevölkerung Israels seit 1951". In: Kölner Stadt-Anzeiger, Nr. 5, Do. 3. Jan. 1991, S. 5.

"**Großzügige Einreiseregelung** für Sowjetjuden. Länder: Keine Obergrenzen". In: Kölner Stadt-Anzeiger, Nr. 8, Do. 10. Jan. 1991, S. 8.

Gsteiger, Fredy: "Die Bibel fand hier statt". Nach Syrien hat nun auch Israel seine Teilnahme an der geplanten Friedenskonferenz zugesagt. Die israelischen Siedler auf der Westbank und am Golan wollen nicht mehr weichen. In: Die Zeit, 46. Jg., Nr. 33, 9. Aug. 1991, Hamburg, S. 2.

Gümbel, Miryam: Mit großer Hoffnung im neuen Land. Die Gemeinde als Anlaufstation und Hilfe für Juden aus der ehemaligen Sowjetunion. In: Allgemeine jüdische Wochenzeitung, 47. Jg., Nr. 2, 9. Jan. 1992, Bonn, S. 11.

Guthartz, Norm: Beit Hakerem objects to "transit-camp" plan. In: Jerusalem Post, 58. Jg., Nr. 17492, So. 15. Juli 1990, S. 2.

Haberman, Clyde: For Stranded Jews, "When" Is Now "If". A way station in Italy is filled with Soviet refugees. In: New York Times, 139. Jg., Nr. 47716, So. 11. Dez. 1988, S. A3.

Halbach, Uwe: Der Islam erlebt eine Renaissance. Zentralasiatische Republiken. Politische und soziale Krisen drücken die Region auf Dritte-Welt-Niveau herab. In: Das Parlament, Themenausgabe Sowjetunion, 41. Jg., Nr. 30/31, 19./26. Juli 1991, Bonn, S. 12.

Hamilton, Masha: At U.S. **Embassy**, a Scene of Frustration. Only Soviet Black Marketeers Have Questionnaires. In: Los Angeles, Mi. 4. Okt. 1989, Sec. I, S. 14.

Hamilton, Masha: Soviet **Jews** See Anti-Semitism on Rise at Home. Judaism: Former refuseniks attend. But Sharansky is denied a visa. In: Los Angeles, Sa. 23. Dez. 1989, Sec. I, S. 26.

Hamilton, Masha: New U.S. **Rules** Make Soviet Immigration More Difficult. In: Los Angeles, Do. 28. Sep. 1989, Sec. I, S. 12.

Har-Gil, Schraga: Die drangvolle **Enge** erzeugt Spannungen. Der Massenexodus aus der UdSSR stellt Israel vor komplizierte Probleme: Viele Neueinwanderer wissen überhaupt nicht, wo sie wohnen und arbeiten können. Eine schwerfällige Bürokratie fühlt sich überfordert. Bei 600000 erwarteten Immigranten könnte sich die Lage weiter zuspitzen. In: Allgemeine jüdische Wochenzeitung, 46. Jg., Nr. 2, 10. Jan. 1991, Bonn, S. 5.

Har-Gil, Schraga: Durch Straßenkehren sich das **Leben** erobern. Die Einwanderer haben wenig Chancen in ihren alten Berufen. In: Allgemeine jüdische Wochenzeitung, 46. Jg., Nr. 29, 18. Juli 1991, Bonn, S. 4.

Har-Gil, Schraga: Durch die **Lupe** der Statistiker betrachtet. Neue Zahlen und Daten über das Alltagsleben der Israelis. In: Allgemeine jüdische Wochenzeitung, 47. Jg., Nr. 46, 12. Nov. 1992, Bonn, S. 4.

Har-Gil, Schraga: Glückliche **Rettung** in eine fremde Welt. Jetzt beginnt der Prozeß der Eingewöhnung: Trotz aller Hilfe sind die Schwierigkeiten der Falaschas noch nicht bewältigt. In: Allgemeine jüdische Wochenzeitung, 46. Jg., Nr. 23, 6. Juni 1991, Bonn, S. 3.

Har-Gil, Schraga: Scharons **Siedlungen** für Olim: Millionen in den Sand gesetzt. Fehlende Infrastruktur, Konflikte, Kriminalität: Wer kann, verläßt schnell die Containerdörfer. Israels ehemaliger Wohnungsbauminister hat mit seinen eigenmächtig durchgesetzten Bauprojekten für Neueinwanderer ein schweres Erbe hinterlassen. In: Allgemeine jüdische Wochenzeitung, 47. Jg., Nr. 45, 5. Nov. 1992, Bonn, S. 4.

Har-Gil, Schraga: Ein ständig anschwellender **Strom**. Israel ist mit der Einwanderungswelle überfordert. In: Aufbau, 56. Jg., Nr. 4, 16. Feb. 1990, New York, S. 3.

Har-Gil, Schraga: Wer will denn Scharons **Wohnungen**? Die betont sture Politik des extremistischen Politikers bringt dem Land viele Probleme. In: Allgemeine jüdische Wochenzeitung, 47. Jg., Nr. 20, 14. Mai 1992, Bonn, S. 4.

Harris, David A.: Reason for CPSU **Membership**: Insights from Interviews with Emigrants. In: Soviet Jewish Affairs, 16. Jg. (1986), H. 1, London, S. 21-33.

Harris, David: A **Note** on the Problem of the "Noshrim". In: Soviet Jewish Affairs, 6. Jg. (1976), H. 2, London, S. 108-113.

Harsch, Joseph C.: The Bucharest-Tel Aviv ticket. In: Christian Science Monitor, 80. Jg., Nr. 146, Do. 23. Juni 1988, Boston, S. 14.

Hart, Judith: Jüdischen **Grundsätzen** folgen: "Die Hände zur Hilfe reichen". Ratsversammlung will Solidarität mit sowjetischen Juden. Gegen eine Quotierung. In: Allgemeine jüdische Wochenzeitung, 45. Jg., Nr. 50, 13. Dez. 1990, Bonn, S. 3.

Hart, Judith: Jüdische **Organisationen** in Deutschland. In: Das Parlament, Themenausgabe Deutsche Juden - Juden in Deutschland, 41. Jg., Nr. 33, 9. Aug. 1991, Bonn, S. 3.

"Hebräisch hört die Sowjetführung mit Mißtrauen. Sprachlehrer der "Anstiftung zur Auswanderung" verdächtig. Jiddisch zur Sprache der Juden erklärt". In: Frankfurter Allgemeine Zeitung, Nr. 259, Do. 15. Nov. 1984, S. 4.

"Heimkehr und neue Erfahrung". In: Allgemeine jüdische Wochenzeitung, 46. Jg., Nr. 25, 20. Juni 1991, Bonn, S. 6.

"Heinz Galinski besuchte Aufnahmeheim Ahrensfelde. Kritik an Regierungsbeschluß zu sowjetischen Juden". In: Berliner Zeitung, 46. Jg., Nr. 144, Sa./So. 23./24. Juni 1990, Berlin (Ost), S. 2.

Heitman, Sidney: Jews in the 1989 USSR Census. In: Soviet Jewish Affairs, 20. Jg. (1990), H. 1, London, S. 23-30.

Heitman, Sidney: Soviet Emigration under Gorbachev. In: Soviet Jewish Affairs, 19. Jg. (1989), H. 2, London, S. 15-24.

Heitman, Sidney: Jewish, German, and Armenian Emigration from the USSR: Parallels and Differences. In: Soviet Jewry in the 1980s. The Politics of Anti-Semitism and Emigration and the Dynamics of Resettlement. Edited by Robert O. Freedman. Durham/N.C.-London 1989, S. 115-138.

Heitman, Sidney: Soviet Emigration in 1990. (Berichte des Bundesinstituts für ostwissenschaftliche und internationale Studien, Nr. 33/1991). Köln 1991.

Heitman, Sidney: The Third Soviet Emigration. In: Soviet Jewish Affairs, 18. Jg. (1988), H. 2, London, S. 17-42.

Heuwagen, Marianne: L.A. - auf kyrillisch geschrieben. Kalifornien: Die Probleme jüdischer Emigranten aus Rußland. Obwohl von ausgeprägt konservativer Grundhaltung, sind die Zuwanderer dem Mißtrauen einer unter Agentenfurcht leidenden Umwelt ausgesetzt. In: Süddeutsche Zeitung, 41. Jg., Nr. 174, Mi. 31. Juli 1985, München, S. 3.

Higgins, Rosalyn: Human Rights of Soviet Jews to Leave: Violations and Obstacles. In: Israel Yearbook on Human Rights, 4. Jg. (1974), Tel Aviv, S. 275-287.

"Hilfe für jüdische UdSSR-Immigranten". In: Neues Deutschland, 45. Jg., Nr. 179, Fr. 3. Aug. 1990, Berlin (Ost), S. 3.

Hirszowicz, Lukasz: Birobidzhan After Forty Years. In: Soviet Jewish Affairs, 4. Jg. (1974), H. 2, London, S. 38-45.

Hirszowicz, Lukasz: Congress of Jewish Organizations and Communities in the USSR. In: Soviet Jewish Affairs, 19. Jg. (1989), H. 3, London, S. 61-67.

Hirszowicz, Lukasz: Jewish Cultural Life in the USSR - a Survey. In: Soviet Jewish Affairs, 7. Jg. (1977), H. 2, London, S. 3-21.

Hirszowicz, Lukasz: Further Data on the Jewish Population from the 1979 Soviet Census. In: Soviet Jewish Affairs, 11. Jg. (1981), H. 2, London, S. 53-61.

Hirszowicz, Lukasz: Breaking the Mould: The Changing Face of Jewish Culture Under Gorbachev. In: Soviet Jewish Affairs, 18. Jg. (1988), H. 3, London, S. 25-45.

"Historic Soviet pact". In: Jewish Chronicle, 149. Jg., Nr. 6275, 21. Juli 1989, London, S. 44.

Hoagland, Jim: Israel to Lobby for U.S. Policy Change. Shamir to Ask End to Refugee Status for Soviet Immigrants. In: Washington Post, 110. Jg., Nr. 72, So. 15. Feb. 1987, S. A23-A24.

Hoensch, Jörg K.: Geschichte Polens. Stuttgart 1983.

Hoffman, Charles: Bronfman calls for new line. In: Jewish Chronicle, 148. Jg., Nr. 6242, 9. Dez. 1988, London, S. 3.

Hoffman, Charles: Bureaucracy deters aliyah from Russia. In: Jewish Chronicle, 149. Jg., Nr. 6287, 13. Okt. 1989, London, S. 3.

Hoffman, Charles: Chaos awaits Russians. In: Jewish Chronicle, 149. Jg., Nr. 6286, 6. Okt. 1989, London, S. 2.

Hoffman, Charles: Hias will not help Soviet 'drop-outs'. In: Jewish Chronicle, 148. Jg., Nr. 6220, 8. Juli 1988, London, S. 6.

Hoffman, Charles: U.S. moves on direct Moscow-Israel flights. In: Jerusalem Post, 57. Jg., Nr. 17151, Do. 8. Juni 1989, S. 1.

Hoffman, Charles: The new 'prisoners of Zion'. In: Jerusalem Post, 56. Jg., Nr. 16861, Fr. 24. Juni 1988, S. 24.

Hoffman, Charles: The new 'prisoners of Zion'. In: Jerusalem Post, 56. Jg., Nr. 16861, Fr. 24. Juni 1988, S. 24.
Hoffman, Charles: JDC decides not to take any more Soviet Jews at Rome transit facility. In: Jerusalem Post, 57. Jg., Nr. 17050, Mo. 6. Feb. 1989, S. 2.
Hoffman, Charles: WJC ready to withdraw from Moscow Jewish centre. In: Jerusalem Post, 57. Jg., Nr. 17146, Fr. 2. Juni 1989, S. 1.
Hofmann, Paul: The Viennese. Splendor, Twilight, and Exile. New York-London-Toronto 1988.
"Holland schiebt Russen ab. Jüdische Asylbewerber hatten israelischen Paß". In: Kölner Stadt-Anzeiger, Nr. 292, Di. 17. Dez. 1991, S. 8.
"Homeless Protest Blocks Israeli Roads". In: San Francisco Chronicle, 126. Jg., Nr. 152, Do. 12. Juli 1990, S. A16.
"Homeless stage violent protest in Tel Aviv. Housing Ministry sets up patrol to help tent-dwellers". In: In: Jerusalem Post, 58. Jg., Nr. 17493, Mo. 16. Juli 1990, S. 1.
Horovitz, David: Expert calls on Soviet Jewry campaigners to correct their 'facts'. Yoram Dinstein: Only 25.000 Jews waiting for permission to leave the USSR. In: Jerusalem Post, 56. Jg., Nr. 16853, Mi. 15. Juni 1988, S. 4.
Horovitz, David: Trapped in the Pipeline. The plight of Soviet Jews stuck in the Italian coastal resort of Ladispoli. In: Jewish Chronicle, 149. Jg., Nr. 6273, 7. Juli 1989, London, S. 33
Horowitz, Tamar Ruth. The Absorption of the Soviet Jews in Israel 1968-1984. Integration without Acculturation. In: Between two Worlds. Children from the Soviet Union in Israel. Edited by Tamar Ruth Horowitz. Lanham/Md.-New York-London 1986, S. 9-29.
Horowitz, Tamar: Fear of Choice: The Soviet Jew in an Open Society. In: Jerusalem Quarterly, 3. Jg. (1978), H. 8, Jerusalem, S. 110-122.
Horowitz, Tamar R.: Integration without Acculturation. The Absorption of Soviet Immigrants in Israel. In: Soviet Jewish Affairs, 12. Jg. (1982), H. 3, London, S. 19-33.
Horowitz, Ruth Tamar: The Soviet Man in an Open Society. An Overview. In: The Soviet Man in an Open Society. Edited by Tamar Horowitz. Lanham/Md.-New York-London 1989, S. 5-18.
Horowitz, Ruth Tamar: Immigrants in Transition: The Israeli Absorption Center. In: International Migration, 15. Jg. (1977), H. 4, Genf, S. 288-299.
"Housing crunch drives low-income families into tents". In: Jerusalem Post, International Edition, Nr. 1549, 14. Juli 1990, S. 1.
Howe, Marvine: Emigrés Deluge New York Agencies. In: New York Times, 138. Jg., Nr. 47816, Di. 21. März 1989, S. B3.
Howe, Marvine: Soviet Returnees Anger Emigrè in Brooklyn. In: New York Times, 136. Jg., Nr. 47016, So. 11. Jan. 1987, S. A27.
Hoyt, Ronald E.: Winners and Losers in East-West Trade. A Behavioral Analysis of U.S.-Soviet Dètente (1970-1980). New York 1983.
"Hürdenlaufen für jüdische Emigranten. Die Beratungsstelle für jüdische Auswanderer ist formell nur umgezogen, faktisch aber gibt es sie nicht mehr". In: Die Tageszeitung [Ausgabe Ost], 2. Jg., Nr. 295, Mi. 20. Feb. 1991, Berlin, S. 27.
"Hungary official sees resumption of flights by Soviet Jews to Israel". In: Boston Globe, 237. Jg., Nr. 85, Mo. 26. März 1990, S. 2.
Hutman, Bill: Non-jewish Ethiopian immigrant girl deported. In: Jerusalem Post, International Edition, Nr. 1590, 27. Apr. 1991, S. 7.
Hutman, Bill: Olim often underpaid official. In: Jerusalem Post, International Edition, Nr. 1598, 22. Juni 1991, S. 2.
Hutman, Bill: Peretz threatens government because of "dictator" Sharon. In: Jerusalem Post, International Edition, Nr. 1572, 22. Dez. 1990, S. 3.
Hutman, Bill: Sharon: Jerusalem area to have a million Jews. In: Jerusalem Post, International Edition, Nr. 1602, 20. Juli 1991, S. 4.

Hutman, Bill: Peretz: **World** Jewry must give more. In: Jerusalem Post, International Edition, Nr. 1555, 25. Aug. 1990, S. 4.

Ibrahim, Youssef M.: Arafat Presses Soviets on Jews' Migration to Israel. In: New York Times, 139. Jg., Nr. 48184, Sa. 24. März 1990, S. A6.

"**Im Juni laufen** die Visa aus. Sozialsenatorin sieht Verschärfung der Situation für sowjetische Juden". In: Der Tagesspiegel, 47. Jg., Nr. 13883, Mi. 29. Mai 1991, Berlin, S. 15.

"**Innenminister für Verschärfung** des Asylrechts. 'Beträchtliche Ost-West-Binnenwanderung' - Streit um die Aufnahme sowjetischer Juden". In: Kölner Stadt-Anzeiger, Nr. 294, Mo. 17. Dez. 1990, S. 4.

"**Integrations-Korb**" wird an Lebenshaltungskosten gekoppelt. In: Allgemeine jüdische Wochenzeitung, 46. Jg., Nr. 22, 30. Mai 1991, Bonn, S. 12.

Ioffe, Olimpiad S.: Soviet Law and Soviet Reality. (Law in Eastern Europe, Nr. 30). Dordrecht-Boston-Lancaster 1985.

"**Israel and Russia** sign juicy deal". In: Jewish Chronicle, 149. Jg., Nr. 6295, 8. Dez. 1989, London, S. 4.

"**Israel answers** Soviet. Mrs. Meir Says 9236 Jews Want to Leave Russia". In: New York Times, 109. Jg., Nr. 37453, Di. 9. Aug. 1960, S. 3.

"**Israel baut jüdische** Enklave in Hebron. 'Nur ein Provisorium'". In: Kölner Stadt-Anzeiger, Nr. 194, Do. 22. Aug. 1991, S. 7.

"**Israel: Bis 1992 Platz** für 50000 neue Siedler". In: Berliner Zeitung, 47. Jg., Nr. 124, Fr. 31. Mai 1991, Berlin, S. 6.

"**Israel: Die Gespräche** mit der Sowjetunion werden fortgesetzt. Verhandlungen nach neunzig Minuten beendet. Erster Kontakt seit 1967". In: Frankfurter Allgemeine Zeitung, Nr. 190, Di. 19. Aug. 1986, S. 2.

"**Israel: Einreise** sowjetischer Juden rapide gestiegen". In: Westdeutsche Allgemeine Zeitung, Nr. 298, Sa. 22. Dez. 1990, Essen, S. 2.

"**Israel erhöht** Steuern". In: Kölner Stadt-Anzeiger, Nr. 216, Sa./So. 15./16. Sep. 1990, S. 2.

"**Israel erwartet** 1991 rund 500000 Einwanderer". In: Kölner Stadt-Anzeiger, Nr. 104, Fr. 4. Mai 1990, S. 2.

"**Israel fühlt sich** überfordert. Finanzminister: Einwanderungswelle nicht allein zu bewältigen". In: Süddeutsche Zeitung, 46. Jg., Nr. 174, Di. 31. Juli 1990, München, S. 6.

"**Israel kein beliebtes** Ziel bei jüdischen Auswanderern". In: Kölner Stadt-Anzeiger, Nr. 257, Do. 2. Nov. 1989, S. 7.

"**Israel lehnt Bonner** Hilfe unter Bedingungen ab". In: Kölner Stadt-Anzeiger, Nr. 146, Do. 27. Juni 1991, S. 2.

"**Israel liefert Obst** und Gemüse an Moskau". In: Allgemeine jüdische Wochenzeitung, 44. Jg., Nr. 49, 8. Dez. 1989, Bonn, S. 2.

"**Israel rechnet** nun mit mehr Einwanderern. 'Juden nur hier sicher'". In: Kölner Stadt-Anzeiger, Nr. 195, Fr. 23. Aug. 1991, S. 5.

"**Israel schickt Gemüse** in die UdSSR. Streit um den Transport". In: Kölner Stadt-Anzeiger, Nr. 285, Do. 6. Dez. 1990, S. 11.

"**Israel Seeks to** Control Emigres' Destination". In: New York Times, 137. Jg., Nr. 47542, Mo. 20. Juni 1988, S. A5.

"**Israel sends aid** to Russia". In: Jewish Chronicle, 148. Jg., Nr. 6243, 16. Dez. 1988, London, S. 1.

"**Israel treibt Siedlungspolitik** trotz Bedenken voran. Neue Container für Einwanderer aus der UdSSR im Westjordanland. Palästinenser glauben nicht an Abzug. In: Der Tagesspiegel, 47. Jg., Nr. 13873, Do. 16. Mai 1991, Berlin, S. 6.

"**Israel verzeichnet Flut** von Anträgen. Schon Einreisevisa für eine Million Sowjetjuden". In: Kölner Stadt-Anzeiger, Nr. 132, Fr. 8. Juni 1990, S. 6.

"Israel vor einer neuen Herausforderung. In den nächsten drei Jahren werden 100000 sowjetische Juden erwartet". In: Allgemeine jüdische Wochenzeitung, 44. Jg., Nr. 40, 6. Okt. 1989, Bonn, S. 2.

"Israel will Einwanderer in den besetzten Gebieten ansiedeln. Regierung widersetzt sich internationalem Druck". In: Frankfurter Rundschau, 46. Jg., Nr. 174, Mo. 30. Juli 1990, S. 2.

"Israel will Einwanderung aus UdSSR bremsen. Opposition widerspricht". In: Kölner Stadt-Anzeiger, 270, Sa./So. 17./18. Nov. 1990, S. 5.

"Israel will Juden aus der UdSSR Wohnort vorschreiben". In: Kölner Stadt-Anzeiger, Nr. 113, Fr. 17. Mai 1991, S. 5.

"Israeli Ask Asylum". In: San Francisco Chronicle, 126. Jg., Nr. 174, Di. 7. Aug. 1990, S. A6.

"Israeli Coalition Survives First Parliamentary Test". In: San Francisco Chronicle, 126. Jg., Nr. 126, Di. 10. Juli 1990, S. A15.

"Israeli-Soviet Accord". In: Wall Street Journal, 215. Jg., Nr. 17, Mi. 24. Jan. 1990, S. A11.

"Israeli to move back into old Moscow embassy". In: Jerusalem Post, 57. Jg., Nr. 17043, So. 29. Jan. 1989, S. 1.

"Israelisches Generalkonsulat in Moskau jetzt wiedereröffnet". In: Allgemeine jüdische Wochenzeitung, 46. Jg., Nr. 2, 10. Jan. 1991, Bonn, S. 2.

"Israels Obdachlose drohen". In: Frankfurter Rundschau, 46. Jg., Nr. 165, Do. 19. Juli 1990, S. 2.

"Israel's Orthodox seek Ban on Pork. A Bill Outlawing Distribution and Sales Is Being Pushed". In: In. New York Times, 139. Jg., Nr. 48304, So. 22. Juli 1990, S. A4.

Izenberg, Dan: "The calm before the storm". Israel's worsening recession is hitting the well-established middle class as well as the development towns. In: Jewish Chronicle, 149. Jg., Nr. 6276, 28. Juli 1989, London, S. 4.

Izenberg, Dan: Gush Emunim establishing settlement near Ariel. In: Jerusalem Post, International Edition, Nr. 1589, 20. Apr. 1991, S. 3.

Izenberg, Dan: "Welcome back to your homeland". How does Israel welcome her Soviet immigrants? In: Jewish Chronicle, 149. Jg., Nr. 6293, 24. Nov. 1989, London, S. 4.

Jacobs, Dan N.: Introduction. In: Studies of the Third Wave. Recent Migration of Soviet Jews to the United States. Edited by Dan N. Jacobs/Ellen Frankel Paul. Boulder/Col. 1981, S. 1-10.

Jacobs, Everett M.: Jewish Representation in Local Soviets, 1959-1973. In: Soviet Jewish Affairs, 6. Jg. (1976), H. 1, London, S. 18-26.

Jacobs, Everett M.: A Note on Jewish Membership of the Soviet Communist Party. In: Soviet Jewish Affairs, 6. Jg. (1976), H. 2, London, S. 114-115.

Jacobsen, Hanns-Dieter: Die Ostwirtschaftspolitik der USA. Möglichkeiten und Grenzen einer "linkage"-Politik. Ebenhausen 1980.

Jacoby, Susan: Brooklyn's Soviet Jews. So Brighton Beach Isn't the Promised Land. In: Washington Post, 98. Jg., Nr. 87, So. 2. März 1975, S. B1, B4.

Jacoby, Susan: Long Wait, High Costs. In: Washington Post, 98. Jg., Nr. 87, So. 2. März 1975, S. B4.

Jaffe, Daniel M.: Refusenik Life. In: Soviet Jewish Affairs, 8. Jg. (1978), H. 2, London, S. 24-35.

Jakubowski, Heinz: Sind Juden unerwünscht? In: Neues Deutschland, 45. Jg., Nr. 216, Sa./So. 15./16. Sep. 1990, Berlin (Ost), S. 2.

Janert, Josefine: Touristen, keine Asylanten. Schicksal der sowjetischen Juden in Berlin weiterhin unklar. Senat traf keine Entscheidung. In: Junge Welt, 45. Jg., Nr. 73, Mi. 27. März 1991, Berlin, S. 7.

Jendges, Hans: Israel. Eine politische Landeskunde. Berlin 1973, erg. Neuauflage.

Jenkins, Loren: Israel Sends 6-Member Mission to Moscow. Optimism Expressed on Normalizing Diplomatic Relations. In: Washington Post, 111. Jg., Nr. 235, Mi. 27. Juli 1988, S. A18.

Jenkins, Loren: Peres Ends Talks in Rome With Soviets. In: Washington Post, 110. Jg., Nr. 125, Do. 9. Apr. 1987, S. A34.

"**Jerusalem gibt Protest** gegen Ansiedlung sowjetischer Juden nach. Als Antwort auf Moskaus Drohung mit Ausreisestopp Politik in besetzten Gebieten geändert". In: Frankfurter Rundschau, 46. Jg., Nr. 145, Di. 26. Juni 1990, S. 5.

"**Jewish leaders expect** surge in Soviet emigres". In: Chicago Tribune, 140. Jg., Nr. 90, Di. 31. März 1987, S. 3.

"**Jewish majority** in Galilee". In: Jerusalem Post, International Edition, Nr. 1680, 16. Jan. 1993, S. 3.

"**Jewish-studies** center opens in Moscow". In: Chicago Tribune, 142. Jg., Nr. 54, Do. 23. Feb. 1989, S. 12.

"**Juden beklagen** neuen Antisemitismus. In Moskau soll die nationalistische Gruppe 'Pamjat' Hetzparolen verbreiten". In: Süddeutsche Zeitung, 44. Jg., Nr. 131, Do. 9. Juni 1988, S. 9.

"**Juden aus der** Sowjetunion doch in besetzte Gebiete?" In: Frankfurter Rundschau, 46. Jg., Nr. 146, Mi. 27. Juni 1990, S. 2.

"**Juden aus UdSSR** können abgeschoben werden. Aufnahmeverfahren wurde neu 'geordnet'". In: Neues Deutschland, 46. Jg., Nr. 110, Di. 14. Mai 1991, Berlin, S. 3.

"**Die Juden in** der Sowjetunion". In: Sowjetunion heute, 31. Jg. (1986), H. 5, Köln, S. 7-11.

"**Juden starten Kampagne** gegen Palästinenser. Konflikt um Arbeitsplätze". In: Kölner Stadt-Anzeiger, Nr. 271, Mo. 19. Nov. 1990, S. 2.

"**Jüdische Schule** in Riga". In: Allgemeine jüdische Wochenzeitung, 44. Jg., Nr. 33, 18. Aug. 1989, Bonn, S. 4.

"**Jüdische Emigranten erhielten** Wohnung". In: Neue Zeit, 46. Jg., Nr. 206, Di. 4. Sep. 1990, Berlin (Ost), S. 8.

"'**Jüdische Flüchtlinge** nach Israel'. Botschafter Navon äußert grundsätzliche Bedenken gegen die deutsche Aufnahmepolitik". In: Allgemeine jüdische Wochenzeitung, 46. Jg., Nr. 2, 10. Jan. 1991, Bonn, S. 11.

"**Jüdische UdSSR-Emigranten** dürfen in Berlin bleiben. Sozialverwaltung: Rechtssituation nicht geklärt". In: Berliner Morgenpost, 92. Jg., Nr. 196, Do. 24. Aug. 1989, Berlin (West), S. 5.

Jüdisches Lexikon. Ein enzyklopädisches Handbuch des jüdischen Wissens in vier Bänden. Begründet von Georg Herlitz/Bruno Kirschner. Bd. I: A-C, Stichwort: **Alija**. Berlin 1927, Sp. 216-217.

Jüdisches Lexikon. Ein enzyklopädisches Handbuch des jüdischen Wissens in vier Bänden. Begründet von Georg Herlitz/Bruno Kirschner. Bd. I: A-C, Stichwort: **Chassidim, Chassidismus**. Berlin 1927, Sp. 1339-1345.

Jüdisches Lexikon. Ein enzyklopädisches Handbuch des jüdischen Wissens in vier Bänden. Begründet von Georg Herlitz/Bruno Kirschner. Bd. II: D-H, Stichwort **Goj**. Berlin 1927, Sp. 1180.

Jüdisches Lexikon. Ein enzyklopädisches Handbuch des jüdischen Wissens in vier Bänden. Begründet von Georg Herlitz/Bruno Kirschner. Bd. IV/1: Me-R, Stichwort: **Mesusa**. Berlin 1927, Sp. 140-142.

Jüdisches Lexikon. Ein enzyklopädisches Handbuch des jüdischen Wissens in vier Bänden. Begründet von Georg Herlitz/Bruno Kirschner. Bd. IV/2: S-Z, Stichwort: Saba, Königin von. Berlin 1927, Sp. 5.

Jüdisches Lexikon. Ein enzyklopädisches Handbuch des jüdischen Wissens in vier Bänden. Begründet von Georg Herlitz/Bruno Kirschner. Bd. IV/2: S-Z, Stichwort: (Bevölkerungs-) **Statistik der Juden** (Europa: Rußland). Berlin 1927, Sp. 651-656.

Jütte, Anat: Uneins über die richtige **Politik**. Wie denkt Israels Jugend über die Auswanderung. In: Allgemeine jüdische Wochenzeitung, 43. Jg., Nr. 24, 17. Juni 1988, Bonn, S. 4.

Jütte, Anat: Es fehlt an **Rabbinern** und Kantoren. Leningrader Juden zu Gast in der Synagogen-Gemeinde Köln. In: Allgemeine jüdische Wochenzeitung, 44. Jg., Nr. 48, 1. Dez. 1989, Bonn, S. 3.

Jütte, Anat: **Rundfunksendung** für Neueinwanderer. In: Allgemeine jüdische Wochenzeitung, 46. Jg., Nr. 33, 15. Aug. 1991, Bonn, S. 4.

Jütte, Anat: **Wohnungspreise** in Israel. In: Allgemeine jüdische Wochenzeitung, 46. Jg., Nr. 25, 20. Juni 1991, Bonn, S. 4.

Jütte, Robert: In **Israel** braut sich ein Sturm zusammen. Feiner Unterschied: Wer Ist Jude und wer ist es nicht? In: Allgemeine jüdische Wochenzeitung, 43. Jg., Nr. 48, 2. Dez. 1988, Bonn, S. 1, 3.

Jurtschitsch, Erwin: Ein schlechter Start. In: Der Morgen, 46. Jg., Nr. 215, Fr. 14. Sep. 1990, Berlin (Ost), S. 3.

Kaltefleiter, Werner: Structural Problems in Negotiations: A View from Europe. In: Arms Control. Myth versus Reality. Edited by Richard F. Staar. Stanford 1984, S. 59-74.

Kamen, Al: **Soviet** Flight Bar Imperils Bid to Lift Trade Curbs. In: Washington Post, 113. Jg., Nr. 81, Sa. 24. Feb. 1990, S. A4.

Kamen, Al: Administration Attempts To Blunt **Israeli** Criticism. Bush Remark on Settlements Created Uproar. In: Washington Post, 113. Jg., Nr. 91, Di. 6. März 1990, S. A20.

Kanowitsch, Grigori: Die jüdische Kamillenblüte. In: Judaica, 46. Jg. (1990), H. 2, Basel, S. 118-125.

Kaplan, Alison/Keinon, Herb: Israel, **Ethiopia** agreed to suspend exit of Jews. "N.Y. Times": Israel wants to verify Jewishness. In: Jerusalem Post, 58. Jg., Nr. 17492, So. 15. Juli 1990, S. 1, 8.

Kaplan, Alison/Keinon, Herb: Ethiopian **exodus** suspend. In: Jerusalem Post, International Edition, Nr. 1550, 21. Juli 1990, S. 3.

Kass, Drora/Lipset, Seymour Martin: **America's new Wave** of Jewish Immigrants. Since the late 1900's, more than 500000 Jews from around the world - many from Israel - have settled in the U.S. In: New York Times, 129. Jg., Nr. 44790, So. 7. Dez. 1980, New York Times Magazine, S. 44 ff.

Kaye, Helen: Tribes that moved over the river and into history. In: Jerusalem Post, International Edition, Nr. 1612, 28. Sep. 1991, S. 13.

"Kein eigener Friedhof". In: Frankfurter Allgemeine Zeitung, Nr. 259, Do. 15. Nov. 1984, S. 8.

Keinon, Herb: **Agency** won't run after Soviet Jews in Holland. In: Jerusalem Post, International Edition, Nr. 1623, 14. Dez. 1991, S. 4.

Keinon, Herb: **Aliya cabinet** seeks emergency powers. Government will be asked to suspend housing laws. In: Jerusalem Post, 58. Jg., Nr. 17478, Do. 28. Juni 1990, S. 1.

Keinon, Herb: Soviet Jews who opted for **America** having second thoughts, says Peretz. U.S. officials "had fits" over forecast of 230.000 immigrants. In: Jerusalem Post, 58. Jg., Nr. 17379, Di. 6. März 1990, S. 2.

Keinon, Herb: 15 % increase in Soviet aliya **applications**. In: Jerusalem Post, International Edition, Nr. 1608, 31. Aug. 1991, S. 2.

Keinon, Herb: "Soviet **birth** certificates are no proof of Jewishness". In: Jerusalem Post, International Edition, Nr. 1554, 18. Aug. 1990, S. 6.

Keinon, Herb: **Cabinet** debates reasons why Soviet Jews are staying put. In: Jerusalem Post, International Edition, Nr. 1612, 28. Sep. 1991, S. 3.

Keinon, Herb: **Cash**, not carry, for Soviet immigrants. In: Jerusalem Post, 58. Jg., Nr. 17480, So. 1. Juli 1990, S. 2.

Keinon, Herb: Sharansky warns: **Censorship** on aliya is bad news. In: Jerusalem Post, 58. Jg., Nr. 17391, Di. 20. März 1990, S. 2.

Keinon, Herb: 1,000 came from **Ethiopia** last month. In: Jerusalem Post, International Edition, Nr. 1579, 9. Feb. 1991, S. 1.

Keinon, Herb: **Ethiopian** in-fighting delaying aliya. In: Jerusalem Post, International Edition, Nr. 1608, 31. Aug. 1991, S. 2.

Keinon, Herb: Immigrant **families** may have to contan at least one Jew. In: Jerusalem Post, International Edition, Nr. 1602, 20. Juli 1991, S. 3.

Keinon, Herb: **Finland** gives go-ahead to fly Jews to Israel. In: Jerusalem Post, International Edition, Nr. 1549, 14. Juli 1990, S. 3-4.

Keinon, Herb: **German** Jewry under fire. Lobbying for immigration cause of anger. In: Jerusalem Post, International Edition, Nr. 1576, 19. Jan. 1991, S. 2.
Keinon, Herb: Immigrants more worried by jobs, **homes** than war. "Safer here than in the USSR. In: Jerusalem Post, International Edition, Nr. 1577, 26. Jan. 1991, S. 4.
Keinon, Herb: Immigrants' squalid **hotels** stun MKs. In: Jerusalem Post, International Edition, Nr. 1587, 6. Apr. 1991, S. 7.
Keinon, Herb: "Nothing has been done to **house** Ethiopians". In: Jerusalem Post, International Edition, Nr. 1613, 5. Okt. 1991, S. 2.
Keinon, Herb: New **housing** plan sees 150,000 olim. In: Jerusalem Post, 58. Jg., Nr. 17463, Mo. 11. Juni 1990, S. 2.
Keinon, Herb: 10,500 Soviet **immigrants** arrived here last month. Bigger increase expected when more transit points are opened. In: Jerusalem Post, 58. Jg., Nr. 17432, Fr. 4. Mai 1990, S. 2.
Keinon, Herb: **Indirect** flight from Moscow to Jerusalem, via Volvo. In: Jerusalem Post, 58. Jg., Nr. 17374, Mi. 28. Feb 1990, S. 2.
Keinon, Herb: 5.000 Soviet immigrants seeking **Israeli** passports. In: Jerusalem Post, International Edition, Nr. 1607, 24. Aug. 1991, S. 2.
Keinon, Herb: Ethiopia's last **Jews** expected soon. Talks this week on immigration of remaining 2.500. In: Jerusalem Post, International Edition, Nr. 1607, 24. Aug. 1991, S. 1, 4.
Keinon, Herb: "No **jobs**, classes or social activities for Ethiopians". In: Jerusalem Post, International Edition, Nr. 1542, 26. Mai 1990, S. 6.
Keinon, Herb: The longest **Journey**. In: Jerusalem Post, International Edition, Nr. 1609, 7. Sep. 1991, S. 12-13.
Keinon, Herb: **Land** of opportunity is Russia, not Israel, say some aliya activists. In: Jerusalem Post, International Edition, Nr. 1620, 23. Nov. 1991, S. 5.
Keinon, Herb: Ethiopian spiritual **leader**, 86, jumps for joy. One of 224 newcomers last Monday. In: Jerusalem Post, International Edition, Nr. 1580, 16. Feb. 1991, S. 3.
Keinon, Herb: "**Less** than 1 % of Soviet olim have left". In: Jerusalem Post, International Edition, Nr. 1625, 28. Dez. 1991, S. 5.
Keinon, Herb: Agency: **Massive** aliya still possible. In: Jerusalem Post, International Edition, Nr. 1624, 21. Dez. 1991, S. 5.
Keinon, Herb: Ethiopian olim call him **Moses**. In: Jerusalem Post, International Edition, Nr. 1609, 7. Sep. 1991, S. 14-15.
Keinon, Herb: Immigrants in **Netanya** demonstrate over queues. In: Jerusalem Post, 58. Jg., Nr. 17430, Mi. 2. Mai 1990, S. 1, 10.
Keinon, Herb: Any job can pay for a "**normal**" life. In: Jerusalem Post, 58. Jg., Nr. 17438, Fr. 11. Mai 1990, S. 9.
Keinon, Herb: "**Olim** unemployment worse than depicted". In: Jerusalem Post, International Edition, Nr. 1603, 27. Juli 1991, S. 2.
Keinon, Herb: "**Panic** over Soviet Jews is phoney". Israeli Foreign Ministry source. In: Jerusalem Post, 58. Jg., Nr. 17363, Do. 15. Feb. 1990, S. 10.
Keinon, Herb: **Passport** law holds up Soviet aliya. In: Jerusalem Post, International Edition, Nr. 1601, 13. Juli 1991, S. 2.
Keinon, Herb: Few Soviet immigrants going to the territories, **Peretz** says. In: Jerusalem Post, 58. Jg., Nr. 17458, Di. 5. Juni 1990, S. 12.
Keinon, Herb: Most Soviet Jews choose to live in central **region**. In: Jerusalem Post, 58. Jg., Nr. 17446, Mo. 21. Mai 1990, S. 2.
Keinon, Herb: **Reports** on Soviet aliya now must go to censor. In: Jerusalem Post, 58. Jg., Nr. 17377, So. 4. März 1990, S. 1.
Keinon, Herb: Immigrants to fly from **Riga**. In: Jerusalem Post, International Edition, Nr. 1623, 14. Dez. 1991, S. 2.

Keinon, Herb: **Sharon moving** too fast, aliya cabinet complains. In: Jerusalem Post, 58. Jg., Nr. 17477, Mi. 27. Juni 1990, S. 10.
Keinon, Herb: Extra **soup** kitchens needed for immigrants. In: Jerusalem Post, International Edition, Nr. 1624, 21. Dez. 1991, S. 5.
Keinon, Herb: **Soviet** Jews arrive in record numbers. In attempt to beat new law, 13,000 came in a week. In: Jerusalem Post, International Edition, Nr. 1600, 6. Juli 1991, S. 1.
Keinon, Herb: 30 % of **Soviet olim** want out. 52 % are telling others to delay aliya. In: Jerusalem Post, International Edition, Nr. 1619, 16. Nov. 1991, S. 2.
Keinon, Herb: Soviet olim will have easier time clarifying halachic **status**. In: Jerusalem Post, 58. Jg., Nr. 17369, Do. 22. Feb. 1990, S. 2.
Keinon, Herb: Who **is** a Soviet Jew? In: Jerusalem Post, International Edition, Nr. 1553, 11. Aug. 1990, S. 9.
Keinon, Herb/**Hutman**, Bill: 40 % of new Ethiopian olim non-Jews. In: Jerusalem Post, International Edition, Nr. 1619, 16. Nov. 1991, S. 2.
Keinon, Herb/Hutman, Bill/**Kaplan**, Alison: Ministers clash over tents for immigrants. In: Jerusalem Post, International Edition, Nr. 1575, 12. Jan. 1991, S. 3.
Keinon, Herb/**Kotzer**, Yigal: More Ethiopian olim expected by summer. Aids fear leads to new hospital directive. In: Jerusalem Post, International Edition, Nr. 1624, 21. Dez. 1991, S. 5.
"**Kein Stopp** für SU-Einwanderer. Jüdischer Kulturverein". In: Neues Deutschland, 45. Jg., Nr. 215, Fr. 14. Sep. 1990, Berlin (Ost), S. 2.
Keller, Bill: Israel **Delegation** invited to Soviet. Visit Would Be the First Since Break in Relations in '67. In: New York Times, 137. Jg., Nr. 47390, Mi. 20. Jan. 1988, S. A9.
Keller, Bill: For Soviet **Jews**, Fear of Losing a Path to the U.S. In: New York Times, 137. Jg., Nr. 47545, Do. 23. Juni 1988, S. A4.
Keller, Bill: **Moscow** Seeking to Exploit U.S. Difficulties in Middle East. Gorbachev's Gains: Diplomacy Widens Influence. In: New York Times, 136. Jg., Nr. 47149, So. 24. Mai 1987, S. E1.
Keller, Bill: **Soviet** Said to Plan Emigration Shift Favored by Israel. Jews would find it more difficult to change course to the United States. In: New York Times, 136. Jg., Nr. 47094, Mo. 30. März 1987, S. A8.
Kempster, Norman: U.S. Skeptical of Soviet Motives on Visas. In: Los Angeles Times, Mi. 9. Sep. 1987, Sec. I, S. 5.
Kempster, Norman/**Williams**, Daniel: Baker Steps Up Pressure on Israel. Diplomacy: The secretary warns that settlement activity in West Bank and Gaza must end if U.S. funds are to be used to house Soviet emigres. In: Los Angeles Times, Fr. 2. März 1990, Sec. I, S. A1.
Kendall, Peter: Rabbi introduces other refuseniks to an age-old-tradition. In: Chicago Tribune, 141. Jg., Nr. 93, Sa. 2. Apr. 1988, S. 1-2.
Keren Hayessod: Einwanderer mit Herzlichkeit empfangen. Sorgen und Hoffnungen sowjetischer Juden. In: Allgemeine jüdische Wochenzeitung, 45. Jg., Nr. 4, 25. Jan. 1990, Bonn, S. 9.
Kessel, Yoram: Mass **influx** will spur economy. In: Jewish Chronicle, 150. Jg., Nr. 6308, 9. März 1990, London, S. 2.
Kessel, Yoram: Why some **Russian** immigrants fail to settle down in Israel. In: Jewish Chronicle, 134. Jg., Nr. 5505, 25. Okt. 1974, London, S. 3.
Kessel, Yoram: **Suicide** bids at tent city. In: Jewish Chronicle, 150. Jg., Nr. 6327, 20. Juli 1990, London, S. 2.
Kettle, Martin: Abroad Consensus. In the week when the Soviet parliament reformed the country's travel laws a new survey gets behind the myths on east European migration. In: The Guardian, Fr. 24. Mai 1991, London-Manchester, S. 25.
Kidron, Pamela: Israel Philharmonic to perform in Soviet Union for first time. In: Jerusalem Post, 58. Jg., Nr. 17397, Di. 27. März 1990, S. 12.

Kinsley, Michael: 'Dual Loyalty'? Why Ask? In: Washington Post, 110. Jg., Nr. 104, Do. 19. März 1987, S. A23.

Kleiman, Ephraim: The Histradrut Economy of Israel. In Search of Criteria. In: Jerusalem Quarterly, 41. Jg. (1987), S. 77-94.

Klein, Gil: US and Israel disagree on status to be accorded emigrating Soviet Jews. In: Christian Science Monitor, 79. Jg., Nr. 67, Mi. 4. März 1987, Boston, S. 4.

Kloper, Rosa: **Antisemitismus** als Erkennungszeichen. Trotz Perestroika hat die "Pamjat"-Propaganda Erfolg. In: Allgemeine jüdische Wochenzeitung, 44. Jg., Nr. 16, 21. Apr. 1989, Bonn, S. 5.

Kloper, Rosa: **Tatsächlich** - wieder - gleichberechtigt? Vom Leben der Juden in der Sowjetunion heute. In: Allgemeine jüdische Wochenzeitung, 43. Jg., Nr. 51/52, 23./30. Dez. 1988, Bonn, S. 6.

Kloper, Rosa: Die **Widersprüche** des Sytems. Perestroika, Juden und Pamjat: Die Sowjetunion im Zeichen von Glasnost. In: Allgemeine jüdische Wochenzeitung, 43. Jg., Nr. 32, 12. Aug. 1988, Bonn, S. 4-5.

Knobel-Ulrich, Rita: "Wenn Perestroika scheitert, sind wir dran". In: Sendereihe "Gott und die Welt", Erstes Deutsches Fernsehprogramm, Fr. 22. Dez. 1989, 23.00-23.45 Uhr.

Koar, Jürgen: Weg frei für Kredite der USA an Moskau. Bush setzt Handelsbeschränkungen erneut aus. In: Kölner Stadt-Anzeiger, Nr. 127, Mi. 5. Juni 1990, S. 7.

Koenen, Gerd: Eine schwarze **Front**. Russische Neue Rechte zwischen Nationalbolschewismus und Neofaschismus. In: Gerd Koenen/Karla Hielscher: Die schwarze Front. Der neue Antisemitismus in der Sowjetunion. Reinbek 1991, S. 14-43.

Koenen, Gerd: **Interview** mit Dmitrij Wassiljew. In: Osteuropa-Archiv, 40. Jg. (1990), H. 3, Stuttgart, S. A149-A157.

Koenen, Gerd: **Mythus** des 21. Jahrhunderts? Vom russischen zum Sowjet-Antisemitismus - ein historischer Abriß. In: Gerd Koenen/Karla Hielscher: Die schwarze Front. Der neue Antisemitismus in der Sowjetunion. Reinbek 1991, S. 119-223.

Koenen, Gerd: **"Pamjat"** und die russische "Neue Rechte". In: Osteuropa, 40. Jg. (1990), H. 3, Stuttgart, S. 203-209.

Koenen, Gerd: Die **Suche** nach einem Sündenbock. Neuer sowjetischer Antisemitismus. In: Das Parlament, Themenausgabe Sowjetunion, 41. Jg., Nr. 30/31, 19./26. Juli 1991, Bonn, S. 4.

Konitzer, Hanni: Neuer Streit zwischen Österreich und Israel. "Ermunterung sowjetischer Juden, in andere Länder zu emigrieren". In: Frankfurter Allgemeine Zeitung, Nr. 6, Fr. 8. Jan. 1982, S. 5.

Korey, William: The Jackson-Vanik **Amendment** In Perspective. In: Soviet Jewish Affairs, 18. Jg. (1988), H. 1, London, S. 29-47.

Korey, William: **Brezhnev** and Soviet Anti-Semitism. In: Soviet Jewry in the Decisive Decade, 1971-80. Edited by Robert O. Freedman. Durham/N.C. 1984, S. 29-37.

Korey, William: The Soviet Public Anti-Zionist **Committee**: An Analysis. In: Soviet Jewry in the 1980s. The Politics of Anti-Semitism and Emigration and the Dynamics of Resettlement. Edited by Robert O. Freedman. Durham/N.C.-London 1989, S. 26-50.

Korey, William: The **Kremlin** and the UN "Zionism equals Racism" Resolution. In: Israel Yearbook on Human Rights, 17. Jg. (1987), Dordrecht-Boston-London, S. 133-148.

Korey, William: International **Law** and the Right to Study Hebrew in the USSR. In: Soviet Jewish Affairs, 11. Jg. (1981), H. 1, London, S. 3-18.

Korey, William: **Legitimizing** Anti-Semitism: The Role of the Soviet Academy of Sciences. In: Israel Yearbook on Human Rights, 9. Jg. (1979), Tel Aviv, S. 140-159.

Korey, William: Key Soviet Law on **Religious** Associations. Implications for Judaism. In: Soviet Jewish Affairs, 2. Jg. (1972), H. 2, London, S. 39-46.

Korey, William: The **'Right** to Leave' for Soviet Jews. Legal and Moral Aspects. In: Soviet Jewish Affairs, 1. Jg. (1971), H. 1, London, S. 5-12.

Korey, William: The **Soviet Cage**. Anti-Semitism in Russia. New York 1973.

Korey, William: The **Soviet Cage**. Anti-Semitism in Russia. New York 1973.

Krauthammer, Charles: Pollard and the Jews. The unseemly fear of "dual loyalty". In: Washington Post, 110. Jg., Nr. 105, Fr. 20. März 1987, S. A17.

Krauthammer, Charles: The Real West Bank Story. Few Jews are going. In: Washington Post, 113. Jg., Nr. 115, Fr. 30. März 1990, S. A25.

Kreimerman, Jessica: Soviets fill slots for new orchestra. In: Jerusalem Post, 58. Jg., Nr. 17450, Fr. 25. Mai 1990, S. 2.

Kremer, Wiltrud: Exodus der Sowjetunion. In: Sendereihe "Schauplatz Europa", Südwestfunk, 3. Fernsehprogramm, Do. 17. Jan. 1991, 19.15-20.00 Uhr.

"**Kritik an jüdischer** Einwanderung nach Deutschland". In: Kölner Stadt-Anzeiger, Nr. 1, Mi. 2. Jan. 1991, S. 5.

Krivine, David: The Anatomy of a Misunderstanding. In: Jerusalem Post, Weekly Overseas Edition, Nr. 756, 29. Apr. 1975, S. 12.

Krivine, David/**Hertzberg**, Arthur: Vanishing Jews. In: Jerusalem Post, Weekly Overseas Edition, Nr. 1206, 11. Dez. 1983, S. 8.

Kugler, Anita: **Antragsfreiheit** bald vorbei? Mit dem Ende der DDR droht das Ende des Bleiberechts für Juden aus der Sowjetunion. Unsicherheit für Ostberliner Beratungsbüro. In: Die Tageszeitung, 13. Jg., Nr. 3232, Mo. 10. Okt. 1990, Berlin, S. 4.

Kugler, Anita: Juden werden gegen **Asylbewerber** ausgespielt. Weil die neuen Bundesländer insgesamt 20 Prozent der Asylbewerber und Aussiedler übernehmen müssen, finden sich für Juden aus der Sowjetunion keine Wohnheimplätze mehr. Das Recht auf "ständigen Wohnsitz" gilt nur noch in Ost-Berlin. In: Die Tageszeitung [Ausgabe Ost], 1. Jg., Nr. 205, Di. 20. Nov. 1990, Berlin, S. 5.

Kugler, Anita: **Entsetzen** über Einwanderung von Juden nach Deutschland. Amerikanische und israelische Juden kritisieren die Zustimmung der deutschen jüdischen Gemeinde zur Einwanderung sowjetischer Juden. In: Die Tageszeitung, 13. Jg., Nr. 3296, Do. 3. Jan. 1991, Berlin, S. 3.

Kugler, Anita: **Galinski**: "Damit haben wir nichts zu tun". Der Vorsitzende der Jüdischen Gemeinde distanziert sich vom Ostberliner Aufnahmeverfahren für jüdische Flüchtlinge aus der Sowjetunion. In: Die Tageszeitung, 13. Jg., Nr. 3134, Mo. 18. Juni 1990, Berlin (West), S. 28.

Kugler, Anita: "Humanitäre **Gründe** liegen nicht vor". Innenminister Schäuble weist Berliner Senat an, 269 sowjetische Juden auszuweisen. Sie waren während des Golfkriegs über Israel nach Berlin eingereist. Schreiben an den Berliner Innensenator. In: Die Tageszeitung, 14. Jg., Nr. 3405, Mi. 15. Mai 1991, Berlin, S. 2.

Kugler, Anita: Im **Räderwerk** einer unsensiblen Bürokratie. Ist die Beratungsstelle für die jüdischen Emigranten aus der Sowjetunion in Berlin heute nur noch eine "Abwicklungsorganisation" der Sozialbehörden? In: Allgemeine jüdische Wochenzeitung, 46. Jg., Nr. 11, 14. März 1991, Bonn, S. 3.

Ku(gler), A(nita): "Historische **Situation** berücksichtigen". Staatssekretär Tschoepe will deutsche Juden aus der UdSSR als Vertriebene anerkennen. In: Allgemeine jüdische Wochenzeitung, 45. Jg., Nr. 37, 13. Sep. 1990, Bonn, S. 20.

"**Kulturklub und** koschere Küche. Wieder lebhafter Betrieb in der Oranienburger Straße". In: Allgemeine jüdische Wochenzeitung, 46. Jg., Nr. 24, 13. Juni 1991, Bonn, S. 10.

"**Kulturverein** gegründet". In: Die Tageszeitung, 12. Jg., Nr. 2988, Fr. 15. Dez. 1989, Berlin (West), S. 3.

Lachauer, Ulla: Die neuen Juden im alten Land. Über die Wiedergeburt im früheren Memel-Gebiet, jetzt Klaipeda genannt. In: Allgemeine jüdische Wochenzeitung, 45. Jg., Nr. 2, 11. Januar 1990, Bonn, S. 3.

Landau, David: Spirale der Gewalt. Die Erosion der Rechtstaatlichkeit gefährdet Israel. In: Die Zeit, 45. Jg., Nr. 45, 2. Nov. 1990, Hamburg, S. 44.

"**Längere Wartezeiten** für Sowjetjuden in Wien". In: Die Presse, Nr. 12384, Mo. 19. Juni 1989, Wien, S. 1-2.

Lane, David: Soviet Economy & Society. New York 1985.
Lange, Michael: Die religiösen Parteien in der politischen Entwicklung Israels. In: KAS-Auslandsinformationen, 6. Jg. (1990), H. 9, St. Augustin, S. 1-27.
Langer, Burgel: Zwischen Hoffnung und Resignation. Sowjetische Juden in Berlin. In: Das Parlament, Themenausgabe Deutsche Juden - Juden in Deutschland, 41. Jg., Nr. 33, 9. Aug. 1991, Bonn, S. 5.
Lapidus, Gail Warshofsky: Women in Soviet Society. Equality, Development, and Social Change. Berkeley-Los Angeles 1978.
Larsen, Dave: Nation of Israel Opens Campaign to Lure Its People Back. In: Los Angeles Times, So. 18. Jan. 1987, Sec. VI, S. 1, 10.
Lee, Gary: Soviets Let **Dissident** Begun Go. 16-Year Wait Over; 9 Other Refuseniks To Get Exit Visas. In: Washington Post, 110. Jg., Nr. 277, Di. 8. Sep. 1987, S. A1, A14.
Lee, Gary: First **Israeli** Delegation Arrives In Moscow After 21 Years. In: Washington Post, 111. Jg., Nr. 237, Fr. 29. Juli 1988, S. A13-A14.
Lee, Gary: Soviet **Jew** Allowed to Leave After 16-Year Wait. In: Washington Post, 111. Jg., Nr. 17, Di. 22. Dez. 1987, S. A19.
Lee, Gary: Many **Soviet** Dissidents Still Waiting. In: Washington Post, 110. Jg., Nr. 69, Do. 12. Feb. 1987, S. A1, A30.
Lentz, Ellen: West Berlin Destination For Some Soviet Jews. In: New York Times, 123. Jg., Nr. 42288, So. 4. Nov. 1973, S. A26.
Lenz, Susanne: Hilfe beim Einleben für Juden aus der Sowjetunion. Beratungsstelle für Emigranten in Mitte eröffnet. In: Berliner Zeitung, 46. Jg., Nr. 194, Di. 21. Aug. 1990, Berlin (Ost), S. 16.
Leshem, Elazar/**Rosenbaum**, Yehudit/**Kahanov**, Orit: Drop-outs and Immigrants from the Soviet Union (Research Report). In: The Soviet Man in an Open Society. Edited by Tamar Horowitz. Lanham/Md.-New York-London 1989, S. 57-63.
Leshnik, Lawrence S.: Kaum noch sowjetische Auswanderer. Verschlechterte Situation der Juden. In: Allgemeine jüdische Wochenzeitung, 37. Jg., Nr. 8, 19. Feb. 1982, Bonn, S. 4.
Levavi, Lea: **Dinitz** predicts two million Soviet Jews will come here. "Immigration wave will help to bring peace". In: Jerusalem Post, 58. Jg., Nr. 17486, So. 8. Juli 1990, S. 2.
Levavi, Lea: **Immigrant**, native scientists can keep country up on advances. In: Jerusalem Post, International Edition, Nr. 1576, 19. Jan. 1990, S. 7.
Levavi, Lea: Thousands of ageing **Soviet** immigrants need care. In: Jerusalem Post, 58. Jg., Nr. 17462, So. 10. Juni 1990, S. 2.
Levavi, Lea/**Izenberg**, Dan: Medicine tight, sciences open as universities brace for immigrants. In: Jerusalem Post, 58. Jg., Nr. 17449, Do. 24. Mai 1990, S. 2.
Levenberg, S.: Jewish Culture Re-emerges in Baltic States. In: Soviet Jewish Affairs, 20. Jg. (1990), H. 1, London, S. 15-21.
Levin, Nora: American Jewish **Concern** for Soviet Jews. In: Occasional Papers on Religion in Eastern Europe, 8. Jg. (1988), H. 1, Philadelphia, S. 1-10.
Levin, Nora: Soviet Jewish **Immigrants** in Philadelphia, 1972-82. In: Soviet Jewish Affairs, 14. Jg. (1984), H. 3, London, S. 15-29.
Levin, Nora: The **Jews** in the Soviet Union since 1917. Paradox of Survival, Vol. II. New York-London 1988.
Levkov, Ilya: Russian Jews in West Berlin. In: Midstream, 26. Jg. (1980), H. 6, New York, S. 19-25.
Lewis, Robert A./**Rowland**, Richard H./**Clem**, Ralph, S.: Nationality and Population Change in Russia and the USSR. An Evaluation of Census Data, 1897-1970. New York-Washington/D.C.-London 1976.
Lewytzkyj, Borys (Hg.): The Soviet Union. Figures - Facts - Data = Die Sowjetunion. Zahlen - Fakten - Daten. München-New York-London-Paris 1979.

Litvinoff, Emanuel: The Great Emigration **Crisis**. In: Insight. Soviet Jews, 7. Jg. (1981), H. 2, London, S. 1-12.
Litvinoff, Emanuel: **Crossroads** to Freedom. In: Insight. Soviet Jews, 3. Jg. (1977), H. 3, London, S. 1-7.
Litvinoff, Emanuel: **Emigrants** Who Turn Away From Israel. In: Insight. Soviet Jews, 1. Jg. (1975), H. 2, London, S. 1-12.
Litvinoff, Emanuel: The **Future** For Judaism. In: Insight. Soviet Jews, 1. Jg. (1975), H. 9, London, S. 1-5.
Litvinoff, Emanuel: **Hostages**: The Plight of Veteran Refuseniks. In: Insight. Soviet Jews, 3. Jg. (1977), H. 12, London, S. 1-8.
Litvinoff, Emanuel: Soviet Jews in **Israel**: The Cultural Role. In: Insight. Soviet Jews, 12. Jg. (1986), H. 2, London, S. 1-6.
Litvinoff, Emanuel: **Judaism** after Sixty Years. In: Insight. Soviet Jews, 3. Jg. (1977), H. 6, London, S. 1-9.
Litvinoff, Emanuel: **Leaving** the USSR. In: Insight. Soviet Jews, 14. Jg. (1988), H. 7, London, S. 1-8.
Litvinoff, Emanuel: The First **Leningrad** Trial - Eight Years After. In: Insight. Soviet Jews, 4. Jg. (1978), H. 7, London, S. 1-7.
Litvinoff, Emanuel: **Mathematics**: How Jews are Excluded. In: Insight. Soviet Jews, 6. Jg. (1980), H. 8, London, S. 1-8.
Litvinoff, Emanuel: "Drop-Outs": The **Moral** Dilemma. In: Insight. Soviet Jews, 2. Jg. (1976), H. 7, London, S. 1-4.
Litvinoff, Emanuel: The **Role** of Vergelis. In: Insight. Soviet Jews, 5. Jg. (1979), H. 3, London, S. 1-6.
Litvinoff, Emanuel: **Settling** Down in Israel. In: Insight. Soviet Jews, 7. Jg. (1981), H. 4, London, S. 1-7.
Litvinoff, Emanuel: New **Tax** Squeeze. In: Insight. Soviet Jews, 1. Jg. (1975), H. 6, London, S. 8.
Litvinoff, Emanuel: **Trends** in Emigration to January 1, 1977. In: Insight. Soviet Jews, 3. Jg. (1977), H. 5, London, S. 1-9.
Löwenhardt, John: Decision Making in Soviet Politics. New York 1981.
Löwenthal, Richard: East-West Détente and the Future of Soviet Jewry. In: Soviet Jewish Affairs, 3. Jg. (1973), H. 1, London, S. 20-25.
Loff, Birgit: In **Abschiebehaft** - ausgerechnet an der Spree? Erst nach Israel ausgereist, dann in Berlin gelandet: 300 sowjetische Juden möchten in Deutschland bleiben. Berliner Senat ist um einen Ausweg bemüht. Sozialhilfe wird nur noch bis zum 31. März gezahlt. In: Kölner Stadt-Anzeiger, Nr. 70, Sa./So. 23./24. März 1991, Köln, S. 3.
Loff, Birgit: **Endstation** Abschiebehaft? Im Blickpunkt: Odyssee sowjetischer Juden. In: Frankfurter Rundschau, 47. Jg., Nr. 69, Fr. 22. März 1991, S. 6.
Loff, Birgit: Berliner **Innensenator** schützt 269 sowjetische Juden vor der Abschiebung. CDU-Politiker Heckelmann widersetzt sich dem Bonner Minister Schäuble (CDU). Auch Verlängerung der Touristenvisa in Aussicht gestellt. In: Frankfurter Rundschau, 47. Jg., Nr. 112, Do. 16. Mai 1991, Frankfurt/M., S. 4.
Londe, Heskel: "**Salomo**" holt einen Stamm Israels heim. Trotz Bürgerkrieg: Evakuierung der Falaschas Präzisionsarbeit. In: Allgemeine jüdische Wochenzeitung, 46. Jg., Nr. 22, 30. Mai 1991, Bonn, S. 4.
Londe, Heskel: **Sowjetjuden** unter Druck. In: Allgemeine jüdische Wochenzeitung, 45. Jg., Nr. 8, 22. Feb. 1990, Bonn, S. 4.
Londe, Heskel: Der **Zuzug** als "natürlicher Vorgang". Warum sich Israels Regierung dem Siedlungsstopp widersetzt. In: Allgemeine jüdische Wochenzeitung, 47. Jg., Nr. 3, 16. Jan. 1992, Bonn, S. 2.

Lorenz, Hermann: "Ein neuer Exodus?" Über sowjetische Juden in Israel. In: Die Montagsreportage, Westdeutscher Rundfunk, 3. Fernsehprogramm, Mo. 19. Nov. 1990, Köln, 20.30-21.00 Uhr.

Lorenzo, Giovanni di: Ladispoli - eine Art Laboratorium. Tausende von Juden aus der Sowjetunion leben bei Rom im Wartestand. In: Süddeutsche Zeitung, 45. Jg., Nr. 213, Sa./So. 16./17. Sep. 1989, Beilage SZ am Wochenende, S. XIV.

Lourie, K. Joseph: Soviet "Refuseniks" Turn to Orthodox Judaism. In: East European Jewish Affairs, 22. Jg. (1992), H. 1, London, S. 51-62.

Luchterhandt, Otto: Die **Rechtsstellung** der jüdischen Minderheit. In: Brunner, Georg/Kagedan, Allan (Hg.): Die Minderheiten in der Sowjetunion und das Völkerrecht. Köln 1988, S. 77-113.

Luchterhandt, Otto: Die **Religionsgesetzgebung** der Sowjetunion. Berlin 1978.

"Luftbrücke nach Israel. Rückblick: Operation Salomon". In: Die Zeit, 46. Jg., Nr. 23, 31. Mai 1991, Hamburg, S. 8.

Lynfield, Ben: Israel, Soviets may fight over Jerusalem estate. In: Jerusalem Post, 56. Jg., Nr. 16860, Do. 23. Juni 1988, S. 4.

Machowski, Heinrich: Die Sowjetunion. In: Reinhard Rode/Hanns-D. Jacobsen (Hg.): Wirtschaftskrieg oder Entspannung? Eine politische Bilanz der Ost-West-Wirtschaftsbeziehungen. Bonn 1984, S. 274-289.

Maihorn, Klaus: Mütterchen Rußlands Grimassen. "Pamjat"-Front bläst zum Sammeln. In: Wochenpost, 37. Jg., Nr. 12, 27. Apr. 1990, Berlin (Ost), S. 12-13.

Makovsky, David: **Finland** willing to serve as aliya transit station. In: Jerusalem Post, 58. Jg., Nr. 17449, Do. 24. Mai 1990, S. 3.

Makovsky, David: Finland sets 100 **flights** to ferry out Soviet Jews. In: Jerusalem Post, 58. Jg., Nr. 17450, Fr. 25. Mai 1990, S. 1.

Makovsky, David: **Kirghizia** to open embassy in Jerusalem. In: Jerusalem Post, International Edition, Nr. 1682, 30. Jan. 1993, S. 20.

Makovsky, David: Budapest criticizes **Malev** cancellation of flights as encouraging terrorism. In: Jerusalem Post, 58. Jg., Nr. 175396, Mo. 26. März 1990, S. 1, 8.

Makovsky, David: **Moscow** restores ties with J'lem. In: Jerusalem Post, International Edition, Nr. 1616, 26. Okt. 1991, S. 1.

Makovsky, David: No **Soviet** Jews should go to territories, Dinitz hints. In: Jerusalem Post, 58. Jg., Nr. 17458, Di. 5. Juni 1990, S. 12.

Makovsky, David/**Keinon,** Herb: **Hungary** stops flights to Israel. Decision may be reversed after today's elections. In: Jerusalem Post, 58. Jg., Nr. 17395, So. 25. März 1990, S. 1.

Makovsky, David/**Keinon,** Herb: Uproar over censorship on **Soviet** aliya leads Jerusalem to a redefinition. In: Jerusalem Post, 58. Jg., Nr. 17378, Mo. 5. März 1990, S. 1.

Malish, Anton F.: Soviet Trade in Agricultural Commodities and Technology. In: Trade, Technology, and Soviet-American Relations. Edited by Bruce Parrott. Bloomington/Ind. 1985, S. 203-240.

Marcus, Ruth: New Immigration **Category** Proposed. Up to 30.000 Would Be Admitted Annually for "Foreign Policy Reasons". In: Washington Post, 112. Jg., Nr. 122, Do. 6. Apr. 1989, S. A6.

Marcus, Ruth: U.S. **Moves** to Ease Soviet Emigres' Way. Up to 2.000 a Month Permitted. In: Washington Post, 112. Jg., Nr. 4, Fr. 9. Dez. 1988, S. A29, A35.

Martinek, Rolf: Hilfe für Emigranten. Beratungsstelle für jüdische Zuwanderer in der Otto-Grotewohl-Straße eröffnet. Dank vom Sprecherrat. In: Der Morgen, 46. Jg., Nr. 195, Mi. 22. Aug. 1990, Berlin (Ost), S. 9.

Marx, Henry: Vor **Verhandlungen** Israel-Moskau. In: Aufbau, 52. Jg., Nr. 33/34, 15. Aug. 1986, New York, S. 1.

Marx, Karl: Zur **Judenfrage.** In: Karl Marx/Friedrich Engels: Werke, Bd. 1. Hg.: Institut für Marxismus-Leninismus beim ZK der SED. Berlin (Ost) 1988, 15. Aufl., S. 347-377.

Marx, Karl: Zur **Judenfrage**. In: Karl Marx/Friedrich Engels: Werke, Bd. 1. Hg.: Institut für Marxismus-Leninismus beim ZK der SED. Berlin (Ost) 1988, 15. Aufl., S. 347-377.

Marx, Karl: Zur **Kritik** der Hegelschen Rechtsphilosophie. In: Karl Marx/Friedrich Engels: Werke, Bd. 1. Hg.: Institut für Marxismus-Leninismus beim ZK der SED. Berlin (Ost) 1988, 15. Aufl., S. 378-391.

Mass, Haim: Mit **Abfall** vom Markt ernähren sich die Ärmsten. Für die russischen Juden ist Israel längst nicht mehr das "Gelobte Land". In: In: Neue Zeit, 47. Jg, Nr. 79, 5. Apr. 1991, Berlin, S. 3.

Mass, Haim: Für das persönliche Heil die **Heimat** verlassen. Hoher medizinischer Standard, doch kränkelndes System. In: Allgemeine jüdische Wochenzeitung, 46. Jg., Nr. 3, 17. Jan. 1991, Bonn, S. 4.

Mass, Haim: Säkulare **Juden** kämpfen um Anerkennung. Duldsamkeit auf dem Prüfstand. Weltliche Israelis wehren sich gegen Vereinnahmung durch religiöse Fundamentalisten. In: Allgemeine jüdische Wochenzeitung, 46. Jg., Nr. 29, 18. Juli 1991, Bonn, S. 4.

Mass, Haim: **Israel** akzeptiert kein Junktim der Deutschen. Jerusalem nimmt Bundesaußenminister Genscher nunmehr beim Wort. In: Neue Zeit, 47. Jg., Nr. 151, Di. 2. Juli 1991, Berlin, S. 6.

Mc Guire, Michael: Pravda editor rips old Soviet exit laws. Seen as fuel for the Western press. In: Chicago Tribune, 140. Jg., Nr. 20, Di. 20. Jan. 1987, S. 6.

Mc Manus, Doyle: Soviet Kill Airline Deal With Israel, Emigration: Decision will slow the exodus of Jews. Arab pressure is soon behind the cancellation of direct flights from Moscow to Tel Aviv. In: Los Angeles Times, 20. Feb. 1990, S. A1.

"Mehr GUS-Juden nach Israel?". In: Allgemeine jüdische Wochenzeitung, 47. Jg., Nr. 40, 1. Okt. 1992, Bonn, S. 5.

"Mehr Juden aus UdSSR nach NRW. Schnoor ändert Regelung". In: Kölner Stadt-Anzeiger, Nr. 239, Fr. 12. Okt. 1990, S. 7.

Meisel, Agnes: Ein Rabbi für 40.000 Äthiopier. In: Allgemeine jüdische Wochenzeitung, 48. Jg., Nr. 4, 28. Jan. 1993, Bonn, S. 4.

Meisels, Andrew: Desperation in Israel's Tent Cities. Poor native-born Israelis dramatize their demand for aid. In: San Francisco Chronicle, 126. Jg., Nr. 158, Do. 19. Juli 1990, S. A13, A16.

Mejcher, Helmut: Palästina in der Nahostpolitik europäischer Mächte und der Vereinigten Staaten von Amerika 1918-1948. In: Helmut Mejcher/Alexander Schölch (Hg.): Die Palästina-Frage 1917-1948. Historische Ursprünge und internationale Dimensionen eines Nationenkonflikts. Paderborn 1981, S. 163-216.

Melloan, George: Israel's Economic Malaise Clouds' Aliyah' Hopes. In: Wall Street Journal, 215. Jg., Nr. 44, Mo. 5. März 1990, New York, S. A15.

Mertens, Lothar: Die **Auswanderung** sowjetischer Juden. In: Osteuropa, 37. Jg. (1987), H. 7, Stuttgart, S. 519-522.

Mertens, Lothar: Langsamer **Exodus** durch Emigration. Die Situation der Juden im heutigen Rumänien. In: Tribüne, 27. Jg. (1988), H. 108, Frankfurt/M., S. 184-189.

Mertens, Lothar: Die Jüdischen Gemeinden in der DDR bei deren Beitritt zur Bundesrepublik. In: Deutsche Studien, 28. Jg. (1990), H. 112, Lüneburg, S. 395-405.

Mertens, Lothar: Jüdische Gemeinden im letzten **Jahr** der DDR. In: Politische Studien, 42. Jg. (1991), H. 315, München, S. 47-55.

Mertens, Lothar: Die **Lage** des rumänischen Judentums. In: Südosteuropa, 37. Jg. (1988), H. 1, München, S. 1-7.

Mertens, Lothar: Das "Gelobte **Land**": die USA. Ausreise der sowjetischen Juden nur noch via Bukarest? In: Tribüne, 26. Jg. (1987), H. 104, Frankfurt/M., S. 181-192.

Mertens, Lothar/**Voigt**, Dieter: Sozialismus. In: Wörterbuch der Soziologie, Bd. 3: Sanktion-Zweistufenthese. Hrsg. von Günter Endruweit/Gisela Trommsdorff. Stuttgart 1989, S. 614-614.

Meyer, Klaus: Wissenschaft. In: Hellmuth G. Bütow (Hg.): Länderbericht Sowjetunion. München 1986, S. 451-463.

"**Michael Gorbatschow, die Heimkehrer** und der Humanismus des Sowjetstaates". In: Aufbau, 53. Jg., Nr. 2, 16. Jan. 1987, New York, S. 8.

Milgram, Eitan: **Architects**, engineers resist Sharon's emergency plan. In: Jerusalem Post, 58. Jg., Nr. 17480, So. 1. Juli 1990, S. 2.

Milgram, Eitan: **Union**: Imported homes to hike unemployment. In: Jerusalem Post, 58. Jg., Nr. 17478, Do. 28. Juni 1990, S. 1.

Millar, James R.: The Impact of Trade and Trade Denial on the U.S. Economy. In: Trade, Technology, and Soviet-American Relations. Edited by Bruce Parrott. Bloomington/Ind. 1985, S. 324-350.

Millman, Ivor I.: Major Centres of Jewish Population in the USSR and a Note on th 1970 Census. In: Soviet Jewish Affairs, 1. Jg. (1971), H. 1, London, S. 13-18.

Moffett, George D.: Some Israeli Jews **Resent** Emigrées. In: Christian Science Monitor, 82. Jg., Nr. 60, Do. 22. Feb. 1990, Boston, S. 4.

Moffett, George D.: Soviets Claim **Role** in Mideast Peace. In: Christian Science Monitor, 81. Jg., Nr. 61, Do. 23. Feb. 1989, Boston, S. 3.

Moffett, George D.: As **Soviet**-Israeli relations thaw, contacts flower. Following Moscow's lead, Eastern Europe moves to upgrade diplomatic relations with Jewish state. In: Christian Science Monitor, 80. Jg., Nr. 228, Do. 20. Okt. 1988, Boston, S. 7-8.

Moffett, George D.: Immigration **Wave** to Swamp Israel. Expected influx of Soviet Jews is eagerly sought, but jobs and facilities for them are scarce. In: Christian Science Monitor, 81. Jg., Nr. 176, Mo. 7. Aug. 1989, Boston, S. 6.

Montagu, Judy: A Soviet Jew between two worlds. In: Jerusalem Post, International Edition, Nr. 1609, 7. Sep. 1991, S. 16-17.

Montalbano, William D.: Israel Troubled by Soviet Jews' 'Dropout' Rate. In: Los Angeles Times, Do. 2. Juni 1988, Sec. I, S. 9.

"**More housing** for Judea/Samaria". In: Jerusalem Post, International Edition, Nr. 1586, 30. März 1991, S. 3.

"**More top Israelis** settle in US". In: Jewish Chronicle, 148. Jg., Nr. 6221, 15. Juli 1988, London, S. 5.

"**Moscow adds** Jewish restaurant". In: Chicago Tribune, 141. Jg., Nr. 147, Do. 26. Mai 1988, S. 34.

"**Moscow's Choral Synagogue**". Introduced and annotated by Lukasz Hirszowicz. In: Soviet Jewish Affairs, 14. Jg. (1984), H. 2, London, S. 63-66.

"**Moskau beschuldigt** Ärztegruppe eines Komplotts gegen die Sowjetführung. Antisemitische Kampagne bezeichnet angesehene Wissenschaftler als Mörder Schdanows". In: Die Neue Zeitung, 9. Jg., Nr. 11, Mi. 14. Jan. 1953, München, S. 1-2.

"**Moskau möchte Handel** mit Israel ausweiten". In: Frankfurter Rundschau, 46. Jg., Nr. 173, Sa. 28. Juli 1990, S. 2.

"**Moskauer Synagoge** erhält Nebengebäude zurück". In: Süddeutsche Zeitung, 47. Jg., Nr. 181, Mi. 7. Aug. 1991, München, S. 9.

"**Moskaus jüdisches Kulturzentrum** eröffnet. Erstmals seit 50 Jahren". In: Allgemeine jüdische Wochenzeitung, 44. Jg., Nr. 8, 24. Feb. 1989, Bonn, S. 3-4.

"**Mr. Gorbachev** and the Jews". In: The Times, Nr. 62732, Do. 2. Apr. 1987, London, S. 15.

"**Mubarak: Ansiedlung** von Sowjetjuden kritisiert". In: Allgemeine jüdische Wochenzeitung, 45. Jg., Nr. 9, 1. März 1990, S. 2.

Müller, Andreas: Gelobtes (Deutsch-)**Land**? In: Junge Welt, 45. Jg., Nr. 5, Mo. 7. Jan. 1991, Berlin, S. 4.

Müller-Tupath, Karla: Vorerst nur im "**Grundsatz**". In: Allgemeine jüdische Wochenzeitung, 46. Jg., Nr. 2, 10. Jan. 1991, Bonn, S. 2.

Müller-Tupath, Karla: Die **Türen** öffnen für Juden auf der Flucht. Tauziehen um die Aufnahme von Emigranten aus der UdSSR. In: Allgemeine jüdische Wochenzeitung, 46. Jg., Nr. 2, 10. Jan. 1991, Bonn, S. 2.

Muir, Frederick M.: Freed Refuseniks Keep Fight Alive for Soviet Jews Left Behind. Ida Nudel, Who Battled for 16 Years to Leave, Focuses Attention on Human Rights. In: Los Angeles Times, Di. 1. Dez. 1987, Sec. I, S. 3.

Murray, Ian: **Kremlin** visits its property. Tsar's Holy Land portfolio. In: The Times, Nr. 62825, Mo. 20. Juli 1987, London, S. 7.

Murray, Ian: **Moscow** breaks the ice in Israel after a freeze of 20 years. In: The Times, Nr. 62820, Di. 14. Juli 1987, London, S. 10.

"**Nach Israel nur** 3300 UdSSR-Juden. Zahl der sowjetischen Einwanderer sank im Juli". In: Kölner Stadt-Anzeiger, Nr. 179, Mo. 5. Aug. 1991, S. 2.

Nadgornyi, Nina: Refuseniks make plea to Kenneth **Baker**. In: Jewish Chronicle, 148. Jg., Nr. 6233, 7. Okt. 1988, London, S. 1.

Nadgornyi, Nina: Israelis' **Moscow** joy. In: Jewish Chronicle, 148. Jg., Nr. 6224, 5. Aug. 1988, London, S. 1.

Nadgornyi, Nina: **Refuseniks** despair as visas annulled. In: Jewish Chronicle, 148. Jg., Nr. 6227, 26. Aug. 1988, London, S. .

Nadgornyi, Nina/**Ben-Shlomo**, Zeev: Reagan cheer for refuseniks. In: Jewish Chronicle, 148. Jg., Nr. 6215, 3. Juni 1988, London, S. 1, 47.

"**Neues ungewohntes Erlebnis**. Adass Jisroel sorgt sich um sowjetische Juden". In: Neue Zeit, 46. Jg. Nr. 161, Fr. 13. Juli 1990, Berlin (Ost), S. 6.

Nezer, Zvi: Jewish Emigration from the USSR in 1981-82. In: Soviet Jewish Affairs, 12. Jg. (1982), H. 3, London, S. 3-17.

Noel, W.: Auswanderer zwischen Israel und Rußland. In Wien ist ein neues Ghetto im Ghetto entstanden. In: Allgemeine jüdische Wochenzeitung, 40. Jg., Nr. 2, 11. Jan. 1985, Bonn, S. 5.

Nordell, David: Soviet brain drain may overwhelm Israel. In: New Scientist, 125. Jg., Nr. 1706, 3. März 1990, London, S. 23.

"**Nordeuropa und** die sowjetischen Juden. Asylbewerber in Schweden - Luftbrücke Finnland-Israel". In: Neue Zürcher Zeitung, 211. Jg., Nr. 153, Fr. 6. Juli 1990, Fernausgabe, Zürich, S. 5.

"'**Noshrim' aus Moskau** jetzt unerwünscht. Radikale Wende in der Einwanderungspolitik der USA". In: Allgemeine jüdische Wochenzeitung, 44. Jg., Nr. 30, 28. Juli 1989, Bonn, S. 4.

Nossik, Anton: Der Traum vom Paradies. Beobachtungen eines sowjetischen Einwanderers in Israel. In: Die Zeit, 46. Jg., Nr. 21, 17. Mai 1991, Hamburg, S. 16.

"**Notprogramm** für Einwanderer. Israel will jedes freie Bett nutzen. Wohnungsbau überfordert. In: Frankfurter Rundschau, 46. Jg., Nr. 163, Di. 17. Juli 1990, S. 5.

Nowikow, Nikolaj: Migration der Arbeitskräfte. Der "Abzug von geistigem Potential" aus der UdSSR. In: Kontinent, 16. Jg. (1990), H. 4, Bonn, S. 51-57.

"'**Nur atmosphärische** Bedeutung'. Israelische Konsulardelegation nahm Arbeit in Moskau auf". In: Allgemeine jüdische Wochenzeitung, 43. Jg., Nr. 31, 5. Aug. 1988, Bonn, S. 5.

Nyrop, Richard F. (ed.): Israel. A country study. Washington/D.C. 1979.

Oberdorfer, Don: Shamir, Shevardnadze Meet at U.N., Set Date for Israeli Visit to Moscow. In: Washington Post, 111. Jg., Nr. 188, Fr. 10. Juni 1988, S. A27.

Odenheimer, Alisa: **Aliya** causing economic crisis. In: Jerusalem Post, 58. Jg., Nr. 17430, Mi. 2. Mai 1990, S. 1, 10.

Odenheimer, Alisa: **Housing** prices show further rise as price index steadies. In: Jerusalem Post, 58. Jg., Nr. 17493, Mo. 16. Juli 1990, S. 1.

Odenheimer, Alisa: **Israel's** brain strain: 1 job per 6 graduates. In: Jerusalem Post, 58. Jg., Nr. 17378, Mo. 5. März 1990, S. 8.

Odenheimer, Alisa: **Immigrant** tax cuts on cars may be replaced by grant. In: Jerusalem Post, 58. Jg., Nr. 17740, Mo. 14. Mai 1999, S. 2.

Odenheimer, Alisa: **Jobless** rate to hit 14 % in 1994. In: Jerusalem Post, International Edition, Nr. 1609, 7. Sep. 1991, S. 4.

Odenheimer, Alisa: 40 % of new olim still unemployed. In: Jerusalem Post, International Edition, Nr. 1600, 6. Juli 1991, S. 2.

Odenheimer, Alisa: Can we survive the Soviet wave? In: Jerusalem Post, 58. Jg., Nr. 17438, Fr. 11. Mai 1990, S. 1, 9.

Odenheimer, Alisa: **Special** housing loans still offered in areas. In: Jerusalem Post, International Edition, Nr. 1679, 9. Jan. 1993, S. 24.

Odenheimer, Micha: **Aid** reaches Addis Ababa too late for about 350 Jews. In: Jerusalem Post, International Edition, Nr. 1557, 8. Sep. 1990, S. 3.

Odenheimer, Micha: **Mengistu** urges Israel to "wake up". In: Jerusalem Post, International Edition, Nr. 1567, 17. Nov. 1990, S. 2.

Odenheimer, Alisa/Hutman, Bill: Rent **control** pending. 2,500 trailers remain vacant. In: Jerusalem Post, International Edition, Nr. 1588, 13. Apr. 1991, S. 1.

Odenheimer, Alisa/Hutman, Bill: Moda'i declares end to **direct** absorption. In: Jerusalem Post, International Edition, Nr. 1594, 25. Mai 1991, S. 1, 4.

Odenheimer, Alisa/Hutman, Bill: Aliya **rate** dropped sharply in last 3 months. In: Jerusalem Post, International Edition, Nr. 1618, 9. Nov. 1991, S. 6.

Odenheimer, Alisa/Keinon, Herb: Soviet newcomers lose car tax benefits. In: Jerusalem Post, International Edition, Nr. 1578, 2. Feb. 1991, S. 6.

Odenheimer, Alisa/Pinkas, Alon: New budget would cut welfare, aid to immigrants and pensions. Arens makes last-minute bid for defense allocation. In: Jerusalem Post, International Edition, Nr. 1609, 7. Sep. 1991, S. 1, 4.

Odin, Karl-Alfred: Ins Land der Väter. Juden kehren zurück. In: Rheinischer Merkur/Christ und Welt, 45. Jg., Nr. 38, 21. Sep. 1990, Bonn, S. 24.

Ofer, Gur/Vinokur, Aharon/Bar-Haim, Yehiel: The Absorption and Economic Contribution of Immigrants from the USSR in Israel. In: The Soviet Man in an Open Society. Edited by Tamar Horowitz. Lanham/Md.-New York-London 1989, S. 67-91.

O'Keefe, Gerald F.: Soviet Legal Restrictions on Emigration. In: Soviet Union/Union Soviétque, 14. Jg. (1987), H. 3, Pittsburgh, S. 301-341.

Olt, Reinhard: "Optanten" und "Dableiber". Deutsche in der Sowjetunion am Scheideweg. In: Das Parlament, Themenausgabe Sowjetunion, 41. Jg., Nr. 30/31, 19./26. Juli 1991, Bonn, S. 12.

"Opening to Israel? Russians Visit". In: New York Times, 136. Jg., Nr. 47205, So. 19. Juli 1987, S. E3.

Orbach, Wila: The **Destruction** of the Jews in the Nazi-Occupied Territories of the USSR. In: Soviet Jewish Affairs, 6. Jg. (1976), H. 2, London, S. 14-51.

Orbach, William W.: The American **Movement** to Aid Soviet Jews. Amherst/Mass. 1979.

Orleck, Annelise: The Soviet Jews: Life in Brighton Beach, Brooklyn. In: New Immigrants in New York. Edited by Nancy Foner. New York 1987, S. 273-304.

Oschlies, Wolf: Auf Gedeih und Verderb am Heimatort bleiben? Nur 13 Prozent wollen auf jeden Fall Haus und Hof verlassen. Sankt Petersburger Periodikum "Mein Volk - Jüdische Unabhängige Zeitung" streitet mit Davidstern und Menora für die russisch-jüdische Verständigung. In: Allgemeine jüdische Wochenzeitung, 47. Jg., Nr. 46, 12. Nov. 1992, Bonn, S. 5.

O'Shaughnessy, Lynn: Soviet Emigres See the Wonder and Joy of U.S. In: Los Angeles Times, So. 27. März 1988, Sec. II, S. 4.

Ottaway, David B.: **Emigration** Bar Lifted For 42 Jewish Refuseniks. In: Washington Post, 111. Jg., Nr. 363, Fr. 2. Dez. 1988, S. A30.

Ottaway, David B.: Israel Asks **Loan** Guarantees To Resettle Soviet Refugees. In: Washington Post, 112. Jg., Nr. 301, Mo. 2. Okt. 1989, S. A16.

"'Pamjat'-Führer sind 'nur gegen Zionisten'". In: Allgemeine jüdische Wochenzeitung, 44. Jg., Nr. 12, 24. März 1989, Bonn, S. 12.

"'Pamjat' geht an die Öffentlichkeit". In: Sowjetunion heute, 32. Jg. (1987), H. 10, Köln, S. 15.

"'**Pamjat**' **ist nun** endlich im Visier. Strafverfahren in UdSSR". In: Allgemeine jüdische Wochenzeitung, 45. Jg., Nr. 9, 1. März 1990, Bonn, S. 1.

Parks, Michael: **Fearful** Moscow Officials Peril Jewish Film Festival. In: Los Angeles Times, Mi. 21. März 1990, S. A1, A9.

Parks, Michael: **Film** Festival Gives Soviets Look at Jewish Life in West. In: Los Angeles Times, So. 25. März 1990, S. A10.

Parks, Michael: Soviet Anti-Semitism **Growing**, Pravda Admits. Strong warning given on "Jewish question". In: San Francisco Chronicle, 126. Jg., Nr. 161, Mo. 23. Juli 1990, S. A1, A16.

Parks, Michael: **Moscow** Yields, Permits Jewish Film Festival. In: Los Angeles Times, Do. 22. März 1990, S. A1, A13.

Parks, Michael: **Soviets** Get Grim Look at Holocaust. In: Los Angeles Times, So. 2. Apr. 1990, S. F1, F12-F13.

Parmelee, Jennifer: In Limbo in Italy. Soviet Jewish Emigres Claim Deception by Voice of America. In: Washington Post, 112. Jg., Nr. 4, Fr. 9. Dez. 1988, S. A29, A34.

Pear, Robert: Israel **Asking** U.S. for Aid in Housing for Soviet Emigres. West Bank Sites at Issue. Guarantees Sought for $400 Millions in Loans - U.S. Has no Position Yet. In: New York Times, 139. Jg., Nr. 48011, Mo. 2. Okt. 1989, S. A7.

Pear, Robert: Why U.S. Closed the Door Halfway on Soviet Jews. In: New York Times, 139. Jg., Nr. 18000, Do. 24. Sep. 1989, S. D3.

Pear, Robert: U.S. Cool to Housing Soviet **Emigrés** in West Bank. In: New York Times, 139. Jg., Nr. 48012, Di. 3. Okt. 1989, S. A11.

Pear, Robert: **Moscow** rejects U.S. Plea to allow Flights to Israel. Bottleneck of Emigres. Soviets Respond to Arab Fear of a Refugee Influx Into Occupied Territories. In: New York Times, 139. Jg., Nr. 48152, Di. 20. Feb. 1990, S. A1, A8.

Pear, Robert: U.S. Bars Some **Soviet** Jews And Armenians as Refugees. In: New York Times, 138. Jg., Nr. 47708, Sa. 3. Dez. 1988, S. A1, A8.

"**Peres rejects** 'quasi' diplomatic relations with the Soviet Union. In: The Guardian, Sa. 3. Okt. 1987, London-Manchester, S. 6.

"**Peres will** Sowjetjuden in Wüste ansiedeln. 'Hälfte Israels ist leer'". In: Kölner Stadt-Anzeiger, Nr. 121, Do./Fr. 24./25. Mai 1990, S. 6.

"**Peretz:** Limit number of non-Jewish olim". In: Jerusalem Post, International Edition, Nr. 1568, 24. Nov. 1990, S. 1-2.

Perkovich, George: U.S. Can Aid Soviet Jews by Lifting a Dubious Law. In: Los Angeles Times, So. 20. März 1988, Sec. V, S. 2, 6.

Perlez, Jane: Strain on Ethiopian City: Stranded Jews. In: New York Times, 139. Jg., Nr. 48296, Sa. 14. Juli 1990, S. A3.

Petrossjan, Viktor: Arbeitslosigkeit auch in der Sowjetunion? In: Sowjetunion heute, 32. Jg. (1987), H. 6, Köln, S. 9.

Pettiti, Louis: The Administrative Practice, the Measures taken and the Harassments applied following the Request for a Visa. In: Israel Yearbook on Human Rights, 4. Jg. (1974), Tel Aviv, S. 288-301.

Pfeifer, Karl: **Besuch** bei den Juden in Transkarpatien. In: Allgemeine jüdische Wochenzeitung, 44. Jg., Nr. 18, 5. Mai 1989, Bonn, S. 2

Pfeifer, Karl: Ein "**Maximum** an Menschlichkeit". Sowjetjüdische Rückkehrer in Wien. In: Allgemeine jüdische Wochenzeitung, 42. Jg., Nr. 11, 13. März 1987, Bonn, S. 5.

Philipp, Peter: Schamirs **Ankündigung** hat USA argwöhnisch gemacht. In: Kölner Stadt-Anzeiger, Nr. 71, Sa./So. 24./25. März 1990, S. 5.

Philipp, Peter: Israels **Außenminister** nicht in die USA. Über Mosche Arens verärgert. Kehrtwende Syriens in der Golan-Frage? In: Kölner Stadt-Anzeiger, Nr. 37, Mi. 13. Feb. 1991, S. 6.

Philipp, Peter: Israels **Außenminister** nicht in die USA. Über Mosche Arens verärgert. Kehrtwende Syriens in der Golan-Frage? In: Kölner Stadt-Anzeiger, Nr. 37, Mi. 13. Feb. 1991, S. 6.

Philipp, Peter: Stellt Bonn **Bedingungen**? Im Blickpunkt: Finanzhilfe an Israel. In: Frankfurter Rundschau, 47. Jg., Nr. 143, Mo. 24. Juni 1991, S. 2.

Philipp, Peter: Übt Bonn **Druck** auf Israel aus? Presseberichte: Finanzhilfe nur bei Siedlungsstopp. In: Kölner Stadt-Anzeiger, Nr. 142, Sa./So. 22./23. Juni 1991, S. 7.

Philipp, Peter: **Flucht** nach Israel. Operation Salomon. In: Frankfurter Rundschau, 47. Jg., Nr. 120, Mo. 27. Mai 1991, S. 3.

Philipp, Peter: **Fremd** im gelobten Land. Die Einwanderer-Welle sowjetischer Juden stellt Israel vor große Probleme. Die meisten kommen aus wirtschaftlichen Gründen - Schwierige Integration. In: Kölner Stadt-Anzeiger, Nr. 27, Do. 1. Feb. 1990, S. 4.

Philipp, Peter: Wie flucht man auf **Hebräisch**? Akademie in Jerusalem wacht über die Fortentwicklung der Sprache der Bibel. Vor 100 Jahren als Ivrit neuentdeckt. In: Kölner Stadt-Anzeiger, Nr. 270, Fr. 17. Nov. 1989, S. 4.

Philipp, Peter: USA schieben Hilfe für Israel-Einwanderer auf. In: Kölner Stadt-Anzeiger, Nr. 256, Do. 1. Nov. 1990, S. 8.

Philipp, Peter: Nun sind fast alle **Juden** Äthiopiens in Israel. In: Kölner Stadt-Anzeiger, Nr. 121, Di. 28. Mai 1991, S. 6.

Philipp, Peter: **Kein Platz** in der Herberge. Einwanderer in Israel. In: Frankfurter Rundschau, 46. Jg., Nr. 156, Mo. 9. Juli 1990, S. 3.

Philipp, Peter: **Masseneinwanderung** aus der UdSSR schürt Neidgefühle. In: Kölner Stadt-Anzeiger, Nr. 158, Di. 10. Juli 1990, S. 6.

Philipp, Peter: "**Platz** für die Juden aus der UdSSR". Schamir rechtfertigt Anspruch auf besetzte Gebiete mit neuem Zustrom. In: Kölner Stadt-Anzeiger, Nr. 13, Di. 16. Jan. 1990, S. 5.

Philipp, Peter: Willige **Russen** ersetzen die billigen Araber. Israelis entlassen die Arbeiter aus den besetzten Gebieten. "Wer von uns will denn die Dreckarbeit tun". In: Kölner Stadt-Anzeiger, Nr. 251, Fr. 26. Okt. 1990, S. 4.

Philipp, Peter: **Sport** und Bauchtanz aus der alten Heimat. Neueinwanderer in Israel sichern sich mit Riesenantennen ihr vertrautes TV-Programm. In: Kölner Stadt-Anzeiger, Nr. 230, Sa./So. 1./2. Okt. 1988, S. 4.

Philipp, Peter: Das Wort **Siedlungen** vermeiden Israelis gern. In: Frankfurter Rundschau, 47. Jg., Nr. 118, Fr. 24. Mai 1991, S. 2.

Philipp, Peter: Die **Spannungon** zwischen USA und Israel wachsen. Bush bezeichnet jüdische Stadtteile Ost-Jerusalems als "Siedlungen". In: Kölner Stadt-Anzeiger, Nr. 55, Di. 6. März 1990, S. 8.

Philipp, Peter: Grenzenloser **Streit** um die Grenzen der Stadt. Jerusalem bleibt beim Bemühen um Frieden in Nahost der Stein des Anstoßes. Jüdische Siedlungen wachsen auf politisch unsicherem Boden. In: Kölner Stadt-Anzeiger, Nr. 170, Di. 24. Juli 1990, S. 3.

Philipp, Peter: Der **Trick** mit den Wohn-Boxen. Siedlungspolitik in Israel: Container, dann Hütten, schließlich Villen. Die besetzten Gebiete werden weiter bebaut. In: Kölner Stadt-Anzeiger, Nr. 121, Di. 28. Mai 1991, S. 4.

Philipp, Peter: **USA** bremsen Sowjetjuden. Ein Aus für Wien als Zwischenstation? In: Die Presse, Nr. 12450, Di. 5. Sep. 1989, Wien, S. 2.

Pilon, Roger: The Systematic Repression of Soviet Jews. In: Department of State Bulletin, 86. Jg. (1986), Nr. 2117, Washington/D.C., S. 67-70.

Pinkus, Benjamin: Soviet **Campaigns** Against "Jewish Nationalism" and "Cosmopolitism", 1946-1953. In: Soviet Jewish Affairs, 4. Jg. (1974), H. 2, London, S. 53-72.

Pinkus, Benjamin: Yiddish-Language **Courts** and Nationalities Policy in the Soviet Union. In: Soviet Jewish Affairs, 1. Jg. (1971), H. 2, London, S. 40-60.

Pinkus, Benjamin: The Soviet **Government** and the Jews 1948-1967. A documented study. Cambridge 1984.

Pinkus, Benjamin: National **Identity** and Emigration. Patterns Among Soviet Jewry. In: Soviet Jewish Affairs, 15. Jg. (1985), H. 3, London, S. 3-28.

Pinkus, Benjamin: The **Jews** of the Soviet Union. The History of a National Minority. Cambridge-New York 1988.

Pinkus, Benjamin: The Emigration of National **Minorities** from the USSR in the Post-Stalin Era. In: Soviet Jewish Affairs, 13. Jg. (1983), H. 1, London, S. 3-36.

Pipes, Richard: **Dètente**. Moscow's View. In: Ders.: U.S.-Soviet Relations in the Era of Dètente. Boulder/Col. 1981, S. 63-106.

Pipes, Richard: Soviet **Relations** with the USA. In: Soviet Jewish Affairs, 15. Jg. (1985), H. 1, London, S. 107-112.

Plafker, Ted: Birobidzhan's Jews coming here. In: Jerusalem Post, 58. Jg., Nr. 17439, So. 13. Mai 1990, S. 5.

Pollack, Martin: Neue Hoffnungen für sowjetische Juden. Gorbatschows Reformpolitik schließt endlich auch die jüdische Minderheit ein. Viele Juden wollen ausreisen und wenige auch schon wieder zurück in die Sowjetunion. Doch eine liberale Ausreisepolitik bedeutet noch nicht die Normalisierung für die jüdischen Sowjetbürger. In: Die Tageszeitung, 10. Jg., Nr. 2186, Do. 16. Apr. 1987, Berlin (West), S. 9.

Ponger, Anne: Aus dem **Haus** über die Bruchbude ins Zelt. "Was haben denn die Neuen für unseren Staat geleistet?" Die Einwanderungswelle aus der Sowjetunion stellt Israel vor ein fast unüberwindliches Wohnungsproblem. In: Süddeutsche Zeitung, 46. Jg., Nr. 178, Sa./So. 4./5. Aug. 1990, München, S. 11.

Ponger, Anne: Mit **Salomon** ins Gelobte Land flüchten. Die erfolgreiche Luftbrücke zur Rettung der 15000 Falaschen aus dem Bürgerkriegsland Äthiopien stärkt auch das Selbstwertgefühl der Israeli. In: Süddeutsche Zeitung, 47. Jg., Nr. 120, Mo. 27. Mai 1991, München, S. 3.

The **Position of Soviet Jewry** 1983-1986. Report on the Implementation of the Helsinki Final Act since the Madrid Follow-Up Conference. Published on behalf of the International Council of the World Conference on Soviet Jewry. London 1986.

Prantl, Heribert: Verbales **Versteckspiel** um sowjetische Juden. DDR-Ausländerbeauftragte Berger empört über Bonner Einreisestopp. In: Süddeutsche Zeitung, 46. Jg., Nr. 212, Fr. 14. Sep. 1990, München, S. 8.

"**Presse: Israel stellt** für Siedlungspolitik hohe Mittel bereit". In: Kölner Stadt-Anzeiger, Nr. 82, Di. 5. Apr. 1991, S. 5.

Presser, Ellen: "Integriert, aber nicht zugehörig". **Besuch** bei der Münchner Gemeinde. In: Das Parlament, Themenausgabe Deutsche Juden - Juden in Deutschland, 41. Jg., Nr. 33, 9. Aug. 1991, Bonn, S. 2.

Presser, Ellen: **Chance** durch Einwandererstrom. Botschafter Navon in München: Israels Tore stehen offen. In: Allgemeine jüdische Wochenzeitung, 46. Jg., Nr. 2, 10. Jan. 1991, Bonn, S. 8.

Prial, Frank J.: **Poland** Promises to Help Soviet Jews Fly to Israel. In: New York Times, 139. Jg., Nr. 48187, Di. 27. März 1990, S. A11.

Prial, Frank J.: **Survey** in Moscow Sees a High Level of Anti-Jewish Feeling. In: New York Times, 139. Jg., Nr. 48190, Fr. 30. März 1990, S. A8.

"**Probleme um** US-Visa für sowjetische Juden". In: Allgemeine jüdische Wochenzeitung, 44. Jg., Nr. 2, 13. Jan. 1989, Bonn, S. 3.

"**Problem ist die Sprachbarriere**. Jüdische Kinder in Marzahner Schule aufgenommen". In: Neue Zeit, 46. Jg, Nr. 224, Mo. 24. Sep. 1990, Berlin (Ost), S. 9.

Prokesch, Steven: Sweden's Puzzle: Fate of Soviet Jews. In: New York Times, 139. Jg., Nr. 48287, Do. 5. Juli 1990, S. A9.

"**Prominent refuseniks** leave Moscow for U.S.". In: Chicago Tribune, 142. Jg., Nr. 224, Do. 11. Aug. 1988, S. 8.

"**Protestaktion** rückkehrwilliger Sowjetjuden in Wien. Kritik und Selbstkritik". In: Neue Zürcher Zeitung, 198. Jg., Nr. 101, So./Mo. 1./2. Mai 1977, Fernausgabe, Zürich, S. 4.

"**Protest gegen Pläne** für Einreisequoten. Länderinnenminister tagen". In: Kölner Stadt-Anzeiger, Nr. 293, Sa./So. 15./16. Dez. 1990, S. 6.

Pshonik, Eduard: The Aliya Struggle in Kharkov (1975-1978). In: In Search of Self. The Soviet Jewish Intelligentsia and the Exodus. Edited by David Prital. Jerusalem 1982, S. 62-75.

Quinn-Judge, Paul: Soviets eye summit with moves on rights. Allowing more to emigrate seen as bid to improve image. In: Christian Science Monitor, 79. Jg., Nr. 200, Mi. 9. Sep. 1987, Boston, S. 9-10.

Rabinovich, Abraham: **Immigrants** sent to hotels as building plans accelerate. In: Jerusalem Post, 58. Jg., Nr. 17485, Fr. 6. Juli 1990, S. 1.

Rabinovich, Abraham: "Are there trees in **Israel**? Do the Israelis want us?" In: Jerusalem Post, 58. Jg., Nr. 17479, Fr. 29. Juni 1990, S. 18.

Radyschewski, Dmitri: Schtscharanski und der Exodus der Sowjetjuden. Einige Gedanken über den Zionismus. In: Moskau News, Nr. 11, November 1990, Köln, S. 16.

Rafael, Gideon: Die Wiederaufnahme sowjetisch-israelischer Beziehungen ist überfällig. In: Jüdische Rundschau, 47. Jg., Nr. 35, 1. Sep. 1988, Basel, S. 2, 15.

Rakowska-Harmstone, Teresa: Nationalities and the Soviet Military. In: The Nationalities Factor in Soviet Politics and Society. Edited by Lubomyr Hajda/Mark Beissinger. Boulder/Col.-Oxford 1990, S. 72-94.

Rapoport, Louis: The ancient origins of **Ethiopian** Jewry. In: Jerusalem Post, International Edition, Nr. 1595, 1. Juni 1991, S. 16.

Rapoport, Louis: Ethiopian **Jewry** rescued. Operation Solomon flies 14,400 to Israel in 24 hours. In: Jerusalem Post, International Edition, Nr. 1595, 1. Juni 1991, S. 1-2.

Reaves, Joseph A.: Some Soviet Jews find door shut to U.S. In: Chicago Tribune, 142. Jg., Nr. 66, Di. 7. März 1989, S. 9.

Redlich, Shimon: Jewish **Appeals** in the USSR. An Expression of National Revival. In: Soviet Jewish Affairs, 4. Jg. (1974), H. 2, London, S. 24-37.

Redlich, Shimon: The **Jews** in the Soviet Annexed Territories 1939-41. In: Soviet Jewish Affairs, 1. Jg. (1971), H. 1, London, S. 81-90.

Reischock, Holger: Unter Juden macht sich Furcht breit. JW-Gespräch mit Moskauer Oberrabbiner Adolf Shajevitsch. In: Junge Welt, 44. Jg., Nr. 43, Di. 20. Feb. 1990, Berlin (Ost), S. 4.

"**Reisepaß kostet** dreifachen Monatslohn". In: Die Tageszeitung, 14. Jg., Nr. 3470, Mi. 31. Juli 1991, Berlin, S. 7.

"**Rekord-Defizit** in Israels Etat wegen Einwanderungswelle". In: Kölner Stadt-Anzeiger, Nr. 279, Do. 29. Nov. 1990, S. 11.

Remnick, David: Jewish **Center** Opens in Moscow. Soviet Government's Approval Seen as Break From Long Tradition of Repression. In: Washington Post, 112. Jg., Nr. 70, Mo. 13. Feb. 1989, S. B1, B10.

Remnick, David: 200.000 Soviet **Emigres** May Face U.S. Rejection. Embassy Trying to Cope With "Avalanche". In: Washington Post, 112. Jg., Nr. 297, Do. 28. Sep. 1989, S. A41, A46.

Remnick, David: **Glasnost** Unstills Antisemitic Voices. Russian Nationalism Seen Reviving Currents of Prejudice. In: Washington Post, 113. Jg., Nr. 128, Do. 12. Apr. 1990, S. A1, A36.

Remnick, David: **Israel** Moves To End Loss Of Soviet Jews. Direct Flights Urged From Bucharest. In: Washington Post, 111. Jg., Nr. 139, Fr. 22. Apr. 1988, S. A18.

Remnick, David: **Lawyers** Fault Soviets on Emigration. In: Washington Post, 111. Jg., Nr. 187, Do. 9. Juni 1988, S. A34.

Remnick, David: **Passover** in Moscow Grim For Remaining 'Refuseniks'. Jewish Leaders' Exodus Leaves a Vacuum. In: Washington Post, 111. Jg., Nr. 119, Sa. 2. Apr. 1988, S. A1, A15.

Remnick, David: **Russian** Nationalist' Manifesto Assails the West. Group's Document Circulating in U.S.S.R. Is Imbued With Xenophobia, Anti-Semitism. In: Washington Post, 112. Jg., Nr. 76, So. 19. Feb. 1989, S. A40.

Remnick, David: Soviets, PLO **Upgrade** Relations. Announcement Made as Israel's Weizman Visits Moscow. In: Washington Post, 113. Jg., Nr. 37, Do. 11. Jan. 1990, S. A28.

"The **Resettlement of** Soviet Jews in Australia: A Note". In: Soviet Jewish Affairs, 14. Jg. (1984), H. 1, London, S. 47-55.

"**Reverse Diaspora**". In: Time, 101. Jg., Nr. 6, 5. Feb. 1973, New York, S. 37-38.

Richter, Peter: Sowjetische **Juden** suchen in der DDR eine neue Heimat. Hoffnung auf ein Leben ohne Furcht und Diskriminierung. Regierung muß handeln. In: Berliner Zeitung, 46. Jg., Nr. 148, Do. 28. Juni 1990, Berlin (Ost), S. 7.

"**Rights Monitors** at a Protest By Group of Jews in Moscow". In: New York Times, 137. Jg., Nr. 47399, Fr. 29. Jan. 1988, S. A2.

Rode, Reinhard: Die Vereinigten Staaten. In: Reinhard Rode/Hanns-D. Jacobsen (Hg.): Wirtschaftskrieg oder Entspannung? Eine politische Bilanz der Ost-West-Wirtschaftsbeziehungen. Bonn 1984, S. 208-223.

Roggenkamp, Viola: Es ist wie eine **Wand.** Illegal in Berlin - über die enttäuschten Hoffnungen jüdischer Emigranten. In: Die Zeit, 45. Jg., Nr. 52, 21. Dez. 1990, Hamburg, S. 70.

Ro'i, Yaacov: **Aliya** vs. Neshira. In: Soviet Jewish Affairs, 15. Jg. (1985), H. 1, London, S. 141-147.

Ro'i, Yaacov: Jewish **Religious** Life in the USSR: Some Impressions. In: Soviet Jewish Affairs, 10. Jg. (1980), H. 2, London, S. 39-50.

Rom, Werner: Die Bedrängnis der sowjetischen Juden. Neue Hoffnungen nach dem Treffen zwischen Michail Gorbatschow und Ronald Reagan. In: Allgemeine jüdische Wochenzeitung, 40. Jg., Nr. 48, 29. Nov. 1985, Bonn, S. 1.

Rosen, Daniel: Makkabiade - Gefühle, keine Rekorde. Israel hat andere Sorgen als den Spitzensport. In: Frankfurter Allgemeine Zeitung, Nr. 154, Fr. 7. Juli 1989, S. 26.

Rosenberg, Carol: Israel starts **censoring** news about Soviet immigration. In: Boston Globe, 237. Jg., Nr. 62, Sa. 3. März 1990, S. 2.

Rosenberg, Carol: **Influx** of Soviet Immigrants Poses Challenge for Israel. In: Christian Science Monitor, 82. Jg., Nr. 33, Fr. 12. Jan. 1990, Boston, S. 4.

Rosenberg, Carol: **Israelis** fret as Soviet tide rolls in. In: Chicago Tribune, 143. Jg., Nr. 133, So. 13. Mai 1990, Sec. I., S. 17.

Rosenberg, Carol: **Soviet** influx fuels debate about Israeli-held lands. In: Chicago Tribune, 143. Jg., Nr. 31, Mi. 31. Jan. 1990, Sec. I., S. 12.

Rosenthal, A. M.: Terrorism: New Targets. In: New York Times, 139. Jg., Nr. 48185, So. 25. März 1990, S. E19.

Ross, Michael: **Israel** Gives Visas to Soviet Officials - 1st in 2 Decades. In: Los Angeles Times, Fr. 19. Juni 1987, Sec. I, S. 7.

Ross, Thomas: Die sowjetischen **Juden** wirbeln Israels Politik durcheinander. Emsige Reisediplomatie der arabischen Staaten. Ängste der PLO. In: Frankfurter Allgemeine Zeitung, Nr. 57, Do. 8. März 1990, S. 8.

Roth, Stephen J.: The **Conference** on Security and Co-operation in Europe and Soviet Jewry. In: Soviet Jewish Affairs, 4. Jg. (1974), H. 1, London, S. 3-23.

Roth, Stephen J.: From **Madrid** to Vienna: What Progress in the Helsinki Process? In: Soviet Jewish Affairs, 16. Jg. (1986), H. 3, London, S. 3-16.

Roth, Stephen J.: The New **Soviet** Law on Religion. In: Soviet Jewish Affairs, 20. Jg. (1990), H. 2/3, London, S. 27-37.

Rozenman, Eric: "Erosion in support for Israel". New York Times/CBS News poll. In: Jerusalem Post, International Edition, Nr. 1550, 21. Juli 1990, S. 3.

Ruban, Maria Elisabeth: Bevölkerung. In: Hellmuth G. Bütow (Hg.): Länderbericht Sowjetunion. München 1986, S. 55-71.

Ruby, Walter: **Dagestan's** Jews fearful after two are murdered. In: Jerusalem Post, International Edition, Nr. 1590, 27. Apr. 1991, S. 6.

Ruby, Walter: **Hias** continues to support emigration to U.S. In: Jerusalem Post, 56. Jg., Nr. 16857, Mo. 20. Juni 1988, S. 1.

Ruby, Walter: "**Kaddish**" in Moscow as Jewish martyr is laid to rest. In: Jerusalem Post, International Edition, Nr. 1608, 31. Aug. 1991, S. 1, 4.

Ruby, Walter: New Soviet **penalties** for emigrants. Those who serve in IDF or take gov't jobs will lose citizenship, property. In: Jerusalem Post, International Edition, Nr. 1598, 22. Juni 1991, S. 1.

Ruby, Walter: Large numbers of **Soviet** Jews seen leaving directly for the U.S. In: Jerusalem Post, 56. Jg., Nr. 16816, Mo. 2. Mai 1988, S. 4.

Ruby, Walter: **Tashkent's** Jews fear a rising tide of nationalism in Soviet Central Asia. In: Jerusalem Post, 58. Jg., Nr. 17477, Mi. 27. Juni 1990, S. 1.

Ruby, Walter: **Warning** given to Shcharansky. In: Jewish Chronicle, 147. Jg., Nr. 6180, 2. Okt. 1987, London, S. 5.

Ruby, Walter/Keinon, Herb: "Direct Soviet flights next month". In: Jerusalem Post, International Edition, Nr. 1607, 24. Aug. 1991, S. 6.

Rudge, David: **Ethiopian** olim leave Kibbutz. In: Jerusalem Post, International Edition, Nr. 1602, 20. Juli 1991, S. 2.

Rudge, David: Immigrants to be sent to new **Golan** settlement". In: Jerusalem Post, International Edition, Nr. 1614, 12. Okt. 1991, S. 4.

Rudge, David: **Immigrants** no longer sent to suspect Haifa hotel. In: Jerusalem Post, 58. Jg., Nr. 17430, Mi. 2. Mai 1990, S. 2.

Rudge, David: **Israeli** firms said able to make 25% of prefabs. In: Jerusalem Post, 58. Jg., Nr. 17478, Do. 28. Juni 1990, S. 1.

Rudge, David: **Soviet**-Israeli space accord signed - Mars landing planned for 2015. Projects include astrophysical studies, innovative X-ray telescope. In: Jerusalem Post, International Edition, Nr. 1567, 17. Nov. 1990, S. 5.

Rudge, David/Rees, Robert: Flat rentals skyrocket, as landlords cash in on immigration. In: Jerusalem Post, 58. Jg., Nr. 17380, Mi. 7. März 1990, S. 1.

"**Rückwanderung**". In: Aufbau, 57. Jg., Nr. 12, 7. Juni 1991, New York, S. 1.

Rueschemeyer, Marilyn: Professional Work and Marriage. An East-West-Comparision. New York 1983.

Runge, Irene: Jüdische **Einwanderer** in Ostberlin. In: Sonntag, 44. Jg., Nr. 24, 17. Juni 1990, Berlin (Ost), S. 2.

Runge, Irene: **Konzert** für ein Denkmal. Der jüdische Kulturverein in Riga. In: Allgemeine jüdische Wochenzeitung, 43. Jg., Nr. 51/52, 23./30. Dez. 1988, Bonn, S. 7.

Rupert, James: Soviet-Israeli Talks Go On, With Few Results. Divisions in Jerusalem Over Main Objective Are Said to Contribute to Slow Pace. In: Washington Post, 110. Jg., Nr. 284, Di. 15. Sep. 1987, S. A20.

"**Russian visas** 'expensive'". In: Jerusalem Post, International Edition, Nr. 1678, 2. Jan. 1993, S. 3.

Saft, Marcia: Soviet Jews Find New Friends Waiting. In: New York Times, 139. Jg., Nr. 48157, So. 25. Feb. 1990, Sec. 12, S. 21.

Sahm, Ulrich W.: Eine **Luftrettungsaktion** im politischen Vakuum. Operation Salomon: Der neue Auszug der Kinder Israels dauerte nicht vierzig Jahrem sondern knapp vier Stunden. In: Der Tagesspiegel, 47. Jg., Nr. 13882, Di. 28. Mai 1991, Berlin, S. 3.

Sahm, Uri: **Antisemitismus** und wirtschaftliche Not. Sowjetische Juden erhoffen sich in ihrer neuen Heimat Israel eine bessere Zukunft. In: Der Tagesspiegel, 46. Jg., Nr. 13480, Sa. 27. Jan. 1990, Berlin (West), S. 3.

Sahm, Uri: **Antisemitismus** und wirtschaftliche Not. Sowjetische Juden erhoffen sich in ihrer neuen Heimat Israel eine bessere Zukunft. In: Der Tagesspiegel, 46. Jg., Nr. 13480, Sa. 27. Jan. 1990, Berlin (West), S. 3.

Sahm, Uri: Immer mehr **Bettler** in den Städten. Die Zahl der Arbeitslosen steigt. Nicht allein die Einwanderer sind ein Problem. In: Allgemeine jüdische Wochenzeitung, 47. Jg., Nr. 17, 23. Apr. 1992, Bonn, S. 4.

Sahm, Uri: **Getrennt** und auseinander gerissen. Freudentränen und Tragödien bei den Falaschas. Eine gewisse Form von Rassismus. In: Allgemeine jüdische Wochenzeitung, 46. Jg., Nr. 24, 13. Juni 1991, Bonn, S. 4.

Sahm, Uri: Das einzige "**Kapital**" Äthiopiens. Eine Ausreise-Erlaubnis für die Juden erfolgt nur bei amerikanischen Gegenleistungen. In: Allgemeine jüdische Wochenzeitung, 46. Jg., Nr. 22, 30. Mai 1991, Bonn, S. 4.

Salitan, Laurie P.: Politics and **Nationality**: The Soviet Jews. In: Politics, Society, and Nationality. Inside Gorbachev's Russia. Edited by Seweryn Bialer. Boulder/Col.-London 1989, S. 175-191.

Salitan, Laurie P.: **Politics** and Nationality in Contemporary Soviet-Jewish Emigration, 1968-89. London 1992.

Sawyer, Thomas E.: The Jewish Minority in the Soviet Union. Boulder/Col.-Folkestone 1979.

Schachter, Jonathan: U.S. Jewish leaders seen shifting support toward Pollard release. In: Jerusalem Post, International Edition, Nr. 1588, 13. Apr. 1991, S. 7.

Schalhorn, Bernhard: Ein russisch dominierter Vielvölkerstaat. Nationalitätenprobleme in der Sowjetunion. In: Sowjetunion. Redaktion: Hans-Georg Wehling. Stuttgart-Berlin-Köln-Mainz 1981, S. 155-171.

"**Schamir bleibt beim** Ideal Groß-Israel. Kritik aus Kairo". In: Kölner Stadt-Anzeiger, Nr. 272, Di. 20. Nov. 1990, S. 2.

"**Schamir rechnet** mit 500000 sowjetischen Einwanderern". In: Allgemeine jüdische Wochenzeitung, 44. Jg., Nr. 49, 8. Dez. 1989, Bonn, S. 3.

"**Schamirs Äußerung** alarmiert die USA. 'Wunsch nach einem Groß-Israel erläutern'". In: Kölner Stadt-Anzeiger, Nr. 273, Mi. 21. Nov. 1990, S. 11.

"**Schamir und Scharon** über Zuwanderer einig. Opposition kritisiert radikalen Einfluß im Kabinett". In: Kölner Stadt-Anzeiger, Nr. 136, Mi. 13. Juni 1990, S. 5.

"**Scharon erhält** Sondervollmachten für Wohnungsbau". In: Kölner Stadt-Anzeiger, Nr. 151, Mo. 2. Juli 1990, S. 2.

"**Scharon plant** Groß-Jerusalem. Minister will für eine Million Israelis Wohnraum schaffen". In: Frankfurter Rundschau, 47. Jg., Nr. 156, Di. 9. Juli 1991, S. 1.

Scheer, Robert: Jews in U.S. Start to Fault Israeli Acts. Pollard Outrage. In: Los Angeles Times, Do. 11. Juni 1987, Sec. I, S. 2, 12.

Scheub, Ute: "Mit der Last der Geschichte leben". Beratungsstelle für jüdische Emigranten im Ex-Nazi-Propagandaministerium feierlich eröffnet. In: Die Tageszeitung [DDR-Ausgabe], 1. Jg., Nr. 147, Di. 21. Aug. 1990, Berlin (Ost), S. 22.

"**Schewardnadse und Arens** für mehr Dialog. Mit Gespräch zufrieden. In: Kölner Stadt-Anzeiger, Nr. 46, Do. 23. Feb. 1989, S. 1.

Schifter, Richard: Religious Persecution in the Soviet Union. In: Department of State Bulletin, 86. Jg. (1986), Nr. 2116, Washington/D.C., S. 81-83.

Schiller, Ulrich: Washington macht seinem Ärger Luft. UN-Resolution gegen Israel. Nach dem Massaker in Jerusalem: amerikanisch-israelische Beziehungen auf dem Tiefpunkt. In: Die Zeit, 45. Jg., Nr. 43, 19. Okt. 1990, Hamburg, S. 2.

Schmetzer, Uli: It's Jewish state or nowhere, exiting Soviets told. In: Chicago Tribune, 142. Jg., Nr. 172, Mo. 20. Juni 1988, S. 5.

Schmidt, William E.: Americans' Support for Israel: Solid, but Not the Rock It Was. In: New York Times, 139. Jg., Nr. 48291, Mo. 9. Juli 1990, S. A1, A9.

Schneier, Marc: Setting priorities for the Soviet Jewry movement. In: Jerusalem Post, 56. Jg., Nr. 16823, Di. 10. Mai 1988, S. 12.

"**Schnelle Überführung** von 19.000 äthiopischen Juden nach Israel". In: Allgemeine jüdische Wochenzeitung, 46. Jg., Nr. 19, 9. Mai 1991, Bonn, S. 2.

"**Schnoor lehnt Zuzugsbeschränkung** für sowjetische Juden ab". In: Die Tageszeitung [Ost-Ausgabe], 2. Jg., Nr. 375, Do. 30. Mai 1991, Berlin, S. 4.

Schodolski, Vincent J.: **Refuseniks** greet end of long wait. In: Chicago Tribune, 142. Jg., Nr. 30, Mo. 30. Jan. 1989, S. 5.

Schodolski, Vincent J.: **Soviet** Jews applaud a cultural milestone. In: Chicago Tribune, 142. Jg., Nr. 44, Mo. 13. Feb. 1989, S. 1-2.

"'**Schon manche Hochzeit** gefeiert'. Immigranten aus der Sowjetunion in der Berliner Gemeinde willkommen geheißen". In: Allgemeine jüdische Wochenzeitung, 45. Jg., Nr. 36, 6. Sep. 1990, Bonn, S. 10.

Schrag, Carl: **Immigrants** find they like life in the desert after all. In: Jerusalem Post, International Edition, Nr. 1553, 11. Aug. 1990, S. 9, 11.

Schrag, Carl: A long day's **journey** into light. In: Jerusalem Post, International Edition, Nr. 1596, 8. Juni 1991, S. 10.

Schrag, Carl: The **Russians** are coming - and it's causing anxiety. Young Jews fear they'll pay the price. In: Jerusalem Post, 58. Jg., Nr. 17479, Fr. 29. Juni 1990, S. 8.

Schreiber, Friedrich: [Reportage über die **Ansiedlung** sowjetischer Juden in Israel]. In: Weltspiegel, Erstes Deutsches Fernsehprogramm, So. 18. Feb. 1990, 19.10-19.50 Uhr.

Schreiber, Friedrich: [Bericht über die **Ausreisegründe** von sowjetischen Juden]. In: Tagesthemen, Erstes Deutsches Fernsehprogramm, Do. 22. Feb. 1990, 22.45-23.15 Uhr.

Schreiber, Friedrich: [Reportage über die **Probleme** bei der Integration von sowjetischen Juden in Israel]. In: Weltspiegel, Erstes Deutsches Fernsehprogramm, So. 18. Feb. 1990, 19.10-19.50 Uhr.

Schreiber, Jacob: **Immigrants** awed by Jerusalem, confused by Israeli bureaucracy. In: Jerusalem Post, 58. Jg., Nr. 17449, Do. 24. Mai 1990, 2.

Schreiber, Jacob/**Wirtshafter**, Jacob: Malev chief sacked; flights will resume. In: Jerusalem Post, 58. Jg., Nr. 17399, Do. 29. März 1990, S. 1, 10.

Schreiner, Stefan: Zwischen Hoffnung und Enttäuschung. Anmerkungen zur Geschichte der russischen Juden in der ersten Hälfte des zwanzigsten Jahrhunderts. In: Judaica, 46. Jg. (1990), H. 2, Basel, S. 99-112.

Schroeter, Leonard: How They Left. Varities of Soviet Jewish Exot Experience. In: Soviet Jewish Affairs, 2. Jg. (1972), H. 2, London, S. 3-30.

Schultz, Hansjörg: Sowjets kündigen Juden mehr Freiheit in Religionsausübung an. Weitgehende Ausreisemöglichkeiten in Aussicht gestellt - Beteiligung am "radikalen Wandel" erwünscht. In: Stuttgarter Zeitung, 43. Jg., Nr. 43, Sa. 21. Feb. 1987, S. 4.

Schwartz, Ethan: Poland Offers Soviet Jews Free Transit. In: Washington Post, 113. Jg., Nr. 111, Mo. 26. März 1990, S. A15.

"**Schwarze Juden** in Israel klagen über Rassismus". In: Kölner Stadt-Anzeiger, Nr. 187, Mi. 14. Aug. 1991, S. 5.

Sciolino, Elaine: **Israel** Chief meets Soviet Aide at U.N. Shamir Confers for 2 Hours With Shevardnadze and Plans Israelis' Visit. In: New York Times, 137. Jg., Nr. 47532, Fr. 10. Juni 1988, S. A6.

Sciolino, Elaine: **Peres** and Russian Meet on Peace Parley Plan. In: New York Times, 136. Jg., Nr. 47144, Di. 19. Mai 1987, S. A8.

Scott, David Clark: For Australia leader, Soviet talks are better the second time around. In: Christian Science Monitor, 80. Jg., Nr. 7, Fr. 4. Dez. 1987, Boston, S. 12.

"**Sechsmonatige Duldung** für sowjetische Juden?". In: Der Tagesspiegel, 47. Jg., Nr. 13884, Do. 30. Mai 1991, Berlin, S. 14.

"**Sechsmonatige Duldung** für sowjetische Juden?". In: Der Tagesspiegel, 47. Jg., Nr. 13884, Do. 30. Mai 1991, Berlin, S. 14.

"**Die Seele singt**". In: Der Spiegel, 41. Jg., Nr. 3, 12. Jan. 1987, Hamburg, S. 105-106.

Segenreich, Ben: Die Welle der Einwanderer bringt eine Flut von Problemen. In: Die Welt, 45. Jg., Nr. 214, Do. 13. Sep. 1990, Hamburg, S. 3.

Seyfferth, Konrad: Wer meckert, sitzt. Lachen im realen Sozialismus. Freiburg i.B. 1983, 3. Aufl.

Shabad, Theodore: Soviet TV Interviews 18 Jews Seeking to Return From Israel. In: New York Times, 121. Jg., Nr. 41650, Sa. 5. Feb. 1972, S. A3.

Shalev, Menachem: Israeli diplomats move in at old Moscow embassy. In: Jerusalem Post, 57. Jg., Nr. 17149, Di. 6. Juni 1989, S. 12.

Shanker, Thom: Soviets **arrest** refusenik after Moscow protest. In: Chicago Tribune, 142. Jg., Nr. 179, Mo. 27. Juni 1988, S. 4.

Shanker, Thom: Soviet **Jewish emigres** face hurdle from Israel. In: Chicago Tribune, 141. Jg., Nr. 109, Mo. 18. Apr. 1988, S. 6.

Shanker, Thom: **Refuseniks** mark the end of an era. Last of famous activists to leave. In: Chicago Tribune, 141. Jg., Nr. 11, Mo. 11. Jan. 1988, S. 3.

Shanker, Thom: **Soviet allow** Moscow protest. KOD, militia keep distance as over 100 refuseniks rally. In: Chicago Tribune, 141. Jg., Nr. 29, Fr. 29. Jan. 1988, S. 12.

Shanker, Thom: **Soviet Jewish** emigration soaring, but will it last? In: Chicago Tribune, 140. Jg., Nr. 92, Do. 2. Apr. 1987, S. 24.

Shanker, Thom: **Soviet Jews** protest in Moscow. In: Chicago Tribune, 140. Jg., Nr. 87, Sa. 28. März 1987, S. 3.

Shapiro, Haim: **Israel** rabbi in Moscow visit first. In: Jewish Chronicle, 148. Jg., Nr. 6219, 1. Juli 1988, London, S. 2.

Shapiro, Haim: **Rabbi** okays sabbath flights for Soviet Jews. In: Jerusalem Post, 58. Jg., Nr. 17354, Mo. 5. Feb. 1990, S. 1.

Shapiro, Haim. **Rabbis ask** blessing for Soviet leader. In: Jerusalem Post, 57. Jg., Nr. 17129, So. 14. Mai 1989, S. 2.

Shapiro, Haim: **Rehovot** Chief Rabbi Kook first Israeli official to visit Moscow since 1967. In: Jerusalem Post, 56. Jg., Nr. 16861, Fr. 24. Juni 1989, S. 1.

Sharansky, Natan: The greatest Exodus. In: New York Times Magazine, 2. Feb. 1992, S. 20-21, 46, 48.

Sharkansky, Ira/**Radian**, Alex: Changing Domestic Policy 1977-81. In: Israel in the Begin Era. Edited by Robert O. Freedman. New York 1982, S. 56-75.

Shelley, Louise I.: Lawyers in Soviet Work Life. New Brunswick/N.J. 1984.

Shelliem, Jochanan: "Wo auf dieser Kugel ist mein Platz?". Juden in Moskau: Zwischen Exodus und kultureller Blüte. In: Gerd Koenen/Karla Hielscher: Die schwarze Front. Der neue Antisemitismus in der Sowjetunion. Reinbek 1991, S. 44-50.

Shenon, Philip: Flow of Ethiopian Jews to Israel Is Back to Normal. In: New York Times, 139. Jg., Nr. 48309, Fr. 27. Juli 1990, Bonn, S. A3.

Shepherd, Naomi: The Soviet Jews In Israel: Coping With Free Choices. In: New York Times, 124. Jg., Nr. 42827, So. 27. Apr. 1975, S. E7.

Shindler, Colin: Exit Visa. Detente, Human Rights and the Jewish emigration movement in the USSR. London 1978.

Shokeid, Moshe: Children of Circumstances. Israeli Emigrants in New York. Ithaca/N.Y.-London 1988.

Shoup, Paul S.: The East Europeam and Soviet Data Handbook. Political, Social, and Developmental Indicators, 1945-1975. New York 1981.

"**Shultz Makes** a Pledge To Support Soviet Jews". In: New York Times, 137. Jg., Nr. 47519, Sa. 28. Mai 1988, S. A5.

Shuval, Judith T.: Soviet Immigrants Physicians in Israel. In: Soviet Jewish Affairs, 14. Jg. (1984), H. 2, London, S. 19-40.

Siegel, Judy: **Academy** can place "hundreds of new immigrant scientists". In: Jerusalem Post, 58. Jg., Nr. 17357, Do. 8. Feb. 1990, S. 2.

Siegel, Judy: **Israel**-USSR pact on scientific cooperation. In: Jerusalem Post, International Edition, Nr. 1569, 1. Dez. 1990, S. 6.

Siegel, Judy: Israel, **Soviet** academies sign scientific cooperation accord. In: Jerusalem Post, 58. Jg., Nr. 17392, Mi. 21. März 1990, S. 1.

Siegel, Judy/**Keinon**, Herb: U.S. trying to snatch Soviet scientists. "MIT promises to ease entry of top research brains", says Branover. In: Jerusalem Post, 58. Jg., Nr. 17484, Do. 5. Juli 1990, S. 2.

Siegl, Elfie: Oberster **Sowjet** blockiert Reisefreiheit. Nationalitätenkammer führt Geldmangel an. In: Frankfurter Rundschau, 47. Jg., Nr. 110, Di. 14. Mai 1991, S. 1.

Siegl, Elfie: **Tauwetter** nach 21 Jahren? Im Hintergrund: Sowjetunion - Israel. In: Frankfurter Rundschau, 44. Jg., Nr. 175, Sa. 30. Juli 1988, S. 2.

Silberbach, Wolf: **Ausreisewelle** im Einwandererland? Emigranten finden in Israel weder Wohnung noch Arbeit: Die Neigung zum Fortgang wächst. In: Allgemeine jüdische Wochenzeitung, 46. Jg., Nr. 51/52, 19./26. Dez. 1991, Bonn, S. 2.

Silberbach, Wolf: **Einwanderer** bestimmen nächste Regierung mit. Wahlverhalten ehemaliger sowjetischer Juden noch unklar. In: Allgemeine jüdische Wochenzeitung, 47. Jg., Nr. 6, 6. Feb. 1992, Bonn, S. 4.

Silberbach, Wolf: **Einwandererflut** aus der UdSSR erwartet. Eingliederungsminister: 200000 kommen in den nächsten drei Jahren. In: Allgemeine jüdische Wochenzeitung, 44. Jg., Nr. 45, 10. Nov. 1989, Bonn, S. 2.

Silberbach, Wolf: Labiles **Land** - unsichere Juden. Die heikle Situation in Gorbatschows Sowjetunion. In: Allgemeine jüdische Wochenzeitung, 45. Jg., Nr. 3, 18. Jan. 1990, Bonn, S. 1.

Silberbach, Wolf: "Man wird hier langsam zur **Minderheit**". Trotz offener Arme und solidarischer Anteilnahme: Die Israelis stöhnen unter dem Zustrom von sowjetischen Einwanderern. In: Allgemeine jüdische Wochenzeitung, 45. Jg., Nr. 32, 9. Aug. 1990, Bonn, S. 3.

Silberbach, Wolf: "Ich lasse mich zum **Russen** umschulen". Gefährdet Israels Wohnungsnot den Konsens über die Einwanderung aus der Sowjetunion? In: Allgemeine jüdische Wochenzeitung, 45. Jg., Nr. 29, 19. Juli 1990, Bonn, S. 4.

Silberbach, Wolf: Ein **Segen**, der jetzt bewältigt werden muß. Hohe Eingliederungskosten für sowjetische Einwanderer. In: Allgemeine jüdische Wochenzeitung, 45. Jg., Nr. 43, 25. Okt. 1990, Bonn, S. 4.

Silberbach, Wolf: In der **Wirtschaft** lebt keiner sehr friedlich. Die neue Regierung wird viel aufzuarbeiten haben. Einwanderung bleibt auch in ökonomischer Hinsicht oberstes Ziel. In: Allgemeine jüdische Wochenzeitung, 47. Jg., Nr. 26, 25. Juni 1992, Bonn, S. 4.

Silberbach, Wolf: Noch übersteigt der **Wissensdurst** die Bildungs-Ressourcen. Londoner Studie: Es gibt 130 jüdische Schulen in der ehemaligen Sowjetunion. Finanzielle Hilfe aus der Diaspora und Israel versucht den Erhalt zu sichern. In: Allgemeine jüdische Wochenzeitung, 47. Jg., Nr. 38, 17. Sep. 1992, Bonn, S. 5.

Silberbach, Wolf: Der Weg nach **Zion** führt über das Standesamt. Braucht Israel nicht doch eine Einwanderungspolitik? In: Allgemeine jüdische Wochenzeitung, 47. Jg., Nr. 17, 23. Apr. 1992, Bonn, S. 4.

Silver, Eric: "Shalom Moscow, shalom Israel". The largest number of Russian immigrants on a single flight arrived in Israel from Budapest on Tuesday. In: Jewish Chronicle, 150. Jg., Nr. 6302, 26. Jan. 1990, London, S. 2.

Simes, Dimitri K.: Locking Soviet Jews Onto a One-Way Path. Direct Flights to Israel Would Deny Emigres Their Freedom of Choice. In: Los Angeles Times, Di. 14. Apr. 1987, Sec. II, S. 5.

Simon, Gerhard: **Kirchen** und Religionsgemeinschaften. In: Hellmuth G. Bütow (Hg.): Länderbericht Sowjetunion. München 1986, S. 508-518.

Simon, Gerhard: **Kirchen** und Religionsgemeinschaften. In: Hellmuth G. Bütow (Hg.): Länderbericht Sowjetunion. München 1986, S. 508-518.

Simon, Rita J.: **Introduction**. In: New Lives. The Adjustment of Soviet Jewish Immigrants in the United States and Israel. Edited by Rita J. Simon. Lexington/Mass.-Toronto 1985, S. 1-10.

Simon, Julian L./**Myerson**, Charles/**Spechler**, Martin: Are Russian Olim good for the Israeli Economy? In: The Soviet Man in an Open Society. Edited by Tamar Horowitz. Lanham/Md.-New York-London 1989, S. 93-98.

Simon, Rita J./**Simon**, Julian L.: Social and Economic Adjustment. In: New Lives. The Adjustment of Soviet Jewish Immigrants in the United States and Israel. Edited by Rita J. Simon. Lexington/Mass.-Toronto 1985, S. 13-45.

Singer, Jerome E./**Elkind**, Isaac: The Case of Ida Nudel. In: Israel Yearbook on Human Rights, 9. Jg. (1979), Tel Aviv, S. 282-325.

Söhler, Karen: Die Last des Zuzugs. Israel: Einwanderungswelle und Siedlungspolitik treiben den jüdischen Staat an den Rand des Bankrotts. In: Die Zeit, 47. Jg., Nr. 24, 5. Juni 1992, Hamburg, S. 32.

Sohar, Ezra: No immediate need for guarantees. In: Jerusalem Post, International Edition, Nr. 1602, 20. Juli 1991, S. 8.

"**Sorge in Israel** über Zuotrom sowjetischer Juden". In: Kölner Stadt-Anzeiger, Nr. 51, Do. 1. März 1990, S. 5.

"**Sorgen jüdischer** Emigranten in Berlin. Weder Asylanten noch Aussiedler. Unklarheit seit dem 3. Oktober". In: Frankfurter Allgemeine Zeitung, Nr. 268, Fr. 16. Nov. 1990, S. 4.

"**Soviet airline** closes route Jews use to reach Israel". In: Boston Globe, 237. Jg., Nr. 83, Sa. 24. März 1990, S. 40.

"**Soviet Emigration** Up Sharply". In: New York Times, 138. Jg., Nr. 47952, Fr. 4. Aug. 1989, S. A16.

"**Soviet Emigres** Return". In: Washington Post, 110. Jg., Nr. 39, Di. 13. Jan. 1987, S. A18.

"**Soviet Jewish** center to open next month". In: Chicago Tribune, 142. Jg., Nr. 17, Di. 17. Jan. 1989, S. 8.

"**Soviet Jews get** their first matzo bakery". In: Chicago Tribune, 142. Jg., Nr. 60, Mi. 1. März 1989, S. 5.

"**Soviet Jews open** museum in Moscow". In: Chicago Tribune, 141. Jg., Nr. 25, Mo. 25. Jan. 1988, S. 8.

"**Soviet Jews to Be Pressed** to Go to Israel, Cabinet Decides". In: Los Angeles Times, Mo. 20. Juni 1988, Sec. I, S. 1, 7.

"**Soviet Rabbis** in Israel". In: Washington Post, 112. Jg., Nr. 23, 28. Dez. 1988, S. A15.

"**Soviet republics** won't let Jews leave, say U.S. officials". In: Jerusalem Post, International Edition, Nr. 1613, 5. Okt. 1991, S. 2.

"**Soviets won't** cooperate". In: Jerusalem Post, 56. Jg., Nr. 16857, Mo. 20. Juni 1988, S. 1.

"**Sowjetbürger können** ab 1993 frei reisen. Folgekosten mit 19 Milliarden Rubel veranschlagt". In: Kölner Stadt-Anzeiger, Nr. 115, Di. 21. Mai 1991, S. 4.

"**Sowjetische Juden im** Hungerstreik. US-Behörden bei Visa-Vergabe Willkür vorgeworfen". In: Süddeutsche Zeitung, 45. Jg., Nr. 197, Di. 29. Aug. 1989, München, S. 8.

"**Sowjetische Juden jetzt** direkt nach Israel". In: Allgemeine jüdische Wochenzeitung, 43. Jg., Nr. 25, 24. Juni 1988, Bonn, S. 1.

"**Sowjetische Konsularbeamte** nach Israel". In: Süddeutsche Zeitung, 43. Jg., Nr. 77, 2. Apr. 1987, München, S. 2.

"**Sowjetjuden nach** Israel". In: Kölner Stadt-Anzeiger, Nr. 149, Mo. 1. Juli 1991, S. 2.

"**Sowjets behindern** Flüge jüdischer Auswanderer. Arafat appelliert an die UN". In: Kölner Stadt-Anzeiger, Nr. 71, Sa./So. 24./25. März 1990, S. 5.

"**Sowjetunion beginnt** mit der Zahlung von Arbeitslosengeld. Stalin hatte 1930 Arbeitslosigkeit aus der Statistik verbannt". In: Frankfurter Rundschau, 47. Jg., Nr. 156, Di. 9. Juli 1991, S. 5.

Spier, Howard: The West European Approach to the Soviet Jewry Problem. In: Soviet Jewry in the 1980s. The Politics of Anti-Semitism and Emigration and the Dynamics of Resettlement. Edited by Robert O. Freedman. Durham/N.C.-London 1989, S. 97-114.

Spier, Howard: **Soviet** Anti-Semitism Unchained: The Rise of the "Historical and Patriotic Association, Pamyat". In: Soviet Jewry in the 1980s. The Politics of Anti-Semitism and Emigration and the Dynamics of Resettlement. Edited by Robert O. Freedman. Durham/N.C.-London 1989, S. 51-57.

Steinfels, Peter: Soviet Jews seeing Fruit of Efforts. Foundation Has Helped Keep Cultural Identity Alive in Books and in Classes. In: New York Times, 139. Jg., Nr. 48092, Fr. 22. Dez. 1989, S. A11.

Steinmayr, Jochen: **Schamir** übt sich im Aussitzen. Orientalischer Politbasar in Jerusalem. Amerikas Außenminister Baker steht in Israel noch nicht vor dem großen Durchbruch. In: Die Zeit, 46., Nr. 17, 19. Apr. 1991, Hamburg, S. 2.

Steinmayr, Jochen: **Russen** für Israel. Eine viertel Million Sowjetmenschen verändern den Staat der Juden. Er wird europäischer, weltlicher, konservativer. In: Die Zeit, 46. Jg., Nr. 21, 17. Mai 1991, Hamburg, S. 13-16.

Stent, Angela E.: East-West Economic Relations and the Western Alliance. In: Trade, Technology, and Soviet-American Relations. Edited by Bruce Parrott. Bloomington/Ind. 1985, S. 283-323.

Stephan, K.: Aus Touristen wurden Asylanten. MORGEN im Gespräch mit sowjetischen Juden. "Fühlen uns sicher". In: Der Morgen, 46. Jg., Nr. 197, Fr. 24. Aug. 1990, Berlin (Ost), S. 10.

Stonova, Natasha: **Hebrew** classes in Moscow. In: Jewish Chronicle, 149. Jg., Nr. 6272, 30. Juni 1989, London, S. 36.

Stonova, Natasha: **Moscow** blackshirts say: "Clear out Yids, or else". In: Jewish Chronicle, 150. Jg., Nr. 6302, 26. Jan. 1990, London, S. 1.

Strober, Gerald S.: American Jews. Community in Crisis. New York 1974.

"Strom sowjetischer Juden gestiegen. Einwandererzahl verdoppelt". In: Allgemeine jüdische Wochenzeitung, 46. Jg., Nr. 15, 11. Apr. 1991, Bonn, S. 1.

Struminski, Wladimir: **Israel** ist nicht das vordringliche Ziel. Die russischen Emigranten suchen soziale Absicherung. Nicht alle wollen auswandern. In: Allgemeine jüdische Wochenzeitung, 47. Jg., Nr. 35, 27. Aug. 1992, Bonn, S. 5.

Struminski, Wladimir: Wenn **Starthilfe** bremst. Die GUS-Einwanderer kämpfen gegen schikanöse israelische Auslandsreise-Vorschriften. In: Allgemeine jüdische Wochenzeitung, 48. Jg., Nr. 2, 14. Jan. 1993, Bonn, S. 4.

Struminski, Wladimir: Die **Religionspioniere** kehren nun zurück. Auswanderer beleben den Glauben in der alten Heimat. In: Allgemeine jüdische Wochenzeitung, 48. Jg., Nr. 5, 4. Feb. 1993, Bonn, S. 5.

Svirsky, Gila: Soviet aliya: Fears and joys. "The challenge is to bring out the best in these new citizens". In: Jerusalem Post, 58. Jg., Nr. 17407, So. 8. Apr. 1990, S. 4.

"Symposium on Human Rights: II. The Jewish Minority in the Soviet Union. In: Israel Yearbook on Human Rights, 1. Jg. (1971), Tel Aviv, S. 408-412.

Szabó, János: Terror gegen Juden auch in **Ungarn.** Anschlag auf die Alija-Brücke Budapest. In: Allgemeine jüdische Wochenzeitung, 47. Jg., Nr. 2, 9. Jan. 1992, Bonn, S. 1.

Szabo, Yvonne: 10000 Juden stellen **Antrag** auf Einreise. In: Westdeutsche Allgemeine Zeitung, Nr. 112, Mi. 15. Mai 1991, Essen, S. 2.

Tabory, Mala: Cultural Rights of the Jewish Minority in the USSR Under the Vienna CSCE Concluding Document. In: Soviet Jewish Affairs, 19. Jg. (1989), H. 2, London, S. 25-40.

Tagliabue, John: Peres Winds Up Talks With Soviet Aides. In: New York Times, 136. Jg., Nr. 47105, Fr. 10. Apr. 1987, S. A3.

Taubman, Philip: 13-Year Wait Ends for Family of Soviet Jews. In: New York Times, 137. Jg., Nr. 47273, Fr. 25. Sep. 1987, S. A10.

"**Tausende flüchten** aus Äthiopien. Israel evakuierte mit 'Unternehmen Salomo" 15000 Juden". In: Kölner Stadt-Anzeiger, Nr. 120, Mo. 27. Mai 1991, S. 1.

"**Teestube** im jüdischen Gemeindezentrum Ostberlins [sic!] eröffnet". In: Allgemeiner Deutscher Nachrichtendienst (ADN), Di. 24. Juli 1990, Berlin (Ost), Nr. 1089.

Temko, Ned: Young **Georgians** see their future abroad. Despite an amicable relationship with the general population, Soviet Georgia's Jews fear that rampant nationalism may take its toll. In: Jewish Chronicle, 150. Jg., Nr. 6299, 5. Jan. 1990, London, S. 3.

Temko, Ned: **Pamyat** chief: It's all the Jews' fault. In: Jewish Chronicle, 150. Jg., Nr. 6319, 25. Mai 1990, London, S. 1, 5.

Temko, Ned: **Soviet** Jews - new fears. In: Jewish Chronicle, 150. Jg., Nr. 6319, 25. Mai 1990, London. S. 5.

Ter, Richard: "Bleiben - Gehen - Bleiben?". Warum Juden aus der Sowjetunion auswandern. In: Tribüne, 30. Jg. (1991), H. 119, Frankfurt/M., S. 39-42.

"**The Long Hard** Road to Moscow". In: Time, 130. Jg., Nr. 2, 12. Jan. 1987, New York, S. 22.

Thier, Peter de: USA wollen Osten Geschäft erleichtern. Wodka könnte in Amerika bald billiger werden. Sowjets sollen dafür Zugeständnisse machen. In: Kölner Stadt-Anzeiger, Nr. 37, Di. 13. Feb. 1990, S. 27.

Toth, Robert O.. Glasnost: Refuseniks Apparently Benefiting. In: Los Angeles Times, Mi. 12. Aug. 1987, Sec. I, S. 13.

Toth, Robert C./**Ostrow**, Ronald J.: KGB Steers Criminals to U.S. Careers. 'Russian Mafia'. In: Los Angeles Times, Di. 16. Feb. 1988, Sec. I, S. 1, 16, 17.

Trankovits, Laszlo: Israel: Sorge um Abwanderung der wissenschaftlichen Spitzenkräfte. In: Aufbau, 54. Jg., Nr. 18, Fr. 26. Aug. 1988, New York, S. 4, 7.

Traxler, Egon: Überraschungs-Flirt in Israel. UdSSR-Team nimmt an Makkabi-Spielen teil. "Neues Denken" der Politik macht Sportkontakte möglich. In: Frankfurter Rundschau, 45. Jg., Nr. 153, Do. 6. Juli 1989, S. 11.

Traynor, Ian: Soviet neo-Nazis under attack. Spotlight falls on group dedicated to racial hatred. In: The Guardian, Mo. 15. Aug. 1988, London-Manchester, S. 5.

Tsur, Batsheva: 28 % of Soviet olim unhappy with Israel. In: Jerusalem Post, International Edition, Nr. 1593, 18. Mai 1991, S. 6.

Tugend, Tom: Los Angeles woos Israeli "deserters". In: Jewish Chronicle, 149. Jg., Nr. 6292, 17. Nov. 1989, London, S. 37.

Tuohy, William: **Housing** Proposed for Soviet Immigrants. Israel: Sharon asks for 50,000 mobile homes and 40,000 prefabricated houses. Finance Minister Modai objects, pointing to the high cost. In: Los Angeles Times, Mo. 30. Juli 1990, S. A11.

Tyler, Patrick E.: Soviets, Israel Agree To Upgrade Relations. Shevardnadze, Arens Open Dialogue in Cairo. In: Washington Post, 112. Jg., Nr. 80, Do. 23. Feb. 1989, S. A21, A24.

"**UdSSR-Team** bei Maccabi-Spielen". In: Frankfurter Rundschau, 45. Jg., Nr. 149, Sa. 1. Juli 1989, S. 8.

"**UdSSR will Auswanderung** und Reisen erleichtern". In: Kölner Stadt-Anzeiger, Nr. 258, Fr. 3. Nov. 1989, S. 6.

"**Über die Einwanderung** zerstritten. Disput zwischen deutschen und internationalen jüdischen Organisationen um Sowjetjuden". In: Allgemeine jüdische Wochenzeitung, 46. Jg., Nr. 2, 10. Jan. 1991, Bonn, S. 1.

"**Über 70000 Juden** durften UdSSR verlassen. Rekordzahl im Jahr 1989". In: Kölner Stadt-Anzeiger, Nr. 5, Sa./So. 6./7. Jan. 1990, S. 5.

"**Über 28000** Einreisen". In: Kölner Stadt-Anzeiger, Nr. 96, Mi. 25. Apr. 1990, S. 2.

"**Über 20000 jüdische** Auswanderer aus der UdSSR". In: Allgemeine jüdische Wochenzeitung, 44. Jg., Nr. 2, 13. Jan. 1989, Bonn, S. 3.

"**Über den Verlauf** der Realisierung der Beschlüsse des XXVII. Parteitages der KPdSU und die Aufgaben bei der Vertiefung der Umgestaltung". Entschließungen der 19. Unionsparteikonferenz der KPdSU. In: Sowjetunion heute, 33. Jg. (Juli 1988), Sondernummer: 19. Unionsparteikonferenz der KPdSU, Köln, S. 51-56.

"**Ukrainian rabbis** in army". In: Jerusalem Post, International Edition, Nr. 1678, 2. Jan. 1993, S. 4.

Ulanovskij, Levy: Hebrew in the Soviet Union. In: In Search of Self. The Soviet Jewish Intelligentsia and the Exodus. Edited by David Prital. Jerusalem 1982, S. 258-262.

"**Unterstützung der Jewish** Agency für Musiker aus der UdSSR". In: Allgemeine jüdische Wochenzeitung, 46. Jg., Nr. 22, 30. Mai 1991, Bonn, S. 12.

"**USA begrenzen den** Flüchtlingsstrom. Nur noch 50000 aus der Sowjetunion". In: Kölner Stadt-Anzeiger, Nr. 216, Fr. 15. Sep. 1989, S. 1.

"**USA geben Israel** Bankgarantie über 400 Millionen Dollar". In: Kölner Stadt-Anzeiger, Nr. 45, Fr. 22. Feb. 1991, S. 6.

"**USA wollen Einwanderung** einschränken. Washington ist der sowjetischen Massenemigration auf Dauer nicht gewachsen". In: Allgemeine jüdische Wochenzeitung, 44. Jg., Nr. 36, 8. Sep. 1989, Bonn, S. 12.

"**US-Juden warnen** Israel". In: Frankfurter Rundschau, 46. Jg., Nr. 156, Mo. 9. Juli 1990, S. 1.

Uthmann, Jörg von: Es fehlt die klare Linie. Die Vereinigten Staaten, die amerikanischen Juden und Israel. In: Frankfurter Allgemeine Zeitung, Nr. 124, Mi. 30. Mai 1990, S. 16.

Uthmann, Jörg von: Der gefesselte Riese. Amerika und der Nahe Osten. In: Das Parlament, 41. Jg., Nr. 37-38, 6./13. Sep. 1991, Bonn, S. 12.

Vago, Raphael: Soviet and East European Relations with Israel since Camp David. In: Soviet Jewish Affairs, 13. Jg. (1983), H. 3, London, S. 7-26.

"**Verärgerung über** Warnung Gorbatschows. Jerusalem rechnet weiter mit Auswanderern aus der UdSSR". In: Kölner Stadt-Anzeiger, Nr. 129, Di. 5. Juni 1990, S. 5.

Verfürth, Heinz: Schikane am Tor. Sowjetjuden suchen eine Zuflucht. Ein zumutbarer Rahmen ist zu finden. In: Kölner Stadt-Anzeiger, Nr. 295, Di. 18. Dez. 1990, S. 2.

"**Verhandlungen um** das Schicksal der Sowjetjuden". In: Aufbau, 57. Jg., Nr. 14, 5. Juli 1991, New York, S. 20.

"**Visaanträge** vergriffen". In: Kölner Stadt-Anzeiger, Nr. 231, Di. 3. Okt. 1989, S. 2.

Viviano, Frank: Ethnic Tensions Tear at Uzbekistan. Soviet melting pot has become a caldron of fear and hate. In: San Francisco Chronicle, 126. Jg., Nr. 162, Di. 24. Juli 1990, S. A1, A6.

Voges, Adina: Neue Pogromstimmung in Moskaus Straßen. Russische Juden zwischen Bleiben und Auswanderung. In: Allgemeine jüdische Wochenzeitung, 47. Jg., Nr. 38, 17. Sep. 1992, Bonn, S. 5.

Vogt, Bernhard: Grundbegriffe zum Judentum. In: Das Parlament, Themenausgabe Deutsche Juden - Juden in Deutschland, 41. Jg., Nr. 33, 9. Aug. 1991, Bonn, S. 11-12.

Voigt, Dieter: Arbeitsbeziehungen in der DDR. In: Handbuch der Arbeitsbeziehungen. Deutschland - Österreich - Schweiz. Hrsg. von Günter Endruweit et al. Berlin 1985, S. 463-482.

Voigt, Dieter/**Meck**, Sabine: Leistungsprinzip und Gesellschaftssystem. In: Die Gesellschaft der DDR. Untersuchungen zu ausgewählten Bereichen. Hrsg. von Dieter Voigt. (Schriftenreihe der Gesellschaft für Deutschlandforschung, Bd. 10). Berlin 1984, S. 11-45.

"**Von den USA enttäuschte** Emigranten kehren in die UdSSR zurück. Ausgewanderte Sowjetbürger beklagen schlechte Chancen und Habgier in den Vereinigten Staaten". In: Frankfurter Rundschau, 42. Jg., Nr. 301, Di. 30. Dez. 1986, S. 1.

Vornbäumen, Axel: Sowjet-Juden dürfen bleiben. 300 Immigranten werden nicht abgeschoben. Streit mit Israel? In: Frankfurter Rundschau, 47. Jg., Nr. 73, Mi. 27. März 1991, Frankfurt/M., S. 4.

Voronel, Alexander: **Aliya** of the Jewish Intelligentsia from the USSR. In: In Search of Self. The Soviet Jewish Intelligentsia and the Exodus. Edited by David Prital. Jerusalem 1982, S. 121-135.

Voronel, Alexander: The **Search** for Jewish Identity in Russia. In: Soviet Jewish Affairs, 5. Jg. (1975), H. 2, London, S. 69-74.

Wagner, Martin: Verharren im Status quo. Israel nach dem Golfkrieg. In: Das Parlament, 41. Jg., Nr. 18, 26. Apr. 1991, Bonn, S. 12.

Walker, Christopher: **Kremlin** turns a new leaf in relations with Israel. In: The Times, Nr. 62869, Mi. 9. Sep. 1987, London, S. 10.

Walker, Martin: The **refusenik** question that puts Gorbachev on the spot. In: The Guardian, Mi. 28. Mai 1986, London-Manchester, S. 21.

Wallace, Charles P.: Israel Revises Invitations to Soviet Jews. New Procedure May Result in Fewer Emigres Leaving for U.S. In: Los Angeles Times, Do. 21. Apr. 1988, Sec. I, S. 8.

Wallfish, Asher: **Most** Soviet olim arrive via Budapest. Shamir warns of plots to attack immigrants. In: Jerusalem Post, 58. Jg., Nr. 17476, Di. 26. Juni 1990, S. 1.

Wallfish, Asher: Peretz: Get **Soviet** Jews out fast, "even to Uganda". In: Jerusalem Post, 58. Jg., Nr. 17363, Do. 15. Feb. 1990, S. 10.

Wallfish, Asher/**Hoffman**, Charles: Cabinet votes to compel Soviet olim to fly here. Peres: I don't foresee reduced Jewish emigration. In: Jerusalem Post, 56. Jg., Nr. 16857, Mo. 20. Juni 1988, S. 1, 8.

Wallfish, Asher/Shalev, Menachem: Shamir's deal angers Shas. In: Jewish Chronicle, 148. Jg., Nr. 6244, 23. Dez. 1988, London, S. 36.

Waxman, Chaim I.: American Aliya. Portrait of an Innovative Migration Movement. Detroit 1989.

Wayne, E. A.: Tide of emigrants from USSR floods US. Agencies overwhelmed by human rights success while refugees wait. In: Christian Science Monitor, 81. Jg., Nr. 9, Mi. 7. Dez. 1988, Boston, S. 3-4.

Wein, Havdallah: A Religious Minority Among Soviet Jewry. In: Religion in Communist Lands, 6. Jg., H. 4, Keston, S. 244-247.

Weinstock, Nathan: Das Ende Israels? Nahostkonflikt und Geschichte des Zionismus. Hrsg. und eingeleitet von Eike Geisel/Mario Offenberg. Berlin 1975.

Weiss, Miriam: How many leave and why. In: Jerusalem Post, 58. Jg., Nr. 17403, Di. 3. Apr. 1990, S. 7.

"**Weiterbildung für** sowjetische Juden". In: Allgemeine jüdische Wochenzeitung, 45. Jg., Nr. 29, 19. Juli 1990, Bonn, S. 4.

"**Weizmann zeichnet** Vertrag in Moskau. Wissenschaftliche Kooperation". In: Allgemeine jüdische Wochenzeitung, 45. Jg., Nr. 3, 18. Jan. 1990, Bonn, S. 3.

"**Well played**". In: Jewish Chronicle, 149. Jg., Nr. 6251, 10. Feb. 1989, London, S. 5.

"**Wenn Worte** zu Waffen werden. Itzhak Schamir und die Diplomatie. In: Bayernkurier, 41. Jg., Nr. 6, 10. Feb. 1990, S. 10.

Weymouth, Lally: Could the Mideast's Next Kissinger Be a Russian? In: Washington Post, 111. Jg., Nr. 281, So. 11. Sep. 1988, S. C1-C2.

Whitney, Craig R.: West Berlin Is Curbing Immigration by Jews. In: New York Times, 124. Jg., Nr. 42737, Mo. 27. Jan. 1975, S. A1, A12.

"**Wieder Beziehungen** Israels zu Ungarn". In: Kölner Stadt-Anzeiger, Nr. 219, Di. 19. Sep. 1989, S. 5.

"**Wie viele Juden** nach Deutschland? Quotenstreit um Einwanderung sowjetischer Juden. Tag für Tag kommen sowjetische Juden in Berlin an. Sie werden 'geduldet', eine rechtliche Regelung steht aus. Vor 1933 lebten etwa 600.000 Juden in Deutschland, heute 30.000. Die jüdischen Gemeinden haben Interesse an der verstärkten Einwanderung - Deutschland will die Aufnahme von Juden kontingentieren". In: Die Tageszeitung, 13. Jg., Nr. 3296, Do. 3. Jan. 1991, Berlin, S. 3.

Williams, Daniel: **Arabs** Squeezed as Israeli Settlements Are Expanded. In: Los Angeles Times, Di. 26. Juni 1990, Sec. I, S. A1, A8.

Williams, Daniel: Israel Protests **Hungary**'s Halting of Flights for Soviet Jews. In: Los Angeles Times, Sa. 24. März 1990, Sec. I, S. A4.

Williams, Daniel: **Israel** Accused of Speeding Settlements. In: Los Angeles Times, Do. 19. Apr. 1990, Sec. I, S. A16.

Williams, Daniel: Israel Won't Push on Soviet **Settlers**. Immigration: Sharon seeks to defuse criticism from Washington and Moscow. No special effort will be made to place the newcomers in the West Bank or Gaza. In: Los Angeles Times, Mo. 25. Juni 1990, Sec. I, S. A1, A6.

Williams, Daniel: For **Soviet** Jews, What Is Jewishness? Israel: As the emigres try to adjust to be a bewildering new land, their faith is called into question. In: Los Angeles Times, Mo. 9. Apr. 1990, Sec. I, S. A6.

Williams, Daniel: Now Arriving in Israel, a **Wealth** of New Talent. The current crop of Soviet immigrants is called the best educated group ever to come to Israel. The question: How best to use their abilities? In: Los Angeles Times, Di. 5. Juni 1990, Sec. VIII, S. H4.

Williams, Nick B.: In Judean Hills, African Emigres Say They Are Victims of Broken Promises. In: Los Angeles Times, 28. Apr. 1990, Sec. I, S. A3.

Williams, Nick B.: In Israel, All Is Not **Milk** and Honey. A Heavy Influx of Soviet Immigrants Causing Problems. In: Los Angeles Times, 10. Okt. 1989, Sec. I, S. 8.

"**Willkür sowjetischer** Auswanderungspolitik". In: Allgemeine jüdische Wochenzeitung, 42. Jg., Nr. 1, 2. Jan. 1987, Bonn, S. 3.

Wilms, Holm: Israel, die Falaschas und die "Operation Salomon". In: Neues Deutschland, 46. Jg., Nr. 122, Mi. 29. Mai 1991, Berlin, S. 5.

Winkelmann, Annette: Kein gelobtes Land. Juden in der Sowjetunion. In: Kursbuch, 27. Jg., H. 103, Berlin, S. 129-138.

"**Wir aber müssen** wieder hierbleiben'. Brief einer sowjetischen Jüdin: Enttäuscht über Behörden". In: Allgemeine jüdische Wochenzeitung, 45. Jg., Nr. 39, 27. Sep. 1990, Bonn, S. 3.

"**Wir bitten alle Juden** um Verzeihung'. Aufsehenerregende Erklärung der Volkskammer der DDR". In: Allgemeine jüdische Wochenzeitung, 45. Jg., Nr. 16, 19. Apr. 1990, Bonn, S. 2.

Wirtschafter, Jacob/**Keinon**, Herb: Holland extradites group of Soviets who fled Israel. In: Jerusalem Post, International Edition, Nr. 1625, 28. Dez. 1991, S. 5.

Wolffsohn, Michael: **Bonn** und die Juden. In: Die Welt, Nr. 216, Sa./So. 15./16. Sep. 1990, Hamburg, S. 2.

Wolffsohn, Michael: Auf dem **Weg** in die Normalität? Zur Situation der Juden in Deutschland heute. In: Das Parlament, Themenausgabe Deutsche Juden - Juden in Deutschland, 41. Jg., Nr. 33, 9. Aug. 1991, Bonn, S. 1.

Wollin, Amos: **Äthiopien** verkauft Israel seine Juden. 14.500 äthiopische Juden in einer massiven Luftbrücke nach Israel ausgeflogen. Tel Aviv zahlt Addis Abeba 35 Millionen Dollar und sichert der äthiopischen Regierung eine günstige Position bei den heute beginnenden Verhandlungen mit den Rebellen. In: Die Tageszeitung, 14. Jg., Nr. 3414, Mo. 27. Mai 1991, Berlin, S. 7.

Wollin, Amos: **Falaschen** oder Beta-Israel. Die Herkunft des äthiopischen Judentums ist unklar. In: Die Tageszeitung, 14. Jg., Nr. 3414, Mo. 27. Mai 1991, Berlin, S. 7.

Wollin, Amos: **Juden** wollen Äthiopien verlassen. Die Angst, was nach einem Machtwechsel in dem afrikanischen Land kommt, führt zu Ausreisewelle. In: Die Tageszeitung, 14. Jg., Nr. 3399, Di. 7. Mai 1991, Berlin, S. 7.

Wollin, Amos: **Luftbrücke** für 10.000 sowjetische Juden. In: Die Tageszeitung, 14. Jg., Nr. 3444, Mo. 1. Juli 1991, Berlin, S. 8.

Wollin, Amos: Mengistu-**Vertraute** in Israel. In: Die Tageszeitung [Ausgabe Ost], 2. Jg., Nr. 375, Do. 30. Mai 1991, Berlin, S. 7.

Wroblewsky, Clement de: Wo wir sind ist vorn. Der politische Witz in der DDR. Hamburg 1986.

Wyner, Hal: Äthiopiens stiller **Pate** Israel. Von jeher ging das israelische Interesse an Äthiopien über das Schicksal der dortigen Juden hinaus. Diplomatie und Waffen sollten für Konformität am Roten Meer sorgen. In: Die Tageszeitung [Ausgabe Ost], 2. Jg., Nr. 375, Do. 30. Mai 1991, Berlin, S. 13.

Wyner, Hal: **Segen** oder Fluch? Israel ist mit der großen Zahl jüdischer Einwanderer aus der Sowjetunion überfordert. In: Die Zeit, 46. Jg., Nr. 3, 11. Jan. 1991, Hamburg, S. 21.

Wyner, Hal/**Koelbl**, Herlinde: Reise in die fremde Heimat. In: Zeit-Magazin, Nr. 21, 18. Mai 1990, Hamburg, S. 60-70.

Yaakov, Yosef: 7.000 immigrants in single weekend. Sharon to local builders: "do or die!". In: Jerusalem Post, International Edition, Nr. 1573, 29. Dez. 1990, S. 3.

Yishai, Yael: Soviet Immigrants in Israeli Politics. In: Soviet Jewish Affairs, 11. Jg. (1981), H. 1, London, S. 19-28.

Yodfat, Aryeh Y.: The **Closure** of Synagogues in the Soviet Union. In: Soviet Jewish Affairs, 3. Jg. (1973), H. 1, London, S. 48-56.

Yodfat, Aryeh: Jewish **Religious** Communities in the USSR. In: Soviet Jewish Affairs, 1. Jg. (1971), H. 2, London, S. 61-67.

Yuenger, James: Soviet Jews see surge of anti-Semitism. In: Chicago Tribune, 143. Jg., Nr. 359, Mo. 25. Dez. 1989, Sec. 1, S. 26.

Zakan, Ben: "Die **Alija** geht weiter". Zusicherung des äthiopischen Außenministers Tesfaye Dinka. In: Allgemeine jüdische Wochenzeitung, 45. Jg., Nr. 33, 16. Aug. 1990, Bonn, S. 4.

Zakan, Ben: In **Moskau** entsteht ein jüdisches Lehrzentrum Israelicoher Talmud-Wissenschaftler wird Direktor. In: Allgemeine jüdische Wochenzeitung, 43. Jg., Nr. 47, 25. Nov. 1988, Bonn, S. 6.

Zakan, Ben: Sowjetjuden fürchten "**Nacht** der langen Messer". Die Stimmen der Nationalisten und Antisemiten werden immer lauter. Die Polizei weigert sich bisher einzugreifen. In: Allgemeine jüdische Wochenzeitung, 45. Jg., Nr. 8, 22. Feb. 1990, S. 1.

Zakan, Ben: **Sowjetjuden** fürchten "Nacht der langen Messer". Die Stimmen der Nationalisten und Antisemiten werden immer lauter. Die Polizei weigert sich bisher einzugreifen. In: Allgemeine jüdische Wochenzeitung, 45. Jg., Nr. 8, 22. Feb. 1990, Bonn, S. 1.

Zakan, Ben: Moskau macht die **Tore** dicht. Jüdische Auswanderung nur bei Verzicht auf NATO-Nachrüstung? In: Allgemeine jüdische Wochenzeitung, 38. Jg., Nr. 19, 13. Mai 1983, Bonn, S. 3.

Zakan, Ben: **Weltkongreß**-Exekutive tagt in Moskau. Sowjets werben um das amerikanische Judentum. In: Allgemeine jüdische Wochenzeitung, 44. Jg., Nr. 21, 26. Mai 1989, Bonn, S. 4.

Zaslavsky, Victor/**Brym**, Robert J.: Soviet-Jewish Emigration and Soviet Nationality Policy. New York 1983.

Ziebarth, Dagmar: Tradition wird neu belebt. Zur Bildung des Jüdischen Kulturvereins. Gespräch mit Vincent von Wroblewsky. In: Der Morgen, 46. Jg., Nr. 62, Mi. 14. März 1990, Berlin (Ost), S. 4.

Zitzewitz, Lisaweta von: Sowjetunion-Israel: Das Eis taut. In: Die Zeit, 42. Jg., Nr. 16, 10. Apr. 1987, Hamburg, S. 12.

Zonis, Mark: Das sowjetische **Dorf** mit der Synagoge. Das "kleine Israel" in der Steppe bei Woronesch stirbt aus. In: Tribüne, 30. Jg. (1991), H. 119, Frankfurt/M., S. 42-43.

Zonis, Mark: **Experiment** Birobidschan am Ende? Die Geschichte der "Autonomen Jüdischen Region" im Fernen Osten der UdSSR. In: Tribüne, 30. Jg. (1991), H. 118, Frankfurt/M., S. 172-175.

"**Zur Aufnahme** von Sowjet-Juden bereit. Länderchefs legen sich aber nicht fest - 'Beachtliche Anzahl' darf kommen". In: Kölner Stadt-Anzeiger, Nr. 299, Sa./So. 22./23. Dez. 1990, S. 6.

"**235000 Menschen** verließen seit Jahresbeginn Sowjetunion'". In: Frankfurter Allgemeine Zeitung, Nr. 143, Sa. 23. Juni 1990, S. 1.

"**Zwei israelische Zeitungen** in russischer Sprache erschienen". In: Allgemeine jüdische Wochenzeitung, 46. Jg., Nr. 22, 30. Mai 1991, Bonn, S. 12.

"**Zwischen Schein** und Wirklichkeit. Michail Gorbatschows Public-Relations-Initiative in der Judenfrage". In: Allgemeine jüdische Wochenzeitung, 42. Jg., Nr. 4, 23. Jan. 1987, Bonn, S. 3-4.

Anhang

Im weiteren sind die Zahlen für alle im Text enthaltenen Graphiken in tabellarischer Form aufgeführt

Graphik 1 (Seite 6) wurde als Tabelle 1 im Text (auf Seite 2) aufgenommen

Graphik 2a/2b (Seite 11/12)

Verteilung der in Wien bzw. davon in Israel ankommenden Emigranten in Quartalen 1985-1989

Quartal/Jahr	Wien abs.	davon nach Israel abs.	in %
I 1985	247	87	35,2
II 1985	253	84	33,2
III 1985	296	95	32,1
IV 1985	351	82	23,4
I 1986	210	45	21,4
II 1986	176	48	27,3
III 1986	245	45	18,4
IV 1986	283	68	24,0
I 1987	714	199	27,9
II 1987	2378	513	21,6
III 1987	2342	662	28,3
IV 1987	2721	661	24,3
I 1988	2450	589	24,0
II 1988	3750	434	11,6
III 1988	5989	437	7,3
IV 1988	8048	634	6,2
I 1989	10987	973	8,9
II 1989	15883	1572	9,9
III 1989	24413	2533	10,4
IV 1989	33806	7165	21,2

(erstellt nach Jews in the U.S.S.R. Vol. XIV ff. [1985ff.], London; Bulletin of the Intergovernmental Committee for Migration, Genf, passim)

Graphik 3 (Seite 38)

Jüdischer Bevölkerungsanteil im Vergleich zur Gesamtpopulation
der UdSSR von 1939 bis 1989

Jahr	Gesamtbevölkerung abs. (=100 %)	Jüdische Bevölkerung abs.	in %
1939	170.557.000	3.029.000	1,8
1959	208.827.000	2.267.800	1,1
1970	241.720.000	2.150.700	0,9
1979	262.085.000	1.807.800	0,7
1989	288.800.000	1.449.200	0,5

(erstellt nach Shoup, S. 140, Tab. C6; Heitman, Census, S. 28, Tab. 2)

Graphik 4 (Seite 39)

Jüdische Bevölkerung nach Unionsrepubliken im Jahre 1970

Republik (SSR)	jüdische Bevölkerung absolut	in % der Republik	in % aller Juden in SU
RSFSR	807.915	0,6	37,6
Ukrainische	777.126	1,6	36,1
Weißrußland	148.011	1,6	6,9
Usbekische	102.855	0,9	4,8
Moldauische	98.072	2,7	4,5
Georgische	55.382	1,2	2,6
Aserbaid.	41.288	0,8	1,9
Lettische	36.680	1,6	1,7
Kasachische	27.689	0,2	1,3
Litauische	23.564	0,8	1,1
Tadschikische	14.615	0,5	0,7
Kirgisische	7.680	0,3	0,4
Estnische	5.288	0,4	0,2
Turkmenische	3.494	0,2	0,2
Armenische[1]	1.048	0,0	0,0
Gesamt	2.150.707	0,9	100,0

(erstellt nach Bland-Spitz, S. 41, Tab. 2)

---

[1] Die prozentualen Anteile für die jüdische Bevölkerung in der armenischen SSR liegen unter einem Promille.

Graphik 5 (Seite 41)

Jüdischer Bevölkerungsverlust in ausgewählten Städten der Ukraine und Usbekistans 1973-76 (in %)

Stadt in Ukraine	Verlust in %	Stadt in Usbekistan	Verlust in %
Tschernowszy	20,6		
Kiew	3,1	Samarkand	16,5
Lwow	13,7		
Odessa	6,8	Taschkent	2,8

(berechnet nach Litvinoff, Trends, S. 8, Tab. G)

Graphik 6 (Seite 42)

Altersstruktur der jüdischen Bevölkerung in der RSFSR im Vergleich zur Gesamtpopulation der Unionsrepublik im Jahre 1970

Alter in Jahren	Jüdische Bevölkerung absolut	in %	Gesamtbevölkerung in %
0 - 10	56.002	6,9	16,4
11 - 19	65.710	8,1	19,6
20 - 29	88.006	10,9	13,0
30 - 39	121.675	15,1	16,2
40 - 49	129.563	16,0	13,6
50 - 59	131.592	16,3	9,4
60 u. älter	213.379	26,5	11,8
Gesamt	805.927	100	100

(erstellt nach Bland-Spitz, S. 47, Tab. 6)

Graphik 7 (Seite 45)

Bildungsniveau der Gesamt- und der jüdischen Bevölkerung in ausgewählten Unionsrepubliken im Jahre 1970 (Personen älter als 10 Jahre)

Unions-republik	Grundstufe in %		Höhere u. mittlere Bildungsstufe in %	
	Gesamt	Juden	Gesamt	Juden
RSFSR	29,6	11,6	49,4	82,4
Weißrußland	35,0	19,0	40,1	71,0
Ukraine	29,0	16,0	45,8	74,7
Moldau.	34,6	22,7	33,7	66,0
Lettland	32,0	16,3	49,0	77,3

(erstellt nach Bland-Spitz, S. 55, Tab. 10)

Graphik 8 (Seite 46)

Jüdischer Anteil an der Gesamtbevölkerung und den wissenschaftlich Tätigen im Vergleich mit den anderen Nationalitäten der UdSSR

Nationalität	in % der Gesamt-bevölkerung (1970)	in % aller Wissenschafts-arbeiter (1973)	in % aller Doktoren d. Wissenschaft (1973)
Juden	0,9	6,1	14,0
Russen	53,4	66,7	55,7
Ukrainer	16,9	10,9	9,7
Weißrussen	3,7	2,1	1,7
Armenier	1,5	2,2	3,7
Aserbaid.	1,8	1,4	2,5
Usbeken	3,8	1,3	1,4
Moldauer	1,1	0,3	0,3
Litauer	1,1	0,9	0,8
Letten	0,6	0,6	0,6
übrige	15,2	7,5	9,6
Gesamt	100,0	100,0	100,0

(erstellt nach Bland-Spitz, S. 57, Tab. 11)

Graphik 9 (Seite 48)

Schüler in höheren Bildungseinrichtungen je 1.000 der jeweiligen
Nationalitätspopulation im Alter von 16-24 Jahren im Jahre 1970

Nationalität (SSR)	Schüler je 1.000
RSFSR	146,1
Ukraine	115,1
Weißrußland	109,3
Usbekistan	134,4
Georgien	211,6
Armenien	179,4
Aserbaidshan	166,6
Lettland	136,9
Litauen	147,1
Estland	157,5
Kasachstan	143,1
Moldau.	85,2
Juden	512,4

(erstellt nach Lewis/Rowland/Clem, S. 341, Tab. 9.5)

Graphik 10 (Seite 51)

Die Sprachbeherrschung (Mutter- und Zweitsprache) der jüdischen
Bevölkerung nach Unionsrepubliken im Jahre 1970 (in %)

Unions-Republik (SSR)	Jüdische Bevölkerung beherrscht (in %)		
	Jüdische Sprache	Russisch	Republik-sprache
RSFSR	21,3	98,5	98,5
Ukraine	20,3	96,7	41,0
Weißrußland	28,3	98,4	22,8
Usbekistan	42,3	85,1	6,9
Moldau.	52,1	92,8	16,8
Georgien	24,1	44,8	63,1
Aserbaid.	46,5	74,0	22,3
Armenien	24,0	89,2	19,4
Kasachstan	27,6	97,0	0,5
Lettland	49,4	88,3	21,5
Litauen	63,0	72,6	36,2
Estland	24,8	89,2	32,5
übrige	27,3	91,4	27,0
Gesamt	25,4	94,3	57,6

(erstellt nach Bland-Spitz, S. 80, Tab. 18c)

Graphik 11 (Seite 53)

Die Muttersprache der jüdischen Bevölkerung in der RSFSR im Jahre 1970 nach Altersgruppen differenziert

Alters-gruppen	Jüdische Bevölkerung absolut[2]	in %	Muttersprache ist Jiddisch absolut	in %	Russisch absolut	in %
0-10	55.716	6,9	8.148	8,7	47.568	6,7
11-19	65.296	8,1	7.370	7,8	57.926	8,2
20-29	87.399	10,9	7.115	7,6	80.284	11,3
30-39	121.252	15,1	8.993	9,6	112.259	15,8
40-49	129.107	16,0	10.785	11,5	118.322	16,7
50-59	131.079	16,3	13.965	14,8	117.114	16,5
über 60	212.804	26,5	37.710	40,1	175.094	24,7
Gesamt	804.473	100,0	94.086	100,0	708.567	100,0

(berechnet nach Bland-Spitz, S. 84, Tab. 19a)

Graphik 12 (Seite 54)

Die Erst- (Mutter-) und Zweitsprache der jüdischen Bevölkerung in der RSFSR im Jahre 1970 nach Altersgruppen differenziert

Alters-gruppen	Als Erst- oder Zweitsprache beherrschen Jiddisch absolut	in %	in % Gruppe	Russisch absolut	in %	in % Gruppe
0-10	8.357	4,9	13,5	53.408	6,7	86,5
11-19	8.243	4,8	11,2	65.063	8,2	88,2
20-29	10.018	5,9	10,3	87.121	11,0	89,7
30-39	14.276	8,4	10,6	120.566	15,2	89,4
40-49	20.933	12,3	14,0	128.209	16,1	86,0
50-59	31.939	18,7	19,7	130.115	16,4	80,3
über 60	77.055	45,1	26,9	209.919	26,4	73,1
Gesamt	170.821	100,0	17,7	794.401	100,0	82,3

(berechnet nach Bland-Spitz, S. 84, Tab. 19b)

[2] Insgesamt 3.442 Personen in der RSFSR betrachteten eine andere Sprache als Russisch oder Jiddisch als ihre Muttersprache (vornehmlich Ukrainisch). Da der prozentuale Anteil dieser übrigen Sprachen in allen Altersklassen unter einem Prozentpunkt lag, blieben sie in dieser Tabelle unberücksichtigt.

Graphik 13 (Seite 81)

Religiöse Selbsteinschätzung von sowjetischen und amerikanischen Immigranten im Jahre 1975 (in %)

Religiöse Selbsteinschätzung	Immigranten aus	
	Sowjetunion	Vereinigten Staaten
Traditional	29,9	37,9
Religiös/ sehr religiös	6,5	34,4
weder religiös noch traditional	54,5	17,2
Antireligiös	9,1	10,3
Insgesamt	100,0	100,0

(erstellt nach Gitelman, Israelis, S. 201, Tab. 6.5)

Graphik 14 (Seite 83)

Regelmäßige Beachtung von religiösen Ritualen, nach Altersgruppen differenziert (in %)

Ritual	Altersgruppen			
	unter 30 J.	30-39	40-49	50 u. älter
Anzünden von Sabbatkerzen	12,5	24,1	21,1	24,7
Spezielles Sabbat-Festmahl für Familie	12,5	16,4	14,8	25,8
Vermeidung von Brotbrechen am Pessachfest	50,0	49,8	53,4	57,3
Separates Geschirr für Fleisch und Milchspeisen	7,1	9,4	11,9	18,4
Anzünden von Hanukkah-Kerzen	38,4	63,5	58,8	59,0
Fasten am Jom Kippur	38,4	45,2	51,4	61,2
Kein Verzehr von Schinken und Speck	24,1	29,1	32,8	52,8
Mesusa[3] an der Haustür	25,0	36,1	38,3	42,5
Tagesgebet sprechen	3,6	3,0	4,8	7,3
Besuch der Gottesdienste an Rosch Haschana und Jom Kippur[4]	54,5	66,6	74,0	76,5
Sabbat ist ein besonderer Tag	15,2	15,4	18,6	33,0

(erstellt nach Simon/Simon, S. 43, Tab. 2A-1)

---

[3] Religiöse Türpfosteninschrift; siehe Jüdisches Lexikon, Stichwort "Mesusa", Sp. 140 ff.

[4] Der zweimalige Besuch des Gottesdienstes am jüdischen Neujahrsfest (Rosch Haschana) und einmal am Versöhnungstag (Jom Kippur) kennzeichnet die innerjüdisch als "Dreitagesjuden" bezeichneten stark säkularisierten und assimilierten Glaubensmitglieder; Wolffsohn, Weg, S. 1.

Graphik 15 (Seite 110)

Jüdischer Hintergrund sowjetischer Emigranten, regional differenziert (in %)

Jüdischer Hintergrund	Sowjetische Emigranten aus Herzland	Westgebiete
schwach	62,0	28,6
mittel	33,8	57,0
stark	4,2	14,3
Insgesamt	100,0	100,0

(erstellt nach Gitelman, Israelis, S. 199, Tab. 6.4)

Graphik 16 (Seite 111)

Veränderungen in den Lebensumständen nach der Immigration aus der UdSSR nach Israel (in %)

Lebens-umstände	Veränderungen werden gesehen als		
	Verlust	Gleich	Gewinn
Soziale Kontakte	38	33	29
Familien-bindungen	29	50	21
Sozialer Status	28	40	32
Lebens-standard	22	27	51

(erstellt nach Gitelman, Israelis, S. 213, Tab. 6.7)

Graphik 17 (Seite 114)

Sowjetische Emigration nach Israel und in die USA, 1971 bis Juni 1979 nach Regionen differenziert (in %)

Region	Sowjetische Emigration aus nach Israel	nach USA
Kaukasus, Armenien, Aserbaidshan	14,3	0,7
Georgien	9,8	0,9
Zentralasien	12,1	2,7
RSFSR	7,6	18,3
Ukraine	20,9	64,3
Moldau	20,2	3,9
Baltikum	5,9	3,3
Weißrußland	2,9	4,3
unbekannt	6,3	1,4
Insgesamt	100	100

(erstellt nach Gitelman, Resettlement, S. 5, Tab. 2)

Graphik 18 (Seite 116)

Motive für die Übersiedlung nach Israel bzw. in die USA (in %)

Motive	nach Israel	in die USA
politische Gründe/Freiheit	14,0	15,7
der Wunsch unter Juden zu leben	26,5	12,3
Vereinigung mit Verwandten	30,9	14,2
Schul. u. berufl. Möglichkeiten	2,9	8,5
Furcht vor Antisemitismus	11,3	19,3
ökonomische Verbesserung	2,1	5,9
andere Gründe[5]	12,1	21,9
keine Antwort	0,2	2,2
Total	100,0	100,0

(erstellt nach Gitelman, Quality, S. 59)

---

[5] (u.a. "Leben in der Sowjetunion zu langweilig"; "Jeder emigrierte, so taten wir es auch"; "Ich wollte nicht gehen, aber die Kinder taten es, was sollte ich machen")

Graphik 19 (Seite 117)

Veränderungen in den Lebensverhältnissen nach der Übersiedlung in die USA (in %)[6]

Teilbereich	In den USA besser als in der UdSSR	schlechter
Lebensstandard	75	13
Wohnbedingungen	64	17
kulturelles Leben	15	68
Freundschaften	11	49
Leben als Jude	89	1
Finanz. Einkommen	75	13
Finanz. Einkommen des Ehegatten	55	16
Arbeitsatmosphäre	36	45
sozialer Status	26	47

(erstellt nach Simon/Simon, S. 27, Tab. 2-8)

Graphik 20 (Seite 118)

Besitz hochwertiger Konsumgüter in den USA und in Israel im Vergleich (in %)

Konsumgut	Sowjetische Immigranten in Detroit	Osteuropäische Immigranten in Israel
Plattenspieler	53,0	21,7
Tonbandgerät	35,6	18,1
Fernsehgerät	81,1	72,5
Auto	77,3	27,1

(erstellt nach Gitelman, Immigrants, S. 20)

---

[6] Die fehlenden Prozentwerte sind in den Kategorien "gleich" bzw. "weiß nicht" enthalten.

Graphik 21 (Seite 133)

Individuelle Identifikation der Immigranten mit dem Staat Israel nach zwei Jahren Aufenthaltsdauer, differenziert nach Herkunftsland (in%)

Identifikation	Immigranten aus			
	Sowjet-union	USA	West-europa	Afrika/Asien
Fühlen, daß sie nach Israel gehören	78	57	68	72
Verstehen sich als Israelis	65	25	39	55
Sind sicher, daß sie in Israel bleiben	90	60	61	76

(erstellt nach Gitelman, Israelis, S. 155, Tab. 4.4)

Graphik 22 (Seite 155)

Beschäftigungsstruktur der israelischen Einwanderer in den 60er und frühen 70er Jahren nach Herkunftsland (in %)

Berufs-gruppe	Einwanderer aus	
	Osteuropa in %	Afrika/Asien in %
Gelehrte/techn. Berufe	34	9
Angestellte, Bürotätigkeiten	14	15
Handel, Gewerbe	3	13
Gelernte/ange-lernte Arbeiter	49	62
Gesamt	100	100

(erstellt nach Della Pergola, S. 196, Tab. 7)

Graphik 23 (Seite 157)

Altersstruktur der israelischen Einwanderer in den 60er und frühen 70er Jahren nach Herkunftsland

Alters- gruppen in Jahren	Einwanderer aus	
	Osteuropa in %	Afrika/Asien in %
0 - 14	23	39
15 - 29	24	28
30 - 44	21	15
45 - 64	22	14
über 65	10	4
Gesamt	100	100

(erstellt nach Della Pergola, S. 196, Tab. 7)

Graphik 24 (Seite 158)

Territoriale Herkunft der israelischen Olims in den Jahren 1968-1973

Staaten	1968 - 1970		1971 - 1973	
	absolut	in %	absolut	in %
Osteuropa (ohne UdSSR)	11.250	10,6	8.380	5,5
Sowjetunion	4.244	4,0	77.968	51,1
USA	17.645	16,6	17.272	11,3
Kanada	2.047	1,9	1.670	1,1
Lateinamerika	8.981	8,4	13.273	8,7
Westeuropa	23.909	22,5	14.197	9,3
Afrika/Asien	37.148	34,9	18.907	12,4
Ozeanien	1.077	1,0	1.016	0,7
Gesamt	106.301	100,0	152.683	100,0

(erstellt nach Gitelman, Israelis, S. 33, Tab. 2.1)

Graphik 25 (Seite 168)

Sprachkenntnisse von sowjetischen Ärzte bei der Ankunft in Israel (in %)

Kenntnisse	Hebräisch	Englisch
keine	89	40
nur Sprechen	–	3
nur Lesen	4	42
Sprechen u. Lesen	7	15

(erstellt nach Shuval, Immigrants, S. 25, Tab. 1)

Graphik 26 (Seite 212)

Veränderung der arbeitsrechtlichen Position in der UdSSR und in Australien (in %)

Position	in UdSSR	in Australien
"Professional"	53,9	22,7
ungelernte Arbeiter	0,6	26,0
Facharbeiter	26,6	22,1
selbständig/ freiberuflich	6,5	5,2
Büro- und Verwaltung	9,1	3,9
übrige	3,3	3,9
arbeitslos	--	16,2

(erstellt nach "Resettlement of...", S. 50, Tab. 2)